渔业行政管理学

刘新山　著

海洋出版社

2010年·北京

图书在版编目(CIP)数据

渔业行政管理学/刘新山著. —北京:海洋出版社,2010.6
ISBN 978-7-5027-7738-8

Ⅰ.①渔… Ⅱ.①刘… Ⅲ.渔业管理:行政管理 Ⅳ.①F307.4

中国版本图书馆CIP数据核字(2010)第100140号

责任编辑:庞从容 任 玲
责任印制:刘志恒
海洋出版社 出版发行
http://www.oceanpress.com.cn
北京市海淀区大慧寺路8号 邮编:100081
北京海洋印刷厂印刷 新华书店北京发行所经销
2010年6月第1版 2010年6月第1次印刷
开本:787mm×1092mm 1/16 印张:22.25
字数:420千字 定价:38.00元
发行部:62147016 邮购部:68038093 总编室:62114335

序

我国具有悠久的渔业发展史,渔业行政管理之思想与实践古已有之。新中国成立后,国家采取了积极促进和支持渔业发展的政策方针,我国渔业生产得到恢复和持续快速发展,对渔业活动的行政指导和管理也随之不断加强。1958年4月3日,当时的国家水产部设立了渔政司,标志着当代“中国渔政”正式建立,至今已走过了五十多年艰辛而光辉的历程。这是中国渔政不断探索、不断发展壮大的五十年,是中国渔业行政管理水平逐步提高、逐步走上“依法治渔、依法兴渔”道路的重要历程。随着我国经济社会的不断发展,广大人民群众对优质安全水产品的消费需求不断增长,渔业发展面临着生态安全、生产安全和质量安全三大问题。在新的发展时期,如何进一步加强渔业政策支持力度,提高渔业行政管理水平,促进渔业持续健康发展,为广大农村群众创造就业机会、增加渔农民收入、促进农业产业结构调整、提高人民的生活水平、维护国家主权等发挥更加重要的作用,需要社会各界特别是专家和学者们的深入研究。

渔业行政管理学是公共管理科学的一个分支。多年来,许多水产教育工作者和渔政管理工作者为渔业行政管理研究作出了重要贡献。但总体上,我国渔业行政管理理论研究工作还很薄弱,学术研讨活动、学术研究成果和理论著述还不多见,渔业行政管理学的理论体系还需不断完善。刘新山同志撰写的《渔业行政管理学》涵盖了渔业行政管理学的理论和实践多方面内容,引用了最新的法律法规和规范性文件,吸收了相关学科以及国外有关研究成果,紧密联系我国渔政管理实践,进一步丰富了渔业行政管理学知识体系,必将对我国渔业法制的完善、渔政管理水平的提高以及渔业行政管理学理论研究的深入等发挥积极作用。

写作是件很辛苦的事,特别是写出一本创新性著作更难。作为学术著作，难免有观点不同，有值得商榷之处，但是有自己独特的有见地的见解，也是殊为可贵的。刘新山老师多年从事渔业法、海洋法及渔业政策、渔政管理学等教学研究工作，并有从事远洋渔业以及国外学习研修的经历，多次主持参与国家和地方有关渔业法制建设课题研究工作，利用三年多教学业余时间完成此书实属不易。

兹值此书出版之际，特予为序共勉！

农业部渔业局副局长 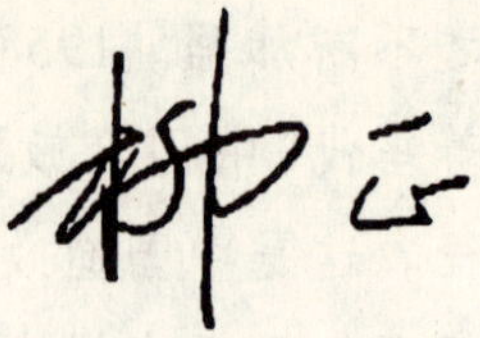

2010年3月于北京

目　录

第一章　绪　论

第一节　渔业行政管理的概念

一、渔业的含义

简单讲,渔业行政管理就是关于渔业事务的公共管理。阐述其概念应首先明确渔业的含义,这有利于界定各政府部门的职责范围,减少政府部门之间的推诿、扯皮现象,进而提高渔业行政管理部门的工作效率。另外,渔业是人类从事的最古老的经济生产活动,准确地把握其含义有利于深刻认识渔业行政管理的复杂性,有利于对不同的渔业产业实施区别管理,制定不同的产业发展政策,实现渔业的协调、稳健与可持续发展。

根据《现代汉语词典》的解释,渔业一般仅指捕捞和养殖水生动物、植物的生产事业[①]。但是,许多渔业经济学文献则赋予了“渔业”更广泛的内涵,除了水产养殖业和捕捞业以外,渔业还包括水产品加工业、渔业船舶制造及修理业、渔业港口建造业、渔具制造业、水产品存储及运输、渔业休闲观光旅游业、水产品销售及国际贸易行业等[②]。可见,广义的渔业包括了三个产业,即属于第一产业的水产捕捞业和水产养殖业;属于第二产业的水产品加工业、渔船制造及修理业、渔具制造业、渔业港口建造业等;属于第三产业的渔业观光休闲旅游业、水产品贸易行业等。另外,在中英文互译中,英文中的“fishery (fisheries)”一词常被作为“渔业或水产”的对等语词使用,但严格地讲,英文中并没有一个与中文“渔业或水产”完全对等的单词,英文中的 fishery (fisheries)一般仅指捕捞业[③]。

从国务院渔业行政主管部门——农业部目前的职责范围看[④],渔业行政管理之渔业与狭义或者广义的渔业都不尽一致。本书主要从渔业行政主管部门的法定

---

① 中国社会科学院语言研究所词典编辑室:《现代汉语词典》第 5 版,商务印书馆 2005 年版,第 1661 页。此外,笔者认为渔业和水产业的含义基本相同,没有实质区别。

② 中华人民共和国农业部水产司:《水产经济工作手册》,中国农业出版社 1994 年版,第 1 页。

③ (英)霍恩比(AS Hornby):《牛津高阶英汉双解词典》第 4 版,李北达编译,商务印书馆 1989 年版,第 550 页。

④ 农业部的主要职责,见中国农业信息网,http://www.agri.gov.cn/nyb/jgzz.htm

职责视角出发，探讨渔业行政管理过程中的各种问题，而不局限于狭义或广义的渔业范畴，更不局限于主要管理水产捕捞业的所谓“小渔政”。

二、行政和管理的含义

根据《现代汉语词典》的解释，“行政”一词，一是指行使国家权力；二是机关、企业、事业、团体等内部的管理工作①。很显然，相对而言，前者可以称为“公共行政”，后者是行使单位内部的“私权利”，可被称为“私行政”。一般认为，英语中的 Administration 和 Executive 与中文“行政”一词相对应。这两个英文单词同样具有公共行政和企业、组织内部的“私行政”两个含义②。Administration 一词更多地强调过程，强调政府机构像机器一样运转，更多地出现在美国政府文件中，可以指政府的一个部门；Executive 一词则往往强调权力，强调依法设立，常指地方政府或其首脑，多为英国政府文件采用。

近代欧洲政治文明理论认为，治理国家的权力可以简单地分为立法权(legislative power)、行政权(executive power)和司法权(judiciary power)。其中，司法权通常都是高度独立的，而立法权和行政权往往是混合的，即行政机关也享有一定的立法权——行政立法权。但是，应当注意这三种公权力的分离是相对的，而非绝对的，分离的程度在各个国家是不一样的。

根据 1982 年《宪法》及其四次修正案和 2000 年 3 月通过的《立法法》，我国确立了中国共产党领导的多党合作和政治协商制度，实行依法治国，建设社会主义法治国家，全国人民代表大会及其常委会和某些享有地方立法权的地方人民代表大会及其常委会行使立法权，并对司法机关和行政机关实施监督，国务院及其部门和地方政府及其部门行使行政权，同时也享有一定的行政立法权，即国务院及其组成部门可以制定行政法规和部门规章，某些享有地方行政立法权的地方政府可以制定地方政府规章，而人民法院则独享审判权。

《现代汉语词典》对“管理”一词的解释有三个含义，即负责某项工作使顺利进行；保管和料理；照管并约束(人或动物)③。实质上，管理和行政没有泾渭分明的差别，只是侧重点不同。和“行政”相同的是，管理也有政府实施的公共管理和企业、事业单位、机关等组织内部的“私管理”之分。但是管理更多地强调秩序、控制、管理者的技能、艺术；而行政则强调责任、法治、权威、行政活动过程。二者是紧

---

① 中国社会科学院语言研究所词典编辑室编：《现代汉语词典》第 5 版，商务印书馆 2005 年版，第 1524 页。

② Michael Rundell, *Macmillan English Dictionary for Advanced Learners*. Macmillan Education, a division of Macmillan Publishers Limited, 2002.

③ 中国社会科学院语言研究所词典编辑室编：《现代汉语词典》第 5 版，商务印书馆 2005 年版，第 505 页。

密联系的,本书对这两个语词不做区分,混同使用。

三、渔业行政管理的概念

综合上述分析,渔业行政管理是指各级政府及其渔业行政主管部门和所属机构依照法定的权限和程序,对各类经济主体从事的渔业活动实施组织、计划、监督、检查、指导、示范、宣传、调整、控制、处理等行使公共权力的过程。渔业行政管理,常被简称为渔政管理,可以从五个方面认识此概念。

(一)实施渔政管理的主体是特定的

这意味着只有政府和渔业行政主管部门及其所属机构才可以实施渔政管理,其他的政府部门无权对渔业事务实施管理。但是,在某些特定情况下,渔业行政主管部门也可以授权某些机构、组织行使某些渔政管理权。例如,授权渔业协会管理一些远洋渔业活动或区域性渔业活动,把一些技术性强的质量监督、检验和检测工作委托给一些专门机构管理等。

(二)渔政管理的对象和事务是特定的

一般讲,只有从事渔业活动或者影响渔业发展的个人、家庭(农户、渔户、个体户)、各类型的单位(企业、事业等)才是渔政管理的对象;从事非渔业活动经济主体,一般不是渔政管理的对象。渔政管理的事项也是特定的,非法定的事务,一般应由渔业活动主体自行处理,不属于渔政管理的范畴。

(三)渔政管理是政府提供的公共物品

从经济学角度看,渔政管理是政府提供的公共物品,具有服务业的属性,接受渔政管理服务的对象是不确定的一类渔业活动主体。政府和渔政管理部门应尽可能地增加其管理过程的透明度,遵循平等非歧视原则,平等地对待从事渔业活动的每个主体,为他们提供管理服务,而服务质量的优劣最终也要由接受服务的渔业活动主体评价。

(四)渔政管理的过程必须合乎相关法规的要求

法治原则是当代政治文明对公共管理活动的基本要求。因此,一切渔政管理活动都应当有法律依据。首先,渔政管理主体要明确、合法,各级政府及其渔业行政主管部门和机构应当依法合理分工,各司其职,职责分明,而不应互相推诿;其次,渔政管理的程序应合法,程序的合法和恰当总是与公平正义结果的实现密切关联的。再次,渔政管理主体在行使其自由裁量权时,应遵循基本的法理要求,保持行政处理决定依据的稳定性和一致性,保障渔政管理对象的合理期待,而不能滥用权力,恣意增加渔政管理程序和决定的不确定性。

（五）渔政管理是动态变化的

这包括渔政管理活动之法律法规和政策依据的变化、渔政管理对象的变化和渔政管理环境的变化等。在我国，渔政管理对象的规模变化是很大的，性质也不尽相同，包括从事渔业活动的个人、家庭、小型渔业企业、大中型渔业企业、不以营利为目的的事业单位及行业协会，可以是国内的自然人和法人，也可以是境外的自然人和法人等。渔政管理环境，是指影响政府及其渔业行政主管部门和所属机构管理渔业活动的各种外部条件。例如，自然环境条件、国际环境、经济条件、文化以及社会价值伦理观念等。这些条件都是变化的。渔政管理的动态变化特点，预示着渔政管理部门应因地制宜地设定渔政管理活动的目标，适时调整渔政管理活动的方式、方法和措施。

第二节　渔业行政管理学

一、渔业行政管理学的概念与产生

渔业行政管理学，亦可简称为渔政管理学，可以被看作是公共行政（管理）学的一个分支，是考察、分析、研究政府和渔业行政主管部门及其所属机构在对渔业公共事务实施行政管理过程中遇到的各种问题，发现和总结客观规律，提高渔业行政管理效率的一门科学。

作为一门科学，渔政管理学的产生、发展和确立，是渔业生产力发展和生产方式变革的结果，反过来渔政管理学的发展和逐步成熟，也必然促进渔业生产力的提高和生产方式的进步，二者互相依存，互相促进。在近代，随着工业文明的到来，中国渔业逐步走上了机械化发展的道路，特别是新中国成立和改革开放以来，市场经济的理念得以确立，我国渔业发展迅速，生产方式发生了很大变化，政府职能也随之转变，国家公权力与个人以及各类单位的私权利界限日渐分明。这一切都促使我国设立了专业化的渔业行政主管部门及其所属机构，促使了渔政管理学的诞生。渔政管理学的产生，是依法治国的宪法理念对渔业行政管理活动的客观要求，是公共管理学、行政法学和经济学等学科理论在渔业公共行政管理领域应用的结果。

二、渔业行政管理学与其他学科之间的联系

依照不同的研究对象，人们将科学划分成了许多门类，各门学科既互相区别，又互相联系。渔业行政管理学是在吸收许多学科研究成果的基础上发展起来的边缘科学。这些学科主要包括水产捕捞学和水产养殖学、船舶设计和制造科学、船舶

驾驶技术、生物学、法学、经济学、公共行政(管理)学、社会学等。

(一)渔政管理学与水产捕捞学和水产养殖学

水产捕捞学和水产养殖学与渔政管理学的关系最为密切,因为渔业在狭义上即指水产捕捞业和养殖业。一般讲,渔业生产技术进步总具有两面性,既可以对渔业发展产生积极影响,也可以产生消极的影响。这需要通过渔业公共管理抑制其消极的一面,发扬其积极的一面。例如,捕捞机械化技术在大幅度地提高渔业生产效率、减轻劳动者劳动强度的同时,也带来了过度捕捞、渔业生物资源枯竭的问题;集约化水产养殖技术在提高单位水产养殖产量的同时,也增加了鱼病发生的几率,带来了滥用化学药物、危害水产品消费者健康、损害水环境质量等问题。总之,捕捞技术和养殖技术的改进和提高必然会影响渔政管理学的研究方向和研究内容,促进渔政管理学新理论的产生。

(二)渔政管理学与生物学

渔政管理学与生物学关系密切,因为渔业生物资源是渔业存在和发展的物质基础。人类生物学知识的积累为渔政管理学的发展提供了重要的理论支持。例如,人们在近代才认识到海洋渔业生物资源虽然是可再生的资源,但并不是取之不尽、用之不竭的。若不加以管理,完全自由捕捞,生物资源最终会枯竭;如果管理得好,则是可以被永续利用的。渔政管理学中的捕捞限额制度,就是以渔业资源评估科学为理论基础的。

(三)渔政管理学与法学

渔政管理学与法学,特别是行政法学,有着较强的学科联系。依法治国的现代政治文明思想把两个学科紧密地联系起来,二者研究的内容有许多交叉领域,都考察、分析研究政府及其部门的组织结构和行使公权力的方式。行政法学始终丰富着渔政管理学的研究内容。例如,渔业行政处罚、渔业行政许可、渔业行政奖励等;而渔政管理学的发展也为行政法学提供了许多新的研究课题,拓宽了行政法学的研究范围,使行政法学理论更具有实践应用价值。

(四)渔政管理学与经济学

经济学以研究稀缺资源的优化配置为已任,是为增加社会财富和提高经济效率提供理论支持的一门科学。渔业主要是生产食品的一类经济活动,服从经济发展的一般规律,增加渔业活动所创造的社会财富,并降低渔业生产投入应是渔业行政管理活动的重要目标之一。因此,许多经济学概念、理论和研究方法都可以运用到渔政管理学研究领域。同时,渔政管理是政府提供的公共物品,具有服务行业的属性,也需要顾及经济成本和效益问题,这意味着两个学科的研究目标有许多相同之处。

(五)渔政管理学与公共管理(行政)学

渔政管理学可以被认为是公共管理学的一个分支,是公共管理理论在渔业行政管理领域的应用和发展,许多公共管理学理论都可以直接引入到渔政管理学中来。公共行政学的发展必然会促进渔政管理学的日益成熟。

除此之外,渔政管理学与船舶设计及制造科学、船舶驾驶技术、政策科学、社会学、政治学等也都有着密切的联系。例如,船舶既是渔业生产工具,也是渔业劳动者的生活场所,渔业船舶管理和渔业船员管理构成了渔政管理工作的重要内容,了解船舶设计制造知识和船舶驾驶知识对于渔政公务人员更好地履行职责是必需的。

三、渔业行政管理学的研究内容

渔业行政管理学是一门研究渔业公共管理活动客观规律的新兴学科。渔政管理活动中遇到的各种问题构成了渔政管理学研究的基本内容,可以概括为以下几个方面。

(一)渔业行政管理主体的设立、相互之间的职责边界以及与其他政府部门的工作关系问题

当代政治文明要求所有的政府部门及其机构都应当依法科学地设立,并且尽可能地厘清各自的职责边界,明晰相互间的工作关系。只有如此,才有可能实现法治,提高行政效率。因此,设立渔政管理主体的原则、相互之间的职责分工和工作关系、与非渔业行政管理部门间的工作关系等都是渔业行政管理学的研究内容。

(二)渔业行政管理主体的组织结构和运行方式问题

渔业行政管理主体是一类独特的公共法人组织,渔政管理活动主要是这类组织将其内部决策进行有秩序地外化的过程。因此,渔政主体的内部组织结构和运行方式应是渔政管理学研究的内容。这涉及渔业行政主管部门及其机构内部的处室设置和职能划分、行政岗位的设置和责任、公共财政、人事管理、机关事务管理、渔业公务船舶和车辆及装备管理、公共信息以及档案管理、行政领导决策程序和方式、行政决策的实施和监督等诸多方面。渔业行政主管部门及其机构是否能够得到充足的公共财政支持、是否能够有序高效地运行,是实现渔政有效管理的前提条件。

(三)渔业行政政管理主体对外行使权力的方式问题

渔业行政管理主体如何对外行使公权力是渔政管理学研究的主要内容,通常

被称为渔政业务或者渔政实务。考察、分析、研究渔政业务中遇到的各类问题,发现其中的客观规律,为渔政部门及其工作人员提供理论和方法支持,是渔政管理学的根本任务。

(四)政府和渔业行政主管部门及其机构的行政绩效评价问题

渔政管理学存在的意义之一是提高渔业行政管理效率。如何科学地衡量、评价政府和渔政机关及其机构的行政绩效自然构成了渔政管理学的研究内容。这涉及对特定渔区社会或全社会伦理道德价值观的考察和认知、对渔政管理的意义和阶段性目标的把握、对渔政法定职责履行情况的考核、对渔业公共行政资源使用效率的评价、渔业公共服务的数量与质量之间的平衡等多方面的问题。渔政管理的绩效评价体系应是多元的、动态的。

(五)渔业行政管理活动的发展史

渔政管理活动的发展历史是渔政管理学的研究内容之一。了解渔政管理活动的历史演进是客观分析现实的渔业问题,理性地确定阶段性的渔政管理目标,做出科学的决策所必需的。如果不对渔业生产力和生产方式的历史变化、渔业生产自然环境的历史变化、渔业法规和渔业政策的历史演变等进行调查分析和研究,就无法从历史中汲取经验和教训,无法科学地总结渔政管理活动的客观规律。

(六)渔业行政管理活动比较研究

虽然不同国家、地区的文化传统、政治体制、法律和政策环境、渔业公共行政资源、渔业生产力发展水平、渔业生产的组织方式等不尽相同,但是他们所面临的渔业发展问题、追求的渔政管理目标等往往有许多相同之处。因此,考察、研究其他国家、地区的渔政管理活动,借鉴其他国家、地区的渔政管理理论和措施应是渔政管理学的重要研究内容。这是缩小国家之间、地区之间渔政管理水平差距的当然选择,更是开展国际间、地区间渔政管理合作的客观要求。

总之,渔业行政管理学是一门应用性很强的公共管理科学,其研究的内容涉及广泛,十分丰富。本书着重探讨渔业行政管理主体如何对外行使公权力的问题,即渔政实务部分。

四、渔业行政管理学的学科特点

与其他学科相比,渔业行政管理学在我国依然不是一门非常成熟的学科。这主要表现在以下几个方面。一是公开出版的渔业行政管理学著作非常少,只有何一骏[①]、陈松涛[②]、夏章英[③]在20世纪八九十年代撰写的三部渔政管理学著作。此外,还有黄有根[④]、乐美龙[⑤]主持编写的渔业行政执法培训教材等。二是专门从事渔业行政管理学研究的人员不多,发表的学术论文较少,多为渔政管理人员的工作总结。三是以渔业行政管理为主题的研究交流活动少,没有专门的学术研究组织。总之,渔政管理学是一门新兴科学,与水产捕捞技术、水产养殖技术、渔业资源学、环境保护科学、国际海洋法、渔业法规、行政法学等交织在一起,还未形成成熟的理论体系,对于渔业行政管理学的研究内容、研究方法等也缺乏一致的认识。

渔政管理学是以多学科为基础发展起来的一门新兴的边缘科学,是多学科交叉的产物。它是水产捕捞技术、水产养殖技术、法学、经济学、渔业生物资源学、环境保护科学、公共管理学等学科相互交叉、融合的结果。渔政管理学的发展需要吸收这些学科的研究成果,进而揭示渔政管理活动的客观规律,回答渔政管理活动中遇到的各类问题。

渔政管理学属于一门应用性很强的社会科学。这是由渔政管理学的研究内容和研究价值所决定的。如前所述,渔政管理学以探索渔政管理活动的客观规律为己任,以渔政管理过程中遇到的各种实际问题为基本研究对象,紧密联系渔政管理实践。渔政管理学的研究成果可以直接应用到渔政管理实践中,指导渔政部门和渔政公务人员的实践活动,为提高渔业行政管理的行政效率提供支持。

五、渔业行政管理学的研究方法

渔业行政管理学吸收了许多自然科学和社会科学学科的理论成果,是专门化的公共管理科学,许多社会科学的研究方法都适用于渔政管理学的研究。

(一)实证分析和规范分析相结合的方法

实证分析回答"这是什么"的问题,是人们用语言、符号等对观察到的世界所进行的主观描述。实证分析的结果可能是非常片面的,也可能是比较全面的,可能是正确的,也可能是错误的。实证分析可以对照客观事实进行验证。规范分析则回答"应当是什么样子"的问题,这取决于研究者所持的社会伦理道德标准和价值取向以及所处法律和政策环境。

首先,研究渔政管理学应采用实证分析的方法去探索、发现各类渔政管理事件

---

① 何一骏:《中国渔政学》,学术期刊出版社1988年版。

② 陈松涛,郑曙光:《渔政管理学》,上海交通大学出版社1995年版。

③ 夏章英:《渔政管理学》,海洋出版社1996年版。

④ 黄有根:《渔业行政执法概论》,中国科学技术出版社1992年版。

⑤ 乐美龙,等:《渔业法规与渔业管理》,中国农业出版社2004年版。

是怎样一步一步地发生和展开的，分析渔政管理的内在特点，系统地对各类渔政管理事件进行描述、分类、归纳、抽象和总结。实证性陈述能够接近客观事实的程度与研究者的社会洞察力、选择的社会调查方法以及逻辑思维能力和语言组织表达能力密切关联。在实证分析过程中，研究者应避免预设立场，先入为主，尽力保证主观描述与所观察的客观事实相一致。预设立场往往是导致实证分析结论片面、甚至完全错误的主要原因之一。其次，研究渔政管理学还要对渔政管理事件进行规范分析。这是以社会价值取向、行政伦理道德和法律及政策环境等为参照的，与渔政管理的意义和目标密切相关。因此，规范性分析结果的可接受程度与研究者把握渔业行政伦理道德的准确性、对渔业法规以及渔业产业政策的理解能力有着密切的联系。

研究渔政管理学应当把实证分析方法和规范分析方法结合起来，牢固地树立解决实际问题的研究意识，以发现渔政管理过程中的问题为切入点，完整而准确地描述实际问题，科学地分析问题，正确地理解渔政管理的意义和目标，为解决渔政管理活动中遇到的问题提供理论和技术上的答案。

（二）比较分析方法

比较分析，包括纵向的比较分析和横向的比较分析。纵向的比较，是对渔政管理历史演进的分析研究，是对不同时期的渔政管理理论、渔政管理措施、渔政管理环境、渔政管理目标等进行比较分析，以掌握渔政管理学的历史演变情况；横向的比较，则是对不同国家或不同地区之间的渔政管理理论、渔政管理措施、渔政管理目标、渔政管理环境等进行比较，发现其中的同质性和异质性。比较分析方法是研究渔政管理学的重要方法，因为不同国家或地区、不同时期的渔政管理主体所面临的渔政管理问题有许多共同的特质，解决这些具有共同特质问题的方法自然有很强的可借鉴性。比较分析方法，可以开阔渔政管理学研究者的视野，启迪其思维，从历史和其他国家或者地区汲取经验和教训，提出适合当代中国国情的渔政管理理论和方法。在运用比较分析方法时，应注意渔政管理所依托的政治、经济、文化环境和渔业发展的自然环境，避免断章取义，避免机械地照搬、照抄。

（三）静态分析和动态分析相结合的方法

静态分析，也被称为横断面分析，是指在一定的时间点上对渔政管理现象进行分析研究，忽略其动态变化性，以期更深入细致地考察研究对象，发现内在的规律。动态分析，也称时间序列分析，是指考察研究渔政管理随时间的流逝而显示出的各种现象和演化规律。研究渔政管理学一般总是从静态分析开始，再到动态分析，进而把二者紧密结合起来，才可能真正发现渔政管理的客观规律。

渔政管理学是一门边缘学科，除了上述三种研究方法以外，还可以运用多种方法。例如，心理分析方法、要素分析与系统分析方法、定性分析与定量的分析方法等。但是，所有的研究方法都应以唯物辩证法和逻辑学为基础，实事求是，调查研究，占有充分的研究资料，并且运用逻辑学方法科学地设问与应答，注意渔政管理学研究的实用性和前瞻性。

第三节 渔业行政管理的基本原则和目标

一、渔业行政管理的意义

众所周知，由政府对渔业活动实施内容广泛、相对严格细致的监管是很近代的事情。因此，在探讨渔业行政管理的原则和目标之前，有必要思考渔业行政管理的必要性问题，即渔业行政管理存在的正当性，或者说渔业行政管理的意义。

（一）渔政管理是渔业生产力发展的必然结果

渔业主要是以可再生生物资源为基础的古老的食物生产活动。在近代工业文明到来之前的漫长历史时期，渔业生产力的水平很低，人类的捕捞活动对渔业生物资源的繁衍生息并未构成严重的威胁，渔业生物资源基本上是取之不尽、用之不竭的。然而，随着蒸汽机渔船的出现、航海技术的巨大进步、化学纤维网具以及助渔仪器的使用等，渔业生产力水平有了极大的提高，出现了过度捕捞问题。人类的捕捞活动已经成为了一些渔业资源枯竭的重要原因之一。因此，由政府承担较多的渔业监管责任，设立专门的渔业行政管理部门，解决因生产力发展带来的过度捕捞问题，就变成了理性选择。另外，伴随着近现代水产养殖生物技术、水产养殖工程技术和水产品加工技术的巨大进步而来的鱼病流行、滥用化学药物、水生生物物种入侵、水产品质量安全以及渔业环境污染等问题，也呼唤着政府对渔业活动实施严格的监管。

（二）渔政管理是渔业生物资源属性的客观要求

渔业生物资源，主要是指可以供人们采集、捕捞的有经济价值的鱼类、软体类、甲壳类、藻类等水生动物和植物群体。它们除了具有可再生性外，还具有共有性的特点，而其中的水产动物资源绝大多数还具有洄游的特点。共有性，意味着所有的渔业生物基本上生活在一个“池塘”内，没有哪个人或者单位可以对全部或部分渔业生物资源有效地主张所有权，排斥他人，基于私权而进行有效的管理。渔业生物资源的这一属性要求政府介入，公正地分配利用渔业生物资源的权利。

（三）渔政管理是市场失灵的必然选择

一般讲，市场经济是一个国家的经济发展到一定水平后的合理选择。根据微观经济学理论，完全竞争的市场经济在“看不见的手”的作用下，可以使整个经济达到一般均衡，使资源配置达到帕累托最优状态。然而，完全竞争的市场经济在现实中并不存在，“看不见的手”也不能够自动导致资源的有效配置，即发生了市场失灵的问题。垄断、经济的外部性、公共物品、不完全信息等都会导致市场失灵①，对于无法建立良好的财产权利制度的水产捕捞业来讲，经济的外部性尤为明显，市场失灵问题尤为严重②。因此，保证渔业生物资源的可持续利用，实现渔业的健康发展，必然要借助政府这只“看得见的手”，对水产捕捞业实施调节和管制。

（四）渔政管理是解决“人与稀缺的水资源、土地资源和渔业生物资源”之间矛盾的有效措施

众所周知，在过去的一个世纪里，人口增长迅速，并且大多数人口都居住在江、河、湖、海沿岸地区。不断增加的人口与有限的水资源、土地资源和渔业生物资源之间的矛盾日益凸显。解决、平衡渔业生产者之间以及与其他资源利用者之间的利益冲突要求政府和渔业行政主管部门介入，凭借其公信力，发挥调停人的作用，定纷止争，降低渔业经济发展的不确定性和风险，实现社会公正。

（五）渔政管理是维护国家渔业权益和开展渔政管理国际合作的要求

一般讲，渔业生产活动大都发生在海洋、河流及湖泊水域，而这些地区经常是国家之间的边界地区、沿海国不享有完整主权的专属经济区、大陆架和群岛水域，或者是为全人类共同财产的公海水域。因此，渔业活动具有很强的国际性。这要求政府和渔业行政主管部门不但应根据国内法维护国内的渔业生产秩序，而且还应依据国际法维护本国的渔业权益，开展渔政管理国际合作，维护国际渔业生产秩序，共同养护可再生的渔业生物资源。

渔业是历史悠久的食物生产活动，是农业的重要组成部分，处于国民经济的基础产业地位。由政府和专门的渔政管理部门对渔业活动实施监管和调节是渔业生产力发展到一定水平的必然结果，也是渔业生产活动自身特点的客观要求。

二、渔业行政管理的基本原则

渔业行政管理的基本原则应反映当代社会的整体价值观，体现一个国家政治

① 高鸿业：《西方经济学》第2版，中国人民大学出版社2000年版，第416页。

② R. Arnason. *Property Rights as a Means of Economic Organization*, in Ross Shotton (ed), *Use of Property Rights in Fisheries Management*, FAO Fisheries Technical Paper 404/1, Rome: FAO, 2000.

文明的发展水平，揭示渔政管理的特点。它们应适用所有的渔政管理事件，不要求特定而明确的适用范围，是开展渔政管理工作的指导思想，是政府和渔政部门在对渔业生产者实施管理的过程中应当遵循的普适性准则，对所有渔政部门及其渔政公务人员的行为发挥指导和约束作用。这些原则可以被简要地概括为法治原则；科学与民主原则；服务与责任原则；渔政综合效益原则；统一领导、分级管理原则。

（一）法治原则

法治原则是当代政治文明的具体体现，是我国《宪法》对一切公共管理活动的总要求，是渔政管理过程中必须遵守的一项基本原则。法治原则的内涵是非常丰富的，涉及渔政管理的各个方面。例如，渔政管理的主体必须依法设立；国务院、农业部、地方政府以及渔业行政主管部门及其所属机构必须依法定程序和权限制定渔业行政法规、规章以及其他规范性文件；渔政管理的主体必须合法；渔政管理的事项必须是法定的渔业事项；渔政管理的程序必须合法；渔政主体必须在法定的限度内行使其自由裁量权；渔政管理的决定必须以法定的方式执行；渔政管理活动的全过程必须接受司法机关、人民群众和社会舆论的监督等。在履行职责的过程中，渔政公务人员始终应当模范地遵守法律法规，依法行使公共权力。

（二）科学与民主原则

科学与民主是人类的普适价值，是成功实现各项渔政管理目标的重要保证，也是渔政管理的基本原则。渔政管理学是以许多学科为基础的边缘性科学，渔政部门和渔政公务人员应科学地认知渔业活动，了解渔业活动的特点，把握其客观规律，科学地设定渔政管理目标，科学地决策，科学地实施。

同样，在渔政管理活动中实践社会主义民主，保证广大渔业生产者的民主参与权利也是至关重要的。在我国，渔业生产者的规模、组织结构和性质等千差万别，如果渔政管理活动失去了渔业活动主体的理解、支持和参与，任何科学的管理计划都会难以落实，很难实现渔政管理的预期目标。因此，政府和渔业行管理主管部门及其机构在实施渔政管理的过程中，应保证渔业生产者合理的知情权和参与权，吸收其建议，民主决策，并发挥各类渔业行业协会、村民委员会以及各类企业、事业、单位和团体的作用，鼓励它们积极地行使权利和履行义务，引导和扶持它们健康发展。在必要时，渔政部门也可以把某些渔政管理事务委托给渔业协会、村（居）民自治组织、居民自治组织或者与其共同管理。

（三）服务与责任原则

渔政管理是政府和渔政部门为满足渔业活动主体的需要而提供的公共物品。因此，渔政管理必须遵从服务与责任原则。政府和渔政机关及其机构在从事渔政管理活动时，应当树立渔业生产者至上、平等非歧视、方便被管理者、讲究服务质量、诚实信用等理念，明确具体事项的负责人，建立健全责任追究制度。构建服务型政府、责任型政府始终是我国政治体制改革努力的方向。

（四）综合效益原则

作为一种公共管理活动，渔政管理的目标具有多重性，既要追求经济效益、生态效益和社会效益，也要顾及行政管理效益，常常面临着短期利益与长期利益、整体利益与局部利益的选择。因此，追求综合效益应是渔政管理工作遵循的一项基本原则。渔政管理部门应当针对具体的渔业行政管理环境，在不同的时期选定优先的管理目标，保证各项效益的统一和协调。

（五）统一领导、分级管理原则

《渔业法》第七条第1款规定，"国家对渔业的监督管理，实行统一领导、分级管理。"这一原则大体上明确了上下级渔政管理部门之间的工作关系，是各级渔政管理部门开展渔政管理工作应当遵循的基本原则。实际上，这一原则也是《宪法》和《地方各级人民代表大会和地方各级人民政府组织法》所确立的中央政府与地方政府、上级政府与下级政府之间的工作关系在渔政管理工作领域的具体体现①。

三、渔业行政管理的目标

渔业行政管理是政府和渔业行政主管部门及其所属机构实施的有目的的公共管理活动。明晰渔政管理的目标是制定和修改渔业法规、设计和完善渔业政策、形成和决定渔政管理计划的前提。渔政管理的目标是多重的，基本上可以概括为七个方面。

（一）建立和维护渔业活动秩序

建立和维护正常的渔业活动秩序应是渔业行政管理的首要目标。特别是在建立和完善社会主义市场经济体制的时代背景下，绝大多数市场主体从事渔业活动的主要目的应是追求经济效益的最大化，彼此之间更多的是竞争关系，同时与一些利用水资源的市场主体（如污水排放者、港口航运企业等）也存在潜在的

① 《宪法》第八十九条规定，国务院统一领导全国地方各级国家行政机关的工作，规定中央和省、自治区、直辖市的国家行政机关的职权的具体划分；《宪法》第一百一十条规定，地方各级人民政府对上一级国家行政机关负责并报告工作。全国地方各级人民政府都是国务院统一领导下的国家行政机关，都服从国务院。《地方各级人民代表大会和地方各级人民政府组织法》第六十六条规定，省、自治区、直辖市的人民政府的各工作部门受人民政府统一领导，并且依照法律或者行政法规的规定受国务院主管部门的业务指导或者领导。自治州、县、自治县、市、市辖区的人民政府的各工作部门受人民政府统一领导，并且依照法律或者行政法规的规定受上级人民政府主管部门的业务指导或者领导。

利益冲突。为此，各级政府和渔政部门应通过制定渔业法规、规范性文件以及依法对渔业活动和其他影响渔业发展的活动实施日常管理，以维护正常的渔业活动秩序。

（二）保证渔业经济增长

渔业经济增长，即由渔业行业所创造的社会财富的增长量。只有保证渔业经济增长，相对贫困的渔区才有可能转变为相对富裕的渔区。这主要取决于渔业生产技术的不断进步、渔业生产规模的扩大以及渔业生产者的受教育水平和生产技能的提高等因素。

适当的渔政管理措施可以促进渔业经济的快速增长，也可以抑制渔业经济的过快增长。例如，免除或降低渔业税费、给予渔业行业财政补贴、推广渔业生产技术、培训渔业生产者等措施，都可以促进渔业经济增长。但是，渔业经济增长也是有代价的。例如，消耗自然资源、造成渔业环境污染、增加公共支出等。因此，政府和渔政部门需要考虑保持适当的增长率。

（三）提高渔业经济效率

渔业经济效率，即渔业生产的投入与产出之比。提高渔业经济效率，即增加产出，同时尽可能地降低各种成本消耗，是渔政管理的一项重要目标。渔业生产的成本不但包括渔业生产的物理设备、资金、劳动者的时间和技能，也包括共有的自然资源以及由他人承担的外部成本。设定的渔政管理目标，应有利于渔业增长方式的转变，有利于发展资源节约型、环境友好型的渔业经济。

（四）维护社会公正

市场经济鼓励竞争，但是往往会导致经济上的不公正，影响渔区社会的和谐。例如，由政府通过拍卖的方式分配渔业水域、滩涂和渔业资源的使用权以及随后渔业权的自由转让问题。公平与正义应是社会主义的首要价值观，维护经济上的公正应是政府的重要职责①。因此，立法机关及政府和渔政部门在制定渔政管理法规和政策、分配渔业自然资源使用权、进行社会财富的再分配时，应当顾及弱势的渔业生产者群体，把维护社会公正作为评价渔政管理成功与否的重要指标。

（五）维护渔区经济和社会稳定

维护渔区经济和社会稳定也是渔政管理的主要目标之一，政府和渔政部门在

---

① 2007年3月16日，温家宝总理在十届全国人大五次会议组织的记者招待会上指出，“集中精力发展社会生产力，推进社会公平与正义，特别是让正义成为社会主义国家制度的首要价值”是我们在社会主义初级阶段中要实现两大任务。

制定渔政管理计划和采取某些渔政管理措施时，应当避免引起渔区经济和社会的不稳定。稳定与否通常采用渔业经济增长率、渔区人口的就业水平和水产品平均价格的波动等三个指标来衡量。例如，大范围且长时间的禁渔、大面积水产养殖场的关闭或拆迁、国际海洋管理体制的变革、中外渔业协定的实施等都会影响到渔区经济和社会稳定，政府和渔政部门应采取综合的国民经济发展措施，减缓渔区经济波动和社会震荡。

（六）追求渔业生物资源的可持续利用和保护渔业环境

渔业生物资源是渔业（特别是水产捕捞业）发展的物质基础，是可再生的自然资源，若开发利用得当，是可以持续利用的。因此，预防过度捕捞，追求渔业生物资源的可持续利用是渔政管理的重要目标。另外，人们的日常生活和工业活动以及捕捞活动和水产养殖活动都会对渔业环境造成破坏和污染，影响渔业生物的繁衍生息。因此，保护渔业环境，使之始终适宜渔业生物的生存构成了渔政管理重要目标。

（七）维护国家主权和渔业权益以及建立和维护公正的国际渔业经济秩序

我国渔民主要是在渤海、黄海、东海、南海从事捕捞活动，这既包括我国享有完整主权的内海和领海，也包括享有主权权利的专属经济区、大陆架以及我国虽享有历史性渔业权益但根据国际法由有关海洋邻国管辖的海域，内陆渔民的活动场所也涉及我国与陆地邻国之间的界河、界湖。另外，自 20 世纪 80 年代以来，我国远洋渔业蓬勃发展，我国渔船还在公海以及其他国家管辖海域从事渔业活动。

渔业活动的这些特点说明渔业是国际性很强的产业，意味着渔业通常是维护国家主权的先锋产业，无论是参照国际习惯，还是根据国内法，各级渔政部门都是维护国家主权的主要部门之一，依法就渔业问题与有关国家进行交涉、谈判、达成谅解、签署协定、履行与渔业有关的国际条约或协定等工作是国家渔业行政主管部门重要的法定职责①。

改革开放以来，我国的政治和经济影响力不断增强，目前是世界第一水产品生产大国，也是主要的水产品出口国和进口国，但是还未能就海洋边界问题与海洋邻国达成共识。在此复杂多变的背景下，如何更好地维护国家主权和渔业权益，建立和维护更加公平公正的国际渔业经济秩序应是渔业行政管理的目标之一。

① 参见:《缔结条约程序法》第四条、第五条。

第四节 渔业行政管理行为

渔业行政管理行为是政府和渔政管理部门履行渔业公共事务管理职责的手段和措施。这些手段和措施是多种多样的,有些是有特定适用对象的(如渔政部门实施的罚款),有些则没有确定的适用对象,适用所有的渔业生产者(如农业部制定渔业部门规章的行为);有些能够产生行政法律效力(如渔政部门采取的禁渔措施),有些则没有直接的行政法律效力(如宣传渔业法规的行为);有些属于渔政部门内部或之间的行为(如渔政公务人员的任用、奖惩以及渔政部门上下级或地区之间的领导、指导、协调等),有些则是对渔政管理相对人采取的管理措施。

根据我国当代的行政法学理论,行政机关采取的行政措施有"抽象的行政行为和具体的行政行为"之分。前者影响的对象是不确定的,是普遍的,法院对其没有司法审查的权力;而后者影响的对象是特定的,法院可以对其实施司法审查,裁决其合法性[①]。本书在吸收行政法学对行政行为分类的基础上,结合渔业行政管理的内容,将对渔业生产者有较大影响的渔业行政管理行为简单地划分为十三大类,即渔业行政立法行为;制定其他渔业规范性文件和渔业政策的行为;对渔业用地(水域)和设施、设备等的行政征收及征用行为;渔政管理收费与财政补贴行为;渔业纠纷行政调解和行政裁决行为;渔业科学研究、技术指导与推广行为;渔政奖励和舆论宣传及教育行为;渔业生物与濒危水生动植物资源养护行为;渔业环境保护行为;渔业行政许可行为;渔业行政处罚行为;渔业行政复议行为和渔业行政赔偿行为[②]。

一、渔业行政立法行为

自1949年新中国成立以来,我国的立法体制经历了多次调整[③]。根据1982年《宪法》、2000年《立法法》以及其他有关法律,除了立法机关(全国人民代表大会及其常务委员会和一些地方人民代表大会及其常务委员会)享有立法权以外,我国的一些行政机关也分享了部分立法权,即行政立法权。渔业行政立法,是指行政机关依据法定的权限和程序制定以渔政管理为主要内容的行政法规和规章的行为。从立法主体看,主要包括三类,即国务院、农业部和享有地方行政立法权的地方人

① 沈荣华:《现代行政法学》,天津大学出版社2006年版,第106-109页;《行政诉讼法》第十一条、第十二条。

② 刘新山,于洋,温旭:"试析渔政管理行为",集美大学学报(哲学社会科学版)2008年第3期。

③ 乔晓阳:《立法法讲话》,中国民主法制出版社2000年版,第9-15页。

民政府。

（一）制定渔业行政法规的行为

作为最高行政机关，国务院可以根据《宪法》、《立法法》和《国务院组织法》行使其职权立法权，从事创制性的行政立法活动，制定渔业行政法规，发布决定、命令。例如，1955 年颁布的《关于渤海、黄海及东海机轮拖网渔业禁渔区的命令》、1979 年颁布的《水产资源繁殖保护条例》、2004 年颁布的《兽药管理条例》等。国务院也可以依据《渔业法》以及相关的法律行使其授权立法权，从事执行性的行政立法活动，制定渔业行政法规。例如，根据《渔业法》于 1987 年制定的《渔业法实施细则》和 2003 年制定的《渔业船舶检验条例》，根据《海上交通安全法》于 1989 年制定的《渔港水域交通安全管理条例》，根据《野生动物保护法》于 1993 年制定的《水生野生动物保护实施条例》等。目前，国务院制定的以渔政管理为主要内容以及与渔业有密切关系的行政法规有 30 件左右，多数是依据《渔业法》和相关法律的授权而制定的执行性行政法规。

渔业行政法规的名称一般称“条例、规定或者办法”等，也可称“暂行条例或者暂行规定”，由国务院常务会议审议或由国务院审批通过，并且应当由国务院总理签署、以国务院令的方式发布。渔业行政法规，应当符合《宪法》和《渔业法》以及其他相关法律的规定和立法精神，应当符合法定的立法程序；对于不符合的，全国人大及其常委会有权予以改变或撤销①。但是，由于我国各类国家机关的立法权限和立法程序自新中国成立以来经历了多次调整，立法权的划分和立法程序是一个逐步合理和规范的过程，所以某些现行有效的渔业行政法规的名称、内容编排格式和发布方式等并不完全符合《行政法规制定程序条例》的相关规定。

（二）制定部门渔业规章的行为

作为国务院的组成部门，农业部是最高的渔业行政主管部门。根据《宪法》第九十条、《立法法》第七十一条和第七十二条以及《国务院组织法》第十条，农业部有权独立制定部门渔业规章，也可以与国务院有关部门或者具有行政管理职能的直属机构联合制定渔业部门规章，履行其渔政管理职责，执行《渔业法》以及其他法律和国务院的行政法规、决定及命令。例如，农业部和国家安全生产监督管理局于 2002 年联合制定了《渔业船舶报废暂行规定》②。部门渔业规章属于非创制性的行政法，调整的是政府和渔政管理部门与公民、法人及其他组织在渔政管理领域的社会关系，只能将《渔业法》和有关法律以及行政法规所创设的权利和义务具体

① 参见：《立法法》和《行政法规制定程序条例》。

② 已废止。参见《农业部关于加强老旧渔业船舶管理的通知》（农渔发〔2007〕11 号）。

化,而不能为渔政管理对象创设新的权利和义务。部门渔业规章,应当符合《宪法》、《渔业法》和其他相关法律以及渔业行政法规和其他相关的行政法规。根据《规章制定程序条例》,渔业部门规章一般称“规定或办法”,经由农业部部务会议决定通过,由农业部部长签署,以农业部令的方式公布。如果部门渔业规章与国务院其他部门规章之间发生冲突,应当由国务院裁决①。

目前,农业部制定的部门渔业规章有30件左右。农业部渔业局汇编的《中华人民共和国渔业法律法规规章全书》根据内容将这些部门渔业规章划分成了九个类别,即综合、资源管理、渔船与渔港管理、渔业水域生态环境保护、水生野生动植物保护、渔船检验、水产养殖与水产品质量安全、远洋渔业和事务性管理及其他②。这些规章为农业部及其所属的渔政管理机构、地方各级人民政府及其渔业行政主管部门和机构依法有效地履行渔政管理职责提供了更加具体的行政规范。在渔业行政诉讼案件中,这些规章可以作为人民法院做出裁决的参照,但不能够作为依据③。

（三）制定地方政府渔业规章的行为

根据《地方各级人民代表大会和地方各级人民政府组织法》第六十条和《立法法》第七十三条,省、自治区、直辖市和较大的市人民政府为了执行渔业法律、行政法规、地方性法规可以制定地方政府渔业规章,适用于各自的行政管辖区域。较大的市,是指省、自治区人民政府所在地的市、经济特区所在地的市和经国务院批准的较大的市。目前,我国有4个经济特区和18个经国务院批准的较大的市④。地方政府渔业规章,一般称为“规定或办法”,由地方政府常务会议或者全体会议决定通过,并且应当由地方政府首长签署,以政府令的方式公布⑤。

地方政府渔业规章应当符合宪法、《渔业法》及相关法律、行政法规和地方性法规的规定,省级人民政府规章的效力高于较大的市的政府规章。而地方政府渔业规章与农业部部门渔业规章之间的效力关系问题,则有些复杂。从法学理论上

① 参见:《立法法》第八十六条。

② 中华人民共和国农业部渔业局:《中华人民共和国渔业法律法规规章全书》,法律出版社2005年版。

③ 参见:《行政诉讼法》第五十二条、五十三条。

④ 即唐山市、大同市、包头市、大连市、鞍山市、抚顺市、吉林市、齐齐哈尔市、青岛市、无锡市、淮南市、洛阳市、重庆市(1984年12月5日国务院批准。其中,八届人大第五次会议于1997年3月14日决定设立重庆直辖市)、宁波市(1988年3月5日国务院批准)、深圳市(1992年7月1日,七届人大常委会第二十六次会议决定授权)、邯郸市、本溪市、淄博市(1992年7月25日国务院批准)、徐州市、苏州市(1993年4月22日国务院批准)、厦门市(1994年3月22日八届人大常委会第二次会议决定授权)、汕头市、珠海市(1996年3月17日八届人大常委会第四次会议决定授权)。

⑤ 参见:《规章制定程序条例》。

讲,部门渔业规章和地方政府渔业规章调整的社会关系是重合的,二者具有同等效力,因为农业部与地方政府之间没有领导与被领导的关系,只是适用范围不同[①]。一般讲,农业部的部门渔业规章适用于我国的陆地领土、内海、领海、专属经济区以及我国管辖的其他一切水域,而地方政府渔业规章适用于各自的地方行政区域。由此,法律冲突的可能性是存在的,解决的机制是由国务院裁决[②]。目前,大多数享有地方立法权的地方政府都制定了地方政府渔业规章,计60件左右。这些规章为其渔业行政主管部门及其机构在本行政区域内开展渔政管理工作提供了操作性较强的法律依据。

二、制定其他渔业规范性文件和渔业政策的行为

为了执行渔业法律、行政法规、地方性法规和规章,更好地履行渔政管理的行政职能,除了上述的渔业行政法规和渔业行政规章外,行政机关还可以制定其他渔业规范性文件和政策。制定这些文件和政策的行政机关可以是国务院、农业部及其所属机构,也可以是各级地方人民政府及其渔业行政主管部门和所属机构,即依法享有渔政管理职责的任何行政机关和机构。这些渔业规范性文件和政策通常以"通知、意见、决定、通告、批复、复函、规则、规定、办法、细则、制度、规程、程序、规范、标准、方案、预案、指南"等为表现形式,也是普遍适用的,而不是针对特定的个人或者单位的,如同法律、行政法规、地方性法规和规章一样对渔政管理工作起着重要的指引和规范作用。但是,它们常常没有明确的、法定的制定程序,不属于法的范畴,不可以作为渔业行政机关决定渔业行政处罚的根据,也不是人民法院审理行政诉讼案件的依据和参照。上级行政机关对下级行政机关制定的渔业规范性文件和政策可以行使行政审查的权力[③]。严格讲,人民法院可以对这些文件和政策行使司法审查的权力,裁定它们的合法性。

三、渔业行政管理收费与财政补贴行为

在我国,渔业生产者除了需要依法向税务机关缴纳税款外,通常还需要依法向渔政管理部门以及其他政府部门缴纳各种行政费用。按照行政法学理论,这些行

---

① 乔晓阳:《立法法讲话》,中国民主法制出版社2000年版,第289页。

② 参见:《立法法》第八十六条。实际上,由于渔业水域常为各级地方行政管辖区的边界以及无法划定地方行政管辖区边界的海洋水域,部门渔业规章与地方政府渔业规章之间以及相邻的地方政府渔业规章之间的适用问题是非常复杂的,这里不再深入探究。鉴于确定渔业水域地方行政边界的不必要性和困难性,笔者认为在渔业规章对同一事项做出不同规定时,优先适用农业部制定的部门渔业规章是比较妥当的。

③ 参见:《行政复议法》第七条。

政行为被统称为行政征收，其特点是意思表示具有单向性、无偿性和法定性[①]。换句话说，渔政管理部门的收费行为是行政机关单方的意志体现，不是与渔业生产者协商的结果，是一种行政机关无偿收取渔业生产者钱款的行为。

按照《渔业法》、有关法规和规章，渔业生产者需要缴纳的行政规费主要有渔业资源增殖保护费、渔港费以及因得到渔业行政管理部门提供的检验、检测、登记、考试、发放证照等服务而需要缴纳的费用。根据国务院批准的《渔业资源增殖保护费征收使用办法》和农业部与国家计委联合发布的《渔港费收规定》，征收和使用渔业资源增殖保护费和渔港费的原则基本上都是取之于渔、用之于渔。渔业行政管理收费，对于实现渔业生产者公平合理地承担部分渔业行政部门的运行费用，维持渔政部门的正常运行，建设和维护渔业公共设施，保护渔业环境，养护和恢复渔业生物资源，促进渔业行业的整体发展等都是必要的。但是，这种行为必须以明确的法律规定为依据，否则应被认定为乱收费行为，渔业生产者有权抵制和拒绝[②]。

与缴纳渔政管理规费相反，渔业生产者有时可以向政府和渔政管理部门提出申请，获得到财政补贴或者减免应当缴纳的税款和规费。依据行政法学的理论，渔业行政机关受理特定渔政管理对象的申请，并给予其财政帮助或减免财政负担的行为被称为行政给付[③]。其基本目的可以概括为以下几个方面：促进渔业经济发展，维护渔业生产安全；促进渔业产业结构调整；帮助渔业生产者应对渔业自然灾害、恢复渔业生产；帮助渔业生产者转产、转业；帮助、扶持贫困弱势的渔业生产者；保护、改善渔业生态环境；应对影响渔业发展的国际政治和经济环境较大变化等。一般讲，渔业行政给付行为是渔政管理部门应渔业生产者的申请做出的。因此，接受渔业行政给付的对象和情形是特定的。渔业行政管理部门，应当依据有关的法律、法规、规章以及其他规范性文件和政策受理、审查渔政管理对象的申请，做出合理、合法的决定，并自觉地接受审计机关、司法机关以及广大渔业生产者和新闻媒体单位的监督。获得财政帮助的渔业生产者也应当依照相关的法律、法规、规章和政策使用由公共财政支出的款项，并接受渔业行政管理部门和有关部门的监督[④]。

四、对渔业用地(水域)和设施、设备等的行政征收或征用行为

我国存在两种自然资源所有权类型，即国家所有和农民集体所有，而对于渔业

---

① 沈荣华：《现代行政法学》，天津大学出版社 2006 年版，第 193－198 页。

② 行政征收行为虽然在理论上是很清晰的，但是在实践中由于对“法律规定”的含义缺乏明确的界定以及渔业生产者的弱势地位，渔业乱收费问题是很严重的，很难彻底解决。这里不做深入探讨。

③ 姜明安：《行政法与行政诉讼法》，北京大学出版社、高等教育出版社 2007 年版，第 272－275 页。

④ 目前，我国在渔业财政补贴和行政规费减免领域里的法制不健全，司法机关无法有效介入，问题较多。这里不做深入探讨。

生产很重要的海域资源，则只有国家所有权一种类型。在此基础上，《渔业法》、《物权法》和有关法律创设了个人和单位享有的渔业权[①]，即通过土地承包经营制度在农民集体所有和国家所有由农民集体使用的土地和水域设立的渔业权与通过养殖证和渔业捕捞许可证制度设立的渔业权。渔业权属于一种独立的用益物权类型，个人和单位在国家或者农民集体所有的土地和水域上依法取得的渔业权受法律保护，渔业权人享有排除妨害、消除危险请求权以及损害赔偿请求权等。

由于我国法律禁止买卖自然资源所有权的行为，因而渔业用地（包括水域）所有权的改变只能通过行政征收的方式实现，把农民集体所有的渔业用地变为国家所有。依照有关法律规定[②]，征收渔业用地（水域）应当有法定的理由，履行适当的行政审批手续，并且给予土地所有权人和渔业权人合理的补偿。在不改变渔业用地（水域）所有权性质的情形下，因为行政征用而导致渔业权人无法从事渔业生产，渔业权人依法也有权得到合理补偿。

行政机关除了可以对渔业用地（水域）等不动产进行征收、征用外，还可以依法对渔业生产者所有的动产（例如，船只以及其他渔业生产设施、用具等）实施征收和征用，并且应当给予合理补偿。在征用的动产使用完毕后，应当归还给被征用人；造成损毁、灭失的，应当给予赔偿。

政府和渔业行政部门对渔业用地（水域）和设施、设备、用具等实施的行政征收或征用行为对渔业生产者的权利影响巨大，而我国目前有关这方面的法律法规不是很健全、细致。例如，对渔业用地（水域）转为非渔业用地（水域）缺乏明晰的行政审批程序、对由于行政征收或征用导致的渔业权人无法继续从事渔业生产的补偿标准缺乏明确的法律依据等。因此，为了最大限度地保护渔业权人的合法利益，政府和渔政机关及其机构应当严格依照有关法律、行政法规、地方性法规、规章和其他规范性文件及政策实施渔业行政征收和征用行为，维护渔业经济和谐发展和渔区社会稳定。

五、渔业纠纷行政调解和行政裁决行为

在渔业生产过程中，常会发生各类纠纷。例如，捕捞作业者之间网具钩挂、作业渔场选择冲突；水产养殖者之间用地、用水矛盾；渔业环境污染；渔业与其他行业（如航运业、采砂业、生活和工业污水排放、水上工程建设等）之间的自然资源使用权纠纷等。调解解决或依法裁决这些渔业纠纷是渔业行政管理部门的重要职责。

---

① 参见：《渔业法》第十一条、第二十三条；《物权法》第一百二十三条。

② 参见：《渔业法》第十四条；《土地管理法》第五章；《物权法》第四十二条、第四十四条、第一百二十一条。

渔业纠纷行政调解和裁决行为有以下几点特征，即纠纷中至少一方是渔业生产者；纠纷的内容涉及渔业生产；纠纷的双方是平等的民事主体；调解的结果具有道义上的约束力，如果当事方不接受，可以向人民法院提起民事诉讼；渔业行政裁决的效果通常具有一定的行政强制力，如果当事方不接受裁决结果，不履行裁决，也不主动依法寻求行政或司法救济申请行政复议或提起行政诉讼，渔业行政机关可以采取一定的强制措施或者申请人民法院强制执行。

六、渔业科学研究、技术指导与推广行为

政府始终对科学技术水平的提高和国民经济的稳健发展承担着政治上和法律上的责任。这对于农业之重要组成部分的渔业来说，更是如此。根据《渔业法》、《农业法》、《农业技术推广法》以及其他相关法律和法规的规定，渔业行政管理部门负有制定渔业经济发展计划、制定渔业水域利用规划、支持和鼓励开展渔业科学技术研究、推广渔业生产先进技术、指导渔业生产者从事渔业生产等多方面的责任。例如，《渔业法》第十八条规定，“县级以上人民政府渔业行政主管部门应当加强对养殖生产的技术指导和病害防治工作”。

渔政部门承担的这些责任涉及到了行政法学中的两个概念，即行政合同和行政指导①。行政合同，是指行政主体为了实现行政管理的目的，与行政管理相对人就行政管理中相互的权利和义务达成的意思一致的行为。例如，与渔业科研人员或单位签署的科研合同、渔业技术推广合同。行政合同既受民事法律的调整，也受行政法的调整。签订行政合同要遵循诚实信用和依法行政的原则。若当事方违反了合同约定的义务，应承担合同约定的责任。行政指导，是指行政主体在其法定职责范围内，为了实现特定的行政管理目标，制定诱导性规则，或针对特定的管理对象采用警示、劝诫、指引、建议、示范、肯定、鼓励等非法律强制的方法，促使行政管理相对人作为或不作为的行政行为。行政指导的本质特征是不具有法律强制性，以行政管理相对人可能受益为根本出发点的。它具有节约行政管理成本、化解潜在矛盾、预防发生违法行为、调控经济发展的作用。在渔政管理过程中，渔业行政指导行为是非常常见的，在建设服务型政府的时代背景下更是如此。

在渔政部门以及渔业技术推广机构实施渔业科学技术指导与推广行为时，应当遵循一些基本原则。第一，非强制原则。开展渔业科学技术指导和推广工作，应当尊重渔业生产者的意愿，充分调动他们自身的能动性，而不能一厢情愿，硬性摊派。第二，目的正当性原则。渔业科学技术指导和推广的目的在于使渔业生产者受益，这种行为必须符合《渔业法》、《农业技术推广法》以及其他相关法律、法规和

① 应松年：《依法行政教程》，国家行政学院出版社 2004 年版，第 150 - 157 页。

规章阐述的渔业发展方针，符合渔业发展的产业政策。第三，保持双方责任与利益均衡的原则。渔业科学技术指导和推广，基本属于政府提供的公共物品或者说半公共物品，所需的经费主要由公共财政支出，渔业生产者接受的技术指导往往是无偿的。但是，这并不排斥渔业技术指导和推广机构可以开展有偿服务。如果由于渔业政部门以及技术推广机构的错误指导使渔业生产者遭受了较大的经济损失，责任方也应当给予一定的补偿，而不能够以无偿指导的理由而完全免除责任。开展渔业科学技术指导和推广工作，应当因地制宜，进行试验和示范，讲究诚实信用，讲究经济效益。

七、渔政奖励和舆论宣传及教育行为

为了更有效地履行渔政管理职责，实现渔政管理目标，渔业行政管理部门还可以依据渔业法律、法规和规章以及其他规范性文件和政策对在渔政管理工作中以及其他渔业活动中作出突出贡献的个人和单位给予表彰。《渔业法》第五条规定，在增殖和保护渔业资源、发展渔业生产、进行科学技术研究等方面成绩显著的单位和个人，由各级人民政府给予精神的或者物质的奖励。按照行政法学理论，这被称为行政奖励，是一种行政给付行为[①]。渔政奖励的内容，既可以是给予财产权利的物质奖励，也可以是给予荣誉称号的精神奖励，或者二者兼用。接受渔政奖励的个人和单位，既可以是优秀的渔政公务人员和渔政部门及其机构，也可以是其他从事渔业活动的先进个人、企业、事业单位、行业协会等。渔业行政部门实施行政奖励，一般应遵循实事求是和注重效果的原则，以达到调动人们工作积极性和创造性的目的。舆论宣传及教育，也是渔业行政机关开展渔政管理工作的常用措施。例如，对渔业法律、法规、规章和渔业政策的宣传，对渔业典型事件的宣传等。渔政奖励和舆论宣传及教育行为，都是法律强制性比较弱的渔政管理行为，行政成本较低，但是往往可以产生比较持久的管理效果。

八、渔业行政赔偿行为

2010 年 4 月 29 日修订的《国家赔偿法》第二条规定：“国家机关和国家机关工作人员行使职权，有本法规定的侵犯公民、法人和其他组织合法权益的情形，造成损害的，受害人有依照本法取得国家赔偿的权利。”因此，如果渔政部门和渔政公务人员行使职权，具有《国家赔偿法》规定的侵犯公民、法人或其他组织的合法权益的情形，造成了损害事实，应依法承担赔偿责任。渔业行政赔偿责任的成立必须同时符合下列要件：侵权行为的主体为渔政部门或其公务人员、侵权行为是渔政部门

---

① 沈荣华：《现代行政法学》，天津大学出版社 2006 年版，第 258－261 页。

或其公务人员履行职务从事的违法行为、渔政部门或其公务人员违法履行公务的行为造成了损害事实、损害事实与渔政部门或其公务人员的违法履行公务行为之间有直接的因果关系、符合《国家赔偿法》规定的情形。

根据《国家赔偿法》第三十二条，渔业行政赔偿主要以支付赔偿金的方式实现，能够返还财产或者恢复原状的，予以返还财产或者恢复原状。例如，违法处以罚款、没收渔获物、违法所得、没收渔具渔船的，应返还财产；违法处以扣押、吊销捕捞许可证、养殖证、责令停止生产经营的，应赔偿停产停业期间必要的经常性费用开支。

另外，根据《国家赔偿法》第十六条，渔政部门应当责令有故意或重大过失的工作人员或者受委托的组织或者个人承担部分或者全部赔偿费用，并依法给予行政处分；构成犯罪的，应依法追究刑事责任。

除了上述的八种渔业行政管理行为外，渔业生物与濒危水生动植物资源养护行为、渔业环境保护行为、渔业行政许可行为、渔业行政处罚行为和渔业行政复议行为将在第三章和第四章以及第八章至第十章专章讨论。

事实上，渔政部门和渔政公务人员因履行渔政管理职责的需要可以实施的行为是多种多样的，有很多分类标准，每一种分类标准都有助于从不同的角度认识渔政管理行为的特征。例如，根据渔政机关受法律约束的程度，有羁束行政行为与自由裁量行政行为之分；根据渔政行为是否是主动作出的，有依申请的行政行为和主动的行政行为；依据是否需要具备法定形式，有要式行政行为和非要式行政行为之分等。应当注意的是，这些二元分类方法是都相对的，而非绝对的，在两种行政行为之间往往存在着过渡状态。

第二章　渔业行政管理主体和渔政公务人员

第一节　渔业行政管理主体

一、渔业行政管理主体的概念

渔业行政管理主体问题是渔业行政管理学研究的重要内容。严格地讲,渔业行政管理主体是指依法设立的、能够独立地依法行使国家渔业行政管理权,并且能够独立承担可能的行政法律责任的公共组织。通过行政委托的途径而获得特定渔业行政管理权力的法人组织,只能够以委托机关的名义从事渔业行政管理活动,不能够独立承担行政法律责任。

渔业行政管理主体是渔政管理学的一个基本概念,可以从四个方面理解。第一,它必须是依法设立的,这是渔政管理法治原则的客观要求。所依之法涉及到了《宪法》、《国务院组织法》、《地方各级人民代表大会和地方各级人民政府组织法》、《渔业法》以及其他有关的法律和法规等。第二,它有权依法管理渔业公共事务,能够独立地做出影响渔业生产者权利和义务的行政行为,一般不需要预先从其他组织获得具体指令。第三,它能够独立地承担因其采取的行政行为而可能引起的行政法律责任,有能力独立地参加行政复议和行政诉讼活动。第四,它是公共管理组织。这意味着渔政管理主体只能为了社会公共利益之目的而依法活动,不能够利用公权力为组织的私利益从事任何活动。根据《渔业法》第九条,渔业行政主管部门和其所属的渔政监督管理机构不得参与和从事渔业生产经营活动。根据《公务员法》第五十三条,渔政公务人员不得从事或者参与营利性活动,在企业或者其他营利性组织中兼任职务。

二、渔业行政管理主体的分类

目前,我国设有规模、级别和职责不一的渔业行政主管部门和机构[1]。依据

---

① 参见:《渔业法》第六条。

《国务院组织法》和《地方各级人民代表大会和地方各级人民政府组织法》，渔业行政主管部门是县级以上人民政府的组成部门或工作（也称职能）部门。渔业行政管理机构则是依据其他专门的法律、法规设立的，主要包括独立设置的渔政渔港监督机构、渔政管理机构①、渔港监督机构②、渔船检验机构③、渔业无线电管理机构④、水生动植物自然保护区管理机构⑤、水产苗种管理机构⑥、湖泊综合管理机构⑦等。

为了叙述简便，本书将渔业行政主管部门和依法设立的渔政管理机构统称为渔业行政管理部门，简称渔政部门。其中，有些渔政部门是专职的渔政管理主体；有些是由职能间有密切关联的一些部门构成的行政管理主体，还享有渔业行政管理权之外的其他公共事务管理权；有些则是针对一特定水域而设立的综合性行政管理主体，渔政管理权仅是其工作职责的部分内容。根据渔业行政管理主体的决策权力或者说权威性、所管理渔政事务的地域范围以及综合程度等，这些渔政管理主体可以被分为中央渔政管理机关、地方渔政管理机关、由法律或法规授权的渔政管理机构以及其他组织和渔政部门委托的组织⑧。中央渔政管理机关和机构包括国务院、农业部及其所属渔业行政管理机构；地方渔政管理机关和机构包括地方各级人民政府及其渔业行政主管部门和所属机构，可细分为省级人民政府及其渔业行政主管部门和所属的渔业行政管理机构、市级人民政府及其渔业行政主管部门和所属机构、县级人民政府及其渔业行政主管部门和所属机构等。目前，依据法律或法规设立的渔业行政管理机构很多属于具有渔业行政管理职能的事业单位。

（一）国务院

根据1982年《宪法》⑨，国务院是国家最高行政管理机关，有权规定国务院各

---

① 参见：《渔业法实施细则》第六条。

② 根据《渔港水域交通安全管理条例》，渔港监督机构对渔港水域交通安全和沿海水域渔业船舶之间交通事故调查处理等享有广泛的行政管理权。

③ 根据《渔业船舶检验条例》，渔船检验机构行使渔业船舶检验及其监督管理职能。

④ 根据《渔业无线电管理规定》，渔业无线电管理机构享有包括渔业行政许可和行政处罚在内的广泛的渔业行政管理权。

⑤ 参见：《水生动植物自然保护区管理办法》第十五条、第二十五条和《自然保护区条例》第三十四条、第三十五条。

⑥ 参见：《辽宁省水产苗种管理条例》第三条、第二十五条。

⑦ 参见：《云南省抚仙湖管理条例》、《云南省阳宗海保护条例》等地方性法规。

⑧ 鉴于我国现行立法和规范性文件大多没有十分严格地区别使用“机关、机构、主管部门”三个语词，本书也未十分严格地区隔使用。笔者以为，“机关或主管部门”应是依据《宪法》、《国务院组织法》和《地方各级人民代表大会和地方各级人民政府组织法》等设立的，而“机构”应是依据有关国家机构的特别法律、法规而设立的；一般讲，“机构”可以包括“机关”，但是“机关”不应包括“机构”。建国六十多年来，我国经历了多次机构改革，已逐步走上科学化、民主化、法治化的轨道。

⑨ 参见：《宪法》第八十九条、第一百一十条。

部、委员会的任务和职责，统一领导各部、委员会和全国地方各级国家行政机关的行政管理工作，有权划分中央和省、自治区、直辖市的国家行政机关的职权范围，全国地方各级人民政府都是国务院统一领导下的国家行政机关，都服从国务院。因此，国务院是渔业公共行政事务的最高决策机关，可以依法颁布关于渔政管理工作的行政法规、决定、命令以及其他规范性文件。作为国务院的组成部门，农业部应当就渔政管理工作的方针、政策、计划和重大行政措施向国务院请示报告，由国务院决定[①]。例如，《关于2003—2010年海洋捕捞渔船控制制度实施意见》是重要的渔业发展计划，农业部在发布之前请示了国务院，并得到了国务院的批准[②]。农业部自1995年在东海、黄海每年实施的大范围伏季休渔制度属于重大的渔政管理措施，也是经过国务院同意的[③]。

（二）农业部及其所属机构

作为国务院的组成部门，农业部根据《渔业法》以及国务院三定方案主管全国的渔业工作，负责研究、制定和实施渔业发展战略、规划以及重大措施，向国务院请示报告，指导渔业生物资源、渔业水域、滩涂等的开发利用，保护渔业水域生态环境和水生动植物资源，签署政府间渔业协定，维护国家渔业权益，行使渔船检验和渔政、渔港监督管理权等。并且，农业部对地方各级人民政府的渔业行政主管部门和所属机构负有领导或指导的责任[④]。具体工作，则由农业部渔业局承担。

农业部渔业局，作为国家渔业行政管理机构，又称中华人民共和国渔政局，是我国渔政管理具体工作的最高领导机关，负责在全国贯彻实施《渔业法》以及其他渔业法律、法规和规章，并对农业部的三个海区渔政局和各级地方人民政府的渔业行政主管部门和所属机构负有领导或指导的责任[⑤]。

为了维护国家渔业权益，更有效地开展渔政管理工作和组织海洋渔业生产，方便渔民，农业部分别在烟台、上海和广州设立了农业部黄渤海区渔政局、农业部东海区渔政局和农业部南海区渔政局[⑥]。根据《渔业法》第六条、第七条和《渔业法实施细则》第三条、第六条的授权，由三个海区渔政局更直接地负责执行渔业法律、法

---

① 参见：《国务院组织法》第十条。

② 参见：《关于2003—2010年海洋捕捞渔船控制制度实施意见》（农渔函〔2003〕63号）。

③ 《关于修改〈东、黄、渤海主要渔场渔汛生产安排和管理的规定〉的通知》（农渔发〔1995〕6号）；《关于延长黄海海域休渔期的通知》（农渔发〔1999〕4号）；《关于调整东、黄海和南海伏季休渔规定的通知》（农渔发〔2000〕05号。

④ 农业部的主要职责，见中国农业信息网：http://www.agri.gov.cn/nyb/jgzz.htm

⑤ 农业部渔业局的主要职责，见中国渔业政务网：http://www.cnfm.gov.cn/organ/display.asp? id=1

⑥ 事实上，三个海区渔政局的前身都是经国务院和中央军委批准设立的，直属国务院和中央军委领导。1985年，变更为农业部所属机构。见黄渤海渔业信息网：http://www.hbhyzchina.gov.cn/index.jsp 见东海渔业信息网：http://www.dhyzchina.gov.cn/见南海渔业信息网：http://www.nhyzchina.gov.cn/sites/MainSite/

规和规章，领导、组织、协调和指导所管辖的各省、直辖市、自治区的渔政管理工作。2000 年，为了有效而及时地处理重大的渔业违法案件，执行中外渔业协定，开展国际渔业执法合作等，农业部根据国务院的决定在北京又组建了中国渔政指挥中心①，负责统一指挥、调度和协调全国的渔业执法力量②。

此外，农业部还设置了渔业船舶检验局，负责贯彻实施有关渔业船舶检验的法律、法规和规章，履行有关国际公约规定的义务，处理有关渔业船舶制造、修理和检验中的违法案件等，并对地方各级政府渔业船舶检验机构的工作进行领导或指导③。1987 年，农业部设立了长江中下游渔业资源管理委员会，1993 年调整为长江渔业资源管理委员会；2002 年，设立了珠江流域渔业管理委员会；2007 年，设立了黄河流域渔业资源管理委员会。这三个流域的渔业委员会分别负责协调、管理各流域的渔业公共事务。

（三）地方各级人民政府及其渔业行政主管部门和所属机构

地方的渔政管理主体包括县级（含县级市、自治县和市辖区）人民政府、市级（含自治州、地区行署、旗、盟）人民政府和省级（含自治区和直辖市）人民政府以及它们的渔业行政主管部门和所属机构。根据《地方各级人民代表大会和地方各级人民政府组织法》以及《渔业法》等有关法律和法规的规定，地方人民政府负责本行政区内的渔政管理工作，并且下级政府应向上级政府负责和报告工作，地方各级政府都要服从国务院的领导。对于跨行政区的渔业活动，由有关的地方政府协商管理或者由共同上级人民政府决定。对于海洋渔业，则依据机轮拖网禁渔区线划分地方渔政管理主体与中央渔政管理机关的管辖范围，禁渔区线外侧由中央渔政管理机关负责④。相邻海域的渔政管理界限问题，由有关地方人民政府协商和中央渔政管理机关协调解决。

根据渔业经济在各地方行政区国民经济中的重要程度以及政府机构编制规模的总体要求，有些地方的渔业行政主管部门是地方人民政府的组成部门，有些则作为其直属机构。另外，一些地方人民政府也依据《渔业法》第六条，在重要的渔业水域、渔港设立了渔业行政管理机构，并根据渔政管理业务的内容，设立了渔业管

---

① 参见：《关于农业部渔政指挥中心机构编制的批复》（中编办字〔2000〕45 号）。

② 见中国渔业政务网：http://www.cnfm.gov.cn/organ/display.asp? id = 84

③ 见中华人民共和国渔业船舶检验局网站：http://www.cfr.gov.cn/sites/MainSite/List_2_2575.html

④ 我国沿岸海域的机轮拖网禁渔区线是根据 1955 年 6 月 8 日国务院发布的《关于渤海、黄海及东海机轮拖网渔业禁渔区的命令》（1963 年 10 月，修改了两个基点）、1957 年 7 月 26 日经过国务院批准由水产部于 1957 年 8 月 16 日发布的《国务院关于渤海、黄海及东海机轮拖网渔业禁渔区的命令的补充规定》和 1980 年 5 月 6 日由国务院及中央军委批转国家水产总局《关于划定南海区和福建省沿海机动渔船底拖网禁渔区线的意见》划定的。

理委员会、渔政管理局（或称处、站等，即所谓的“小渔政”）、渔业船舶检验局、渔港监督局等。地方各级渔业行政主管部门及其所属的渔政管理机构，是同级人民政府的职能（或者说工作）部门，主管本行政区的渔政管理工作，接受本级人民政府的领导，并且依照法律、法规的规定受上级人民政府渔业行政主管部门的业务指导或者领导以及农业部及其所属机构的业务指导或者领导[①]。渔业行政主管部门与其所属的渔政管理机构之间，基本上也是领导或指导与被领导或被指导的工作关系。

乡（民族乡、镇）人民政府是我国最低一级人民政府，依照《地方各级人民代表大会和地方各级人民政府组织法》以及其他相关法律和法规，也享有一些渔政管理权。作为市辖区、不设区的市的人民政府的派出机关，街道办事处的职责与乡人民政府类似[②]。但是，乡（民族乡、镇）人民政府和街道办事处可以实施的渔政管理行为是很有限的。例如，根据《渔业法》，它们没有行政处罚权，也没有颁发养殖证、渔业捕捞许可证等渔业证照的权力。

（四）经由法律或法规授权可以行使特定渔政管理权的特定组织

根据法律、法规的明确授权，某些不属于渔政部门的组织也可依法管理某些渔业公共事务。这些组织主要包括群众性自治组织（即农村村民委员会和城市居民委员会）、水产技术推广机构、水产科研和教育机构、行业协会以及专业技术委员会。

农村村民委员会，是村民自我管理、自我教育、自我服务的基层群众性自治组织，可以办理本村的公共事务和公益事业，调解民间纠纷，承担本村生产的服务和协调工作。依照法律规定，农村村民委员会有权管理本村属于村农民集体所有的土地和其他财产，教育村民合理地利用自然资源，保护和改善生态环境[③]。城市居民委员会的性质和任务与农村村民委员会类似[④]。因此，农村村民委员会和城市居民委员会都可以根据法律和法规以及村规民约等管理本地的一些渔政事务，并接受乡（镇）政府和街道办事处、县级以上地方人民政府及其渔业行政主管部门和所属机构的业务指导。

目前，我国建立了国家级、省级、市级、县级和乡级五级水产技术推广体系[⑤]。根据《农业技术推广法》，各级水产技术推广机构都享有一定程度的渔政管理权。根据《渔业法实施细则》第九条以及《农产品质量安全法》第二十七条，依法设立的

---

① 参见：《地方各级人民代表大会和地方各级人民政府组织法》第六十六条。

② 参见：《地方各级人民代表大会和地方各级人民政府组织法》第六十八条。

③ 参见：《村民委员会组织法》第二条、第五条。

④ 参见：《城市居民委员会组织法》第二条至第五条。

⑤ 农业部渔业局：《中国渔业年鉴 2001》，中国农业出版社 2002 年版，第 136－139 页。

渔业行业协会在政府及其渔业行政主管部门和所属机构的指导下，也享有某些渔政管理权。由于一些渔政管理活动具有较强的专业技术属性，渔政部门不便于行使，法律、法规也明确授权给专门的技术委员会行使。例如，《渔业法》第十六条规定，水产品新品种的审定工作由全国水产原种和良种审定委员会负责；《农业转基因生物安全管理条例》第九条规定，农业转基因生物的安全评价工作，由农业转基因生物安全委员会负责；《农产品质量安全法》第六条规定，由农产品质量安全风险评估专家委员会对可能影响农产品质量安全的潜在危害进行风险分析和评估。

由法律、法规授权的组织与渔政部门一样，具有行政主体的地位，可以以自己的名义依法行使法律法规授予的渔政管理权，并自行承担由此可能引起的法律责任。

(五)经由渔政部门委托可以行使特定渔政管理权的组织

为了方便管理，节约行政成本等，渔政部门也可以将某些渔政管理权委托给具有管理能力的其他行政机关、事业单位、社会团体、行业协会以及群众自治组织行使。例如，《水生野生动物保护实施条例》第十七条规定，渔业行政主管部门可以委托同级建设行政主管部门核发国家重点保护的水生野生动物驯养繁殖许可证；《农业转基因生物安全管理条例》第十条规定，农业行政机关可以委托有条件的组织从事农业转基因生物检测工作；《远洋渔业管理规定》第二十一条规定，渔业行政机关可以把远洋渔业船员的培训工作委托给有条件的教育机构办理。渔业行政委托，必须有法定的依据，依照法定的程序进行，并向社会公布。接受委托的组织，应是依法设立的，并有符合要求的人员和技术条件。例如，设立渔业行业协会要经过渔业行政机关的审查同意，具备法人条件，并依据《社会团体登记管理条例》依法登记。《水产资源繁殖保护条例》第十六条规定，根据需要，在一些海湾、湖泊、江河、水库等水域，可以设立群众性的管理委员会。《渔业法实施细则》第九条规定，群众性护渔管理组织，应当在当地县级以上人民政府渔业行政主管部门的业务指导下，依法开展护渔管理工作。

《行政处罚法》和《行政许可法》对行政处罚和行政许可的委托问题作出了比较明确的规定[①]。接受委托的组织，不具有渔政管理主体的地位，只能以做出委托决定的渔政部门的名义行使经由委托而明示的渔政管理权，并且不能再次委托给其他组织。由它们行使渔政管理权而可能产生的行政法律责任，也由做出委托决定的渔政部门承担。

① 参见：《行政处罚法》第十八条、第十九条；《行政许可法》第二十四条。

三、渔政部门与其他国家机关之间的工作联系

渔业产业的终端产品主要是优质食品，渔业生产活动多发生在水上。这包括我国的内陆水域、内海和领海，也包括我国专属经济区和大陆架以及公海和他国管辖的水域。渔政管理工作一方面关系到数以百万计人口的生存和发展以及水产品消费者的身体健康问题，另一方面也关系到维护渔业生产秩序、保护渔业生物资源和环境、促进渔业经济发展、维护国家渔业权益、开展渔业国际合作等诸多问题，是十分复杂的，涉及的面非常广。因而，渔政部门在依法履行渔业行政管理职责的过程中，需要有关国家机关的积极配合与支持，才有可能实现渔政管理工作的各项目标。这些部门主要包括公安部门、环境保护部门、海洋管理部门、交通运输部门、食品安全管理部门以及司法机关等。

（一）与公安部门的工作联系

根据相关法律、法规和规章的规定，公安机关负有维护社会治安秩序；管理交通、消防、危险物品、户籍、居民身份证、护照、出入境事务；维护边境地区和海上的治安秩序；预防、阻止和侦查违法犯罪活动等多项职责[①]。渔政部门的工作和公安部门的工作有着较密切的联系，一些违反渔业法规的行为往往也是违反有关社会治安法规的行为，情节严重的渔业行政违法行为，则有可能构成犯罪，需要移交公安机关处理[②]。例如，伪造渔业证照的行为、妨碍渔政公务人员依法履行渔政管理职责的行为、使用爆炸物炸鱼的行为、偷盗他人养殖水产品的行为、破坏渔业环境及渔业资源的行为等。由于管理进出境事务和维护边境地区治安秩序的需要，在边境水域和海洋从事渔业生产活动的船舰、渔民和船员，还应当依法向公安边防部门申请《出海船舶户口簿》、《出海船舶边防登记簿》、《出海船民证》等证件。对于违反渔业法规的行为，公安边防部门有权制止，并移交给渔政管理部门处理[③]。

为了更好地维护海上渔业作业秩序，防止和减少海上渔事纠纷及由此引发的治安案件的发生，明确和加强渔业行政管理部门与公安部门之间的工作关系，农业部和公安部于2005年还联合下发了《关于加强海上渔事纠纷和治安案件处理工作的通知》（农渔发〔2005〕33号）。因此，渔政部门和公安部门在履行各自法定职责的过程中，一方面应当各司其职，另一方面也需要积极合作、互相配合，才能够有效地降低公共行政成本，提高行政管理效率。

---

① 公安部门的主要职责，见公安部网站：http://www.mps.gov.cn/n16/n1282/n3463/index.html

② 参见：《行政执法机关移送涉嫌犯罪案件的规定》。

③ 参见：《沿海船舶边防治安管理规定》的有关规定。

（二）与环境保护部门的工作联系

根据环境保护以及自然资源法规的规定，环境保护部门是环境保护工作的行政主管部门，对环境保护工作实施统一的监督管理①。同时，由于清洁的水环境和充足的水生生物资源是渔业生产发展的物质基础，环境保护及资源法规和渔业法规也赋予了渔政部门对渔业环境、水生生物资源、渔业船舶污染以及渔业污染事故的行政管理权②。因此，渔政管理部门与环境保护部门有着密切的工作联系，一般讲应在环保部门的协调指导下履行渔业环境保护的法定职责。目前，渔业行政主管部门已经建立了全国性的渔业环境监测网络，设立了多处水生野生动植物及水域生态系统类型的自然保护区，与环境保护部门联合发布渔业生态环境状况公报，并协作处理一些渔业水域污染事件。

（三）与海洋行政管理部门的工作联系

国家海洋局是国土资源部管理的监督管理海域使用和海洋环境保护、维护国家海洋权益、组织海洋科技研究的行政机构③，并在青岛市、上海市、广州市设有派出机构北海分局、东海分局和南海分局。沿海地方各级人民政府也设有海洋行政管理部门，并且大多与渔业行政管理部门共同组成了地方政府的一个职能部门或直属机构。

无论是从《环境保护法》、《海洋环境保护法》、《海域使用管理法》、《防治海洋工程建设项目污染损害海洋环境管理条例》等法律法规所明确规定的法定职责和行政程序看，还是从地方政府职能部门的设置方式看，渔业行政管理部门和海洋行政管理部门都有着十分密切的工作联系。两个部门应当依法各司其职，密切配合，相互支持。

（四）与交通运输部门的工作联系

交通运输部门是水路交通运输等行业的行政管理部门④。渔业行政管理部门与交通运输管理部门（如海事局、中国海上搜救中心等）有着密切的工作联系，在船舶和船员管理、港口和水上交通安全设施的规划建设及管理、水上生产安全管理、海难救助、水域环境保护等方面都需要密切合作。例如，两个部门依法协作治

---

① 环境保护部门的主要职责，见环境保护部网站：http://www.mep.gov.cn/dept/jgznjj/

② 参见：《环境保护法》、《水污染防治法》、《野生动物保护法》、《海洋环境保护法》等法律及其他相关法规。

③ 国家海洋局的主要职责，见国家海洋局网站：http://www.soa.gov.cn/hyjww/jggk/jgzz/A020101index_1.htm

④ 参见：《国务院办公厅关于印发交通运输部主要职责内设机构和人员编制规定的通知》（国办发〔2009〕18号）。

理“三无”船舶问题、联合查处渔业污染事件、协同处理水上交通事故和开展海难救助等。

（五）与食品安全监管部门的工作联系

根据《农产品质量安全法》、《食品安全法》、《农业法》、《渔业法》等法律法规，渔业行政管理部门承担着水产品质量安全的监督管理职责。这意味着渔政部门与卫生行政、质量监督、工商行政管理及食品药品监督管理等部门之间也有着密切的工作联系。渔政部门主要负责水产品在生产环节的质量安全工作，质量监督管理部门主要负责加工环节，工商行政管理部门主要负责流通环节，卫生行政和食品药品监管部门则是综合的食品安全监督管理部门，并负责餐饮服务环节的食品安全工作，负有组织协调和查处重大食品安全事故的责任①。

（六）与司法机关的工作联系

在我国，司法机关包括各级人民检察院和人民法院，即专职的公诉机关和审判机关。渔政部门和司法机关之间也有着密切的联系。根据《行政执法机关移送涉嫌犯罪案件的规定》，渔政部门应当将涉嫌犯罪的渔业违法案件移送公安机关、检察机关处理，再由人民检察院决定是否提起公诉，由人民法院作出最终裁决，而不能够以行政处罚代替刑罚。《渔业法》第五章法律责任，规定了五种可能被追究刑事责任的违法情况。而对于拒绝履行渔业行政处罚的行政管理相对人，渔政部门也可以向人民法院申请强制执行，以保障渔业法规的有效实施；反过来，如果渔政管理相对人认为渔政部门实施的具体行政行为违反有关法律法规的规定，也可以向人民法院提起行政诉讼，得到司法救济；对于涉嫌滥用职权、渎职犯罪的渔政公务人员，可以向人民检察院检举。因此，司法机关对渔政部门的工作既发挥着监督和纠错的功能，也有支持和保障的功能。

渔政部门的工作内容十分广泛，除了与上述行政机关有着密切的工作联系外，还经常与其他一些行政机关有较密切的工作联系。例如，在外交部门的指导下，处理中外渔业纠纷、开展中外渔业协定谈判和签署工作；在商务、海关、林业、工商、出入境检验检疫部门等的参与、协调、指导下，管理远洋渔业、水产品国际贸易、渔业生物和濒危水生野生动植物保护利用以及进出口活动等。

四、渔业行政管理部门的沿革

相对专门化的渔业行政管理部门是随着现代渔业生产技术的发展而出现的。由于晚清政府的腐朽没落，我国于1905年才有了标志着现代渔业开端的蒸汽机渔

① 参见：《国务院关于进一步加强食品安全工作的决定》（国发〔2004〕23号）。

船——福海号。在清末新政时期(1901—1911)设立了最早的现代中央渔政管理机关——商部(1903年,1906年改为农工商部)。“中华民国”时期,渔业事务由实业部(后为农林部之渔业局、农商部之渔牧司、农工部之渔牧司、农矿部之渔牧科等)负责,并制定了专门的渔业法规①。

新中国成立以来,由于在不同的历史时期国民经济发展水平不同、追求的政治和经济目标不同以及宪政思想、行政法学和公共行政学理论的发展,我国政府和行政机关的设置一直处于不断的调整和改革中,正逐步走向成熟与稳定。自1949年到2002年,我国经历了七次大的政府机构改革②,渔政管理部门和机构的设置自然也是政府机构改革的一项内容,表2-1列举了中央渔政管理部门沿革的主要情况。

表2-1 中央渔政管理机关和机构的沿革

1949年9月	中国人民政治协商会议第一届全体会议通过《中华人民共和国中央人民政府组织法》,决定组建政务院,为国家政务的最高执行机关,对中央人民政府委员会负责,并报告工作,在中央人民政府委员会休会期间,对中央人民政府的主席负责,并报告工作。
1949年11月	政务院各机构正式对外办公,水产工作由政务院的组成机构——农业部负责。
1949年12月	水产工作由农业部划归食品工业部渔业组负责。
1950年12月	政务院决定撤销食品工业部,成立轻工业部,渔业工作划入轻工业部;随后,又移交回农业部。农业部下设水产处,具体主管水产工作。
1953年1月	农业部在原水产处基础上设立水产管理总局。
1954年9月	第一届全国人大第一次会议通过“五四宪法”,决定设立国务院,即中央人民政府,是最高国家权力机关的执行机关,是最高国家行政机关,对全国人民代表大会负责并报告工作,在全国人民代表大会闭会期间,对全国人民代表大会常务委员会负责并报告工作。
1955年10月	农业部水产管理总局划归商业部领导。
1956年5月	水产部成立,负责水产工作。
1958年4月	水产部设置渔政司,标志着“中国渔政”的成立。
1958年9月	黄海区渔业生产联合指挥部在青岛成立。
1959年3月	东海区渔业生产联合指挥部在上海成立;1966年5月,文革开始后停止工作。
1970年3月	黄海区渔业生产联合指挥部演化为常设机构,驻烟台,由国务院和中央军委领导。
1970年5月	国务院决定成立农林部,同时撤销国务院农林办公室、中共中央农林政治部、农业部、林业部、水产部、农垦部。农林部下设水产组。
1973年12月	东海区渔业指挥部恢复,由国务院和中央军委领导。

① 李士豪,屈若搴:《中国渔业史》,台湾商务印书馆1937年版,第14-30页。
② 陈阵明:《公共管理学原理》,中国人民大学出版社2003年版,第110-114页。

续表

1974 年 4 月	南海区渔业指挥部成立,由国务院和中央军委领导。
1978 年 3 月	国务院决定设立国家水产总局,直属国务院,由农林部代管。
1979 年 2 月	国家农业委员会成立,撤销农林部,12 月 25 日国家水产总局由国家农委代管。
1982 年 5 月	农业部、农垦部、国家水产总局合并组建农牧渔业部,下设水产总局、渔政渔港监督管理局,负责渔业管理。
1982 年 7 月	农牧渔业部水产总局改为水产局。
1985 年 2 月	农牧渔业部发出《关于调整海区渔业指挥部机构、任务的通知》。根据国务院国发[1983]134 号文,黄海、东海、南海三个海区渔业指挥部改为农牧渔业部直属单位,加挂海区渔政分局的牌子,代表国家管理各海区的渔政工作。黄海区渔业指挥部更名为黄渤海区渔业指挥部和黄渤海区渔政分局。
1988 年 4 月	农牧渔业部更名为农业部,下设水产局、渔政渔港监督管理局(中华人民共和国渔政渔港监督管理局)。各海区渔政分局,也随之更名为农业部各海区渔政局。
1988 年 12 月	农业部水产局更名为农业部水产司。
1993 年	农业部水产司更名为农业部渔业局。
1994 年 12 月	南海区渔政局更名为农业部南海区渔政渔港监督管理局。
1995 年 6 月	农业部东海区渔政局更名为农业部东海区渔政渔港监督管理局。
1996 年	农业部黄渤海区渔政局更名为农业部黄渤海区渔政渔港监督管理局。
2000 年 7 月	农业部组建中国渔政指挥中心,三个海区的渔政检查大队也随之更名为中国渔政黄渤海总队、中国渔政东海总队、中国渔政南海总队,业务工作接受中国渔政指挥中心指导。
2008 年 7 月	根据《农业部主要职责内设机构和人员编制规定》(国办发〔2008〕76 号),中华人民共和国渔政渔港监督管理局和三个海区渔政渔港监督管理局,分别更名为中华人民共和国渔政局和海区渔政局。

资料来源:

1. 聂俊华:“新中国成立初期政务院的设立与撤销”,载《党史博览》,2009 年第 6 期。

2. 中华人民共和国农业部渔业局:《中国渔业五十年大事记(1949. 10 - 1999. 9)》,中国农业出版社 1999 年版。

3. 青岛市水产局:《青岛市水产志》,青岛出版社 1994 年版。

4. 山东省地方史志编纂委员会:《山东省志 · 水产志》,山东人民出版社 1991 年版。

5. 河北省地方志编纂委员会:《河北省志 · 水产志》,天津人民出版社 1996 年版。

6.《上海渔业志》编纂委员会:《上海渔业志》,上海社会科学院出版社 1998 年版。

7.《农业部主要职责内设机构和人员编制规定》(国办发〔2008〕76 号)。

8. 易林:“中国渔政继往开来——写在“中国渔政”成立日确定之际”,载《中国渔业报》,2009 年 7 月 13 日第 1 版。

9. 农业部黄渤海区渔政局:农业部黄渤海区渔政局 50 年大事记(初稿),2008。

10.《农业部南海区渔政渔港监督管理局大事记》编辑委员会:《农业部南海区渔政渔港监督管理局大事记》,2004 年 12 月。

在中央渔业行政管理机关及机构改革、调整的同时，各级地方渔政管理机关和机构一般也都会作出相应的改革和调整。

五、设置渔业行政管理机关和机构的原则

渔政机关及其机构，是国家为了实现渔政管理目标而按照一定的组织体系设立的若干个相互联系的公共组织。目前，我国正处于由计划经济向市场经济快速转轨时期。渔政机关及其机构的设置、改革和调整，应当更加法制化、科学化，适应市场经济发展的客观要求，遵循一些基本原则。

（一）法制原则

渔业行政机关和机构的依法设置是现代法治社会的根本要求和具体体现。这意味着渔业行政机关和机构的设立、名称的确定与变更、职责配置、权限与级别及隶属关系、岗位和人员编制的核定、渔政公务人员的录用及职务升降、行政经费的核拨以及渔政机关和机构的撤销、合并、调整等都应当依法明确、依法实施。所依之“法”主要包括《宪法》、政府和行政机关组织法①、立法机关通过的相关决定、行政机关编制法规②、国家公务人员管理法规、有关的渔业法规以及有权机关制定的规范性文件和批准文件等。

（二）行政效率原则

不断提高行政效率是渔业行政管理活动追求的目标之一。因此，行政效率原则是设置、调整渔业行政管理部门的普适性原则。首先，渔业行政机关和机构的设置要精简。《宪法》第二十七条规定，一切国家机关实行精简的原则。因此，在保证有能力履行渔业行政管理职责的前提下，渔政机关和机构、岗位和公务人员的数量越少越好。其次，分工要合理，职责、权力和行政经费保障应一致。这是保证渔业行政机关及机构各尽其职、正常有序而高效运行的基本条件。职责分工不明、不合理，职责与权力不统一和行政经费缺乏保障必然会导致部门之间互相推诿、官僚主义、功过不分、浪费公共资源、乱收费及滥罚款、弄虚作假、违法乱纪等各种问题。此外，在保持统一的前提下，也应避免上下级渔业行政部门的职能错位和职能重叠的问题，注意发挥各级渔政管理部门的积极性。

（三）适应渔业经济发展和渔业公共管理事务需要原则

《地方各级人民代表大会和地方各级人民政府组织法》第六十四条规定，地方各级人民政府根据工作需要和精干的原则，设立必要的工作部门。我国是一个幅

① 例如，《国务院组织法》和《地方各级人民代表大会和地方各级人民政府组织法》等。

② 例如，《国务院行政机构设置和编制管理条例》和《地方各级人民政府机构设置和编制管理条例》等。

员辽阔的国家,渔业经济在各地区国民经济中所占的比重不同,发展水平不同。因此,各个地区渔业公共行政管理事务的工作量不尽相同。渔业行政管理部门的设置和调整,应充分考虑特定地区的实际情况,从实际出发,根据实际需要决定,上下级人民政府不必设立完全对口的渔政管理机关及机构,既可以设立独立的渔业行政管理机关及机构,也可以由业务相近的其他政府机关或机构负责渔政管理事务。

(四)便民原则

渔政管理是由政府提供的一种公共物品,便民是开展渔政管理工作的原则之一。因此,渔政管理机关及其机构的设置、办公地点的选择、各级渔政部门权力配置、渔政部门实施行政委托等都应考虑方便群众办事,而不应只考虑节省公共资源。

第二节　渔政公务人员

一、公务员的概念和公务员制度

一般讲,公务员是指国家任用的依法从事社会公共事务管理、行使国家行政权力、执行国家公务的人员①。由于各国的历史发展情况不同以及政治、经济、法律和文化方面的诸多差异,公务员在各国所指的范围和管理体制不尽相同。

根据《公务员法》第二条,我国的公务员是指依法履行公职、纳入国家行政编制、由国家财政负担工资福利的工作人员。因此,我国的国家公务员应当同时符合依法履行公职、纳入国家行政编制和由国家财政负担工资福利三个条件,主要包括七类机关中的工作人员,即中国共产党机关的工作人员、人大机关的工作人员、行政机关的工作人员、政协机关的工作人员、审判机关的工作人员、检察机关的工作人员和民主党派机关的工作人员。但是,在上述机关中工作的工勤人员不属于公务员的范围。如此确定国家公务员的范围,是由我国的政治制度和干部人事管理现实情况决定的。此外,法律、法规授权的具有公共事务管理职能的事业单位中除了工勤人员以外的工作人员,经过批准,参照公务员制度管理②。

公务员在国家的政治生活和社会生活中发挥着至关重要的作用,是实现国家机关良性、高效、协调运转的决定性因素。为了规范对公务员的科学管理,保证国家行政机关的正常有效运行,国家制定了一系列的法律、法规、规章和其他规范性

① 竺乾威:《公共管理 MPA 简明读本》,复旦大学出版社 2003 年版,第 185 页。

② 杨景宇,李飞:《中华人民共和国公务员法释义》,法律出版社 2005 年版,第 5 -9 页。

文件,使公务员管理事务日趋法治化,形成了公务员制度。这涉及公务员的职位分类与录用、权利与义务、考核与培训、职务任免与升降、奖励、惩戒与申诉、交流与回避、工资福利保险、辞职、辞退、退休等各个方面。

我国现行的国家公务员制度是从战争年代党政军融为一体的管理体制发展、调整、改革而来的。1993 年,国务院颁布了《国家公务员暂行条例》,初步建立了具有中国特色的国家公务员制度,促进了人事管理的科学化、制度化和民主化[①]。2005 年 4 月,第十届全国人大常委会通过了《公务员法》;2007 年 4 月,国务院公布了《行政机关公务员处分条例》。这标志着我国公务员制度的进一步发展、完善和成熟,对渔政公务员队伍的依法建设和管理、促进勤政廉政、提高行政效率将产生积极的长远影响。

二、渔政公务人员的概念及其相关的法律关系

基于《公务员法》对公务员的定义,并考虑目前渔政工作人员的实际构成情况,渔政公务人员是指依法履行渔政管理职能、纳入渔业行政机关和机构编制、由国家财政负担工资福利的工作人员以及经由渔业法律、法规授权具有渔业行政管理职能的事业单位中除了工勤人员以外的、并经过有权机关批准可以参照公务员管理的工作人员。椐农业部统计,我国大约有渔业执法机构 2 800 余个,渔业执法人员 30 000 多人,渔业执法船艇 2 000 余艘[②]。根据《公务员法》,渔政公务人员的职位类别可以被分为综合管理类、专业技术类和行政执法类。在此基础上,再分为若干等级,形成职务序列。渔政公务人员的职务被分为领导职务和非领导职务。领导职务是指具有组织、管理、决策、指挥职能的职务;非领导职务是指不具有领导职责的职务,在厅局级以下设置。综合管理类的非领导职务包括巡视员、副巡视员、调研员、副调研员、主任科员、副主任科员、科员和办事员[③]。非公务员取得公务员身份有四种途径,即选任、调任、聘任和录用,并以录用为主。

渔政公务人员的身份一经确认,经常处于三种不同的法律关系中,即与渔政部门的法律关系、与行政监察机关的法律关系以及与渔政管理相对人的行政法律关系。在这三种法律关系中,渔政公务人员的法律地位是不同的。在与渔政部门的法律关系中,渔政部门有权依照法律、法规和行政纪律对渔政公务人员进行职位安排、考核、奖励、惩戒、职务晋升、培训、交流回避、决定其工资福利保险待遇;渔政公

---

① 张康之,李传军,张檣:《公共行政学》,经济科学出版社 2002 年版,第 140 - 143 页。

② 李彦亮:"加强渔业行政执法队伍建设,全面提升渔业行政执法能力",载《中国渔业经济》2006 年第 1 期。值得注意是,由于公务员制度建设的滞后性,我国至今还有许多渔政部门的工作人员未被纳入或参照公务员管理。其中的原因是多方面的,这里不做深入探讨。

③ 参见:《公务员法》第十四条至第十七条。

务人员，有权依法享有适当的工作条件、工资福利保险待遇和接受培训等，对于渔政部门做出的不利的人事处理决定，有权向作出该人事处理决定的渔政部门申请复核，对复核结果不服的，还可以向上一级渔政部门、公务员主管部门[①]或者行政监察机关提出申诉，也可以不经过复核程序，直接提出申诉。处理机关对于其错误的具体处理承担行政责任。例如，停止违法行为、履行职务或法定义务、恢复原状、返还原物、赔偿损失、赔礼道歉、恢复名誉、消除影响等。但是，渔政部门和渔政公务人员之间的人事处理纠纷一般不属于《行政诉讼法》的受案范围[②]。

为了保证政令畅通，维护行政纪律，促进廉政建设，提高公共行政效能，我国依法创设了行政监察制度。它是由政府的行政监察机关依照法律、法规、规章、决定、命令、政策和行政纪律对其他行政机关和公务员实行的专职监督活动。这种监督与立法机关的监督、司法机关的司法监督、渔政部门的内部监督以及社会监督不同。根据《行政监察法》，行政监察机关对渔政公务人员享有执法检查权、违法违纪调查权、监察建议权和行政处分权。对行政监察机关的监察决定不服的，渔政公务人员可以提出复审；对复审决定依然不服的，可以提请本级人民政府或上级行政监察机关裁决。渔政公务人员和行政监察机关之间的争议也不属于《行政诉讼法》的受案范围[③]。

在渔政公务人员和渔政管理相对人的行政法律关系中，渔政公务人员依法以渔政部门的名义活动，体现渔政部门的意志，其行为的结果归属于渔政部门。由此引起的法律争议可以通过行政复议和行政诉讼解决。但是，渔政公务人员不是一方当事人。只有做出具体行政行为的渔政部门或通过行政复议改变原具体行政行为的渔政部门才是诉讼当事人，是行政诉讼的被告。

三、渔政公务人员的权利

渔政公务人员的权利，在此主要是指以其身份为前提、因管理渔业公共事务的需要由法律法规保障的基本权利，不包括在非履行公务时的公民权利。根据《公务员法》第十三条以及渔政管理工作的实际，渔政公务人员在履行渔政管理职责的过程中应享有以下几方面的权利。

（一）享有与所负责的渔政管理工作相适应的工作条件

渔政部门为渔政公务人员提供适当的工作条件是确保其正常而有效地履行渔

---

① 根据《公务员法》第十条，中央公务员主管部门为中共中央组织部和国务院人事部；地方公务员主管部门是中共地方各级党委组织部和地方各级人民政府的人事部门。

② 参见：《行政诉讼法》第十二条。

③ 参见：《行政诉讼法》第十二条。

政管理职责的前提。这种条件应和承担的具体职责相适应，主要包括办公场所、办公设备和用品、劳动保护用品、通讯工具、执法装备及船艇与车辆、医疗卫生条件、渔政工作信息资料等。这些条件既不能够过于奢华，超出实际工作需要，也不能过于简陋，影响正常工作和渔政公务人员的身心健康。值得注意的是，渔政公务人员享有适当工作条件的正当理由是履行公务；在不履行公务时，则不应当使用这些公共资源，为自己或者他人牟取私利。

（二）非因法定事由、非经法定程序，不被免职、降职、辞退或者处分

这些权利亦称身份保障权，即公务员职务常任制。这是保持渔政公务人员队伍稳定和渔政管理工作连续性的需要，也是保证渔政公务人员公正履行职责的客观要求，是渔政管理工作专业化的具体表现。法定事由，一般指法律、法规、规章和行政纪律明确规定的渔政公务人员可以被免职、降职、辞退或者处分情形；经法定程序，是指渔政部门或者其他有权机关在对渔政公务人员作出免职、降职、辞退或者处分决定时应当依照法律、法规、规章以及其他规范性文件设定的程序进行。

（三）获得工资报酬、福利和保险待遇的权利

获得劳动报酬和享受福利及保险待遇是保证渔政公务人员及其赡养人口生存的需要，是渔政公务人员的基本权利。但是，与其他劳动者有所区别，渔政公务人员一般没有与渔政部门讨价还价，约定自己的劳动报酬标准的权利。根据《公务员法》的有关规定，我国实行职务与级别相结合的工资制度，并考虑工作职责、工作能力、工作实绩和资历等因素。工资包括基本工资、津贴、补贴和奖金；福利待遇，主要是指国家在解决公务员生活困难、探亲、取暖、交通、休假等方面采取的优惠措施或给予的补贴；保险，是指国家对因生育、年老、致病、伤残或死亡等原因，暂时或永久丧失劳动能力的公务员给予物质保障的制度。《公务员法》规定，任何机关不得违反国家规定自行更改公务员工资、福利和保险政策，不得克扣或拖欠公务员工资。

（四）参加培训的权利

对渔政公务人员进行培训是受《宪法》、《公务员法》保障的一项权利①。渔政部门可以建立专门的培训机构，也可以委托其他机构承担培训任务。培训的种类可分为初任培训、任职培训、专业技术培训、更新知识培训、后备领导人员培训等。为了对渔政公务人员实施培训，保障其权利，农业部于 1993 年 2 月在上海成立了农业部渔政干部上海培训中心，2008 年6 月更名为农业部管理干部学院渔政分院，

① 参见：《宪法》第二十七条、《公务员法》第六十条至六十二条。

挂靠在农业部东海区渔政局,由中华人民共和国渔政局管理①。渔政公务人员的培训情况是其任职、晋升的依据之一。

(五)对渔政部门负责人和渔政部门的工作提出批评和建议的权利

渔政公务人员的此项权利是受《宪法》和《公务员法》保障的②。批评,是指出领导者或者行政部门在工作中的缺点和不足的行为。行使此项权利是渔政公务人员富有责任心的表现。建议,是指为了提高部门工作业绩和改进领导者的领导方式等提出主张和意见的行为。行使建议权,体现了渔政公务人员的工作主动性和能动性。依法保障渔政公务人员的批评建议权,对于克服渔政部门的官僚主义,科学决策,提高行政效率都有十分重要的意义。

(六)提出复核和申诉以及控告的权利

提出复核和申诉的权利,主要是指渔政公务人员对不利于本人的人事处理决定不服时,可以向做出决定的渔政部门提出复核,也可以向上一级渔政部门或同级的公务员主管机关或行政监察机关提出申诉,要求改正不当决定的权利。控告权利,主要是指渔政公务人员对渔政部门及其领导者侵犯其合法权利的行为或者违法、违纪、失职及渎职的行为,有权向上级机关或行政监察机关提出控告。复核和申诉以及控告的权利是《宪法》保障的公民基本权利。依法保障渔政公务人员的提出复核、申诉及控告的权利,对于维护他们的合法权益、纠正渔政部门及其领导者的工作失误、预防严重违法违纪行为的发生、实现渔政部门内外管理活动的民主化和法制化等都有着重要的意义。

(七)辞职的权利

渔政公务人员有权依法辞去公职,这是对公民劳动权利和择业自由的保障。但是,辞职应依照法定程序进行,书面申请,并且有一些禁止辞职的例外情形。《公务员法》第八十一条规定,在未完成服务年限、涉及国家秘密、重要公务未处理完成、正接受审计或纪律审查、涉嫌犯罪等情况下,公务员不得辞职。

四、渔政公务人员的义务

根据《公务员法》以及渔政管理工作的实际,渔政公务人员应当遵守的义务可以被简要地概括为以下三项。

---

① 见东海渔业信息网:http://www.dhyzchina.gov.cn/article.asp? news_id=5577

② 参见:《宪法》第四十一条、《公务员法》第十三条。

（一）模范地遵守法律和法规

遵守法律法规是每个公民的义务。由于渔政公务人员能够以渔政部门的名义活动，其行为直接关系着政府的形象、政府的公信力，国家对他们的守法要求比对普通人的守法要求更加严格。因此，渔政公务人员不但要像普通公民一样遵守法律和法规，而且还应努力成为遵守法律法规的模范。这些法律和法规不但包括渔业法规，也包括其他法律和法规。渔政公务人员违反法律法规，情节严重的，将会受到开除处分，失去国家公务员身份。

（二）按照规定的权限和程序依法认真履行渔政管理职责

从事渔政管理是渔政公务人员本职工作，自然是其基本义务。在履行职责的过程中，渔政公务人员应当依照渔业法律法规以及其他相关法律法规规定的权限和程序尽职尽责，努力提高工作效率。

（三）遵守行政纪律、恪守职业道德、模范遵守社会公德

除了模范地遵守法律法规外，渔政公务人员还应遵守行政纪律、恪守职业道德和模范地遵守社会公德。行政纪律，主要是指渔政部门为了加强渔政队伍建设和管理，维护渔政队伍的形象和荣誉，保证依法且有序、有力、高效地开展渔政管理工作，预防发生违法行政案件等而制定的、要求所有渔政公务人员必须遵守的行为守则。可以分为政治纪律、工作纪律、保密纪律、廉政纪律、财经纪律、组织纪律、人事纪律等[①]。农业部于2004年曾发布了《渔业行政执法六条禁令》[②]，规范渔政执法行为。职业道德，主要是指渔政公务人员在工作中一般都应当认同的职业价值观和应当遵守的职业行为准则，包括对渔政管理工作的情感、事业心、与同事及部门之间的关系、与渔政管理对象之间的关系、工作能力、技能培训和学习风气、工作态度、工作作风等方面。渔政管理是政府提供给人民的一种公共物品，渔政公务人员应恪守爱岗敬业、勤政廉政、团结互助、诚实守信、办事公道、服务群众的职业道德。社会公德，是人们在社会交往和公共生活中应该遵循的行为准则，涵盖了人与人、人与社会、人与自然之间的关系。社会公德在维护公众利益、公共秩序，保持社会稳定方面的作用尤为突出，是公民个人道德修养和社会文明程度的重要表现。渔政公务人员应加强个人的道德修养，模范遵守以热爱国家和人民、崇尚科学、文明礼貌、敬老爱幼、助人为乐、奉献社会、爱护公物、保护环境等为基本内容的社会公德。渔政公务人员违反行政纪律、职业道德或社会公德，情节严重的，将会受到相应的行政处分。

---

① 张康之，李传军：《行政伦理学教程》，中国人民大学出版社2004年版，第316－319页。

② 参见：农业部关于印发《渔业行政执法六条禁令》的通知（农渔发〔2004〕22号）。

依照《公务员法》的相关规定[①],渔政部门以及公务员管理机关(即各级党委和人事部门)应对非领导成员的渔政公务人员实行平时考核和定期考核制度[②]。对照渔政公务人员的义务,考核主要包括德、能、勤、绩、廉五个方面,并以工作实绩为重点。定期考核的结果分为优秀、称职、基本称职和不称职,并应书面通知被考核的人员。定期考核的结果是对渔政公务人员进行职务、级别、工资调整以及奖励、培训、辞退的依据。

五、渔政公务人员的法律责任

在履行渔政管理职责的过程中,渔政公务人员虽然是以渔政部门的名义活动[③],在可能引起的渔业行政诉讼中也是由有关的渔政部门依法应诉,但是渔政公务人员依然有可能为其违反渔业法规和相关法规的行为而承担法律责任,受到法律制裁。此外,如果渔政公务人员违反有关公务员管理的法规、行政纪律、职业道德和社会公德,也有可能被追究相应的法律责任。

判定渔政公务人员是否应当承担法律责任,应遵循一些基本原则,即是否有法定的依据[④];是否有主观故意或者过失;是否造成了损害事实;渔政公务人员的行为和损害事实之间是否有因果关系等[⑤]。例如,《渔业法》第四十九条规定"渔业行政主管部门和其所属的渔政监督管理机构及其工作人员违反本法规定核发许可证、分配捕捞限额或者从事渔业生产经营活动的,或者有其他玩忽职守不履行法定义务、滥用职权、徇私舞弊的行为的,依法给予行政处分;构成犯罪的,依法追究刑事责任。"这为渔政公务人员承担法律责任提供了明确的法律依据。

渔政公务人员承担的法律责任分为行政法律责任和刑事法律责任。另外,根据《国家赔偿法》第十六条,渔政部门履行国家赔偿义务后,有权向承担违法责任

---

① 参见:《公务员法》第三十三条至第三十七条。

② 领导成员是指机关的领导班子成员,不包括在机关的内设机构担任领导职务的人员。领导成员是有任期的,有些是经过人大或其常委会选举、决定任命以及其他选举方式产生的,即选任制公务员,有些则是通过上级机关任命的,即委任制公务员。对领导成员的考核不适用《公务员法》,由主管机关按照有关规定办理。机关,是指中共中央、全国人大、国务院、全国政协、中纪委及其工作部门;县级以上地方各级党委、人大常委会、政府、政协、纪检及其工作部门;乡镇党委和政府;各级人民法院和人民检察院。非领导成员公务员,包括非领导职务公务员和不属于领导成员的领导职务公务员。杨景宇,李飞:《中华人民共和国公务员法释义》,法律出版社 2005 年版,第 269 - 271 页。

③ 在实践中,正确区分渔政公务人员的职务行为和个人行为有一定难度,应具体问题具体分析。学界对此有不同观点:一是以履行职务和行使职权为标志;二是从分析职务关系确定;三是多个标准因素综合考虑。徐静琳:《行政法与行政诉讼法学》,上海大学出版社 2005 年版,第 91 页。

④ 《行政机关公务员处分条例》第二条第 4 款规定,"除法律、法规、规章以及国务院决定外,行政机关不得以其他形式设定行政机关公务员处分事项。"

⑤ 张文显:《法理学》,法律出版社 2004 年版,第 117 - 120 页。

的渔政公务人员追偿部分或者全部赔偿费用。行政法律责任，即行政处分，包括警告、记过、记大过、降级、撤职和开除六类[①]，也可责令纠正或改正、给予批评教育、通报批评[②]。如果违法行为的情节严重，构成犯罪，应当根据《刑法》的有关规定由司法机关追究渔政公务人员的刑事责任[③]。

根据有关法律法规的规定，县级以上渔业行政管理部门、公务员主管部门和行政监察机关都有权追究渔政公务人员的行政法律责任[④]。给予渔政公务人员行政处分，应遵循监督检查与改进工作相结合、教育与惩处相结合的原则，并且应当事实清楚、证据确凿、定性准确、处理恰当、程序合法、应当与其违法违纪行为的性质、情节、危害程度相适应[⑤]。对于涉嫌犯罪的，应当移送公安机关和司法机关处理，依法追究其可能承担的刑事责任。

① 参见:《公务员法》第五十六条、《行政机关公务员处分条例》第六条。

② 参见:《公务员法》第一百零一条、《行政监察法》第四十四条。

③ 参见:《刑法》第二百五十四条、第三百九十七条和第四百一十八条。

④ 参见:《公务员法》第一百零一条、《行政监察法》第七条、《行政机关公务员处分条例》第三十四条至第三十七条。

⑤ 参见:《行政监察法》第五条、《行政机关公务员处分条例》第四条。

第三章　渔业生物与濒危水生动植物资源养护行政管理

第一节　渔业生物资源概述

一、渔业生物资源的概念和分类

可再生的水生生物资源（包括水生动物和植物以及一些两栖纲和爬行纲动物①）是渔业存在和发展的物质基础，种类繁多。有些是水产捕捞业的捕捞对象，有些是水产养殖业的苗种来源，有些是依法禁止捕捞、采集的濒危野生水生动植物②，有些则是渔业生产对象生物的饵料或天敌。它们构成了彼此的环境生物要素，形成了复杂的水生生态系统。

没有健康繁育、数量相对稳定的水生生物资源自然谈不上发展渔业。因此，对水生生物资源以及它们的栖息环境实施保护是渔政管理工作的重要内容。而对种类繁多的水生生物资源进行保护，必须对其进行科学的分类。首先，基于它们的生存环境和生物学属性，可分为海洋生物和淡水生物；水生植物和水生动物；洄游类（如绝大多数鱼类）和定居类（如贝类）；藻类（如海带）、鱼类（又分为软骨鱼类和硬骨鱼类）、贝类（又分为软体类、单壳类和双壳类、头足类等）、甲壳类（如虾类、蟹类等）、棘皮动物（如海参、海胆等）、腔肠动物（如海蜇、珊瑚等）、两栖类（如牛蛙、甲鱼）、哺乳类（如鲸类、海豚、海豹等）等。然而，除了上述分类方法外，从渔政管理

---

① 爬行纲动物有些是水生的，有些是两栖的，有些则是陆生的。另外，众多的鸟类也是渔业生物环境的重要组成部分。按照政府部门职责的依法分工和实践，部分两栖类动物与鸟类的保护及利用管理工作，主要由林业部门负责，水生生物以及部分两栖类动物的利用和保护工作，主要由渔政部门负责。

② 我国现行立法采用了“珍贵动物；珍稀植物；珍贵植物；珍贵、濒危水生野生动物；珍贵、濒危野生动物；珍贵树木或者国家重点保护的其他植物；珍稀、濒危海洋生物；珍稀濒危野生植物；濒危野生动植物；珍贵稀有野生动植物；珍贵树木；珍贵野生树木”等多种术语，表示国家重点保护的一级、二级野生动物、野生植物。这多少造成了语言表述上的不严谨、不一致，也较冗长，建议统一采用“濒危”一词代替“珍贵、珍稀”这两个语词。这样，既简洁，又和国际上通用的环境法学术语（endangered）保持一致。此外，“珍贵”一词与普遍性的禁止捕杀或采集、交易、利用之含义也显冲突，应摒弃。

的需要看,更应在法律意义上区别渔业生物和非渔业生物①。

从法律意义上讲,渔业生物是指依法可以成为水产捕捞或水产养殖生产活动目标生物的水生生物,渔业生物资源则是指达到了一定数量、能够被人类以合法的方式采集和捕捞,并保持数量相对稳定的渔业生物群体。非渔业生物是指依法禁止采集、捕捞的水生生物以及没有经济生产价值的水生生物,前者主要受野生动物保护法规的保护,禁止为渔业生产之目的采集和捕捞,不能成为渔业生物,后者虽然不被法律法规所禁止捕捞,但由于经济方面的原因而不能成为渔业生物。尽管如此,由于这些没有经济价值的水生生物构成了水域生态环境不可缺少的一部分,也受渔业法规、环保法规和野生动物保护法规的保护。

渔业生物资源是合法的优质食品源,由渔政部门根据其市场价值的高低、稀缺性和生态脆弱性以及水产科学研究的价值等对它们做进一步的分类,列出重要的渔业生物名录作为实施渔政管理和决定养护措施的依据是很有意义的。例如,根据其市场价值和生态脆弱性,确定征收渔业资源增殖保护费的标准、决定渔业污染事故造成的损失数额、设立渔业资源保护区等。渔政部门可以定期对重要的渔业生物名录进行回顾、调整。

二、渔业生物资源的波动和过度捕捞

众所周知,渔业生物资源是可再生资源。它们的数量(可用个体数量或总重量即生物量来表示)是有一定波动规律的,繁殖和生长保证了渔业生物资源数量的增加,而自然死亡和人类的捕捞活动又导致了资源数量的减少。

影响渔业生物资源数量变动的因素有渔业生物自身的生物学属性、栖息环境和人类的捕捞活动。渔业生物的生物学属性主要包括繁殖能力、发育和生长特征、自然寿命、捕食能力、逃避敌害能力、集群和洄游习性等;栖息环境因子包括水温、盐度、溶解氧、酸碱度、营养盐、水体的多寡与流动、水底地形和底质等化学物理因

① 根据《野生动物保护法》第二条、第九条、第三十条,我国有珍贵、濒危的野生动物;有益的或者有重要经济、科学研究价值的陆生野生动物;国家重点保护野生动物,分Ⅰ级和Ⅱ级;地方重点保护的野生动物;非国家重点保护野生动物;珍贵、濒危的水生野生动物以外的其他水生野生动物之分。其中,对珍贵、濒危的水生野生动物以外的其他水生野生动物的保护,适用《渔业法》的规定。经国务院1988年12月10日批准(国函〔1988〕144号),林业部和农业部于1989年1月14日联合发布了《国家重点保护野生动物保护名录》。许多省级人民政府也公布了地方重点保护野生动物名录。2000年8月1日,国家林业局又发布了《国家保护的有益的或者有重要经济、科学研究价值的陆生野生动物名录》。但是,国家和一些省级人民政府制定的水生野生动物或者渔业资源保护法规,并没有严格地区分渔业生物和非渔业生物,多把珍贵、濒危的野生动物、国家重点保护的水生野生动物、地方重点保护的水生野生动物资源以及有重要价值的渔业生物资源等概念混为一谈,使得《野生动物保护法》和《渔业法》的适用范围不清,协调性欠佳。

素以及饵料生物、天敌生物和其他可以影响渔业生物生存的生物等。人类的捕捞活动直接减少了渔业生物资源的数量,其强度通常用捕捞努力量来衡量。目前,尽管没有统一的捕捞努力量定义,也没有统一的单位,但是它反映了被捕捞群体的捕捞死亡水平①。

由于渔业生物的繁殖和生长,适度的捕捞活动从长远讲不会造成资源量的减少,减少的部分可通过渔业生物繁殖和生长得到补充,资源是可以为人类永续利用的。但是,如果捕捞强度过大,捕捞死亡的渔业生物数量过大,造成自然繁殖和生长增加的量小于捕捞产量,渔业生物资源就会遭到破坏,出现过度捕捞问题,其直接表现为渔获个体变小、低龄鱼增加、渔获量下降,最终该渔业生物资源无法支撑捕捞生产,该渔业走向消亡。此外,由于捕捞活动导致的渔业生物栖息环境恶化、渔业生物的受伤、非目标生物的伤害和抛弃以及由于人类各种活动导致的水环境污染,都会对渔业生物资源数量的变动造成不利的影响。

20 世纪 50 年代,生物学家 Milner B. Schaefer 教授从生物学角度解释了渔业过度捕捞现象②。该学说假定渔获量是捕捞努力量的函数($Y = f(e)$),在刚开始开发某种渔业资源时,渔获量随着捕捞努力量的增加而增加,而且是可持续的,将逐步达到最大的可持续产量(MSY, Maximum sustainable yield)。尔后,随着捕捞努力量的增加,渔获量将逐步减少,直到该渔业崩溃。原因是捕捞产量超过了渔业生物资源自身的繁殖能力,导致资源量的不断下降,最终出现生物学过度捕捞现象。因此,渔业管理应以追求最大的可持续产量(MSY)为目标,最大的可持续产量点即为生物均衡点。1954 年,经济学家 H. Scott Gordon 教授在鱼类生物学模型的基础上,又从经济学角度分析了渔业过度捕捞的原因(图 3-1),认为在一个自由开放渔业中,渔民在高额利润驱动下会不断地扩张生产,增加捕捞努力量,捕捞成本增加,收入也增加,直到捕捞收益等于捕捞成本,即利润为零为止,达到经济均衡③。因此,最大可持续产量的目标是无法实现的,必然要出现过度捕捞问题。Gordon 教授的学说已成为限制入渔、实施渔业配额制度的理论依据。

---

① 詹秉义:《渔业资源评估》,中国农业出版社 1995 年版,第 59-60 页。

② Milner B. *Schaefer. Some aspects of the dynamics of populations important to the management of commercial marine fisheries*. Inter-American Tropical Tuna Bulletin, 1954(2), I: 25-56.

③ Gordon, H. Scott. *The economic theory of a common property resource: the fishery* [J]. Journal of Political Economy, 1954, Vol. 62, No. 2: 124-142.

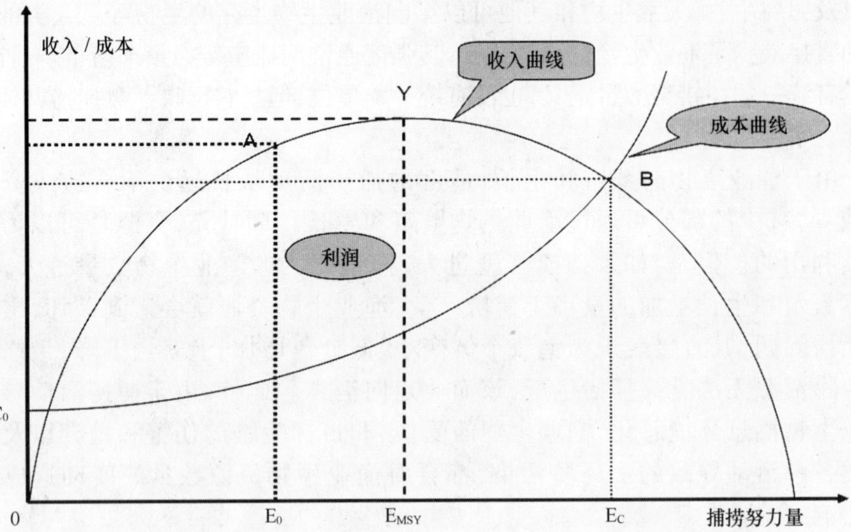

图 3－1 捕捞生产静态的生物－经济均衡模型(改自 Gordon 模型,1954)

A,E_0:最佳的经济均衡点和对应的捕捞努力量;B,E_C:自由竞争的经济均衡点和对应的捕捞努力量;Y,E_{MSY}:最大的生物可持续产量点和对应的捕捞努力量;C_0:最低的捕捞成本。

第二节 渔业生物资源养护制度

为了预防渔业过度捕捞,养护渔业生物资源,使之始终处于健康的生存状态,必须建立各种法律制度,规范捕捞生产活动,并对其他负面影响渔业生物资源生存的活动实施管制。根据渔业法规和相关的环境资源法规,这些法律制度主要包括十二项,即渔业捕捞许可制度、捕捞渔船总数及其功率总数"双控"制度、禁渔区(期)制度、捕捞限额制度、捕捞渔具和渔法管制制度、重要的渔业生物资源名录制度、特别保护幼鱼和亲鱼制度、人工增殖渔业资源制度、征收渔业资源增殖保护费制度、水产种质资源保护制度、水产苗种生产管制制度和渔业环境保护制度。这些法律制度密切关联,目标一致,但是出发点、侧重点不同。其中,渔业环境保护问题由第四章专章讨论,水产种质资源保护制度、水产苗种生产管制制度在第五章介绍,渔业捕捞许可制度、捕捞渔船总数及其功率总数"双控"制度、捕捞限额制度、捕捞渔具和渔法管制制度在第六章探讨。

一、禁渔区(期)制度

禁渔区(期)制度,是指渔政部门根据渔业生物资源的利用现状、渔业生物资源的繁衍生息规律及其种群变动规律，为实现渔业生物资源可持续利用的目的，依法禁止利用某一种或几种捕捞渔具的单位和个人在一定范围的渔区、一定的时间段内从事捕捞生产活动的管理制度，其实质是政府凭借其公权力中止了特定人在一定渔区内、一定时间段内的捕捞渔业权。

目前，我国设立的大范围、长时间的禁渔区（期）有四个。第一个是沿岸海域的机轮拖网禁渔区，是根据1955年6月8日国务院发布的《关于渤海、黄海及东海机轮拖网渔业禁渔区的命令》（1963年10月，修改了第14、第16基点）、1957年7月26日经过国务院批准由水产部于1957年8月16日发布的《国务院关于渤海、黄海及东海机轮拖网渔业禁渔区的命令的补充规定》和1980年5月6日由国务院及中央军委批转国家水产总局《关于划定南海区和福建省沿海机动渔船底拖网禁渔区线的意见》划定的[①]。在此禁渔区内，常年禁止所有机轮拖网作业。第二个是农业部自1995年设立的黄海、东海伏季休渔区（期）。2009年的休渔时间在北纬35度以北的渤海和黄海海域为6月1日至9月1日，在北纬35度至26度30分的黄海和东海海域为6月1日至9月16日，禁止除了使用单层刺网和钓渔具之外的所有渔船作业。第三个是农业部自1999年设立的南海伏季休渔区。2009年的休渔时间为5月16日至8月1日，禁止除了使用单层刺网和钓渔具之外的所有渔船在北纬12度以北到“闽粤海域交界线”的南海海域（含北部湾）作业[②]。第四个是农业部于2002年实施的长江春季禁渔[③]，范围包括云南省德钦县以下至长江口（上海南汇嘴与江苏启东嘴连线）的长江干流；汉江、岷江、嘉陵江、乌江、赤水河五条一级通江支流在湖北省、四川省、重庆市、贵州省境内的江段；洞庭湖和鄱阳湖。禁渔时间，葛洲坝以上为每年2月1日至4月30日；葛洲坝以下为每年的4月1日至6月30日。在上述范围和时间内，禁止所有捕捞作业。

此外，农业部以及省级渔政部门还依据保护的对象和渔具类型等设立了一些禁渔区（期）。例如，根据不同的渔具类型，《渤海生物资源养护规定》第三十一条和附件3规定了不同的禁渔区（期）。农业部以及省级渔政部门也可以通过发布其他规范性文件的方式规定禁渔区（期）。

---

① 此前，华东军政委员会水产管理局于1950年12月16日曾颁布《华东区机船底曳网渔业作业试行规则》，划定了沿岸海域机船底拖网禁渔区。《上海渔业志》编纂委员会：《上海渔业志》，上海社会科学院出版社1998年版，第473－476页。

② 参见：《关于修改〈东、黄、渤海主要渔场渔汛生产安排和管理的规定〉的通知》（农渔发〔1995〕6号）；《关于延长黄海海域休渔期的通知》（农渔发〔1999〕4号）；《关于调整东、黄海和南海伏季休渔规定的通知》（农渔发〔2000〕05号）；《关于在南海海域实行伏季休渔制度的通知》（农渔发〔1999〕2号）；《关于调整海洋伏季休渔制度的通告》（农业部通告〔2009〕1号）。

③ 参见：《关于在长江流域试行春季禁渔制度的通知》（农渔发〔2002〕17号）；《关于实行长江禁渔期制度的通知》（农渔发〔2003〕1号）。

禁渔区(期)制度是一种资源养护效果比较有效、可操作性也很强的管理制度,但是对渔业经济的稳定和渔民生活的影响也比较大,属于重大渔政管理措施。因此,《渔业法》第三十条规定只有农业部、省级渔政部门才有权力决定采取禁渔措施,在实践中一般还需要得到国务院、省级人民政府的批准,各级人民政府应积极地帮助贫困渔民解决生活生计问题。这是合理划分各级人民政府及其渔政部门的权力、预防渔政部门恣意限制渔民的捕捞渔业权、维护渔业生产者利益的需要。

禁渔区(期)制度也是解决利用与养护、长期利益与短期利益、局部利益与全局利益矛盾的理性选择。实施禁渔制度,必须科学决策,统筹兼顾,把维护渔民的现实利益与养护渔业生物资源合理地结合起来。

二、重要的渔业生物资源名录制度

如本章第一节所述,为了对渔业生物资源实施有效的养护,必须对数以万计的水生生物物种依法科学分类,区分渔业生物和非渔业生物,相对地厘清渔业法规与野生动物保护法规各自的适用范围。然后,再对渔业生物依据其经济上的重要性、生态脆弱性以及生物学属性等进行分类,建立重要的渔业生物资源名录制度。

实际上,现行渔业法规已经确立了重要的渔业生物资源名录制度,只是行文表述很混乱①,并且未能与濒危水生野生动物等非渔业生物严格地区隔,地方立法机关和政府制定的地方性渔业法规、规章更为严重,混淆了《渔业法》与《野生动物保护法》的适用范围②。《水产资源繁殖保护条例》第四条列举了 89 种重点保护的水生动物和植物,其中的 5 种已经被列入了 1989 年《国家重点保护野生动物名录》,不属于渔业生物。《渔业法实施细则》第二十四条和第二十五条,列举了有重要经济价值的水生动物 5 种,即鳗鲡、鲥鱼、中华绒螯蟹、真鲷、石斑鱼和中国对虾。《长

① 根据笔者粗略统计,现行渔业法规中可用于表示“重要的渔业生物资源”的术语有 16 种之多,即具有较高经济价值和遗传育种价值的水产种质资源;长江主要渔业资源;重要水生动物和植物;名贵水生动物和植物;重点保护的渔业资源品种;有重要经济价值的水生动物苗种;禁止捕捞的珍贵的水生动物;重要的鱼、虾、蟹、贝、藻类以及其他重要水生生物的产卵场;大范围洄游性的品种资源;有经济价值的水生动植物;经济价值较高的渔业资源品种;采捕珍稀水生动植物的;特定的渔业资源品种;国家特别重要的水生经济动植物;重要经济物种;国家重点保护经济水生动植物等。

② 《野生动物保护法》第二条规定,本法规定保护的野生动物,是指珍贵、濒危的陆生、水生野生动物和有益的或者有重要经济、科学研究价值的陆生野生动物。本法各条款所提野生动物,均系指前款规定的受保护的野生动物。珍贵、濒危的水生野生动物以外的其他水生野生动物的保护,适用渔业法的规定。因此,笔者认为地方政府依据《野生动物保护法》而建立“地方重点保护水生野生动物名录”或在“地方重点保护野生动物”名录中包括水生野生动物在法理上是有问题的。这混淆了《渔业法》和《野生动物保护法》的适用范围。例如,广东省政府于 2001 年 7 月 9 日同意发布的《广东省重点保护水生野生动物名录(第一批)》;四川省人民政府于 1990 年 3 月 12 日发布的《四川省重点保护水生野生动物名录》。

江渔业资源管理规定》第四条规定了50种重点保护的水生动物,其中的11种为国家Ⅰ级或Ⅱ级保护水生野生动物。《渤海生物资源养护规定》的附件1,列举了31种重点保护的渔业生物。对于重点保护的渔业生物资源,通常需要确定其可捕标准,并对其苗种、产卵亲体和场所、洄游通道等采取特殊的保护措施。

根据《渔业法》第三十条,确定重要的渔业生物资源保护名录的权力属于农业部和省级人民政府渔业行政主管部门。除了通过制定渔业法规的方式规定外,也可以通过发布其他规范性文件的方式规定重点保护的渔业生物①。2007年,农业部对重要的渔业生物资源名录进行了比较系统的整理和规范,以公告的方式确定了《国家重点保护经济水生动植物资源名录(第一批)》,计166个物种(见表3－1)。

表3－1　国家重点保护经济水生动植物资源名录(第一批)

序号	中文名	拉丁名	序号	中文名	拉丁名
1	鲱	*Clupea harengus*	84	拉萨裸裂尻鱼	*Schizopygopsis younghus bandi young-husbandi*
2	金色沙丁鱼	*Sardinella lemuru*	85	鲤	*Cyprinus carpio*
3	远东拟沙丁鱼	*Sardinops melanosticta*	86	鲫	*Carassius auratus*
4	鳓	*Ilisha elongata*	87	岩原鲤	*Procypris rabaudi*
5	鳀	*Engraulis japonicus*	88	长薄鳅	*Leptobotia elongata*
6	黄　鲫	*Setipinna taty*	89	大口鲇	*Silurus meridionalis*
7	大头狗母鱼	*Trachinocephalus myops*	90	兰州鲶	*Silurus lanzhouensis*
8	海　鳗	*Muraenesox cinereus*	91	黄颡鱼	*Pelteobagrus fulvidraco*
9	大头鳕	*Gadus macrocephalus*	92	长吻鮠	*Leiocassis longirostris*
10	鮻	*Liza haematocheila*	93	斑　鳠	*Mystus guttatus*
11	鲻	*Mugil cephalus*	94	黑斑原鮡	*Glyptosternum maculatum*
12	尖吻鲈	*Lates calcarifer*	95	黄　鳝	*Monopterus albus*
13	花　鲈	*Lateolabrax japonicus*	96	鳜	*Siniperca chuatsi*
14	赤点石斑鱼	*Epinephelus akaara*	97	大眼鳜	*Siniperca kneri*
15	青石斑鱼	*Epinephelus awoara*	98	乌　鳢	*Channa argus*
16	宽额鲈	*Promicrops lanceolatus*	99	斑　鳢	*Channa maculata*
17	蓝圆鲹	*Decapterus maruadsi*	100	大管鞭虾	*Solenocera melantho*

① 例如,为了执行《渔业资源增殖保护费征收使用办法》第五条,农业部于1989年确定大黄鱼、小黄鱼、石斑鱼、真鲷、对虾、龙虾、鹰爪虾和管鞭虾为具有较高经济价值的海洋渔业资源。参见:《关于确定经济价值较高的渔业资源品种名录的通知》(〔1989〕农〔渔政〕字第13号);1995年,农业部以发布通知的方式将鲈鱼列为渤海重点保护对象,可捕标准确定为体长40厘米。参见:《关于将鲈鱼列为渤海重点保护对象的通知》(农渔发〔1995〕2号)。

续表

序号	中文名	拉丁名	序号	中文名	拉丁名
18	竹荚鱼	*Trachurus japonicus*	101	中华管鞭虾	*Solenocera crassicornis*
19	高体鰤	*Seriola dumerili*	102	中国对虾	*Penaeus chinensis*
20	军曹鱼	*Rachycentron canadus*	103	长毛对虾	*Penaeus penicillatus*
21	白姑鱼	*Argyrosomus argentatus*	104	竹节虾	*Penaeus japonicus*
22	黄姑鱼	*Nibea albiflora*	105	斑节对虾	*Penaeus monodon*
23	棘头梅童鱼	*Collichthys lucidus*	106	鹰爪虾	*Trachypenaeus curvirostris*
24	黑鳃梅童鱼	*Collichthys niveatus*	107	脊尾白虾	*Exopalaemon carinicauda*
25	鮸	*Miichthys miiuy*	108	中国毛虾	*Acetes chinensis*
26	大黄鱼	*Pseudosciaena crocea*	109	秀丽白虾	*Exopalaemon modestus*
27	小黄鱼	*Pseudosciaena polyactis*	110	青　虾	*Macrobrachium nipponense*
28	红笛鲷	*Lutjanus sanguineus*	111	口虾蛄	*Oratosquilla oratoria*
29	真　鲷	*Pagrosomus major*	112	中国龙虾	*Panulirus stimpsoni*
30	二长棘鲷	*Parargyrops edita*	113	三疣梭子蟹	*Portunus trituberculatus*
31	黑　鲷	*Sparus macrocephalus*	114	海　蟳	*Charybdis japonica*
32	金线鱼	*Nemipterus virgatus*	115	锯缘青蟹	*Scylla serrata*
33	玉筋鱼	*Ammodytes personatus*	116	中华绒螯蟹	*Eriocheir sinensis*
34	带　鱼	*Trichiurus lepturus*	117	太平洋褶柔鱼	*Todarodes pacificus*
35	鲐	*Scomber japonicus*	118	中国枪乌贼	*Loligo chinensis*
36	蓝点马鲛	*Scomberomorus niphonius*	119	日本枪乌贼	*Loligo japonica*
37	银　鲳	*Pampus argenteus*	120	剑尖枪乌贼	*Loligo edulis*
38	灰　鲳	*Pampus cinereus*	121	曼氏无针乌贼	*Sepiella maindroni*
39	鲬	*Platycephalus indicus*	122	金乌贼	*Sepia esculenta*
40	褐牙鲆	*Paralichthys olivaceus*	123	章　鱼	*Octopodidae*
41	高眼鲽	*Cleisthenes herzensteini*	124	皱纹盘鲍	*Haliotis discus hannai*
42	钝吻黄盖鲽	*Pseudopleuronectes yokohamae*	125	杂色鲍	*Haliotis diversicolor*
43	半滑舌鳎	*Cynoglossus semilaevis*	126	脉红螺	*Rapana venosa*
44	绿鳍马面鲀	*Navodon septentrionalis*	127	魁　蚶	*Scapharca broughtonii*
45	黄鳍马面鲀	*Navodon xanthopterus*	128	毛　蚶	*Scapharca subcrenata*
46	黄鮟鱇	*Lophius litulon*	129	泥　蚶	*Tegillarca granosa*
47	刀　鲚	*Coilia ectenes*	130	厚壳贻贝	*Mytilus coruscus*
48	凤　鲚	*Coilia mystus*	131	紫贻贝	*Mytilus galloprovincialis*
49	红鳍东方鲀	*Takifugu rubripes*	132	翡翠贻贝	*Perna viridis*
50	假睛东方鲀	*Takifugu pseudommus*	133	栉江珧	*Atrina pectinata*
51	暗纹东方鲀	*Takifugu obscurus*	134	合浦珠母贝	*Pinctada martensi*
52	鳗　鲡	*Anguilla japonica*	135	栉孔扇贝	*Chlamys farreri*

续表

序号	中文名	拉丁名	序号	中文名	拉丁名
53	大马哈鱼	*Oncorhynchus keta*	136	太平洋牡蛎	*Crassostrea gigas*
54	花羔红点鲑	*Salvelinus malma*	137	西施舌	*Coelomactra antiquata*
55	乌苏里白鲑	*Coregonus ussuriensis*	138	缢　蛏	*Sinonovacula constricta*
56	太湖新银鱼	*Neosalanx taihuensis*	139	文　蛤	*Meretrix meretrix*
57	大银鱼	*Protosalanx chinensis*	140	菲律宾蛤仔	*Ruditapes philippinarum*
58	黑斑狗鱼	*Esox reicherti*	141	三角帆蚌	*Hyriopsis cumingii*
59	白斑狗鱼	*Esox lucius*	142	褶纹冠蚌	*Cristaria plicata*
60	青　鱼	*Mylopharyngodon piceus*	143	河　蚬	*Corbicula fluminea*
61	草　鱼	*Ctenopharyngodon idellus*	144	梅花参	*Thelenota ananas*
62	赤眼鳟	*Squaliobarbus curriculus*	145	刺　参	*Apostichopus japonicus*
63	翘嘴鲌	*Culter alburnus*	146	马粪海胆	*Hemicentrotus pulcherrimus*
64	鳡	*Elopichthys bambusa*	147	紫海胆	*Anthocidaris crassispina*
65	三角鲂	*Megalobrama terminalis*	148	海　蜇	*Rhopilema esculentum*
66	团头鲂(武昌鱼)	*Megalobrama amblycephala*	149	鳖	*Trionyx sinensis*
67	广东鲂	*Megalobrama hoffmanni*	150	乌　龟	*Chinemys reevesii*
68	鳊	*Parabramis pekinensis*	151	坛紫菜	*Porphyra haitanensis*
69	红鳍原鲌	*Cultrichthys erythropterus*	152	条斑紫菜	*Porphyra yezoensis*
70	蒙古鲌	*Culter mongolicus*	153	石花菜	*Gelidium amansii*
71	鲢	*Hypophthalmichthys molitrix*	154	细基江蓠	*Gracilaria tenuistipitata*
72	鳙	*Aristichthys nobilis*	155	珍珠麒麟菜	*Eucheuma okamurai*
73	细鳞斜颌鲴	*Xenocypris microlepis*	156	海　带	*Laminaria japonica*
74	银　鲴	*Xenocypris argentea*	157	裙带菜	*Undaria pinnatifida*
75	倒刺鲃	*Spninibarbus denticulatus denticulatus*	158	菱	*Trapa japonica*
76	光倒刺鲃	*Spiniobarbus hollandi*	159	芦　苇	*Phragmites communis*
77	中华倒刺鲃	*Spinibarbus sinensis*	160	茭　白	*Zizania caduciflora*
78	白甲鱼	*Varicorhinus simus*	161	水　芹	*Oenanthe japonica*
79	圆口铜鱼	*Coreius guichenoti*	162	荸　荠	*Eleocharis tuberosa*
80	铜　鱼	*Coreius heterodon*	163	慈　菇	*Sagittaria trifolia*
81	鲮	*Cirrhinus molitorella*	164	蒲　草	*Typha*
82	青海湖裸鲤	*Gymnocypris przewalskii*	165	芡　实	*Euryale ferox*
83	重口裂腹鱼	*Schizothorax waltoni*	166	莲	*Nelumbo nucifera*

三、特别保护幼鱼和亲鱼制度

所谓幼鱼，一般是指没有达到性成熟的渔业生物幼体。在渔民从事捕捞生产的过程中，不可避免地会捕获一定数量的幼鱼。然而，过量地捕捞幼鱼不但会对渔业生物资源量的增长造成不利影响，而且对渔业生产也是无益的，大多数幼鱼常被抛弃。因此，渔业法规对幼鱼建立了专门的保护制度，主要涉及三个方面。一是渔获幼鱼比例限制；二是设立幼鱼保护区；三是最小网目尺寸限制（见本书第六章第三节）。根据《渔业法》第三十条，对幼鱼特别保护的具体措施应由农业部或者省级渔业行政主管部门规定。

渔获幼鱼比例限制，就是对每网次或每航次渔获物中幼鱼所占的比例作出限制性规定，超过该比例则构成违法。《水产资源繁殖保护条例》第五条、《渔业法》第三十条对此都作出了原则性规定，一些渔业法规和规范性文件对某些水产动物的可捕标准作出了具体规定，并规定了每网次或航次渔获幼鱼的限制比例。可捕标准，一般以达到性成熟为原则确定，用体长或体重表示。例如，《渤海生物资源养护规定》第二十四条和附件 1 规定了 27 种水产动物的可捕标准，并且规定在网次或者航次渔获量中，幼鱼的比例不得超过 25%。《广西壮族自治区渔业管理实施办法》第四十三条规定，“凡捕到小于可捕标准的水生动物幼体，应立即放生；海洋捕捞渔获中小于可捕标准的幼体占 30% 以上的，应当立即转移渔场或改变作业。收购部门发现幼体超过 30% 时，应当拒绝收购，并报渔政监督管理机构处理。”因此，渔政部门应当加强水上作业现场检查，对于网次渔获物中幼鱼的比例超过规定比例的，应当劝告或者责令船长转移作业渔场，也可视具体情况给予行政处罚。渔政部门在码头渔获卸载现场也应加强检查，对于航次渔获物中幼鱼比例超过规定的，应给予批评教育或行政处罚。

作为对幼鱼和亲鱼采取的特别保护措施，我国还设置了一些亲体繁殖和幼鱼保护区。例如，东海、黄海的大黄鱼幼鱼保护区和带鱼幼鱼保护区①；东海产卵带鱼保护区②；官井洋大黄鱼繁殖保护区③；长乐海蚌资源增殖保护区④；二长棘鲷幼鱼和幼虾保护区⑤等。渔业法规以及其他的法规对保护区内的渔业生产活动以及其他的经济活动都作出了严格的限制性规定。

四、人工增殖渔业资源制度

广义讲，渔业资源包括渔业生物资源和非生物资源，即渔业生物栖息、生存、繁衍的水体环境。由此，人工增殖渔业资源也包括两方面的含义，即增殖放流渔业生

① 参见：《国务院关于设立幼鱼保护区的决定》，1981 年 4 月 22 日国务院发布。

② 参见：《农业部关于国务院批准设立东海产卵带鱼保护区的通知》（〔1988〕农（渔政）字第 14 号）。

③ 参见：《官井洋大黄鱼繁殖保护区管理规定》。

④ 参见：《福建省长乐海蚌资源增殖保护区管理规定》。

⑤ 参见：《广西壮族自治区海洋水产资源繁殖保护实施细则暂行规定》。

物资源以及改良渔业生物的生存环境。所谓渔业生物资源增殖放流，是人们为了恢复、增加渔业生物资源量而向海洋、江河、湖泊、水库等公共水域投放人工孵化、养殖的渔业生物幼体或者渔业生物亲体的行为；改良渔业生物生存环境，主要是通过投放人工鱼礁、鱼巢以及其他构造物或者通过生物技术改善、修复、再造渔业生物的生存环境。我国自20世纪60年代开始，多次进行人工放流，增加渔业生物资源，增殖的对象主要有中国对虾、大黄鱼、大马哈鱼、海蜇等，并且于20世纪70年代组织投放人工鱼礁，改善渔业环境，取得了一定的成绩①。

增殖渔业资源管理主要涉及增殖用苗种的选择和培育管理、增殖区域和地点的选择管理、资源增殖费的筹集使用管理以及资源增殖效果的监测和评估等方面。例如，《渤海生物资源养护规定》第十七条至第二十三条对在渤海海域人工增殖活动的国家政策、组织管辖权限、苗种的供给和选用、放流海域的确定、人工鱼礁的投放等各个方面都作出了规定。为了进一步规范和鼓励水生生物增殖放流活动，贯彻国务院2006年印发的《中国水生生物资源养护行动纲要》，科学养护水生生物资源，维护生物多样性和水域生态安全，农业部于2009年又制定了《水生生物增殖放流管理规定》。

另外，为了加强对水生生物资源增殖放流和人工鱼礁建设的管理，一些地方政府也出台了相关规定。例如，广东省人民政府于2004年9月7日发布了《广东省人工鱼礁管理规定》，对人工鱼礁的定义、分类、设计规范、建造、投放地点选择、维护管理等都作出了原则性的规定。根据该《规定》的第三条，人工鱼礁是指为保护和改善海洋生态环境，增殖渔业资源，在海洋中设置的构筑物。按照人工鱼礁功能分为生态公益型人工鱼礁、准生态公益型人工鱼礁、开放型人工鱼礁。投放在海洋自然保护区或者重要渔业水域，用于提高渔业资源保护效果的为生态公益型人工鱼礁。投放在重点渔场，用于提高渔获质量的为准生态公益型人工鱼礁。投放在适宜休闲渔业的沿岸渔业水域，用于发展游钓业的为开放型人工鱼礁。

五、征收渔业资源增殖保护费制度

渔业资源增殖活动，基本上是一项资金密集型和技术密集型的社会公益渔业事业，需要大量资金投入。因此，《渔业法》第二十八条创设了征收渔业资源增殖保护费制度，即渔业资源增殖受益的单位和个人应当依法缴纳渔业资源增殖保护费，专门用于渔业资源增殖和保护。

经国务院批准，由农业部、财政部、国家物价局发布的《渔业资源增殖保护费征收使用办法》，对渔业资源增殖保护费的征收权限、征收标准和使用范围等作出了

① 杨吝，刘同渝，黄汝堪：《中国人工鱼礁的理论与实践》，广东科技出版社2005年版，第3－4页。

规定。农业部和国家物价局制定的《黄渤海、东海、南海区渔业资源增殖保护费征收使用暂行办法》以及许多地方性渔业法规和规章,对此又作出了进一步比较明确的规定。主要是按照"统一领导、分级管理"的原则,由农业部的三个海区渔政局和地方各级人民政府渔业行政主管部门及其所属的渔政管理机构负责征收渔业资源增殖保护费。征收和使用的原则是"取之于渔,用之于渔",即收取的资金只能专款专用,用于渔业资源的增殖和保护。征收的标准基本上遵循了"使用不利于渔业资源保护之渔具渔法的多收、捕捞对象市场价值较高的多收、在近海作业的多收,反之则少收"的原则。这考虑了保护渔业资源的宗旨,又兼顾了市场规律。定价系统为多因子定价,考虑了捕捞水域、捕捞方法、捕捞的鱼种、渔船主机功率等。由于意外事故、渔船淘汰或变更用途等原因而停止作业的,还可以申请退回已经缴纳的渔业资源增殖保护费。

虽然征收渔业资源增殖保护费制度为渔业资源的增殖和保护筹集了一些资金,但是存在一些突出的问题。例如,"取之于渔,用之于渔"原则与"破坏者负担"的环境保护原则不够协调,缴纳义务人的范围过窄(主要是向从事捕捞生产的单位和个人征收),筹集的资金过少。依据环境资源法学的"破坏者负担"原则①,那些从事对渔业资源和渔业水域环境有损害活动的单位和个人应当缴纳渔业资源增殖保护费。例如,填没或围垦及工业建设占用天然渔业水域的、拦河筑坝的、水下采矿的、水下爆破的以及从事其他损害渔业生物资源作业活动的等单位和个人都应缴纳。此外,国家公共财政也应适当投入,才能筹集足够的渔业资源增殖资金。

上述渔业生物资源养护制度的分类是相对的,而不是绝对的。例如,禁渔区(期)制度与捕捞渔具和渔法管制制度密切关联、特别保护幼鱼和亲鱼制度与下一章讨论的水产苗种保护制度紧密联系、幼鱼和亲鱼保护区与水产种质资源保护区以及禁渔区互相关联,区别只是出发点不同,目标是完全一致的,即养护渔业生物资源。各项制度都需要依法建立、依法执行,并不断地依法完善和调整。

第三节 水生生物多样性与濒危水生动植物资源的保护

种类、数量众多的水生生物彼此之间互相依存,与它们的栖息环境构成了丰富多彩的水生生态系统。其中,适合商业开发、为人类食用或用于其他产业的水生生物资源只是众多水生生物资源的一小部分。为了保证水生生物的健康繁育和生长,使其资源量始终稳定在适合商业利用的水平上,必须保护水生生物的多样性,

① 刘国涛:《环境与资源保护法学》,中国法制出版社 2004 年版,第 168-170 页。

保护其生存环境，而对濒危的水生生物则应建立更严格的保护利用制度。根据《渔业法》和《野生动物保护法》，对水生生物的多样性和濒危水生动植物的保护工作是渔政部门的法定职责。

一、生物多样性的概念

根据《生物多样性公约》第二条，生物多样性是指所有来源的活的生物体中的变异性，这些来源除其他外包括陆地、海洋和其他水生生态系统及其所构成的生态综合体；这包括物种内、物种之间和生态系统的多样性①。简单讲，生物多样性即指所有来源之生物体间的不同、差异、可变性的特点、状态、程度等，包括遗传基因多样性、物种多样性和生态系统多样性三个层次。其中，物种多样性是最明显、最容易为人察觉和测定。

物种是生物进化、分类和繁殖单元，物种多样性通常用物种丰富度表示，即一定地理范围内的物种总数目。基因是物种遗传信息的单位。由于基因决定种内的变异，并遗传给下一代，基因多样性又称遗传多样性，是指同一物种内的基因变异性。基因多样性来自于基因在物种繁殖过程中的自然变异，并通过有性繁殖得以交换、放大和传播。缺乏基因多样性的物种和种群，对环境的改变和疾病爆发适应性弱，进而给物种的延续性带来危机。基因多样性是生命进化和物种分化的基础。生态系统多样性，既存在于生态系统之间，也存在于一个生态系统内部。前者意味着在各地区不同的物理背景中形成了多种多样的生境，分布着不同类型的生态系统；后者指一个生态系统内的群落由不同的种类组成，它们的结构关系（包括垂直和水平的空间结构，营养结构，如捕食者与被捕食者、草食动物和植物、寄生物与寄主等）是多样的，它们在生态系统中执行的功能不同，在生态过程中的作用是不一样的②。

---

① 《生物多样性公约》（Convention on Biological Diversity）是一项具有法律约束力的国际公约，旨在保护濒临灭绝的植物和动物，最大限度地保护地球上的多种多样的生物资源，以造福于当代和子孙后代，是联合国环境规划署（UNEP）发起的政府间谈判委员会第七次会议于1992年6月1日在内罗毕通过的。1992年6月5日，在巴西里约热内卢举行的联合国环境与发展大会上开始由各国签署，该《公约》于1993年12月29日生效。联合国《生物多样性公约》缔约国大会是履行《公约》的最高决策机构，一切有关履行《公约》的重大决定都要经过缔约国大会的通过，其常设秘书处设在加拿大的蒙特利尔。我国于1992年6月11日签署了《公约》，全国人大常委会于1992年11月7日批准了《公约》，1993年1月5日交存了批准书，《公约》于1993年12月29日对我国生效。

② 韩怀芬，林春绵，李非里：《环境保护导论》，浙江科学技术出版社2004年版，第61－62页。《中国生物多样性国情研究报告》编写组：《中国生物多样性国情研究报告》，中国环境科学出版社1998年版，第11－13页。

二、保护生物多样性的意义

生物资源是自然界的重要组成部分,每一种生物对于人类的生存与发展都具有重要的现实意义和长远意义,保护和维持生物多样性已经成为全人类共同关切的问题。为此,第55届联合国大会于2001年将每年的5月22日确定为国际生物多样性日①。

生物多样性对于人类的价值主要表现在三个方面,即直接价值、间接价值和存在价值。简单讲,直接价值主要体现在人类对生物资源的直接依赖或者说利用方面。例如,丰富的渔业生物资源是人类优质的食品来源。间接价值,主要是指生物多样性对人类生存的支持价值和野生种质资源的潜在战略价值。生物多样性的支持价值主要表现在固定太阳能、调节水文过程、防止水土流失、调节气候、吸收分解有害物质、储存营养元素、促进养分循环和维持进化过程等诸多方面。例如,在热带和亚热带沿岸、海湾、河口地区存在的红树林生态系统联系着海洋和陆地,对于降低水污染、为众多的水产动物以及其他动物提供栖息地、保护海岸免受海水侵蚀和维持自然生态平衡至关重要。生物多样性的战略价值,主要表现在其基因多样性方面,因为人类尚不能人工创造任何遗传基因物质,人类对物种的改良、培育必须依赖丰富的种质资源基因库。生物多样性的存在价值,是指人类认识到某一特定的物种、生境或生态系统存在且将继续存在的价值。它源自人们纯粹只是为了知道生物资源的存在而衍生的益处②。生物资源先于人类而存在于地球,某些生物的直接价值可能是很有限的,但是它们的存在能为人类带来某种道德伦理或心理上的满足感。存在价值反映了人们对自然的敬畏和责任。事实上,一个物种存在的价值究竟有多大,它的消失究竟能造成多大的损失,是人们无法准确评估的。

三、珍贵、濒危水生动植物的定义

为了保护生物多样性,防止生物物种减少、灭绝,我国野生动植物保护法规创立了珍贵(亦称珍稀)、濒危动植物的概念,以便对列入珍贵、濒危动植物名录的生物实施重点保护。

事实上,野生动物在我国被依法分成了三类,即珍贵、濒危的陆生、水生野生动物;有重要经济、科学研究价值的陆生野生动物;以及珍贵、濒危的水生野生动物以

① 为纪念《生物多样性公约》生效,根据公约缔约方大会第一次会议的建议,联合国大会于1994年12月19日通过49/119号决议将每年的12月29日定为"国际生物多样性日"。为了更好地开展宣传纪念活动,根据公约缔约方大会第五次会议的建议,联合国大会于2001年通过55/201决议将"国际生物多样性日"改为每年的5月22日。

② K·V·克里施纳默西:《生物多样性教程》,张正旺译,化工出版社2006年版,第59页。

外的其他水生野生动物。其中,珍贵、濒危的水生野生动物以外的其他水生野生动物的保护,适用渔业法的规定①,而不适用《野生动物保护法》。珍贵、濒危的野生动物,即国家重点保护的野生动物,又被进一步分为国家一级保护野生动物和二级保护野生动物,国家重点保护的野生动物名录及其调整,由国务院野生动物行政主管部门制定,报国务院批准公布②。为此,经国务院1988年12月10日批准(国函〔1988〕144号),原林业部和农业部于1989年1月14日联合发布了《国家重点保护野生动物名录》③。2000年8月1日,国家林业局又发布了《国家保护的有益的或者有重要经济、科学研究价值的陆生野生动物名录》④。另外,根据《野生动物保护法》第九条,一些省级人民政府还确定了地方重点保护野生动物名录。然而,国家和一些省级人民政府制定的水生野生动物以及渔业资源保护法规,并没有严格区分渔业生物和非渔业生物,而把国家重点保护的一级和二级水生野生动物(即珍贵、濒危的水生野生动物)、地方重点保护的水生野生动物以及重要的渔业生物等概念混为一谈。这实际上混淆了《野生动物保护法》和《渔业法》的适用范围⑤。

笔者认为,根据《野生动物保护法》第二条,所谓的"地方重点保护的水生野生动物"应为渔业生物,对其进行保护应当适用渔业法规。产生这一问题根本原因在于将能够独立行走、奔跑、飞翔、游泳的野生动物区分为"国家重点和地方重点"的立法思想缺乏科学性,应借鉴国际经验,将其统一为一个标准,再分为若干级,进而厘清渔业法规和野生动物保护法规各自的适用范围。

根据《野生植物保护条例》第二条,野生植物是指原生地天然生长的珍贵植物和原生地天然生长并具有重要经济、科学研究、文化价值的濒危、稀有植物。野生植物又被分为了国家重点保护野生植物和地方重点保护野生植物。国家重点保护野生植物分为国家一级保护野生植物和国家二级保护野生植物。国家重点保护野生植物名录,由国务院林业行政主管部门、农业行政主管部门商国务院环境保护、建设等有关部门制定,报国务院批准公布⑥。为此,经国务院1999年8月4日批准,国家林业局和农业部于1999年9月9日公布了《国家重点保护野生植物名录

---

① 参见:《野生动物保护法》第二条。

② 参见:《野生动物保护法》第九条。

③ 经国务院批准,2003年2月21日,国家林业局令第7号对该《国家重点保护野生动物名录》进行了调整。《国家重点保护野生动物名录》,见国家林业局网站:http://zrbhq.forestry.gov.cn/portal/zrbh/s/1498/content-334700.html

④ 《国家重点保护野生植物名录(第一批)》,见国家林业局网站:http://zrbhq.forestry.gov.cn/portal/zrbh/s/1498/content-335658.html

⑤ 刘新山,陈勇,白秀芹:"渔业生物资源及濒危水生动植物保护法律制度分析",载《资源科学》2008年第4期。

⑥ 参见:《野生植物保护条例》第十条。

(第一批)》[①]。地方重点保护野生植物,是指国家重点保护野生植物以外,由省、自治区、直辖市保护的野生植物。地方重点保护野生植物名录,由省、自治区、直辖市人民政府制定并公布,报国务院备案。此外,《野生动物保护法》第四十条和《野生植物保护条例》第三十一条都作出了我国缔结或者参加的野生动植物保护国际条约优于国内法的规定。

因此,根据《野生动物保护法》第二条、第九条、第四十条和《野生植物保护条例》第二条、第十条、第三十一条以及《最高人民法院关于审理破坏野生动物资源刑事案件具体应用法律若干问题的解释》第一条[②],珍贵、濒危的水生野生动植物是指列入《国家重点保护野生动物名录》、《国家重点保护野生植物名录》以及《濒危野生动植物物种国际贸易公约》附录1、附录2[③]中的水生野生动物和植物物种以及驯养繁殖的上述动物物种。

然而,经国务院于1993年9月17日批准、农业部于1993年10月5日发布的《水生野生动物保护实施条例》创设了"地方重点保护水生野生动物名录制度",并且农业部于1999年6月24日发布的《水生野生动物利用特许办法》第四十七条规定"地方重点保护的水生野生动物或其产品可参照国家二级保护水生野生动物的管理规定执行"。笔者认为,这些规定与《野生动物保护法》第二条的规定不一致,属于越权立法,混淆了《渔业法》和《野生动物保护法》的保护对象。所谓的"地方重点保护水生动物名录"应当属于重要的渔业生物资源保护名录,应适用《渔业法》,而非《野生动物保护法》。

若进一步考察医药卫生行政管理部门颁布的《国家重点保护野生药材物种名录》的三级分类法以及《地方重点保护野生药材物种名录》,现行法律法规对水生生物资源的立法分类更显混乱。这导致了法律法规之间冲突。究其原因,一是《立法法》于2000年颁布之前的立法程序非常不严格,二是环境资源立法和行政管理存在的行政部门性和地方主义问题,三是将能够独立行走、飞行、游泳、奔跑的野生动物划分为"国家重点和地方重点"的立法思想本身就缺乏科学性[④]。

---

① 《国家重点保护野生植物名录(第一批)》,见国家林业局网站:http://zrbhq.forestry.gov.cn/portal/zrbh/s/1498/content-335658.html

② 参见:《最高人民法院关于审理破坏野生动物资源刑事案件具体应用法律若干问题的解释》(法释〔2000〕37号),2000年11月27日发布。

③ 即 Convention on International Trade in Endangered Species of Wild Fauna and Flora,该《公约》的目的是确保野生动物植物贸易不威胁野生动物植物的生存,《公约》文本见 CITES 网站:http://www.cites.org/,是1973年3月3日华盛顿会议通过的,由此又称《华盛顿公约》,1975年7月1日生效,目前有169个缔约方。我国于1981年1月8日加入,是第63个缔约方,4月8日《公约》对我国生效。《公约》的3个附录列出的物种总数约33 000种,其中动物约5 000种,植物约28 000种。中国约有2 000个物种被列入附录。见中华人民共和国濒危物种科学委员会网站:http://www.cites.org.cn/

④ 另见本章第一节"渔业生物资源的概念和分类"和本章第二节"重要的渔业生物资源名录制度"。

四、水生野生动植物自然保护区

保护水生生物多样性与濒危的水生野生动植物，对于维持物种多样性、遗传多样性、生态系统多样性及景观多样性意义重大①，主要的保护措施有就地保护和迁地保护。前者主要是指选择有代表性的生态系统，划出一定的地理面积，设立自然保护区②，对人类在保护区内的活动进行严格限制，以保护各类生物及其生境。后者是指把保护对象迁出原产地，再迁入特别改良、设计的场地或设施，以给予其特别的保护。例如，各种动物园、植物园、水族馆、基因库、种子库、繁育中心等。

（一）自然保护区的概念

根据国务院于1994年颁布的《自然保护区条例》第二条，自然保护区是指对有代表性的自然生态系统、珍稀濒危野生动植物物种的天然集中分布区、有特殊意义的自然遗迹等保护对象所在的陆地、陆地水体或者海域，依法划出一定面积予以特殊保护和管理的区域。事实上，我国的自然保护区建设工作开始于20世纪50年代③。到2007年底，已设立自然保护区2 531个。其中，国家级自然保护区303个，省级自然保护区780个，总面积约15 188万公顷（含海域面积600万公顷），陆地自然保护区面积占陆地国土面积15.19%④。

为了对自然保护区实施区别管理，国家推荐标准《自然保护区类型与级别划分原则》（GB/T 14529－93）又将自然保护区分为了三个类别、九个类型和四个级别，即自然生态系统类（包括森林生态系统类型、草原与草甸生态系统类型、荒漠生态系统类型、内陆湿地和水域生态系统类型以及海洋和海岸生态系统类型）、野生生物类（包括野生动物类型和野生植物类型）和自然遗迹类（包括地质遗迹类型和古生物遗迹类型），级别分为国家级、省级、市级和县级。在国内外有典型意义、在科学上有重大国际影响或者有特殊科学研究价值的自然保护区，通常设立为国家级自然保护区；其他的，则为地方级自然保护区。

---

① 郭忠玲，赵秀海：《保护生物学概论》，中国林业出版社2003年版，第51－54页。

② 另外，始于1982年的风景名胜区制度对保护生物多样性与濒危的野生动植物事实上也发挥着重要作用，并且早期设立的自然保护区和风景名胜区存在着重合或交叉现象。但是，2006年12月1日开始实施的《风景名胜区条例》第七条规定，新设立的风景名胜区与自然保护区不得再重合或者交叉；已设立的风景名胜区与自然保护区重合或者交叉的，风景名胜区规划与自然保护区规划应当互相协调。该《条例》第二条规定，风景名胜区是指具有观赏、文化或者科学价值，自然景观、人文景观比较集中，环境优美，可供人们游览或者进行科学、文化活动的区域。

③ 1956年，经国务院批准，中国科学院华南植物研究所在广东省肇庆市鼎湖区建立了我国第一个自然保护区——鼎湖山国家级自然保护区。见中国科学院华南植物园网站：http://interner.scib.ac.cn/science/dhs/index1.htm

④ 参见：《2007年中国环境状况公报》。

另外，由于我国对自然保护区实行综合管理与分部门管理相结合的管理体制，即环境保护部负责全国自然保护区的综合管理，国务院林业、农业（包括渔业）、国土资源（包括海洋）、水利等行政主管部门在各自的职责范围内主管有关的自然保护区①，所以还可以依据自然保护区的生态类型、主要保护对象、行政主管部门分类。例如，渔政部门主管水生野生动植物自然保护区，林业部门主管森林和野生动物自然保护区，海洋部门主管海洋自然保护区等。

（二）水生野生动植物自然保护区的概念

设立自然保护区是保护水生生物多样性和濒危水生野生动植物资源最有效的措施，是促进人与自然和谐发展的重要手段，也是建设环境友好型社会的重要内容。为了规范水生动植物自然保护区的建设和管理工作，加强对水生生物多样性和濒危水生野生动植物资源的保护，农业部于 1997 年发布了《水生动植物自然保护区管理办法》。该《办法》第二条规定，水生动植物自然保护区是指为保护水生动植物物种，特别是具有科学、经济和文化价值的珍稀濒危物种、重要经济物种及其自然栖息繁衍生境而依法划出一定面积的土地和水域，予以特殊保护和管理的区域。

（三）水生野生动植物自然保护区的建立与管理

为了保护濒危水生野生动植物资源及其生存环境，保护水生生物的多样性，根据《野生动物保护法》第十条、《自然保护区条例》第十条、《水生野生动物保护实施条例》第十一条、《野生植物保护条例》第十一条及《水生动植物自然保护区管理办法》第六条，在符合下列条件的区域，应当建立水生野生动植物自然保护区：

（1）国家和地方重点保护水生动植物的集中分布区、主要栖息地和繁殖地；

（2）代表不同自然地带的典型水生动植物生态系统的区域；

（3）国家特别重要的水生经济动植物的主要产地；

（4）重要的水生动植物物种多样性的集中分布区；

（5）尚未或极少受到人为破坏，自然状态保持良好的水生物种的自然生境；

（6）具有特殊保护价值的水生生物生态环境；

（7）经国务院或者省、自治区、直辖市人民政府批准，需要予以特殊保护的其他自然区域。

根据《自然保护区条例》第十二条、第十五条和《水生动植物自然保护区管理办法》第八条、第九条，建立国家级水生野生动植物自然保护区，需由自然保护区所在地的省级人民政府同意，由省级人民政府渔业行政主管部门报农业部评审，由国

① 参见：《自然保护区条例》第八条。

务院批准。建立地方级水生野生动植物自然保护区，由自然保护区所在地的县级以上人民政府渔业行政主管部门报省级人民政府批准，并报农业部备案。建立跨两个以上行政区的水生野生动植物自然保护区，由有关行政区的人民政府协商一致后提出申请，并依程序审批。水生动植物自然保护区的撤销及其性质、范围、界线的调整或者改变，应当经原批准机关批准。

根据《自然保护区条例》第二十一条和《水生动植物自然保护区管理办法》第十四条、第十五条，国家级水生动植物自然保护区，由其所在地的省、自治区、直辖市人民政府渔业行政主管部门或者国务院渔业行政主管部门管理。地方级的水生动植物自然保护区，由其所在地的县级以上地方人民政府渔业行政主管部门管理。跨行政区域的水生动植物自然保护区的管理，由上一级人民政府渔业行政主管部门与所涉及的地方人民政府协商确定。协商不成的，由上一级人民政府确定。渔业行政主管部门应当在水生动植物自然保护区内设立专门的管理机构，配备专业技术人员，负责自然保护区的具体管理工作。截止到 2005 年 8 月，各级渔业行政主管部门共建立水生野生动植物和水域生态类型自然保护区 136 个，面积 5 868 482. 143 公顷。其中，国家级自然保护区 15 个，省级 43 个，市县级 78 个①。

另外，海洋行政管理部门建立的海洋自然保护区，也涉及水生野生动植物、水生生态系统的保护。根据《海洋自然保护区管理办法》第二条，海洋自然保护区是指以海洋自然环境和资源保护为目的，依法把包括保护对象在内的一定面积的海岸、河口、岛屿、湿地或海域划分出来，进行特殊保护和管理的区域。目前，由国家海洋局主管的国家级海洋自然保护区有 9 处②。

水生动植物自然保护区的建立对于保护珍稀、濒危的水生野生动植物，保护水生生物的多样性，保护渔业生物资源和水生生态系统发挥着重要作用。渔政部门和水生野生动植物自然保护区管理机构应采取有效措施保护和增殖水生野生动植物资源，对于受到伤害或被困的水生野生动物，应及时采取救护措施，应依法监视、监测环境对水生野生动植物的影响，保护或者恢复其生长环境，由于环境影响对水生野生动植物造成危害时，应当会同有关部门进行调查处理。在建设项目可能对水生野生动植物的生存环境造成不利影响时，建设单位应当提交环境影响报告书；环境保护部门在审批时，应当征求渔业行政主管部门的意见，必要时应当建立繁育基地、种质资源库或者采取迁地保护措施。渔政部门和水生野生动植物自然保护区机构有权对违反野生动植保护法规的单位、个人依法给予行政处罚，对于涉嫌犯罪的，移交公安机关和司法机关处理。

---

① 何建湘:《中国水生野生动植物自然保护区价值评价》，长征出版社 2005 年版，第 29 – 33 页。

② 见国家海洋局网站:http://www. soa. gov. cn/hyjww/zrbhq/gjjhyzrbhq/A022002index_1. htm

第四节　濒危水生野生动物及其产品利用管理制度

为了保护水生生物的多样性,防止珍贵、濒危水生野生动物灭绝,渔政部门必须对利用珍贵、濒危水生野生动物及其产品(即珍贵、濒危的水生野生动物的任何部分及其衍生物)的活动依法实施严格管制。现行野生动物保护法规主要设计了捕捉许可证制度、驯养繁殖许可证制度、运输许可证制度、经营利用许可证制度、进出口许可制度和征收水生野生动物资源保护费制度等。

一、水生野生动物捕捉许可证制度

根据《野生动物保护法》第四条、第十六条,野生动物资源属于国家所有,捕捉、杀害珍贵、濒危的水生野生动物是被法律普遍禁止的;在一些特殊情况下,需要捕捉珍贵、濒危水生野生动物的,则需要依法向渔政部门申请水生野生动物特许捕捉证。这些特殊情况主要包括科学研究、资源调查和监测;医药生产;驯养繁殖;表演、展览、教学、宣传普及知识;国际捐赠、交换以及其他特殊情况等①。申请捕捉国家重点保护的一级水生野生动物的,应将申请材料报经申请人所在地省级渔政部门审核后,再报农业部审批;属于跨省捕捉的,还应经过捕捉地省级渔政部门签署审核意见后,报农业部审批。申请捕捉国家重点保护的二级水生野生动物的,应将申请材料报经申请人所在地县级渔政部门审核,再由省级渔政部门审批;属于跨省捕捉的,应由申请人所在地省级渔政部门签署意见后报捕捉地省级渔政部门审批。此外,动物园申请捕捉国家重点保护水生野生动物的,申请前还应经过建设行政主管部门的审核同意。

渔政部门在以下三种情况下依法不予批准,即申请人有条件以合法的非捕捉方式获得申请捕捉对象或者达到其目的的;捕捉申请不符合国家有关规定,或者申请使用的捕捉工具、方法以及捕捉时间、地点不当的;根据申请捕捉对象的资源现状不宜捕捉的。负责核发特许捕捉证的部门,在接到申请后,应当在三个月内作出批准或者不批准的决定②。

水生野生动物特许捕捉证属于一次性的法律文件。取得特许捕捉证的单位或个人,必须依照特许捕捉证规定的种类、数量、地点、期限、工具和方法作业,并在捕捉地县级以上渔政机关或机构监督之下进行,防止误伤水生野生动物或破坏其生

① 参见:《野生动物保护法》第十六条、《水生野生动物保护实施条例》第十二条及《水生野生动物利用特许办法》第八条、第九条。

② 参见:《水生野生动物保护实施条例》第十三条、《水生野生动物利用特许办法》第十条至第十二条。

存环境。捕捉作业完成后，应当向捕捉地的县级渔政部门申请查验，并交回《捕捉证》。县级渔政部门应及时向发证机关报告作业情况，查验结果，并上交捕捉证①。

二、水生野生动物驯养繁殖许可证制度

人工驯养繁殖珍贵、濒危的水生野生动物是保护、利用水生野生动物资源的有效措施。为了规范珍贵、濒危水生野生动物驯养繁殖活动，保护驯养繁殖繁殖者的合法利益，《野生动物保护法》第十七条创设了驯养繁殖许可证制度。驯养繁殖国家重点保护的一级水生野生动物的，应当持有农业部核发的水生野生动物驯养繁殖许可证；驯养繁殖国家重点保护的二级水生野生动物的，应当持有省级渔政部门核发的水生野生动物驯养繁殖许可证②。驯养繁殖许可证的有效期最长不超过五年，并且需要接受年检，有效期届满后，应重新报批③。

申请驯养繁殖证的单位和个人，应当具备三项条件：(1)有适宜驯养繁殖水生野生动物的固定场所和必要的设施；(2)具备与驯养繁殖水生野生动物种类、数量相适应的资金、技术和人员；(3)具有充足的驯养繁殖水生野生动物的饲料来源④。从事驯养繁殖的单位和个人，应依照野生动物保护法规和驯养繁殖证的规定从事驯养繁殖活动，建立驯养繁殖档案制度、统计制度、生产信息报告制度等，接受渔政部门的检查、监督和指导，并且依法合理地利用、处分驯养繁殖的濒危水生野生动物。例如，只能依照农业部或者省级渔政部门批准的年度销售计划向渔政部门指定的收购单位出售其驯养繁殖的濒危水生动物或者其产品。

三、水生野生动植物运输许可制度

珍贵、濒危水生野生动物资源是十分稀缺的。在坚持原产地保护、利用的原则下，也应允许将其运输到其他地方，以满足其他地区的客观需要，实现稀缺资源的充分利用。为了保证珍贵、濒危水生野生动物及其产品的来源合法，保障活体水生野生动物在运输途中的健康，规范珍贵、濒危的水生野生动物及其产品的运输市场秩序，《野生动物保护法》创设了运输许可证制度，即运输、携带国家重点保护水生野生动物或者其产品出县境的，必须经省级渔业行政主管部门或者其授权的单位批准⑤。交通、铁路、民航和邮政等企业不得承运、收寄没有合法运输证明的水生

---

① 参见：《水生野生动物利用特许办法》第十三条、第十四条。

② 参见：《水生野生动物保护实施条例》第十七条、《水生野生动物利用特许办法》第十七条。

③ 参见：《水生野生动物利用特许办法》第四十六条。

④ 参见：《水生野生动物利用特许办法》第十六条。

⑤ 参见：《野生动物保护法》第二十三条、《水生野生动物保护实施条例》第二十条、《水生野生动物利用特许办法》第二十九条。

野生动物或者其产品。工商行政管理部门和渔政部门有权对违法运输珍贵、濒危水生野生动物及其产品的行为人依法进行处理①。

根据《水生野生动物保护实施条例》第二十条和《水生野生动物利用特许办法》第二十九条至第三十四条,申请水生野生动物运输许可证主要包括以下几种情形。

(1) 运输国家重点保护的水生野生动物或者其产品出县境的,凭特许捕捉证或者驯养繁殖许可证,向县级渔政部门提出申请,报省级渔政部门或者其授权的单位批准。因动物园之间繁殖动物需要运输的,省级渔政部门也可以授权同级建设行政主管部门审批。

(2)出口国家重点保护水生野生动物或其产品涉及运输的,凭同意出口批件到始发地省级渔业行政主管部门或其授权单位办理《运输证》。进口的,凭同意进口批件到入境口岸所在地省级渔业行政主管部门或其授权单位办理《运输证》。

(3)捐赠、转让、交换国家重点保护水生野生动物或其产品的运输,凭同意捐赠、转让、交换批件到始发地省级渔政部门或者其授权单位办理《运输证》。

(4)收购国家重点保护水生野生动物或其产品涉及运输的,凭《经营利用许可证》和出售单位出具的出售物种种类及数量证明,到收购地省级渔政部门或者其授权单位办理《运输证》。

(5)跨省展览、表演水生野生动物或其产品的运输,申请人凭展览、表演地省级渔政部门同意展览、表演的证明到始发地省级渔政部门办理前往《运输证》;展览、表演结束后,凭同意展览、表演的证明及前往《运输证》回执到展览、表演地省级渔政部门办理返回《运输证》②。

水生野生动物运输许可证属于一次性有效的法律文件。运输完成后,持有人应向当地县级以上渔政部门报告,由其进行查验,向核发运输许可证的部门报告,并收回运输许可证。

四、水生野生动植物经营利用许可证制度

虽然捕捉、杀害国家重点保护的水生野生动物是法律所普遍禁止的行为,但是现行法律又通过设立经营利用许可证的方式,允许有限制地经营利用珍贵、濒危的水生野生动物及其产品。经营利用国家重点保护的一级水生野生动物或其产品

① 参见:《水生野生动物保护实施条例》第二十一条、第二十八条。

② 参见:《水生野生动物利用特许办法》第三十四条。笔者认为,此条"跨省展览、表演水生野生动物……"的规定和《野生动物保护法》第二十三条"运输、携带国家重点保护野生动物或者其产品出县境的,……"的规定明显不一致。根据《立法法》的相关规定,农业部的部门规章应服从人大常委会通过的法律,因此"跨省"应为"跨县"。

的，由农业部批准；经营利用国家重点保护的二级水生野生动物或其产品的，由省级渔政部门批准①。在下列情形下，不予批准：(1)水生野生动物物种来源不清楚或不稳定的；(2)可能造成水生野生动物物种资源破坏的；(3)可能影响国家野生动物保护形象和对外经济交往的②。水生野生动物经营利用许可证的有效期不超过五年，并要经过年度审验，有效期届满后，需要重新报批。获得水生野生动物经营利用许可证的单位和个人还应到其经营利用地的县级以上渔政部门备案，才可以从事经营利用活动。

实际上，经营利用濒危水生野生动物的活动包括了捕捉、驯养繁殖、出售、收购、表演、展览、摄影、科学研究、教学、标本制作、食品及保健品加工、医药生产等。可见，濒危水生野生动物的经营利用包括了两类行为：剥夺动物的生命和不剥夺其生命。一般讲，前者只限于利用驯养繁殖的水生野生动物的子代。为此，《水生野生动物利用特许办法》第二十四条规定，医药保健生产需要利用水生野生动物或其产品的，必须具备省级以上医药卫生行政管理部门出具的所生产药物及保健品中需用水生野生动物或其产品的证明；利用驯养繁殖的水生野生动物子代或其产品的，必须获得农业部或省级渔政部门指定的科研单位出具的证明材料。

濒危水生野生动物经营利用者应建立水生野生动物或其产品档案制度，接受渔政部门的监督检查和指导，遵守野生动物保护法规，确保利用的水生野生动物或其产品来源合法。各级渔政部门和工商部门，应建立对水生野生动物或者其产品的经营利用监督检查制度，加强对经营利用濒危水生野生动物或者其产品的监督管理。

五、水生野生动植物进出口许可制度

野生动植物及其产品国际贸易是诱导过度、甚至非法利用野生动植物资源，造成一些濒危物种灭绝的主要原因之一，但也是增进国际科技文化交流的有效途径。

为了规范野生动植物及其产品的国际贸易活动，确保国际贸易不会负面地影响野生动植物资源的可持续利用，野生动植物保护法规创设了野生动植物及其产品进出口许可制度，即出口国家重点保护野生动植物或者产品的，进出口中国参加的国际公约所限制进出口的野生动植物或者产品的，必须经国务院野生动植物行政主管部门或者国务院批准，并取得国家濒危物种进出口管理机构核发的允许进

①　参见：《野生动物保护法》第二十二条；《水生野生动物保护实施条例》第十八条；《水生野生动物利用特许办法》第二十二条、第二十三条。

②　参见：《水生野生动物利用特许办法》第二十五条。笔者认为，“可能影响国家野生动物保护形象和对外经济交往的”的规定非常模糊，非法律语言，建议改为“可能阻碍我国履行所缔结或加入有关国际条约的”。

出口证明书[①]。未定名的或者新发现并有重要价值的野生动植物及其产品,则禁止出口[②]。

因此,出口国家重点保护水生野生动物或者产品的,以及进出口中国参加的国际公约所限制进出口的水生野生动物或者其产品的,应当省级渔政部门审核,由农业部批准。在审批前,还应委托国家濒危水生野生动植物物种科学委员会进行科学评估,属于动物园因交换动物需要进出口国家重点保护的水生野生动物的,还应经国务院建设行政主管部门审核同意[③]。出口国家重点保护野生植物,或者进出口中国参加的国际公约所限制进出口的野生植物,则由农业部野生植物保护管理办公室负责审批。在审批前,应征求农业部其他有关业务司局的意见[④]。在取得农业部的同意进出口许可证之后,申请人应在许可证规定的有效期内,向国家濒危物种进出口管理机构申请核发允许进出口证明书。国家濒危物种进出口管理机构在核发允许进出口证明书之前,还应咨询国家濒危物种进出口科学机构的意见[⑤]。

农业部和国家濒危物种进出口管理机构在行使其受限制的水生野生动植物或者其产品进出口审批权时,一般主要考虑下列因素:(1)进出口的主要目的是否符合我国野生动植物保护法规和政策以及我国缔结的相关国际条约的规定;(2)进出口的野生动植物或者其产品来源是否合法;(3)进出口活动是否危害该物种的生存,是否符合我国有关水产种质资源保护的规定,是否会对我国的生态平衡产生破坏作用,产生不利影响;(4)是否具有所进出口的水生野生动植物的养护设施条件和技术能力;(5)是否能够保证进出口的野生动植物活体得到妥善的装载、运输、安置和照管等;(6)地方渔政部门的意见以及其他与水生野生动植物保护工作有关的行政机关的意见,如建设行政主管部门;(7)国家濒危水生野生动植物物种

---

① 参见:《野生动物保护法》第二十四条;《野生植物保护条例》第二十条。国家濒危物种进出口管理机构,即中华人民共和国濒危物种进出口管理办公室,设在国家林业局。见中国濒危物种进出口信息网:http://www.cites.gov.cn/

② 参见:《濒危野生动植物进出口管理条例》第六条;《野生植物保护条例》第二十条。

③ 参见:《水生野生动物保护实施条例》第二十三条;《水生野生动物利用特许办法》第三条、第四条。笔者认为《水生野生动物利用特许办法》第三条表述得非常不严谨,即"农业部主管全国水生野生动物利用特许管理工作,负责国家一级保护水生野生动物或其产品利用和进出口水生野生动物或其产品的特许审批。省级渔业行政主管部门负责本行政区域内国家二级保护水生野生动物或其产品的特许审批;县级以上渔业行政主管部门负责本行政区域内水生野生动物或其产品特许申请的审核。"此条规定与《野生动物保护法》第二十四条;《水生野生动物保护实施条例》第二十三条以及《濒危野生动植物进出口管理条例》冲突,即省级渔业行政主管部门无权负责本行政区域内国家二级保护水生野生动物或其产品的进出口特许审批工作。

④ 参见:《农业野生植物保护办法》第二十一条。

⑤ 参见:《濒危野生动植物进出口管理条例》第十二条、第十四条。国家濒危物种进出口科学机构,即中华人民共和国濒危物种科学委员会,是依据《濒危野生动植物种国际贸易公约》的规定于1982年成立的,办公室挂靠在中国科学院动物研究所,成员由中国科学院聘任。见中华人民共和国濒危物种科学委员会网站:http://www.shangrila.ac.cn/index.php? id=1

科学委员会的评估建议和中华人民共和国濒危物种科学委员会的科学咨询意见;(8)是否符合生态安全要求和公共利益;(9)是否会对我国履行保护野生动植物的国际义务产生消极影响等①。

此外,在受限制的水生野生动植物及其产品进出口活动过程中,还应遵守海关法规和动植物检验检疫法规的相关规定,在农业部会同海关总署、国家质量监督检验检疫总局指定且经国务院批准的口岸进行②。

六、征收水生野生动物资源保护费制度

为了筹措野生动物资源保护资金,采用经济手段调控利用濒危野生动物资源的活动,《野生动物保护法》设立了征收野生动物资源保护费制度。

据此,《水生野生动物利用特许办法》第四十四条规定,经批准捕捉、驯养繁殖、运输以及展览、表演、出售、收购、进出口等利用水生野生动物或其产品的单位和个人,应当依法缴纳水生野生动物资源保护费。1999年,原国家发展计划委员会、财政部同意了农业部《关于建议批准征收水生野生动物资源保护管理费的函》(农财函〔1998〕162号)③,并于2000年下发通知明确了水生野生动物保护费的缴纳对象、征收权限、征收标准、资金管理使用规定等方面的内容④。因此,利用国家重点保护的一级、二级水生野生动物以及列入《濒危野生动植物物种国际贸易公约》附录一、附录二中的水生野生动物的单位和个人,应当缴纳水生野生动物资源保护费。渔政部门征收的保护费属于行政事业收费,只能专项用于水生野生动物保护法律、法规的宣传以及水生野生动物资源的调查和监测、增殖放流、驯养繁殖、科学研究等水生野生动物资源的保护管理工作。

加强资源保护、积极驯养繁殖、合理开发利用是渔政部门开展水生野生动物保护和利用工作的指导方针。除了上述的就地保护(主要是自然保护区)制度、迁地保护和六项主要的利用管制制度外,水生野生动物保护法规还规定了公民有权对破坏野生动植物资源的行为进行检举和控告、开发利用水生野生动物资源的单位和个人的合法权益受法律保护、对水生野生动物保护工作先进单位和个人实施政

---

① 参见:《水生野生动物保护实施条例》第二十三条;《水生野生动物利用特许办法》第三条、第四条和第四十一条、第四十二条;《濒危野生动植物进出口管理条例》第八条、第九条以及《濒危野生动植物种国际贸易公约》。

② 参见:《濒危野生动植物进出口管理条例》第十二条、第十九条、第二十一条。

③ 参见:《财政部、国家发展计划委员会关于同意征收水生野生动物资源保护费的复函》(财综字〔1999〕102号)。

④ 参见:《国家发展计划委员会、财政部关于水生野生动物资源保护费收费标准及其有关事项的通知》(计价格〔2000〕393号),《农业部关于征收水生野生动物资源保护费有关问题的通知》(农渔发〔2000〕10号)。

府奖励、国家支持水生野生动物科研教学事业、组织水生野生动物资源定期调查、救护受伤或被困的水生野生动物、因保护水生野生动物资源而受到损失的单位和个人有权获得政府补偿等多项法律制度。

最后,值得一提的是,虽然渔业法规创设的各项渔业生物资源利用及保护法律制度与野生动植物保护法规所设计的各项珍贵、濒危的水生动植物资源保护及利用制度的出发点不同、侧重点不同,但是两类制度有许多关联的地方,追求的目标有很大相同之处,即为了保护水生生物资源的多样性,维持生态平衡,实现水生生物资源的可持续利用。

第四章　渔业环境保护行政管理

第一节　渔业环境概述

一、环境的概念与分类

“环境”是一个使用率非常高的常用语词。例如，水环境、校园环境、室内环境、社会环境、投资环境、城市环境、农业环境、海洋环境、执法环境等。根据《现代汉语词典》的解释，环境是指周围的地方或周围的情况和条件①。可见，对某一环境的界定、认识、理解、监视、评价、保护等必需事先确定一中心事物。选定的中心事物不同，环境的含义也会不同。在一般情况下，这一中心事物通常为人类。由此，环境科学所讲的环境是指人群周围的境况及其中可以直接、间接影响人类生活和发展的各种自然因素和社会因素的总体，包括自然因素的各种物质、现象和过程及在人类历史中的社会、经济成分。但是，环境法学、环境行政管理学等所指的环境只包含自然因素，而不包括社会的、经济的因素。《环境保护法》第二条规定，环境是指影响人类生存和发展的各种天然的和经过人工改造的自然因素的总体，包括大气、水、海洋、土地、矿藏、森林、草原、野生生物、自然遗迹、人文遗迹、自然保护区、风景名胜区、城市和乡村等。

为了清楚地认识环境问题，科学地监测、评价环境，改造、保护好环境，人们必须对庞杂的自然环境依据某些标准进行分类。例如，根据环境大小、远近等，分为聚落环境、区域环境、全球环境、星际环境等②；根据环境的要素，可分为水环境、大气环境、海洋环境、生物环境等；根据环境的主要功能，可分为农业环境、工业环境、居住环境、旅游环境、渔业环境等。

二、渔业环境的定义

渔业环境，是以环境的功能为主要分类依据的一类环境，主要是指天然的或者经过人工改造的捕捞渔场和水产养殖场。但是，现行的环境立法采用了两个名称

---

① 中国社会科学院语言研究所词典编辑室：《现代汉语词典》第5版，商务印书馆2005年版，第594页。
② 何康林：《环境科学导论》，中国矿业大学出版社2005年版，第9－10页。

表达渔业环境这一概念,即"渔业水体和渔业水域"。根据《水污染防治法》第九十一条,渔业水体是指划定的鱼虾类的产卵场、索饵场、越冬场、洄游通道和鱼虾贝藻类的养殖场的水体;根据《海洋环境保护法》第九十五条,渔业水域是指鱼虾类的产卵场、索饵场、越冬场、洄游通道和鱼虾贝藻类的养殖场;根据《渔业法实施细则》第二条,渔业水域是指中华人民共和国管辖水域中鱼、虾、蟹、贝类的产卵场、索饵场、越冬场、洄游通道和鱼、虾、蟹、贝、藻类及其他水生动植物的养殖场所;1989年修订的《渔业水质标准》(GB 11607－89)规定,本标准适用于鱼虾类的产卵场、索饵场、越冬场、洄游通道和水产增养殖区等海、淡水的渔业水域。

显而易见,渔业水域和渔业水体这两个语词的法律含义基本相同。但是,为什么现行环境法规对实质上为同一概念的渔业环境却采用了两个名称,阐述得也不是很严密呢?笔者认为,这一方面暴露了我国环境立法和环境行政管理长期存在的部门间协调性欠佳问题,另一方面也说明渔业环境这一概念还未能在环境科学里得到严密地阐述。例如,一些文献习惯采用"渔业水域环境、渔业水域生态环境"等术语表示渔业环境,认为"渔业水域环境是指经济水生动植物生存所需的周围的、外部各种自然条件,它是各种经济水生动植物产卵繁殖、生长育成、越冬、洄游所需的诸环境条件的统称"[①],或者认为"渔业水域环境是以水生经济动植物为中心,与这个中心相联系的周围的、外部的自然界,它是水生经济动植物产卵、繁殖、生长育成、越冬、洄游等诸环境条件的统称"[②]。严格讲,这样的阐述是不严密、不全面的。首先,水生植物不存在索饵、越冬、洄游等问题,其次这样的定义没有概括"渔业"这一定语特有的内容。那些不适合开展渔业生产、却适合水生动植物生长的环境,不应被认为是渔业环境。

环境科学是环境立法的基础,渔业法规是环境资源部门法的组成部分。笔者认为,在法律条文中应该采用"渔业水体"的名称,而摒弃"渔业水域"的称谓,因为"水体"在环境科学中是指包括水中悬浮物、溶解物质、底泥、水生生物等完整的生态系统[③]。根据《现代汉语词典》的解释,水域是指海洋、河流、湖泊等(从水面到水底)的一定范围[④]。很显然,"水体"一词可以涵盖"水域"一词的含义。另外,作为一个法学上的概念,它应该有明确的、易于界定的内容,而诸如产卵场、索饵场、越冬场、洄游通道等渔业资源学上的概念是很难界定的,不宜应用于法律条文中。

因此,从立法上讲,渔业水体应是指适宜水生生物生存,并且适合从事水产捕

---

① 陈达森:《渔业水域环境保护》,海洋出版社 1996 年版,第 4 页。

② 陈松涛,郑曙光:《渔政管理学》,上海交通大学 1995 年版,第 223 页。

③ 郑师章,等:《普通生态学—原理、方法和应用》,复旦大学出版社 1994 年版,第 410 页。

④ 中国社会科学院语言研究所词典编辑室:《现代汉语词典》第 5 版,商务印书馆 2005 年版,第 1282 页。

捞和养殖等渔业生产活动的天然的或者经过人工改造的水体。那些依法完全禁止从事渔业生产的水体,不属于法律意义上的渔业水体。例如,自然保护区、港口水域、饮用水水源保护区等。

三、渔业环境要素

环境要素,是指构成环境整体的各个独立的、性质不同的而又服从整体演化规律的基本物质组分,是组成环境整体的结构单元①。环境要素是人类认识环境、评价环境、改造环境、保护环境的依据。因此,对构成渔业环境的要素进行分析是十分必要的。从生态学角度看,可以把渔业环境要素分为非生物要素和生物要素。

(一)非生物要素

非生物要素主要包括水、水中的悬浮物质、水中的溶解物质以及渔业水体的底质、地形、底泥构成、人工鱼礁以及养殖用的筏体、设施等。

水是水生生物赖以生存的媒介。水的数量、存在的物理形态、水体的运动对捕捞渔场的形成、养殖水体的水质都有重大影响。例如,良好的海洋天然渔场多形成在上升流海域;水体的流动性弱、交换能力差是发生赤潮重要原因之一。水中的悬浮物质包括漂浮水面的物质和悬浮于水中呈固态不溶解的物质,是构成渔业环境的要素之一。《渔业水质标准》(GB11607－89)规定,水面不得出现明显油膜或浮沫,人为增加悬浮物质的量不得超过10 mg/L,而且悬浮物物质沉积于底部后,不得对鱼、虾、贝类产生有害的影响。水中的溶解物质种类繁多,存在形式多种多样,有低分子物质,也有高分子物质,可以离子、分子、离子对、无机络合物、有机螯合物等多种形式存在,可以通过化学反应以及吸附、交换、共沉淀等界面作用转为胶体或粗分散粒子。人们常根据水中溶解物质对水生生物影响的一些共性,把它们分为六类,即主要离子、溶解气体、植物营养物质、有机物质、酸碱物质、有毒物质②。《渔业水质标准》(GB11607－89)主要是对这些物质规定了限定值。

此外,渔业水体的底质、地形、底泥构成、人工鱼礁以及养殖用的筏体、设施等同样是构成渔业环境的重要要素。人工鱼礁、工厂化养殖设施以及其他渔业工程建设,实际上是在最大程度上改善、设计渔业环境。

(二)生物要素

渔业环境的生物要素,是指以渔业生物为中心的一切其他生物,包括饵料生物、能进行光合作用的水生植物、捕食渔业生物的其他动物、有害的赤潮生物、寄生

---

① 何强,井文涌,王翊亭:《环境学导论》,清华大学出版社1994年版。

② 湛江水产专科学校主编:《淡水养殖水化学》,农业出版社1980年版,第4－6页。

生物、腐生生物、细菌、真菌等，即构成渔业水体这一完整生态系统的生产者、消费者、分解者。目前，许多国家开展了人工增殖放流以及对饵料生物和防治赤潮的研究，目的就是改善构成渔业环境的生物要素，以期恢复和保护渔业生物资源。

四、渔业环境问题

渔业环境实际是以渔业生物资源为中心事物、以发展渔业为目的的一类环境。人们从事的渔业生产活动以及其他非渔业活动都会对渔业环境造成正面或者负面的影响。例如，捕捞、养殖等渔业生产活动，水利工程建设、排放污水、海上石油开发等非渔业活动。渔业环境问题，主要是指人类活动导致渔业环境要素、结构、状态等发生变化，负面地影响了渔业环境质量，给渔业生物资源的正常繁衍、生息造成了消极影响，进而妨碍水产业可持续发展的现象。

渔业是以土地资源、水资源、水生生物资源等为依托的农业产业，这些资源的数量和质量变化直接关系着渔业的健康发展。近代以来，由于人类的不当活动而造成的渔业环境问题虽然种类繁多，但是可简单地分为三类，即前一章讨论的渔业生物资源利用过度问题以及本章将探讨的渔业水体污染问题和渔业环境生态破坏问题。这些渔业环境问题的一个共同特点是人类活动破坏了渔业环境原有的生态平衡，以致于在合理的时间段内无法恢复其渔业功能，甚至永远无法恢复，而不能够再被称之为渔业环境。

渔业环境问题往往具有隐显性、损害放大性、持续性、不可逆性、整体性等特点。某些人类活动对渔业环境的负面影响往往不是马上显现出来，需要经过一段时间的累积。例如，工业废水中的重金属造成的渔业水体质量恶化，一般需要很长时间才会在渔业生产中显现出来，并有可能影响水产品消费者的健康，放大其所造成的损害；过度捕捞造成的渔业资源和生态环境破坏，在完全禁渔后，一般需要很久，才有可能恢复；而一些水利工程设施的建设、江河湖海滩涂的盲目围垦所造成渔业环境生态破坏基本上都是无法恢复的。由于水的流动、一些渔业生物资源的洄游等原因，渔业环境问题往往影响范围很广，表现出了整体性的特点，往往都是跨地区行政界线，甚至跨国界事件。这无疑增加了预防、认识、处理渔业环境问题的难度。

第二节　渔业水体污染与防治

一、渔业水体污染的概念

水是一切形式的生命赖以存在的、有限的自然资源。一方面，适合人类饮用以及可为人类直接使用从事各类经济生产活动的水的数量是有限的；另一方面水自身的循环能力、水生态系统的净化能力也是有限的。一旦人类活动引入水体中的物质和能量超过了水体的自净能力，就会影响水体的正常使用功能，造成水污染问题。

《水污染防治法》和《海洋环境保护法》对内陆水体污染和海洋水体污染分别予以了定义。《水污染防治法》第九十一条规定，水污染是指水体因某种物质的介入，而导致其化学、物理、生物或者放射性等方面特性的改变，从而影响水的有效利用，危害人体健康或者破坏生态环境，造成水质恶化的现象。根据《海洋环境保护法》第九十五条，海洋环境污染损害是指直接或者间接地把物质或者能量引入海洋环境，产生损害海洋生物资源、危害人体健康、妨害渔业和海上其他合法活动、损害海水使用素质和减损环境质量等有害影响。两部法律所给出的定义基本相同，即人类将某些物质或者能量引入到了水环境，导致水环境质量下降，进而影响了水的使用功能，包括水的各种生态功能，如影响水生生物的正常繁衍生息。事实上，内陆水体污染和海洋水体污染是密切关联的，地表径流和沿海排污口是海洋污染物的主要来源，海水的涨落、倒灌也会直接影响地表径流和地下水的质量。

水的使用功能是多种多样的，如人类饮用、农业灌溉、工业用水、水产养殖、水产捕捞、旅游观光、游泳、洗浴等。因此，对水体质量进行评价，判定水体是否受到污染以及污染程度如何，应事先确定水体的具体使用功能；渔业水体污染，通常意味着该水体已经不适合水生动植物的健康生存，不适合人类发展水产养殖、水产捕捞等渔业生产。《渔业水域污染事故调查处理程序规定》第四条规定，渔业水域污染事故是指由于单位和个人将某种物质和能量引入渔业水域，损坏渔业水体使用功能，影响渔业水域内的生物繁殖、生长或造成该生物死亡、数量减少，以及造成该生物有毒有害物质积累、质量下降等，对渔业资源和渔业生产造成损害的事实。

近年来，随着我国由传统农业国向工业化国家的大步迈进、农村的城市化及水上交通运输业的快速发展，经常发生一些渔业污染事故，给渔业生产者造成了很大的损失，并且损害了渔业生态环境。据报道，2008 年全国共发生渔业水域污染事故 1 025 次，污染面积约 10. 97 万公顷，造成直接经济损失 1. 65 亿元。因环境污染造成可测算天然渔业资源经济损失 49. 85 亿元，其中内陆水域天然渔业资源经济损失为 12. 51 亿元，海洋天然渔业资源经济损失为 37. 34 亿元①。

二、渔业水体污染源

由于水体的流动，渔业水体污染非常容易扩散，影响面广，对渔业环境质量的

① 农业部，国家环境保护部：《中国渔业生态环境状况公报 2008》。

危害有很强的持续性。防治渔业水体污染的最有效措施是监视、控制可能的污染源。因此,分析渔业水体污染物的来源是十分必要的。

水污染源,指的是向水体排放污染物的场所、设备、装置等以及污染物进入水体的途径。作为一类水污染,渔业水体污染之污染物的来源众多。例如,来自各类工矿企业未经处理的废水、城市生活污水、油轮的泄漏、拆船业的油污扩散、海上石油开采事故、海上倾废、酸雨等。为了更好地理解这些水污染源,可以依据不同的标准对其进行分类①:

(1)依据污染物的属性,可分为无机物污染源、有机物污染源、生物污染源(如致病菌、寄生虫)、热污染源、放射性污染源、复合污染物污染源等;

(2)依据污染源的空间分布,可分为点源(如工矿企业的排污口)和非点源(如降水、农业灌溉退水、大气中污染物的沉降等);

(3)依据受纳污染物的水体,可分为海洋污染源、湖泊污染源、池塘污染源、河流污染源、水库污染源等;

(4)依据排放污染物的时间,可分为连续性污染源、间歇性污染源、瞬时性污染源等;

(5)依据污染源的移动性,可分为固定污染源、移动污染源。

2007 年,国务院颁布了《全国污染源普查条例》,并决定于 2008 年开展第一次全国污染源普查,以后每 10 年普查一次。

三、渔业水体主要污染物及其来源和对渔业的危害

因人类活动而被引入渔业水体、危害渔业生物生存的污染物主要包括以下十类。

(一)石油类污染物

石油类污染物是危害渔业生物生存的常见污染物,进入渔业水体的方式主要包括油轮事故、海上油田开采事故、船舶排放含油的污水、船舶海事事故、拆船导致的油类扩散、企业排放含油的废水、大气中石油烃的沉降等。

石油类污染物是复杂的混合物,常漂浮在水面上,形成大面积的油膜。据称,每升石油的扩展面积可达 1 000 ~ 10 000 平方米。石油类污染物对渔业的危害主要表现在以下几方面:(1)漂浮在水面的大面积油膜阻隔大气与水体的气体交换,降低了水体的溶解氧,影响水生生物的生存;(2)漂浮在水面的大面积油膜,减弱了水中阳光的强度,影响水生植物的正常生长,降低渔业水体的初级生产力;

---

① 何康林:《环境科学导论》,中国矿业大学出版社 2005 年版,第 126 - 127 页。

(3)油类的分解、氧化作用,需要消耗大量的溶解氧,可使渔业动物窒息死亡;(4)油类易粘附在鱼类、兽类等的呼吸器官和身体以及鱼卵、水产动物的幼体上,导致其呼吸困难而死亡;(5)一些有毒的燃料油可以杀死渔业生物;(6)油类的油臭成分能够侵入鱼、贝体内,通过血液和体液循环扩散到全身,使之丧失食用价值。

(二)有机污染物

有机污染物,主要是指生活污水、禽畜粪便以及食品、制革、造纸等工业废水中所含的碳水化合物、氨基酸、蛋白质、脂肪、纤维素、木质素等有机化合物。这些物质在微生物的作用下,可以被分解为无机物。但是,这一分解过程需要消耗水体中溶解氧(因而又称需氧污染物),从而降低了溶解氧,影响水生动物的健康生存。有机污染物,一般没有毒性。但是,在它们消耗水体中溶解氧的过程中,却加快了厌氧菌的大量繁殖。在厌氧菌的作用下,一些有机物会分解释放出甲烷、二氧化硫、醇类等有毒气体和物质,使水体发黑、发臭,威胁水生生物的生存。

有机污染物的组成复杂,通常采用生物化学需氧量(BOD)、化学需氧量(COD)、总需氧量(TOD)、总有机碳(TOC)等指标衡量其浓度。生物化学需氧量,即污水中的有机污染物,经微生物分解所消耗的氧气量,常用在20℃恒温室内培养五天需要消耗的氧气量表示,即BOD5。化学需要量,指用化学氧化剂(常为高锰酸钾、重铬酸钾)氧化水中的有机物所消耗的氧气量。总需氧量,是指用仪器测定在高温下燃烧有机污染物所消耗的氧气量。总有机碳,是指用仪器测定在高温下燃烧有机物所产生的二氧化碳量。根据《渔业水质标准》(GB11607－89)的规定,在20℃时,BOD5不超过5 mg/L,冰封期不超过3 mg/L。

(三)重金属污染物

重金属主要是指汞(Hg)、镉(Cd)、铅(Pb)、铬(Cr)以及类金属砷(As)等生物毒性特别显著的五种物质。此外,还包括密度大于5 g/cm^{3}的金属,约45种,如铜(Cu)、锌(Zn)、铁(Fe)、钴(Co)、镍(Ni)、锰(Mn)、钨(W)、钼(Mo)、金(Au)、银(Ag)等。尽管锰、铜、锌等重金属是生命活动需要的微量元素,但是大部分重金属却不是生命活动所必需的,而且所有重金属超过一定浓度后对渔业生物都有毒害。《渔业水质标准》(GB11607－89)对渔业水体中重金属汞、镉、铅、铬、铜、锌、镍以及类金属砷的含量都作出了明确的要求,如汞的含量必须小于等于0.000 5 mg/L。

重金属污染物主要来自工业废水,如制氯、制碱、造纸、塑料、电力、制药(包括农药、兽药)、油漆、电镀等企业以及矿山和金属冶炼企业。重金属在水中主要以化合物、离子状态存在,不能够被分解,只能在不同形态、价态间互相转化,在渔业环境中分散和聚集,常沉积于渔业水体的底泥中。通过皮肤、鳃的渗透以及食物链摄食,重金属可以进入渔业生物体内,并在渔业生物体内浓缩、富集起来,引起渔业生物中毒，危害渔业生物的健康，危害水产品食用者的健康。一般讲，贝类对重金属的富集力相对较强。

（四）农药污染物

根据《农药管理条例》第二条，农药是指用于预防、消灭或者控制危害农业、林业的病、虫、草和其他有害生物以及有目的地调节植物、昆虫生长的化学合成或者来源于生物、其他天然物质的一种物质或者几种物质的混合物及其制剂。主要包括杀虫剂（又分胃毒剂、接触毒剂和熏蒸剂）、杀菌剂、除草剂、灭鼠剂、杀螨剂、植物生长调节剂等①。

农药基本上是农业、林业、牧业等生产活动所必需的投入品，施用农药是保证农作物以及其他植物正常生长、提高生产效益的重要措施之一。但是，农药具有毒性、暴露性、扩散性、残留性以及富集性等特点，也有可能造成农药污染问题。农药进入渔业水体的途径主要有不当施用农药，农药厂排放废液、清洗农药用具、倾倒农药残液以及生产、运输、储藏事故等。由于农药多含有贡化合物、氟化合物、砷化合物、有机磷、有机氯等有毒物质，农药污染直接威胁着水生生物的生存，增加了水产品的农药残留，进而危害水产品消费者的身体健康。

（五）植物营养物质污染物

植物营养物质污染物，主要是指植物生长所需要的氮、磷、钾等化合物，主要来源于生活污水、某些行业的工业废水和农业灌溉退水以及饲养场的禽畜粪便污水等。水体中的植物营养物质过多，会导致水体中的某些藻类以及其他植物、原生动物、细菌等大量繁殖，在水流缓慢的湖泊、水库、河流、池塘、沟渠等水域发生富营养化现象，在河口、海湾、海洋发生赤潮现象。

因植物营养物质污染物引发的赤潮对渔业生物危害很大。(1)由于藻类大量繁殖，占据水体空间，阻塞水道，遮蔽阳光，影响渔业生物的繁殖、生存；(2)大量藻类的呼吸和死亡后分解，消耗大量的溶解氧，危害水产动物生存；(3)某些赤潮生物含有毒素，可以造成鱼、虾、贝等中毒死亡；(4)某些赤潮生物向体外分泌黏液，使之附着在水产动物的身体上，妨碍呼吸，导致窒息而死亡。人们如果食用了受污染的水产品，也可能中毒。

（六）热污染

渔业水体热污染，主要是指工业生产排放的废热引起水温异常变化，造成渔业环境质量下降，危害渔业生物健康生存的水体污染现象。依据地表水水域环境功能和保护目标，《地表水环境质量标准》(GB 3838－2002)将地表水划分为五类，规

① 吴东雷，陈声明：《农业生态环境保护》，化学工业出版社2005年版，第53页。

定人为造成的环境水温变化应限制在周平均最大温升≤1℃,周平均最大温降≤2℃。《海水水质标准》(GB3097－1997)规定,一、二类水质适用于海洋渔业水域和水产养殖区,人为造成的温度升高夏季不超过当时当地1℃,其他季节不超过2℃。

热污染主要来源于火力发电厂、核电站以及冶金、石油、化工、造纸、机械工业等。例如,火力发电厂的热效率为37%～38%,10%～15%的废热通过烟筒排走,其余的则通过冷却水排入水体①。

热污染对渔业生物有很大的危害性。废热不断流入渔业水体会使一些地区的水温升高,导致水中的溶解氧减少,引起鱼、虾、贝等水产动物因缺氧而死亡。由于水体中缺氧,还可致使厌氧菌大量繁殖,有机物腐败加快,进一步消耗溶解氧。此外,水温上升也可能会给一些致病微生物造成一个人工温床,使之滋生、泛滥,引起渔业生物患病,最终危害水产品食用者的健康。

(七)酸、碱污染物

酸、碱污染是渔业水体中酸、碱浓度异常的一种水污染现象。酸性污染物主要来自制酸厂、化工厂、粘胶纤维厂、酸洗车间等的含酸废水以及矿山排水和酸雨。碱性污染物主要来自制浆厂、造纸厂、制碱厂、印染厂、制革厂和炼油厂等含碱性物质的废水。《渔业水质标准》(GB11607－89)规定,淡水渔业水体的pH值应在6.5～8.5之间,海洋渔业水体应在7.0～8.5之间。

酸碱污染增加了水体的腐蚀性,从而使渔业船舶、水产养殖设施等受到损害。pH值的异常变化会导致水生生物回避、甚至死亡,破坏水生生态系统平衡,使生物种群发生变化。污染严重的话,可致使渔业生物绝迹。

(八)病原微生物

病原微生物,也称病原体,主要是指病菌(如大肠杆菌)、病毒以及寄生虫(如疟原虫、血吸虫)等可能引发疾病、传播疾病的致病性微生物。水体中的病原微生物主要来自生活污水、医院废水、制革、屠宰、洗毛等废水以及畜牧污水。渔业生物因病原微生物污染可能患病、死亡,受污染的水产品也不能食用。1988年春天,上海曾发生因食用被甲肝病毒污染的毛蚶而致使甲肝病爆发,29万人患病,11人死亡的事件②。《渔业水质标准》(GB11607－89)规定,总大肠菌群不超过5 000个/L(贝类养殖水质不超过500个/L)。

(九)放射性污染物

根据《放射性污染防治法》第六十二条,放射性污染是指由于人类活动造成物

① 林肇信,刘天齐,刘逸农:《环境保护概论》,高等教育出版社1999年版,第255页。

② 张秋华:《渔业水域生态环境保护和管理》,复旦大学出版社2004年版,第74页。

料、人体、场所、环境介质表面或者内部出现超过国家标准的放射性物质或者射线。放射性污染物主要来源于国防工业、核武器研究试验以及民用核工业事故和生产过程排放的废水、废物;放射性物质矿山开采、冶炼、精致、加工;利用放射性物质的医疗和科研等部门。

渔业水体的放射性污染,主要是指进入渔业水体的放射性污染物造成渔业环境的放射性水平高于天然本底或者国家标准,危害渔业生物健康生长、繁衍的水污染现象。放射性污染物进入水生生物的方式,一是外照射,通过体表吸收;二是内照射,通过对鳃和体表的渗透吸收或摄食等进入体内富集。鱼类的血液循环系统、生殖系统对放射性物质最敏感。水体受到污染后,水产动物可能出现发育生长缓慢、稚鱼畸形、寿命缩短、死亡率上升等。由于污染物质的富集作用,如果人们食用了遭受放射性物质污染的水产品,其身体健康也有可能受到损害。

(十)固体废物

根据《固体废物污染环境防治法》第八十八条,固体废物是指在生产、生活和其他活动中产生的丧失原有利用价值或者虽未丧失利用价值但被抛弃或者放弃的固态、半固态和置于容器中的气态的物品、物质以及法律、行政法规规定纳入固体废物管理的物品、物质。但是,不包括放射性固体废物。根据它们的来源及属性,分为3类:(1)工业固体废物,是指在工业生产活动中产生的固体废物;(2)生活垃圾,是指在日常生活中或者为日常生活提供服务的活动中产生的固体废物以及法律、行政法规规定视为生活垃圾的固体废物;(3)危险废物,是指列入国家危险废物名录或者根据国家规定的危险废物鉴别标准和鉴别方法认定的具有危险特性的固体废物。2008年6月6日,环境保护部、国家发展和改革委员会联合颁布了新的《国家危险废物名录》。

由于人口的快速增加、城市化、工农业发展,固体废物的种类和数量越来越多。如果处置不当,加上降水、径流、风力等自然原因,许多固体废物就会进入水体,造成渔业水体污染①。固体废物对渔业发展的危害主要表现在以下几方面:漂浮的废物遮蔽阳光,妨碍水生植物光合作用,阻隔水和空气间的气体交换,降低水中的溶解氧;大量悬浮的固体废物颗粒,妨碍水生动物呼吸,伤害呼吸器官,导致死亡;大量的固体废物堆积水底,可能损害局部的渔业生态环境质量,使渔业生物无法健康繁衍、生息;固体废物种类繁多,可能析出各种有害化学物质,危害渔业生物生存;大量的固体废物进入渔业水体,可能影响到渔业生产安全等。

除了上述10类污染物,渔业水体污染物还包括有酚类、氰化物等有毒污染物。

---

① 根据《固体废物污染环境防治法》第二条,防治固体废物倾倒污染海洋环境,不适用该法,具体内容将在下一节讨论。

最简单的酚类化合物为苯酚（C_6H_5OH，又称石炭酸），被广泛用作杀菌剂、消毒剂。酚类污染物主要来自石油、炼焦、木材加工、酚类化学合成、塑料、颜料、药物等工业的废水。另外，粪便和含磷有机物分解时也会产生酚类化合物。渔业水体受到酚类化合物污染后，鱼类的洄游、繁殖都会受到影响，可致鱼中毒死亡。《渔业水质标准》（GB11607－89）规定，挥发性酚的浓度应当小于等于0.005 mg/L。氰化物是指化学结构中含有氰根（CN^-）的化合物，是毒性很强的一类污染物，可引起水产动物中毒、死亡。氰化物主要来自电镀、焦炉和高炉的煤气洗涤冷却水，选矿和矿石冶炼废水，合成纤维工业和某些化工工业废水。《渔业水质标准》（GB11607－89）规定，氰化物的浓度应当小于等于0.005 mg/L。

四、渔业水体污染的防治

渔业水体包括以渔业为主要功能的河流、湖泊、池塘等内陆水体和海洋。为防治河流、湖泊、海洋等水体污染，《水污染防治法》、《海洋环境保护法》、《固体废物污染环境防治法》、《环境保护法》等法律法规设计了一系列的法律制度。

（一）污染防治规划制度

防治污染和其他公害是一项宪法制度，保护环境是我国的一项基本国策，环境保护规划是国民经济和社会发展规划的重要组成部分。《水污染防治法》第十五条、《海洋环境保护法》第七条分别对江河流域或区域污染防治规划、全国海洋环境保护规划和重点海域区域性海洋环境保护规划制度作出明确的规定。例如，为了保护淮河、海河、辽河和太湖、巢湖、滇池的水环境，国家环境保护总局制定了“三河三湖”污染防治“十五”计划；为防治渤海水体污染，国务院于2001年10月1日批复了《渤海碧海行动计划》①。污染防治规划，是各地区、各部门开展水污染防治工作的重要依据。

（二）跨部门、跨地区分工协作制度

防治水污染和海洋环境污染主要是环境保护部门和海洋部门的职责，但是涉及多个其他政府部门，涉及各级政府。为此《水污染防治法》、《海洋环境保护法》等规定了跨部门、跨地区分工协作制度。只有各级政府、各个部门密切配合、协作才有可能保护好水环境。

（三）水环境质量标准和污染物排放标准制度

水污染意味着水中的污染物质过多，超过了水体的自净能力，从而对人或其他

① 参见：《国务院关于渤海碧海行动计划的批复》（国函〔2001〕124号）。

生物的生存产生了有害影响。因此,制定水环境质量标准和污染物排放标准是判定污染、防治污染所必需的。《水污染防治法》第十一条至第十四条、《海洋环境保护法》第九条、第十条对此作出了明确规定。

(四)污染物排放总量控制制度

众所周知,即使向江河湖海排放的污染物都符合排放标准,也有可能造成水体污染,因为特定水体的环境容量是有限的。为此,《水污染防治法》第十八条、《海洋环境保护法》第三条明确规定了主要污染物的排放总量控制制度,进而要求排污单位控制、减少其排放污染物的数量。

(五)污染物排放禁止和许可制度

这是防治水体污染主要的法律制度。《水污染防治法》、《海洋环境保护法》以及其他的环境保护法律法规对主要水体污染物的处理、弃置、倾倒、排放等都作出了规定,禁止向水体中排放有毒、有害的物质,排放的废(污)水、处理废物等必须依据法律法规的规定和环境标准进行。

(1)为防止有毒、有害物质进入水体,《水污染防治法》第二十九条、第三十三条和《海洋环境保护法》第三十三条,对向水体排放含重金属、酸、碱、氰化物等有毒废渣、废液的活动做出了完全禁止性或严格限制性的规定。为了防治来自大气的污染物(如酸雨),《大气污染防治法》等法律法规规范了排放大气污染物的活动。

(2)为了防治农药污染,《水污染防治法》、《海洋环境保护法》和《农药管理条例》,对使用、生产、运输、经营农药和处理废弃农药可能造成的水污染防治都做了规定。禁止使用农药毒鱼。

(3)为防治病原体污染,《水污染防治法》第三十六条和《海洋环境保护法》第三十四条规定,含有病原体的废水,必须经过处理,符合标准后才可以排放。

(4)为防治油类污染,水污染防治法规和海洋环境保护法规等规定对排放含油废水;清洗储存油类的容器、车辆、船舰;油类装载;海上石油开采;拆船活动等严格管制。排放含油的废水,必须符合标准。从事石油勘探开采、设置拆船厂等活动,必须进行环境影响评价①。

(5)为防治废弃物污染水环境,倾倒、堆放、弃置、处理、海上倾倒等活动都必

① 参见:《水污染防治法》、《防治船舶污染内河水域环境管理规定》、《海洋环境保护法》、《海洋石油勘探开发环境保护管理条例》、《防治船舶污染海洋环境管理条例》、《防止拆船污染环境管理条例》等法律法规的相关规定。

须依法进行[①]。

(6)为了防治热污染,《水污染防治法》第三十一条规定,向水体排放含热废水,应当采取措施,保证水体的水温符合水环境质量标准。《海洋环境保护法》第三十六条规定,向海域排放含热废水,必须采取有效措施,保证邻近渔业水域的水温符合国家海洋环境质量标准,避免热污染对水产资源的危害。

(7)为了防治放射性污染,国家禁止在内河水域和海洋上处置放射性固体废物,禁止向水体中排放、倾倒含有高、中放射性物质的废水、废弃物,严格限制排放低水平的放射性污染物,不得使用含超标准放射性物质建设海洋工程[②]。

(六)缴纳排污费和废弃物倾倒费制度

为了体现公平正义,遵照"谁污染谁治理"的环境保护基本原则,筹措水污染防治资金,《水污染防治法》第二十四条和《海洋环境保护法》第十一条创设了缴纳排污费和废弃物倾倒费制度,即向内陆水体、海洋中排放废(污)水的行为人和在海上倾倒废物的行为人必须依法缴纳排污费、倾倒费。另外,排放大气污染物的和处理固体废物的,在一些情况下也需要缴纳排污费[③]。排污费、倾倒费依法应专款用于污染防治。

(七)排污口建设管制制度

为了规范排污口建设,防治水污染,《水污染防治法》和《海洋环境保护法》对排污口建设问题作出了明确的规定[④]。建设单位在江河、湖泊新建、改建、扩建排污口的,应当取得水行政主管部门或者流域管理机构同意;涉及渔业水域的,环境保护主管部门在审批环境影响评价文件时,应当征求渔业主管部门的意见。在选择入海排污口位置时,应当根据海洋功能区划、海水动力条件和有关规定,经科学论证后,报设区的市级以上人民政府环境保护行政主管部门审查批准。环境保护行政主管部门在批准设置入海排污口之前,必须征求渔业行政主管部门的意见。在有条件的地区,应当依据海洋功能区划,将排污口深海设置,实行离岸排放。在重要的渔业水体,不得新建排污口。

除了上述制度外,水污染防治法律法规和海洋环境保护法律法规还创设了城

---

① 参见:《水污染防治法》第三十三条、第三十四条;《固体废物污染环境防治法》第十七条;《防治陆源污染物污染损害海洋环境管理条例》第十一条;《海洋环境保护法》第七章;《海洋倾废管理条例》等。

② 参见:《放射性污染防治法》第四十三条;《水污染防治法》第三十条;《海洋环境保护法》第三十三条、第四十九条、第六十一条。

③ 参见:《大气污染防治法》第十四条、《固体废物污染环境防治法》第五十六条、《排污费征收使用管理条例》第十二条。

④ 参见:《水污染防治法》第十七条、第二十二条、第五十七条、第六十五条和《海洋环境保护法》第三十条。

镇污水集中处理制度①、环境监测和公告制度②、特殊水体保护区制度、环境保护设施运行监控制度、重大污染事故处理制度、建设项目环境影响评价制度等。这些制度对防治渔业水体污染都发挥着重要作用。

第三节 渔业环境生态破坏与保护

一、渔业环境生态破坏概述

渔业生物资源的过度利用、渔业水体污染和渔业环境生态破坏是渔业发展面临的三大环境问题。渔业环境生态破坏,主要是指人类不合理地开发利用水域、滩涂、土地等自然资源进行工业、农业、服务业建设和生产,从而破坏了渔业水生生态系统平衡,导致一些水生生物数量减少,甚至灭绝,以及渔业水体属性改变,甚至消失,影响渔业健康发展的现象。

造成渔业环境生态破坏的活动主要包括不当的水利水电工程建设、港口码头工程建设、江河湖海的围垦及填没、水下勘探爆破施工、采掘砂石(矿)活动、海洋制盐业、电缆管道铺设活动、废物倾倒以及军事活动等。这些活动可直接导致水生生物死亡、侵占其生存空间、破坏其栖息环境的理化条件、分割其原有的水生生态系统、阻碍水产动物的生殖索饵越冬洄游、种质资源退化、食物链简单化、水生生物多样性下降、水生生态系统单调化等。例如,洞庭湖在建国初期是我国第一大淡水湖泊,水域面积为4 350平方千米,由于盲目围垦,1983年时水域面积缩减到2 691平方千米,退居为第二大湖泊;有“千湖之省”称谓的湖北在解放初期有湖泊1 066个,到20世纪70年代末只剩326个,水域面积减少了1/3③。盲目围垦是导致我国内陆水域面积锐减、淡水渔业产量锐减的主要原因,也造成了洪水多发、气候干旱等一系列问题。围垦沿海滩涂、海域可以增加土地资源,但也会对自然环境造成许多负面影响。据不完全统计,自新中国成立到20世纪90年代,我国围海造地面积达1 790多万亩。由于大多没有进行过环境影响评价,造成了很大的经济损失和许多环境问题④。

另外,过度的底拖网捕捞活动也会负面地影响海底生态系统,造成渔业环境生态破坏,影响水生生物资源的繁衍生息,影响渔业的可持续发展。

---

① 参见:《水污染防治法》第四十四条。

② 参见:《水污染防治法》第二十五条;《海洋环境保护法》第十四条至第十六条。

③ 王洪道,等:《中国湖泊资源》,科学出版社1989年版,第29页。

④ 中国水利学会围涂开发专业委员会:《中国围海工程》,中国水利水电出版社2000年版,第77－82页。

二、渔业环境生态破坏的防治

预防原则、协调发展原则是指导环境保护工作的两项重要基本原则。前者是指对开发和利用环境行为所产生的环境质量下降或者环境破坏等应当事先采取预测、分析和防范措施，以避免、减轻由此可能带来的环境损害。后者是指在各类决策中将环境、经济、社会三方面的共同发展相协调一致，建立循环型社会国家，促使人类社会、经济实现可持续发展①。

土地、滩涂、海（河）床、水等自然资源是发展渔业生产的物质基础。在一特定地区，这些资源往往是有限的、稀缺的，而功能是多样的，除了可以用于开展渔业生产，也可以用于从事其他工农业建设生产，造福人民。为了贯彻预防、协调发展的原则，避免或减轻人类活动对渔业环境的污染与生态破坏，科学、有效益而公平地开发利用有限的自然资源，必须依法建立土地（包括滩涂）、水资源、海域利用规划制度、环境影响评价制度、建设项目许可制度、环境生态影响补偿制度、受益者补偿受害者制度、环境质量监测制度、环境生态破坏制裁制度等。这里，主要探讨对预防渔业环境生态破坏能够发挥积极作用的环境影响评价制度。

根据《环境影响评价法》第二条，环境影响评价是指对规划和建设项目实施后可能造成的环境影响进行分析、预测和评估，提出预防或者减轻不良环境影响的对策和措施，进行跟踪监测的方法与制度。因此，环境影响评价包括两类，即对自然资源开发利用规划进行的环境影响评价和对特定建设项目进行的环境影响评价。环境影响评价制度可以为区域经济发展提供指引，保证建设项目布局、选址的科学性，指导环境保护设施的设计、建设，促进人与自然和谐发展。

（一）涉渔自然资源利用规划的环境影响评价

为了使自然资源免遭不合理的生态破坏和污染，在编制自然资源利用综合规划、专项（或称行业、专业）规划的过程中，必须根据《环境影响评价法》进行规划环境影响评价。综合规划，主要是指土地利用的有关规划，区域、流域、海域的建设、开发利用规划。专项规划，主要是指工业、农业、畜牧业、林业、能源、水利、交通、城市建设、旅游、自然资源开发等规划。具体的范围，则由环境保护部会同国务院有关部门规定，报国务院批准确定。与渔业有较密切关系的综合规划和专项规划主要是土地利用总体规划；城市规划、镇规划、乡规划和村庄规划；江河、湖泊综合治理和开发利用规划；水资源规划；水土保持规划；防洪规划；海洋功能区划；港口规划以及其他工农业、能源、水利规划等。这些规划多是由相关的单行法分别确立

① 汪劲：《环境法学》，北京大学出版社 2006 年版，第 152 页。

的，负责编制、审批这些规划的各行政机关应当依法编制、审批各类规划，兼顾各行业对土地（滩涂）、水、海洋等自然资源的利用需求，保证各类规划之间的协调，并考虑环境生态保护问题，依法进行环境影响评价。对于综合规划和指导性专项规划，应当依法编写该规划有关环境影响的篇章或者说明，对规划实施后可能造成的环境影响作出分析、预测和评估，提出预防或者减轻不良环境影响的对策和措施，作为规划草案的组成部分一并报送规划审批机关。对于其他的专项规划，则需要编写单独的环境影响报告书。报告书应包括实施该规划对环境可能造成影响的分析、预测和评估；预防或者减轻不良环境影响的对策和措施；环境影响评价的结论三方面的内容①。

事实上，我国从20世纪70年代起就逐步将环境保护规划写入了国民经济和社会发展五年规划中②，以使环境保护同经济建设和社会发展相协调，尽可能地保护环境原有的生态状况已经成为国民经济和社会发展目标的组成部分。在《环境影响评价法》于2002年颁布之前，许多单行法律对综合性规划、专项规划已经做出了规定。例如，《水法》第十五条规定，流域范围内的区域规划应当服从流域规划，专业规划应当服从综合规划。流域综合规划和区域综合规划以及与土地利用关系密切的专业规划，应当与国民经济和社会发展规划以及土地利用总体规划、城市总体规划和环境保护规划相协调，兼顾各地区、各行业的需要。《海域使用管理法》第十一条规定，海洋功能区划应按照海域的区位、自然资源和自然环境等自然属性，科学确定海域功能；根据经济和社会发展的需要，统筹安排各有关行业用海；保护和改善生态环境，保障海域可持续利用，促进海洋经济的发展等几项原则编制。

由于土地（包括滩涂）资源、水资源、海洋功能的多样性，规划工作除了涉及渔业行政主管部门外，还包括发展和改革委员会、环境保护、国土资源、海洋、水利、交通、建设等许多个部门，往往需要中央政府和各级地方政府统筹考虑，科学决策。

（二）涉及渔业的建设项目环境影响评价

相对各类规划环境影响评价而言，环境保护部门或海洋部门负责的特定建设项目环境影响评价工作与渔政部门承担的渔业环境行政管理职责关系更为密切，评价工作一般应包括图4－1所示的三个阶段。有权机关在批准涉渔建设项目环境影响评价前，一般应当征求渔政部门的意见③，即征求渔政部门意见是必须履行的法定程序。

---

① 参见：《环境影响评价法》第七条至第九条。

② 汪劲：《环境法学》，北京大学出版社2006年版，第210－218页。2005年，“十一五”规划之前，称为五年计划。

③ 参见：《水污染防治法》第十七条、《防治海岸工程建设项目污染损害海洋环境管理条例》第七条、《防治海洋工程建设项目污染损害海洋环境管理条例》第十条。

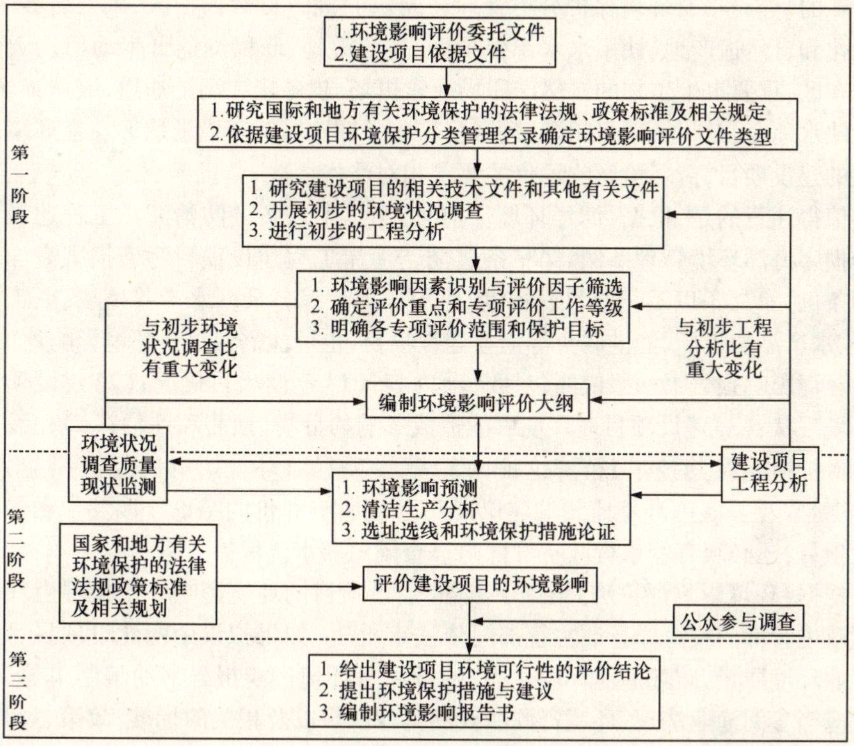

图4－1　建设项目环境影响评价的工作程序

来源：汪劲：《环境法学》，北京大学出版社2006年版，第224页。

所谓建设项目，是指以固定资产投资方式进行的一切开发建设活动，包括国有经济、城乡集体经济、联营、股份制、外资、港澳台投资、个体经济和其他各种不同经济类型的开发活动。按计划管理体制，建设项目可分为基本建设、技术改造、房地产开发（包括开发区建设、新区建设、老区改造）和其他共四个部分的工程和设施建设以及对环境可能造成影响的饮食娱乐服务性行业①。基于建设项目对环境造成影响的严重程度，《环境影响评价法》第十六条将建设项目的环境影响评价分成了三类，区别对待。对可能造成重大环境影响的建设项目，要求编制环境影响报告书，对产生的环境影响进行全面评价；对可能造成轻度环境影响的，要求编制环境影响报告表，对产生的环境影响进行分析或者专项评价；对环境影响很小、不需要进行环境影响评价的，要求填报环境影响登记表。2008年9月2日，环境保护部发

① 参见：国家环境保护总局：《关于执行建设项目环境影响评价制度有关问题的通知》（环发〔1999〕107号）。

布了新的《建设项目环境保护分类管理名录》，并规定自然保护区、风景名胜区、世界文化和自然遗产地、饮用水水源保护区、重要湿地、珍稀濒危野生动植物天然集中分布区、重要水生生物的自然产卵场及索饵场、越冬场和洄游通道、天然渔场、资源性缺水地区、封闭及半封闭海域、富营养化水域等属于环境敏感区。在环境敏感区内的建设项目，对环境影响评价的要求相对严格。

值得注意的是，根据《海洋环境保护法》第二十八条、《防治海洋工程建设项目污染损害海洋环境管理条例》第三条、《防治海岸工程建设项目污染损害海洋环境管理条例》第二条以及《建设项目环境保护分类管理名录》，水产养殖场、人工鱼礁工程、水产品加工厂、渔港码头等渔业建设项目，也可能需要进行环境影响评价。

环境影响报告书一般应当包括7项内容：(1)建设项目概况；(2)建设项目周围环境现状；(3)建设项目对环境可能造成影响的分析、预测和评估；(4)建设项目环境保护措施及其技术、经济论证；(5)建设项目对环境影响的经济损益分析；(6)对建设项目实施环境监测的建议；(7)环境影响评价的结论。涉及水土保持的建设项目，还必须有经水行政主管部门审查同意的水土保持方案①。

根据《环境影响评价法》第二十二条，建设项目的环境影响评价文件由环境保护行政主管部门或海洋行政主管部门依法审批②。如果拟议中的建设项目可能影响渔业环境质量，破坏渔业环境生态，建设项目环境影响报告书的编制单位、审批机关应当参阅渔业法规、环境资源法规和其他法规以及相关的标准、政策、规划等，依法征求渔业行政主管部门以及渔业生产者的意见，确保环境影响报告书的合法性和科学性③。

为解决发展与保护的矛盾，解决资源利用者之间、各地区之间和各行业之间的矛盾，一些法律、法规都做出了明确规定。

(1)在鱼、虾、蟹洄游通道建闸、筑坝，对渔业资源有严重影响的，建设单位应当建造过鱼设施或者采取其他补救措施④。

(2)用于渔业并兼有调蓄、灌溉等功能的水体，有关主管部门应当确定渔业生

---

① 参见：《环境影响评价法》第十七条。

② 根据《环境影响评价法》第二十二条，海洋工程的环境影响评价文件由海洋部门审批，其他建设项目由环境保护部门审批。但是，《防治海洋工程建设项目污染损害海洋环境管理条例》第三条所定义、列举的海洋工程与《防治海岸工程建设项目污染损害海洋环境管理条例》第二条所定义、列举的海岸工程之间存在交叉、重叠的问题。事实上，区分海洋工程和海岸更多的是环境影响评价部门之间的职责分工问题，需要政府协调。

③ 根据《环境保护法》第七条、《水污染防治法》第十三条、《海洋环境保护法》第五条、《环境影响评价法》第四条、第五条、第十一条、第二十一条以及《防治海洋工程建设项目污染损害海洋环境管理条例》第十条等，渔政部门、渔民等都有权参与涉及渔业之综合开发规划和建设项目的环境影响评价工作。

④ 参见：《渔业法》第二十三条、《水法》第二十七条、《防治海岸工程建设项目污染损害海洋环境管理条例》第二十二条。

产所需的最低水位线①。

(3)禁止围湖造田,禁止或严格管制围垦河道湖泊滩涂、海域滩涂、苗种基地、养殖场所、水产动物的产卵、索饵场、洄游通道等②。

(4)进行水下爆破、勘探、施工作业,对渔业资源有严重影响的,作业单位应当事先同有关县级以上人民政府渔业行政主管部门协商,采取措施,防止或者减少对渔业资源的损害;造成渔业资源损失的,由有关县级以上人民政府责令赔偿③。

(5)在重要渔业水体(域)保护区内,不得新建排污口④。

(6)严格管制在河道、海域、滩涂采掘砂石等破坏渔业环境生态的活动⑤。

三、海洋渔业环境生态破坏的防治

由于海洋水体特殊的理化属性、环境的整体性、国际性等原因,海洋环境污染防治和生态保护法律制度主要是由《海洋环境保护法》规定的,《水污染防治法》、《固体废物污染环境防治法》等法律不适用海洋环境保护,涉及海洋的规划和建设项目之环境影响评价工作,除了适用《环境影响评价法》外,还适用《海洋环境保护法》、《海域使用管理法》、《港口法》、《渔业法》等法律以及国务院制定的一系列条例,如《防治陆源污染物污染损害海洋环境管理条例》、《防治海岸工程建设项目污染损害海洋环境管理条例》、《防治海洋工程建设项目污染损害海洋环境管理条例》、《海洋石油勘探开发环境保护管理条例》、《海洋倾废管理条例》、《防治船舶污染海域管理条例》、《防止拆船污染环境管理条例》。由《海洋环境保护法》等法律、法规设计的海洋污染防治和海洋生态保护制度,与内陆水体污染防治和生态保护制度在许多方面是相同的、类似的,但是也有一些仅适用海洋的法律制度。

(一)海洋功能区划制度

海洋功能区划制度是《海域使用管理法》设立的一项海域使用基本制度,既包括涉海各行业的开发利用区,也包括废物倾倒区、污染治理区、各类海洋保护区、保

---

① 参见:《渔业法》第三十三条;《水法》第二十一条、第二十六条、第二十八条和《水污染防治法》第十六条。

② 参见:《渔业法》第三十四条;《农业法》第六十二条;《水法》第四十条;《河道管理条例》第二十七条;《海域使用管理法》第四条;《防治海洋工程建设项目污染损害海洋环境管理条例》第二十一条和《防治海岸工程建设项目污染损害海洋环境管理条例》第七条、第二十三条。

③ 参见:《渔业法》第三十五条;《海洋环境保护法》第五十条;《海洋石油勘探开发环境保护管理条例》第十三条和《防治海洋工程建设项目污染损害海洋环境管理条例》第二十八条。

④ 参见:《水污染防治法》第二十二条、第六十五条;《防治陆源污染物污染损害海洋环境管理条例》第八条和《海洋环境保护法》第三十条。

⑤ 参见:《水法》第三十九条;《防治海岸工程建设项目污染损害海洋环境管理条例》第二条、第二十二条、第二十三条;《河道管理条例》第二十五条、第四十条和《长江河道采砂管理条例》。

留区。海洋功能区划编制、审批机关应当根据经济和社会发展的需要,统筹安排各行业用海,按照海域的区位、自然资源和自然环境等自然属性科学地确定海洋功能区,保护和改善生态环境,保障海域可持续利用,促进海洋经济的发展,保障海上交通安全,保障国防安全和军事用海。

为规范近岸海域环境功能区的划定工作①,保护和改善近岸海域生态环境,执行《海水水质标准》(GB3097－1997),《近岸海域环境功能区管理办法》将近岸海域功能区分成了四类,一类近岸海域环境功能区包括海洋渔业水域、海上自然保护区、珍稀濒危海洋生物保护区等;二类近岸海域环境功能区包括水产养殖区、海水浴场、人体直接接触海水的海上运动或娱乐区、与人类食用直接有关的工业用水区等;三类近岸海域环境功能区包括一般工业用水区(即利用海水做冷却水、冲刷库场等海域)、海滨风景旅游区等;四类近岸海域环境功能区包括海洋港口水域、海洋开发作业区(指勘探、开发、管线输送海洋资源的海洋作业区以及海洋倾废区等)等。各类近岸海域环境功能区执行相应类别的《海水水质标准》。

海洋功能区划应当与沿海土地利用规划、沿海城镇规划、沿海港口规划互相协调。它是开发利用海洋的综合性规划,是制定行(专)业用海的根据,也是制定海洋环境保护规划和重点海域区域性海洋环境保护规划的依据。

(二)海域使用权制度

海域使用权制度也是《海域使用管理法》设立的一项基本制度,意在体现国家对海域的所有权,规范用海秩序,保护海域使用人的合法权利。海域使用者应当依法取得海域使用权,并依法进行登记,依法缴纳海域使用金。

(三)建立海洋或涉海保护区制度

为了保护海洋生态环境,特别是保护红树林、珊瑚礁、滨海湿地、海岛、海湾、入海河口、重要渔业水域等具有典型性、代表性的海洋生态系统,珍稀、濒危海洋生物的天然集中分布区,具有重要经济价值的海洋生物生存区域及有重大科学文化价值的海洋自然历史遗迹和自然景观,依据《海洋环境保护法》、《野生动物保护法》、《渔业法》、《自然保护区条例》、《风景名胜区条例》等法律法规,海洋行政管理部门和其他有权部门可以依法建立各种类别、级别的海洋(或涉及海洋)的保护区,以便对在保护区内及附近的人类活动实施严格管制,对遭受破坏的海洋生态环境进行整治和恢复。

根据《海洋环境保护法》第二十二条,凡具有下列条件之一的,应当建立海洋

---

① 根据《近岸海域环境功能区管理办法》第二条,近岸海域是指与沿海省、自治区、直辖市行政区域内的大陆海岸、岛屿、群岛相毗连,《中华人民共和国领海及毗连区法》规定的领海外部界限向陆一侧的海域。渤海的近岸海域,为自沿岸低潮线向海一侧12海里以内的海域。

自然保护区，(1)典型的海洋自然地理区域、有代表性的自然生态区域，以及遭受破坏但经保护能恢复的海洋自然生态区域；(2)海洋生物物种高度丰富的区域，或者珍稀、濒危海洋生物物种的天然集中分布区域；(3)具有特殊保护价值的海域、海岸、岛屿、滨海湿地、入海河口和海湾等；(4)具有重大科学文化价值的海洋自然遗迹所在区域；(5)其他需要予以特殊保护的区域。

(四)海洋工程环境影响评价制度

海洋工程，是指以开发、利用、保护、恢复海洋资源为目的，并且工程主体位于海岸线向海一侧的新建、改建、扩建工程。具体包括(1)围填海、海上堤坝工程；(2)人工岛、海上和海底物资储藏设施、跨海桥梁、海底隧道工程；(3)海底管道、海底电(光)缆工程；(4)海洋矿产资源勘探开发及其附属工程；(5)海上潮汐电站、波浪电站、温差电站等海洋能源开发利用工程；(6)大型海水养殖场、人工鱼礁工程；(7)盐田、海水淡化等海水综合利用工程；(8)海上娱乐及运动、景观开发工程；以及(9)国家海洋主管部门会同国务院环境保护主管部门规定的其他海洋工程①。

海洋工程建设项目必须符合海洋功能区划、海洋环境保护规划和国家有关环境保护标准。对海洋工程以及海岸工程建设项目依法进行环境影响评价是避免、减轻海洋生态环境人为破坏的有效措施。海洋工程的环境影响评价，应当以工程对海洋环境和海洋资源的影响为重点进行综合分析、预测和评估，并提出相应的生态保护措施，预防、控制或者减轻工程对海洋环境和海洋资源造成的影响和破坏。海洋工程环境影响报告书应当依据海洋工程环境影响评价技术标准及其他相关环境保护标准编制。编制环境影响报告书应当使用符合国家海洋行政主管部门要求的调查、监测资料。

海洋工程环境影响报告书包括下列内容：(1)工程概况；(2)工程所在海域环境现状和相邻海域开发利用情况；(3)工程对海洋环境和海洋资源可能造成影响的分析、预测和评估；(4)工程对相邻海域功能和其他开发利用活动影响的分析及预测；(5)工程对海洋环境影响的经济损益分析和环境风险分析；(6)拟采取的环境保护措施及其经济、技术论证；(7)公众参与情况；(8)环境影响评价结论。海洋

---

①　参见：《防治海洋工程建设项目污染损害海洋环境管理条例》第三条。但是，该《条例》定义、列举的海洋工程与海岸工程有交叉重叠的问题。根据《防治海岸工程建设项目污染损害海洋环境管理条例》第二条，海岸工程建设项目是指位于海岸或者与海岸连接，工程主体位于海岸线向陆一侧，对海洋环境产生影响的新建、改建、扩建工程项目。具体包括：(一)港口、码头、航道、滨海机场工程项目；(二)造船厂、修船厂；(三)滨海火电站、核电站、风电站；(四)滨海物资存储设施工程项目；(五)滨海矿山、化工、轻工、冶金等工业工程项目；(六)固体废弃物、污水等污染物处理处置排海工程项目；(七)滨海大型养殖场；(八)海岸防护工程、砂石场和入海河口处的水利设施；(九)滨海石油勘探开发工程项目；(十)国务院环境保护主管部门会同国家海洋主管部门规定的其他海岸工程项目。

工程可能对海岸生态环境产生破坏的，其环境影响报告书中应当增加工程对近岸自然保护区等陆地生态系统影响的分析和评价。海洋行政主管部门在核准海洋工程环境影响报告书前，应当征求海事、渔业主管部门和军队环境保护部门的意见；必要时，可以举行听证会。其中，围填海工程必须举行听证会。海洋工程的环境保护设施应当与主体工程同时设计、同时施工、同时投产使用。

（五）海洋石油勘探开发环境管理制度

海洋石油勘探开发，是指包括海洋石油勘探、开发、生产储存和管线输送等作业活动①。为防治海洋石油勘探开发污染海洋环境、破坏海洋生态，《海洋环境保护法》和《海洋石油勘探开发环境保护管理条例》规定了一系列管理制度。主要包括环境影响评价制度、油污染事故应急计划和报告制度、平台防污记录簿和报告制度、含油污水排放标准制度、废弃物处理制度、爆破作业报告制度、监测检查制度、污染损害赔偿和免责制度、缴纳排污费和支付清除污染费制度、行政处罚和刑事制裁制度等。

海洋环境影响报告书一般应包括（1）油田名称、地理位置、规模；（2）油田所处海域的自然环境和海洋资源状况；（3）油田开发中需要排放的废弃物种类、成分、数量、处理方式；（4）对海洋环境影响的评价；海洋石油开发对周围海域自然环境、海洋资源可能产生的影响；对海洋渔业、航运、其他海上活动可能产生的影响；为避免、减轻各种有害影响，拟采取的环境保护措施；（5）最终不可避免的影响、影响程度及原因；以及（6）防范重大油污染事故的措施，防范组织、人员配备、技术装备、通信联络等项内容②。海洋行政主管部门在核准海洋环境影响报告书之前，必须征求海事、渔业行政主管部门和军队环境保护部门的意见。《海洋石油勘探开发环境保护管理条例》第十三条规定，海洋石油勘探开发需要在重要渔业水域进行炸药爆破或其他对渔业资源有损害的作业时，应采取有效措施，避开主要经济鱼虾类的产卵、繁殖和捕捞季节，作业前报告主管部门，作业时并应有明显的标志、信号。主管部门接到报告后，应及时将作业地点、时间等通告有关单位。

（六）海洋倾废管理制度

由于海洋的环境容量很大，自净能力很强，所以海洋是人类倾倒、处理各类废物的重要场所。根据《海洋倾废管理条例》第二条，倾倒是指利用船舶、航空器、平台及其他载运工具，向海洋处置废弃物和其他物质；向海洋弃置船舶、航空器、平台和其他海上人工构造物，以及向海洋处置由于海底矿物资源的勘探开发及与勘探

---

① 参见：《海洋石油勘探开发环境保护管理条例》第三十条。

② 参见：《海洋石油勘探开发环境保护管理条例》第五条。

开发相关的海上加工所产生的废弃物和其他物质。但是,不包括船舶、航空器及其他载运工具和设施正常操作产生的废弃物的排放。

为了严格管制海洋倾倒废弃物活动,防治倾倒废弃物污染海洋环境、破坏海洋生态,《海洋环境保护法》第七章、《海洋倾废管理条例》以及《海洋倾废管理条例实施办法》等法律法规对海洋倾倒活动进行了规范,主要包括倾倒行为、倾倒废弃物、倾废区等三方面内容。

从事海洋倾倒废弃物行为的单位,应向海洋行政主管部门提出申请,获得废弃物倾倒许可证。在装载海洋倾倒废弃物之后,批准部门应当予以核实。在出港前,海洋倾倒行为人必须向海事部门书面报告,并且按照许可证注明的期限及条件,到指定的区域进行倾倒,详细记录倾倒的情况;在倾倒后,应向批准部门作出书面报告。根据废弃物的属性,废弃物倾倒许可证分为一次性紧急许可证、特别许可证(有效期不超过六个月)和普通许可证(有效期不超过一年)。

海洋倾倒的废弃物名录,由国家海洋局拟定,经环境保护部提出审核意见后,报国务院批准。海洋部门根据废弃物的毒性、有毒物质含量和对海洋环境影响程度,制定海洋倾倒废弃物评价程序和标准,根据对倾倒废弃物的类别和数量实行分级管理。目前,废弃物被分为三类,基本对应三种许可证、三类海洋倾倒区。

在选划海洋倾倒区时,海洋部门必须征求海事、渔业行政主管部门的意见,依据科学、合理、经济、安全的原则选划,经环境保护部提出审核意见后,报国务院批准。海洋倾倒区分为一、二、三类倾倒区以及试验倾倒区和临时性海洋倾倒区。一、二、三类倾倒区对应处置一、二、三类废弃物,试验倾倒区是为倾倒试验而确定的,使用期不超过两年,临时性海洋倾倒区是因工程需要等特殊原因而划定的一次性专用倾倒区。海洋部门应对海洋倾废区的使用进行监督管理,对倾倒区的环境进行监测,避免对渔业资源和其他海上活动造成有害影响,关闭不宜继续使用的倾倒区。

此外,在海上倾倒废物的,应依法缴纳倾倒费;在海上焚烧废弃物的,也需要依法申请办理海上焚烧许可证;禁止在我国管辖海域倾倒境外废弃物。

第四节　渔业环境标准和监测

一、环境标准的概念和分类

简单地讲,环境标准主要是指环境保护部门以及其他有权机关为保护环境、防治环境污染和生态破坏,依据法定的权限和程序制定的各种技术指标和规范的总称。环境标准是人们制定环境规划、进行环境影响评价、从事环境监测、预测及判断环境损害等环境保护活动的科学依据，对于环境法的实施、生产技术的提高等有着重要意义。

目前，环境保护部、国家质量监督检验检疫总局等机关依据《环境保护法》和《标准化法》等法律法规制定的环境标准数量很多，已经形成了一个相互联系的环境标准体系。为了更好地理解这些标准，可以根据不同的标准对他们进行分类。

第一，根据环境标准的制定机关、适用的地域范围，可分国家环境标准（编号为GB 顺序号－制定年号）、地方环境标准（编号为省级行政区简称、地方环境标准代码 DHJB、标准顺序号、制定年号）①、行业环境标准②、国家环境保护总局标准③和企业环境标准（Q＋企业代号—企业标准代号－制定年号）。

国家环境标准、行业标准、国家环境保护总局标准，主要由国家环境保护总局负责制定，与国家质量监督检验检疫总局联合发布，在全国范围内执行。对国家环境标准中未作规定的项目，省级人民政府可以发布地方环境标准，在本地区执行。但是，对国家污染物排放标准中已作规定的项目，地方污染物排放标准必须严于国家污染物排放标准。企业环境标准，是企业在没有国家环境标准、行业环境标准的情况下组织生产的依据，只在企业内部适用。已有国家环境标准或行业环境标准的，国家鼓励企业采用严于国家环境标准或者行业环境标准的企业环境标准。

第二，根据制定环境标准的目的、用途，可分为环境质量标准、污染物排放标准、环境监测方法标准、环境标准样品标准（代号 GSBZ 或 GSB07）、环境基础标准。

环境质量标准，是指在一定的时间内，对一定空间范围的环境中各种有害物质或因素所规定的允许含量和要求。它是判定环境是否受到污染的参照指标。环境质量标准的确定主要取决于环境的主体功能、保护环境的目的。污染物排放标准，是根据环境质量标准的要求，考虑经济、技术发展水平和环境特点，对排入环境的污染物或对环境有危害的其他因素所规定的允许限值或排放量。它往往是判定排污者缴纳排污费以及是否违法的依据，可分为污染物综合排放标准和行业污染物排放标准、现行标准和超前标准，还可依据污染物状态分类。环境监测方法标准，是为监测环境质量和污染物排放，规范采样、分析测试、数据处理等技术而制定的

① 参见：国家环境保护总局《关于加强地方环境标准管理工作的通知》（环发〔1999〕114 号）。

② 根据国家质量技术监督局于 1999 年 8 月 24 日发布的《关于规范使用国家标准和行业标准代号的通知》（质技监局标发〔1999〕193 号），我国目前有 57 个行业标准代码。其中，国家环境保护总局主管的行业标准代码为 HJ，农业部主管的农业行业标准代码为 NY，水产业的行业标准代码为 SC，国家海洋局主管的行业标准代码为 HY，水利部主管的行业标准代码为 SL。推荐性行业标准的代号是在强制性行业标准代号后面加“/T”。

③ 《环境标准管理办法》第八条规定，“需要在全国环境保护工作范围内统一的技术要求而又没有国家环境标准时，应制定国家环境保护总局标准。”根据国家质量技术监督局《关于印发〈关于环境标准管理的协调意见〉的通知》（质技监局标函〔2001〕126 号），国家环境保护总局标准属于行业环境标准。国家环境标准发布后，相应的国家环境保护总局标准自行废止。

一类环境标准。环境样品标准，是为保证环境监测数据的准确、可靠，对用于量值传递或质量控制的材料、实物样品而制定的一类环境标准。环境基础标准，是对环境保护工作中，需要统一的技术术语、符号、代号（代码）、图形、指南、导则及信息编码等制定的一类环境标准。

第三，根据环境标准执行的强制程度，分为强制性环境标准、推荐性环境标准（推荐性国家环境标准代号 GB/T）。

根据《标准化法》第七条、《标准化法实施条例》第十八条和《环境标准管理办法》第五条，环境质量标准、污染物排放标准和法律、行政法规规定必须执行的其他环境标准属于强制性环境标准，必须执行。强制性环境标准以外的环境标准属于推荐性环境标准。国家鼓励采用推荐性环境标准，推荐性环境标准被强制性环境标准引用，也必须强制执行。涉及工业产品安全、卫生的地方环境标准，在地方行政区内也属于强制性标准。表 4－1 列出了与防治渔业水体污染有关的主要的水环境质量标准和污染物排放标准。

表 4－1 与渔业环境保护有关的水环境质量标准和污染物排放标准

序号	水环境质量标准名称	标准号	序号	污染物排放标准名称	标准号
1	渔业水质标准	GB11607－1989	1	污水综合排放标准	GB8978－1996
2	海水水质标准	GB3097－1997	2	造纸工业水污染物排放标准	GB3544－2001
3	地表水环境质量标准	GB3838－2002	3	合成氨工业水污染物排放标准	GB13458－2001
4	农田灌溉水质标准	GB5084－2005	4	医疗机构污水排放要求	GB18466－2001
5	景观娱乐用水水质标准	GB12941－1991	5	污水海洋处置工程污染控制标准	GB18486－2001
6	地下水质量标准	GB/T14848－1993	6	畜禽养殖业污染物排放标准	GB18596－2001
			7	制革工业水污染物排放标准	GB3549－83
			8	石油开发工业水污染物排放标准	GB3550－83
			9	石油炼制工业水污染物排放标准	GB3551－83
			10	船舶污染物排放标准	GB3552－83
			11	船舶工业污染物排放标准	GB4286－84
			12	纺织染整工业水污染物排放标准	GB4287－92
			13	钢铁工业水污染物排放标准	GB13456－92
			14	合成洗涤剂工业污染物排放标准	GB3548－83

二、渔业水质标准

为贯彻执行《环境保护法》、《水污染防治法》、《海洋环境保护法》和《渔业法》，取代 1979 年 12 月 1 日起执行的《渔业水质标准（试行）》（TJ35－79），防止和控制渔业水体污染，保证鱼、贝、藻类正常生长、繁殖和水产品的质量，国家环境保护局于1989年8月12日颁布了现行的《渔业水质标准》(GB11607－89),并于1990年3月1日起实施。

(一)制定渔业水质标准的原则

制定渔业水质标准的科学依据,一般是通过水生生物毒性试验或者野外污染生态调查而获得的,主要遵循以下原则。(1)渔业水体的水质应不影响鱼、虾、贝、藻类的正常生长、发育和繁殖,对鱼类不造成急性中毒或慢性中毒;(2)不危害主要饵料生物;(3)有害物质在鱼、虾、贝藻类体内的积累不超过国家规定的食品卫生标准;(4)不使鱼、虾、贝、藻类带有异色、异臭、异味,不影响水产品质量;(5)不影响水的自净过程;(6)对能在鱼、虾、贝、藻类内明显积累,对人体健康产生长远影响的有害物质(如汞、隔、砷、有机氯等)从严要求①。

(二)渔业水质标准的主要内容

除了序言外,《渔业水质标准》(GB11607－89)包括主题内容与适用范围、引用标准、渔业水质要求、渔业水质保护、标准实施、水质监测六部分以及附加说明。

《渔业水质标准》的适用范围是鱼、虾类的产卵场、索饵场、越冬场、洄游通道和水产增养殖区等海、淡水的渔业水域。渔业水质要求,总共33项,各项标准数值系指单项测定最高允许值。若标准值单项超标,即表明不能保证鱼、虾、贝正常生长繁殖,并产生危害,危害程度应参考背景值、渔业环境的调查数据及有关渔业水质基准资料进行综合评价。《渔业水质标准》由各级渔政监督管理部门负责监督与实施,并且应当定期向同级人民政府环境保护部门报告监督实施情况。渔业水域的水质监测工作,由各级渔政监督管理部门组织渔业环境监测站负责执行。若《渔业水质标准》以外的项目对渔业构成了明显危害,省级渔政监督管理部门应制定地方补充渔业水质标准,报省级人民政府批准,并报国家环境保护总局和农业部备案。《渔业水质标准》由农业部渔政渔港监督管理局负责解释。

此外,农业部于2001年还发布了行业环境质量标准《无公害食品 淡水养殖用水水质》(NY5051－2001)和《无公害食品 海水养殖用水水质》(NY5052－2001),以保证水产品的安全和质量,维护水产品消费者的健康。

三、地表水环境质量标准和海水水质标准

除了《渔业水质标准》(GB11607－89)外,《地表水环境质量标准》(GB3838－2002)和《海水水质标准》(GB3097－1997)与渔政部门的渔业环境保护工作也有着密切的联系。

---

① 陈达森:《渔业水域环境保护》,海洋出版社1996年版,第67页。

根据地表水水域环境功能和保护目标,《地表水环境质量标准》将地表水按功能高低依次划分为五类。Ⅰ类,主要适用于源头水、国家自然保护区;Ⅱ类,主要适用于集中式生活饮用水地表水源地一级保护区、珍稀水生生物栖息地、鱼虾类产卵场、仔稚幼鱼的索饵场等;Ⅲ类,主要适用于集中式生活饮用水地表水源地二级保护区、鱼虾类越冬场、洄游通道、水产养殖等渔业水域及游泳区;Ⅳ类,主要适用于一般工业用水区及人体非直接接触的娱乐用水区;Ⅴ类,主要适用于农业用水区及一般景观要求水域。《地表水环境质量标准》项目共计 109 项,其中地表水环境质量标准基本项目 24 项,集中式生活饮用水地表水源地补充项目 5 项,集中式生活饮用水地表水源地特定项目 80 项。

按照海水的用途,《海水水质标准》将海水水质要求分为三类。第一类,适用于保护海洋生物资源和人类的安全利用(包括盐场、食品加工、海水淡化、渔业和海水养殖等用水),以及海上自然保护区;第二类,适用于海水浴场及风景游览区;第三类,适用于一般工业用水、港口水域和海洋开发作业区等。水质要求包括 25 项指标。

《地表水环境质量标准》规定,与近海水域相连的地表水河口水域根据水环境功能按《地表水环境质量标准》相应类别标准值进行管理。近海水功能区水域根据使用功能按《海水水质标准》相应类别标准值进行管理。批准划定的单一渔业水域按《渔业水质标准》进行管理。

四、污水综合排放标准和船舶污染物排放标准

各种污(废)水排放标准以及废物处理、倾倒都和渔业水体污染防治工作有着密切关系,这里只简要介绍《污水综合排放标准》(GB8978 - 1996)以及《船舶污染物排放标准》(GB3552 - 83)。

《污水综合排放标准》(GB8978 - 1996)适用于一切单位水污染物的排放管理,以及建设项目的环境影响评价、建设项目环境保护设施设计、竣工验收及其投产后的排放管理。但是,按照国家综合排放标准与国家行业排放标准不得交叉执行的原则,有行业污(废)水排放国家标准的行业,适用该行业的污水排放国家标准,而不适用此污水排放综合标准,该《标准》于 1998 年 1 月 1 日实施。

按照污水排放去向,《污水综合排放标准》分年限规定了 69 种水污染物最高允许排放浓度及部分行业最高允许排水量。排入《地表水环境质量标准》(GB3838 - 2002)Ⅲ类水域(划定的保护区和游泳区除外)和排入《海水水质标准》(GB3097 - 1997)二类海域的污水,执行一级标准。排入《地表水环境质量标准》中Ⅳ、Ⅴ类水域和排入《海水水质标准》中三类海域的污水,执行二级标准。排入设置二级污水处理厂的城镇排水系统的污水,执行三级标准。排入未设置二级污水处理厂的城

镇排水系统的污水，必须根据排水系统出水受纳水域的功能要求，分别执行前述的一级标准或二级标准。《地表水环境质量标准》中Ⅰ、Ⅱ类水域和Ⅲ类水域中划定的保护区，《海水水质标准》中一类海域，禁止新建排污口，现有排污口应按水体功能要求，实行污染物总量控制，以保证受纳水体水质符合规定用途的水质标准。

为了防治船舶排放的污染物对水域可能造成的污染，城乡环境保护部于1983年4月9日发布了《船舶污染物排放标准》(GB3552－83)，并于1983年10月1日实施。《渔业水质标准》适用于中国籍船舶和进入中华人民共和国水域的外国籍船舶，该《标准》对船舶在内河、沿海排放含油污水之最高容许排放浓度，排放生活污水的生化需氧量、悬浮物、大肠菌群等指标以及船舶垃圾排放都作了规定。

五、渔业环境监测网

渔业环境监测是环境监测，特别是内陆水域和海洋环境监测的有机组成部分，是实施渔业法规、环境保护法规、开展渔政管理工作的一项重要内容。《渔业法实施细则》第二十七条规定，各级渔业行政主管部门，应当对渔业水域污染情况进行监测；渔业环境保护监测网，应当纳入全国环境监测网络。

(一)内陆水域和海洋环境监测网

根据《环境保护法》第十一条，环境保护部应负责建立环境监测制度，制定监测规范，并会同其他有关部门组织建立环境监测网络，加强对环境监测和管理[①]。在实践中，内陆水域和海洋环境监测网包括了环境保护、水利、建设、卫生、国土资源、海洋以及农业和渔业多个部门依法设立的各级监测站[②]。环保和水利部门主要负责对内陆地表水水质进行监测，建设部门主要负责城市供水水质监测，卫生部门主要负责饮用水水质监测，国土资源部门主要负责地下水水质监测[③]，海洋部门主要负责海洋环境监测[④]，农业和渔业部门则主要负责农业用水和重要渔业水域环境监测。

分属各级政府和各部门的环境监测机构，应依法共享开展环境保护工作所必

① 见中国环境监测网：http://www.cnemc.cn/

② 目前，我国缺乏专门规范环境监测活动的单行法律。许多法律、法规、规章、环境标准等都包含了这方面的内容。例如，《环境保护法》第十一条；《水法》第三十二条；《海洋环境保护法》第十四条；《水污染防治法》第二十五、第二十六条；《水污染防治法实施细则》；《渔业法实施细则》第二十七条；《全国环境监测管理条例》；《环境监测管理办法》等。这导致了各部门负责的环境监测网不是非常协调的问题。

③ 见中国水利国际合作与科技网：http://www.cws.net.cn/zt/waterenv/CWSNews_View.asp? CWSNewsID=24257

④ 见中国海洋环境监测网：http://www.mem.gov.cn/indexshow.html;jsessionid=AA2056BA2C998472114E11CF72B98719

需的环境监测信息和资料。例如,《海洋环境保护法》第十五条规定,国务院有关部门应当向国务院环境保护行政主管部门提供编制全国环境质量公报所必需的海洋环境监测资料。环境保护行政主管部门应当向有关部门提供与海洋环境监督管理有关的资料。

(二)渔业环境监测网

作为全国内陆水域和海洋环境监测网的组成部分,全国渔业环境监测网是从1985年开始组建的,包括了三级监测站。一级站为国家渔业水域环境监测中心,设在中国水产科学研究院;二级站为海区和流域渔业水域环境监测站,设在中国水产科学研究院的直属研究所;三级站,为省级渔业水域环境监测站,设在各省(自治区、直辖市)的水产研究所①。目前,全国已经建立和开展渔业生态环境监测工作的机构超过了100个,全国渔业生态环境监测网成员单位达42个,海区级、流域级渔业资源监测网的成员单位有近60个,初步形成了覆盖全国重要渔业水域的监测网络。2007年,这些渔业环境监测机构对黄渤海区、东海区、南海区、黑龙江流域、黄河流域、长江流域、珠江流域等108个重要渔业水域的水质、沉积物、生物等18项指标进行了监测,监测总面积2 063万公顷②。

(三)渔业环境监测机构和人员管理

渔业环境监测机构及其工作人员是渔业环境监测活动的具体执行者,是渔业环境质量状况变化的耳目、先觉者,其技术水平、职业道德等直接关系到了渔业法规和环保法规是否能够得到公正而有效率的执行。为了保证渔业环境监测、渔业污染事故调查鉴定和损失评估的科学性和公正性,加强渔业环境监测机构的建设,农业部颁布了《渔业污染事故调查鉴定资格管理办法》,对各机构及其人员实施了渔业污染事故调查鉴定资格制度和渔业污染事故调查鉴定上岗证制度。中华人民共和国渔政局统一组织对持有《鉴定资格证书》的单位进行考核,全国渔业污染事故技术审定委员会受中华人民共和国渔政局委托,可对持有《鉴定资格证书》的单位进行定期或不定期抽查考核。持证单位参加事故调查鉴定的技术人员,必须取得中华人民共和国渔政局核发的《渔业污染事故调查鉴定上岗证》后,才可以从事渔业污染事故调查和鉴定工作。

六、渔业环境监测的分类

各级渔业环境监测机构开展的环境监测活动是多种多样的。依据不同的标

---

① 张秋华:《渔业水域生态环境保护和管理》,复旦大学出版社2004年版,第103－105页。

② 农业部,国家环境保护部:《中国渔业生态环境状况公报2007》,2008年,第2页。

准,对渔业环境监测活动进行分类,可以帮助人们从不同侧面认识、理解渔业环境监测活动的性质、目的、内容、方法和意义。

(1)依据收费与否,可分为履行法定职责的公益性监测和履行合同义务的委托性监测。

前者是渔业法规和环保法规为监测机构设定的法律义务,是渔政管理活动的一项内容。监测机构应依据政府和渔政部门以及上级监测机构制定的监测计划开展监测活动,并应依法处理、保管、使用监测数据。后者则是当事人和监测机构的共同意思表示,是渔业环境监测机构凭借其特有的专业技术和社会公信力向客户提供的有偿服务,委托方通常需要依据合同向监测机构支付服务费用。例如,建设单位委托渔业环境监测机构开展的建设项目渔业环境影响评价活动、渔业污染事故受害方委托或者司法机关指定的渔业环境监测机构从事的渔业污染事故损害评价活动、水产养殖企业或渔业合作社等委托渔业监测机构开展的渔业环境监测活动等。但是,由于渔业监测机构是由国家公共财政支持的事业单位,而非企业,所以收费标准和收入的使用应接受财政、价格、渔政以及审计等部门的管理。一般讲,需要通过签订监测合同来明确约定各方的权利、义务,监测机构应当依法履行合同规定的义务,享有合同约定的权利,并承担可能引起的法律责任。

(2)依据监测的目的,可分为监视性监测(也称常规监测、例行监测)、研究性监测以及特例监测。

监视性监测主要是指依据政府和渔政部门以及上级监测机构制定的监测计划开展的日常监测活动,目的是积累渔业环境质量数据,以评价渔业水域的环境质量的现状和发展趋势,判断渔业法规和环保法规以及环境标准的实施情况。研究性监测涉及渔业环境调查、渔业环境质量变化规律研究、渔业用水标准制定和修订、监测技术方法改进以及其他为科研活动服务的监测。特例监测主要涉及污染事故应急监测、纠纷调解或仲裁监测、考核验收监测、建设项目环境影响评价监测以及其他的咨询性监测等。

(3)依据监测对象,可分为渔业环境质量监测和污染源监测。

(4)依据监测项目,可分为物理化学项目监测、生物监测项目以及渔业水域底质成份监测等。

(5)依据监测方法手段,可分为物理监测法、化学监测法、生物监测法、自动监测、航空监测、卫星遥感方法等。

(6)依据监测的渔业水域,可分为淡水渔业水域、海洋渔业水域、捕捞渔场、水产养殖场等。

无论是哪一种监测活动,渔业监测机构都应采用科学的方法,依法、依程序独立地开展监测活动,以保证监测数据的准确性和代表性,全面反映渔业环境质量状况和变化趋势,准确预警和及时响应各类渔业环境突发事件,为渔业行政管理服务。

七、渔业生态环境状况公报

环境状况公报是环境保护行政管理部门向社会公众所做的有关环境质量状况和开展环境保护工作情况的公开报告。向大众、普通百姓发布各类环境状况公告是环保法规为各环保部门设定的法律义务①,是保证公众有效参与各种环境保护工作、维护其合法权益的重要保证,有助于提高环境保护工作的透明度,便于广大群众对环境保护部门的监督,不断提高环境行政管理的效率和水平。目前,我国发布的环境状况公报种类很多。根据发布公报的周期,有日报、周报、月报、年报,主要由环境保护部以及地方环境保护部门发布。此外,其他担负环境保护职责的部门也发布环境状况公报,如国家海洋局。

2000年,农业部和国家环境保护总局第一次发布了以渔业生态环境为主题的环境状况年报,《中国渔业生态环境状况公报》。该《公报》由中国水产科学院和农业部渔业生态环境监测中心负责编制,数据、资料主要由全国渔业环境监测网组成单位和各级渔业行政管理机关及机构提供。《公告》通常包括中国渔业生态环境总体状况、海洋重要渔业水域生态环境状况、内陆重要渔业水域生态环境状况、渔业水域污染事故以及水生生物资源养护五部分内容。目前,发布《中国渔业生态环境状况公报》已成为农业部和环境保护部每年的例行工作,一些地方渔业行政主管部门也开始发布本行政区域的渔业环境状况公报。

此外,由环境保护部组织编制的《中国环境状况公报》,由环境保护部、农业部、中国海事局编制的《中国近岸海域环境质量公报》以及由国家海洋局组织编制的《中国海洋环境质量公报》等,也都涉及到了渔业环境状况。

第五节　渔业污染事故处理

一、渔政部门对渔业污染事故的行政处理权

(一)我国的环境行政管理机构

由于管理和综合利用工业“三废”的需要以及1972年斯德哥尔摩人类环境会议的影响,我国各级政府于20世纪70年代初开始设置了专门的环境保护机关及

① 参见:《环境保护法》第十一条、《海洋环境保护法》第十五条。

机构①,逐步形成了“环境保护部门统一监督管理、各部门分工负责”的环境行政管理模式。作为规范环境保护工作的基本法,《环境保护法》第七条规定,“国务院环境保护行政主管部门,对全国环境保护工作实施统一监督管理。县级以上地方人民政府环境保护行政主管部门,对本辖区的环境保护工作实施统一监督管理。国家海洋行政主管部门、港务监督、渔政渔港监督、军队环境保护部门和各级公安、交通、铁道、民航管理部门,依照有关法律的规定对环境污染防治实施监督管理。县级以上人民政府的土地、矿产、林业、农业、水利行政主管部门,依照有关法律的规定对资源的保护实施监督管理。”此外,由于环境问题的复杂性和全面性,环境保护工作已经成为社会和国民经济发展的有机组成部分,环境保护工作还涉及发展和改革委员会、建设部门、商务部门、卫生部门、质量监督检验检疫部门、文化教育及广播电视出版部门等。

环境保护部门和其他承担环境行政管理职责的部门应遵循“环境保护部门统一监督管理、各部门分工负责”的工作模式,依法开展环境保护管理工作。这意味着各级环境保护部门一方面应当依法直接地管理环境保护事务,另一方面应依法对其他部门负责的环境保护事务进行规划、指导、协调、监督等。承担环境保护行政管理职责的其他部门在依法独立行使其环境行政管理权的同时,则应尊重环境保护部门的指导、协调、监督,积极地参与有关的环境统一规划、协调工作。例如,为了解决跨区域、跨部门的海洋环境保护行政管理权争议,《海洋环境保护法》第八条规定,跨区域的海洋环境保护工作,由有关沿海地方人民政府协商解决,或者由上级人民政府协调解决。跨部门的重大海洋环境保护工作,由国务院环境保护行政主管部门协调;协调未能解决的,由国务院作出决定。

(二)渔政部门对渔业污染事故的行政处理权

由于水体功能的多样性和现行的环境行政管理工作体制,渔业污染事故的处理除了涉及渔政部门外,往往还涉及环境保护部门、海洋部门、海事部门等。渔政部门对渔业污染事故的行政处理权主要是由《环境保护法》、《渔业法》、《水污染防治法》和《海洋环境保护法》等法律法规赋予的。

例如,《水污染防治法》第六十八条第2款规定,“造成渔业污染事故或者渔业船舶造成水污染事故的,应当向事故发生地的渔业主管部门报告,接受调查处理。其他船舶造成水污染事故的,应当向事故发生地的海事管理机构报告,接受调查处理;给渔业造成损害的,海事管理机构应当通知渔业主管部门参与调查处理。”该法第八十三条第3款进一步规定,“造成渔业污染事故或者渔业船舶造成水污染事故的,由渔业主管部门进行处罚;其他船舶造成水污染事故的,由海事管理机构进行

---

① 陈汉光,朴光洙:《环境法基础》,中国环境科学出版社2004年版,第27-29页。

处罚。”根据《海洋环境保护法》第五条，渔政部门对海洋渔业污染事故以及渔业船舶造成的污染事故同样享有行政处理权。

渔政部门对渔业污染事故的行政处理权主要包括(1)行政调查权；(2)基于调查结果依法对污染者进行或免除渔业行政处罚的权力；(3)对涉嫌犯罪的案件依法移交公安机关和司法机关处理的权力；(4)调解因水体污染而引起渔业纠纷的权力；(5)代表国家要求污染者赔偿渔业生物资源和环境损失的权利；(6)组织协调治理渔业水域污染、使之恢复正常渔业功能的权力等。

各级渔政部门在依法独立行使其渔业污染事故行政处理权时，一是要注意与环境保护、海事、海洋等其他环境保护部门密切协作，二是要注意渔政部门还依法承担着保护渔业水体环境的广泛职责。

二、渔业污染事故的管辖权

渔业污染事故的管辖权，主要是指各级、各地区渔业行政机关及机构在处理渔业污染事故时的权限和分工。厘清各级、各地区渔政部门的管辖权界限对于提高行政效率、公平地处理渔业污染事件是非常重要的。依据《渔业法》第六条、第七条、《渔业法实施细则》第三条、第四条、《地方各级人民代表大会和地方各级人民政府组织法》第六十六条、《渔业水域污染事故调查处理程序规定》以及其他相关法规的有关规定，渔业污染事故管辖可分为属地管辖、级别管辖、指定管辖以及协调管辖。

属地管辖，即渔业污染事故发生地的渔政部门享有优先管辖权，是确定渔业污染事故管辖主体的第一项原则。《渔业法》第六条规定，农业部主管全国的渔业工作，县级以上地方人民政府的渔政部门主管其行政区内的渔业工作。渔业污染事故行政处理是渔政管理工作的主要内容之一，自然应由事故发生地的渔政部门处理。对于海洋渔业污染事故，发生在“机动渔船底拖网禁渔区线”外侧海域的，由农业部及其渔政管理机构直接管理，发生在内侧海域的，则由毗邻的地方人民政府渔政部门管理。根据《水污染防治法实施细则》第十九条，造成渔业水体污染事故的，必须立即向事故发生地的渔政管理机构报告。

级别管辖，是指依据污染事故造成渔业损失的程度划分各级渔政部门管辖权的一项原则。根据《渔业水域污染事故调查处理程序规定》第五条，地(市)、县渔政部门依法管辖较大及一般性渔业污染事故，省级渔政部门依法管辖直接经济损失额在百万元以上的重大渔业污染事故，中华人民共和国渔政局管辖直接经济损失额在千万元以上的特大渔业污染事故和涉外渔业污染事故。级别管辖，一方面体现了“统一领导、分级管理”的渔业行政管理原则以及上下级政府部门之间“业务指导或领导”的工作关系，另一方面也反映了各级渔政部门拥有的行政资源、技术能力和社会公信力等。

指定管辖，主要是为了解决管辖权纠纷或者考虑下级渔政部门能够更有效地处理渔业污染事故而由上级渔政部门协调、指定行政管理部门的一项原则。《渔业水域污染事故调查处理程序规定》第八条、第九条对此做了明确规定。指定管辖，依法应办理书面手续。

协调管辖，主要适用跨行政区域的渔业污染事故、缺乏行政边界的海洋渔业污染事故、涉及船舶污染源的渔业污染事故、涉外渔业污染事故等。根据《渔业法》、《水污染防治法》、《海洋环境保护法》等法律法规的有关规定，依法解决上述渔业污染事故往往需要各级政府以及环境保护、海洋、海事等部门的参与、协调、决定。渔政部门应接受政府的统一领导，支持有关部门的协调，与有关部门通力合作，有效地处理渔业污染事故。

三、渔业污染事故的行政处理

渔政部门应遵循以事实为依据、以法律为准绳，公开、公正，谁污染、谁治理，处罚与教育相结合等原则，依据管辖权限和法定程序及时处理渔业污染事故。

（一）立案

渔政部门发现或接到渔业污染事故报告后①，认为属于其管辖的，应及时立案，并向本级人民政府环境保护和上级渔政部门通报情况，填写《渔业水域污染事故报告表》。主要内容包括报告人基本情况、事故发生的时间和地点、污染损害原因和状况等。若认为不属于其管辖的，应当移交有权部门处理。

（二）调查取证

立案之后，渔政部门应当及时开展调查取证工作，查明渔业污染事故的原因和渔业环境污染损害事实。书证、物证、视听材料、证人证言、当事人陈述、鉴定结论、现场笔录等证据都可以作为认定渔业污染事故事实的依据。其中，具有资质的渔业环境监测机构或其他单位出具的监测数据、鉴定结论是渔政部门认定渔业污染事故事实的重要依据。中华人民共和国渔政局成立的渔业水域污染事故技术审定委员会，负责全国重大渔业水域污染事故的技术审定工作。在调查取证过程中，渔政部门应当依据法定的程序和权限进行调查，制作现场笔录或勘验笔录。主要包括渔业污染事故的基本情况、污染事故发生的过程、污染造成的损害后果等。

---

① 根据《水污染防治法》第六十八条、《水污染防治法实施细则》第十九条、《海洋环境保护法》第十七条和七十二条等，发生渔业污染事故后，有关单位、个人应当立即向渔政部门报告。

(三)制作渔业污染事故调查报告

在经过调查取证、认定渔业污染事实后,渔政部门应制作渔业污染事故调查报告。报告是渔政部门对污染事故作出最终行政处理决定的依据。参照农业部渔业环境监测中心编制的《污染死鱼事故调查方法(淡水)》,调查报告通常应包括(1)污染死鱼事故发生的时间、地点、水体类型;(2)死鱼范围、品种、个体大小、数量、经济损失;(3)死鱼的行为、形态反应及环境特征;(4)污染物、污染源现场调查情况;(5)死鱼现场、参考点、排污口水质、底质化学物测定结果;(6)组织解剖、鱼体毒物残留、急性毒性试验结果;(7)水环境质量评价;(8)最终确定的致鱼死亡的污染物和污染源及其确定的根据;(9)所用化学分析和生物检测方法及评价标准;以及(10)各种证据资料等项内容。

(四)渔业污染事故的行政处理决定

在确认渔业污染事实的基础上,渔政部门应依据渔业法规、环境保护法规、行政处罚法规以及民事法规等及时作出行政处理决定。第一,对造成渔业污染事故的单位或个人依法决定给予或免除渔业行政处罚;第二,应受害方和加害方的申请,对由此引发的渔业赔偿纠纷进行行政调解;第三,若造成了天然渔业资源和环境损害,依法代表国家向污染者提出赔偿请求;第四,依据谁污染谁治理的原则,组织污染者治理被污染的渔业环境,尽可能使之恢复渔业功能,或组织协调其他单位治理,治理成本由污染者承担。此外,如果渔政部门认为渔业污染事故涉嫌刑事犯罪,应移交公安和司法机关处理。

污染者如果对渔政部门作出的行政处理决定有异议,可以依法向人民法院提起行政或民事诉讼。

四、渔业污染事故损失计算方法

为了科学合理地计算因渔业污染事故而造成的渔业损失,提高处理、调解渔业污染纠纷的行政效率,农业部于1996年10月发布了《水域污染事故渔业损失计算方法规定》,国家质量监督检验检疫总局和国家标准化管理委员会于2008年又联合发布了推荐性国家标准《渔业污染事故经济损失计算方法》(GB/T21678－2008)。这两个文件是渔业污染事故评估机构和渔政部门估算渔业污染事故损失、处理渔业污染事故的主要依据。

(一)污染事故渔业损失量的计算

污染事故中的渔业损失量,是指污染源直接或间接污染渔业水域造成鱼、虾、蟹、贝、藻等及珍稀、濒危水生野生动植物死亡或受损的数量。《渔业污染事故经济损失计算方法》(GB/T21678－2008)共设计了11种方法,即直接计算法、比较法、定点采捕法、围捕统计法、统计推算法、调查统计法、模拟实验法、生产效应法、生产统计法、专家评估法和鱼卵、仔稚鱼评估法。在评估实践中,可根据水域类型、污染情况、历史资料、本底资料和受损生物等,选择适当的方法。

(二)污染事故经济损失量的计算

依据《水域污染事故渔业损失计算方法规定》,因渔业环境污染、破坏直接对受害单位和个人造成的损失的,只计算直接经济损失。直接经济损失包括水产品损失、污染防护设施损失、渔具损失以及清除污染费和监测部门取证、鉴定等工作的实际费用。

水产品损失额等于当地水产品市场价格与水产品损失量之积。水产品损失量包括中毒致死量和有明显中毒症状但尚能存活以及因污染造成不能食用的。由于水产品损失量既包括成品,也包括半成品、苗种,而计算损失量,最终以成品损失量表示,因此苗种、半成品与成品损失量的换算比由渔政监督管理机构根据不同种类和当地实际情况而定。网箱、稻田养鱼按实际损失额计算。养殖种类亲本和原种的死亡损失价格,计算时要根据其重要程度按高于一般商品价格的50%～500%计算,具体价格由渔政监督管理机构确定。

因渔业水体污染、破坏不仅对受害单位和个人造成损失,而且造成天然渔业资源和渔政监督管理机构增殖放流资源的无法再利用,以及可能造成的渔业产量减产等损失,在计算经济损失额时,应计算天然渔业资源的经济损失额。天然渔业资源经济损失额由渔政监督管理机构根据当地的资源情况而定,但不应低于直接经济损失中水产品损失额的三倍。

天然渔业资源损失的赔偿费由渔政监督管理机构收取,用于增殖放流和渔业生态环境的改善、保护及管理。

第五章　水产养殖业行政管理

第一节　水产养殖业概述

一、水产养殖的概念

水产养殖业与捕捞业构成了狭义的渔业，是第一产业——农业的组成部分，为人们提供了优质的水产食品、观赏性水生生物和工业原料等。

从生产技术角度看，水产养殖主要是指人们利用海水或淡水水体以及各种渔业设施，采取人工繁育和放养苗种、改良环境、清除敌害、施肥培养天然饵料、投喂饲料及饵料、调控水质、防治病害等生产措施，促进养殖的渔业生物健康繁育和生长，最终获得养殖水产品的生产活动。而从法学和经济学的角度看，水产养殖是指单位或者个人依法占有、使用国家所有或者农民集体所有的水域、土地、滩涂、荒滩、荒地、荒沟等自然资源，投入各种渔业生产资料，养殖水生动物或植物，以期获得经济利益的生产活动。

二、水产养殖业的分类

水产养殖活动历史悠久。在春秋战国时期，范蠡编著《养鱼经》就详细记述了养殖鲤鱼的设施和方法；在西汉时期，我国渔民已经开始养殖牡蛎等海洋水产动物①。随着科学技术的进步，现代水产养殖业的对象生物、目的、方式和方法等日益多样化。为了解水产养殖业的生产特点、依法对水产养殖业实施有效管理，根据不同的标准对水产养殖业进行分类是十分必要的。

(1)根据水产养殖场所的自然属性，可分为海水养殖和淡水养殖、滩涂养殖、浅海养殖、水库养殖、湖泊养殖、河道养殖、沟渠养殖等；

(2)根据养殖水产品的最终用途，有水产苗种繁育、人类食用的水产品养殖、工业用水产品养殖、观赏性水产品养殖等；

(3)根据养殖的对象生物，可分为鱼类、贝类、虾类、蟹类、腔肠动物(如海蜇)、

---

①　刘焕亮：《水产养殖学概论》，青岛出版社2000年版，第5－6页。

棘皮动物（如海参）、两栖类、爬行类、藻类等水产动植物养殖；

（4）根据水产养殖的设施，可分为池塘养殖、港池养殖、稻田养殖、网箱养殖、围栏养殖、筏式养殖（笼养、绳养、筒养、穿耳吊养等）、滩涂浅海底播养殖、投石养殖、插竹养殖、工厂化养殖、浮筏及网帘栽培等；

（5）根据养殖的密度，有粗放养殖、半精细养殖、精细养殖、集约化养殖等；

（6）根据养殖水体的流动性，可分流水养殖、静水养殖等；

（7）根据养殖品种的来源，有中国本地品种和国外引进品种养殖之分；

（8）根据育种技术，有自然品种、育成品种、多倍体品种、杂交品种、体细胞育种、性别控制和单性养殖以及转基因育种等①；

（9）根据养殖水产品的质量认证标准，可分未经认证的水产品养殖、无公害水产品养殖、绿色水产品养殖、有机水产品养殖等；

（10）根据水产养殖与其他行业的结合方式，有渔农、渔牧、渔盐等养殖方式；

（11）依据一起养殖水产生物的规格、种类、收获时间差等，又有轮养、套养、混养等方式之分。

而依据《渔业法》第十一条、第十五条，可将水产养殖场所分为商品鱼生产基地、城市郊区重要的养殖水域、一般养殖水域以及未利用的规划养殖用地和水域等。

三、发展水产养殖业的意义和政策

以水产养殖业为主，捕捞、加工并举，因地制宜，各有侧重是发展我国渔业的基本方针。积极发展水产养殖业具有多方面的意义。

第一，水产养殖业为人们提供了优质的水生动物和植物源食品，改善了人们的食品营养结构，科学地食用水产品有利于提高人们的健康水平。第二，我国适宜种植农作物的耕地少，而适宜发展水产养殖业的海域、内陆水域以及滩涂、荒滩、荒地等相对广阔。发展水产养殖业有利于优化农业产业结构，可以实现渔业与种植业、盐业、水电行业、观光旅游业等行业结合，合理地利用自然资源，更好地发挥其经济效益和生态效益。第三，水产养殖业对于解决江、河、湖、海沿岸地区，特别是边疆海岛地区，人民的就业和生计问题意义重大，也为捕捞渔民的转产转业提供了出路。发展水产养殖业是增加渔民、农民收入的重要途径。第四，水产养殖业的发展影响着整个渔业产业链，影响着上下游若干行业的发展。例如，渔用饲料行业、水产养殖机械电子行业、渔用制药业、水产品储藏运输业、水产品加工业、水产贸易、餐饮旅游行业等。第五，水产养殖业的发展推动了水生生物等学科的科学技术进

① 范兆廷：《水产动物育种学》，中国农业出版社2005年版，第11－13页。

步。最后，重点发展水产养殖业，可优化渔业产业结构，有效地增加水产品供给，解决捕捞业因受到资源环境的约束而无法满足人们对水产品不断增长的需求问题。

鉴于水产养殖业在优质食品供给、充分合理地利用自然资源、促进就业、繁荣城乡经济、促进科技进步等方面的现实意义，积极发展水产养殖业一直是我国渔业发展的一项重要政策。特别是改革开放以来，党中央和国务院曾多次发布专门文件，鼓励大力发展水产养殖业。1981 年 5 月 4 日《国务院批转国家水产总局关于当前水产工作若干问题的请示报告的通知》（国发〔1981〕73 号）、1985 年 3 月 11 日党中央和国务院颁发的《关于放宽政策、加速发展水产业的指示》（中发〔1985〕5 号）、1996 年 6 月 1 日《国务院下发的国务院办公厅关于治理开发农村“四荒”资源进一步加强水土保持工作的通知》（国办发〔1996〕23 号）、1997 年 1 月 6 日《国务院批转农业部关于进一步加快渔业发展意见的通知》（国发〔1997〕3 号）、1999 年 12 月《国务院办公厅关于进一步做好治理开发农村“四荒”资源工作的通知》（国办发〔1999〕102 号）等对鼓励发展水产养殖业都有十分明确的规定。国发〔1981〕73 号文件规定，“对水面、滩涂的所有权和使用权，已经确定的不要轻易变动；没有确定的要尽快确定下来。属于国家所有的水面、滩涂，可以由国家经营或国家和社队联营，也可以划归社队使用。……”；中发〔1985〕5 号文件指出，“发展水产养殖业要依靠群众，发展专业户、联合体”、“坚持国营、集体、个人一起上”、“把一切可以利用的水面都充分利用起来，把传统的经验和现代科学技术结合起来，加速向多品种、优质高产、现代化方向发展。……”；国发〔1997〕3 号文件规定，“承包、租赁、转让和拍卖宜渔‘三荒’使用权所收取的资金，应专项用于渔业基础设施建设”。

《渔业法》、《农业法》、《土地管理法》以及《渔业法实施细则》和《土地管理法实施条例》等法律、法规对鼓励发展水产养殖业都作出了明确的规定。根据《土地管理法实施条例》第十七条，承包国有荒地、荒滩从事水产养殖业，使用权期限可达 50 年。根据《渔业法》第三条，“以养殖为主，养殖、捕捞、加工并举，因地制宜，各有侧重”是我国渔业发展的基本方针，各级人民政府应当把渔业生产纳入国民经济发展计划，采取措施，加强水域的统一规划和综合利用。

第二节　养殖证制度

一、养殖证的概念

养殖证，是指由单位或者个人依法向县级以上地方人民政府渔业行政主管部门提出申请，经过审核批准，由同级人民政府发放的、允许其占有使用国有水域、滩涂等自然资源从事水产养殖生产活动，以期获得经济利益的法律证明文件。养殖证制度是政府和渔业行政主管部门对水产养殖业实施行政监管的基本制度，也是保障水产养殖者合法权利的基石。

早在20世纪50年代，我国就对湖泊、沼泽、水库、浅海养殖水面的规划和使用权问题做出了规定①。改革开放以来，党中央和国务院对水域、滩涂的水产养殖使用权制度建设更加重视。1981年5月4日，《国务院在批转国家水产总局关于当前水产工作若干问题的请示报告的通知》（国发〔1981〕73号）中明确规定："对水面、滩涂的所有权和使用权，已经确定的不要轻易变动；没有确定的要尽快确定下来。属国家所有的水面、滩涂，可以由国家经营或国家和社队联营，也可以划归社队使用。集体所有的水面，由所在社队经营，有的也可以由国家和社队联营。"《中共中央、国务院关于放宽政策、加快发展水产业的指示》（中发〔1985〕5号）规定，要重视大水面的开发利用，凡能划界的要划界，明确水域使用权，落实经营权，水产养殖业的责任制原则上可参照种植业的做法，能够包到户都要包到户，开发荒滩的可以承包30年以上等。1986年《渔业法》第十一条明确规定可以向单位或者个人发放养殖证，以确认其基于国有水域、滩涂的养殖使用权。《关于积极发展现代农业扎实推进社会主义新农村建设的若干意见》（中发〔2007〕1号）规定②，要坚持农村基本经营制度，稳定土地承包关系，规范土地承包经营权流转，加快征地制度改革，稳定渔民的水域滩涂养殖使用权。

另外，根据《渔业法》第十一条第2款，农民集体所有的或者国有但由农业集体经济组织使用的水域、滩涂，可以由个人或者集体承包，从事养殖生产，即通过渔业承包合同也可以获得养殖渔业权。但值得注意的是，发包方和承包方在以签订渔业承包合同的方式约定双方权利和义务时，应符合《村民委员会组织法》、《农村土地承包法》、《土地管理法》、《农业法》、《渔业法》、《合同法》以及其他有关法律法规的规定。

---

① 1956年3月19日，商业部发布《关于海、淡水养殖中急需解决的若干问题的指示》(56)总号001。

② 在1982—1986年间，中共中央和国务院发布了五个1号文件，以推动农业改革，即《全国农村工作会议纪要》（中发〔1982〕1号）、《当前农村经济政策的若干问题》（中发〔1983〕1号）、《关于一九八四年农村工作的通知》（中发〔1984〕1号）、《关于进一步活跃农村经济的十项政策》（中发〔1985〕1号）和《关于一九八六年农村工作的部署》（中发〔1986〕1号）。这期间，全国人大还通过了1982年《宪法》以及其他单行法，稳定农业改革的各项政策。例如《森林法》（1984）、《草原法》（1985）、《渔业法》（1986）、《土地管理法》（1986）、《民法通则》（1986）等。自2004年，中共中央和国务院每年又开始发布1号文件，以期解决日益严峻的"三农"问题，即《关于促进农民增加收入若干政策的意见》（中发〔2004〕1号）、《关于进一步加强农村工作提高农业综合生产能力若干政策的意见》（中发〔2005〕1号）、《关于推进社会主义新农村建设的若干意见》（中发〔2006〕1号）、《关于积极发展现代农业扎实推进社会主义新农村建设的若干意见》（中发〔2007〕1号）、《中共中央国务院关于切实加强农业基础建设进一步促进农业发展农民增收的若干意见》（中发〔2008〕1号）、《中共中央国务院关于2009年促进农业稳定发展农民持续增长的若干意见》（中发〔2009〕1号）、《中共中央国务院关于加大统筹城乡发展力度进一步务实农业农村发展基础的若干意见》（中发〔2010〕1号）。

二、养殖证的法律性质

《渔业法》第十一条规定，“单位和个人使用国家规划确定用于养殖业的全民所有的水域、滩涂的，使用者应当向县级以上地方人民政府渔业行政主管部门提出申请，由本级人民政府核发养殖证，许可其使用该水域、滩涂从事养殖生产。”可见，通过申请依法得到养殖证意味着持有人获得了使用国有水域、滩涂从事水产养殖生产活动的合法权利。

由于养殖证持有人可以合法从事的活动仅是水产养殖生产，因此对这类国有水域、滩涂的使用权亦可称养殖渔业权。其内容至少包括：(1)依法采集野生的水产养殖用生物亲体或苗种的权利；(2)保有养殖水体及其依附的土地一定时限的权利；(3)对水产养殖设施和养殖的水产品享有的完整所有权；(4)对国有水域、滩涂养殖使用权依法进行处分的权利；(5)在养殖渔业权受到侵害时(例如，养殖水体污染以及其他形式的不法侵害)，依法请求排除妨害，并得到民事赔偿的权利；(6)国家依法征收、征用养殖证持有人所使用的土地、水体时，依法得到合理经济补偿的权利等。为了保护其合法权利，养殖渔业权的权利主体有权依法作出一定的行为和要求他人作出相应的行为或不作为；在必要时，可以请求国家行政机关、司法机关以国家强制力保护其合法权利①。

鉴于水产养殖业的生产特点，养殖渔业权人对特定水体、土地的使用表现出了很强的排他性，基本上是独占的。根据《物权法》第一百二十三条以及第一百二十一条，依法取得的水产养殖权利受法律保护，因征收、征用而致使养殖权利人无法从事水产养殖生产或影响其行使水产养殖的权利，应当给予用益物权人相应的经济补偿。

因此，作为单位、个人合法使用国有水域、滩涂从事水产养殖生产的法律证明文件，养殖证虽然是依申请人的申请由行政机关依法定权限和程序核发的行政许可文件，但却意味着一种特许的用益物权类型，任何机关都无权非法剥夺②。养殖渔业权制度，是保证水产养殖业健康发展一项根本制度，是政府调控渔业经济发展的重要手段，更是保护水产养殖者利益的有力武器。

---

① 刘新山，李龙飞：“关于渔业权理论的基础研究”，载《资源科学》2000 年第 6 期。

② 根据《行政许可法》第十二条和第八条，涉及经济宏观调控、有限自然资源开发利用、公共资源配置、生态环境保护、关系人身健康和生命安全等事项，行政机关可以依法设立行政许可。但是，行政机关不得擅自改变已经生效的行政许可。如果行政许可所依据的法律、法规、规章修改或者废止，或者准予行政许可所依据的客观情况发生了重大变化，为了公共利益的需要，行政机关可以依法变更或者撤回已经生效的行政许可，由此给公民、法人或者其他组织造成财产损失的，行政机关应当依法给予补偿。因此，渔业行政机关以及其他任何机关都无权非法剥夺单位、个人的养殖渔业权，而不给予合理的经济补偿。可见，对于养殖证制度，民事法律和行政法律的规定是密切关联的，更是统一的。

三、养殖渔业权制度存在的问题

新中国水产养殖业60年的发展历史表明,养殖证制度对于加快水产养殖业的健康发展,帮助广大农(渔)民增加收入,提高人民生活水平,繁荣农村经济等发挥着巨大作用。为了稳定农业基本经营体制,保证党和国家农业与农村政策的连续性和稳定性,现行的农业、土地、渔业和民事法律法规虽然明确养殖渔业权是一种独立的用益物权类型,但是还存在一些问题。主要表现在养殖渔业权的原始获取方式、保有时限、权利丧失及移转、登记公示和权利保护措施等方面。

(一)养殖渔业权的原始获取方式问题

根据《土地管理法》、《土地管理法实施条例》、《农业法》、《渔业法》、《渔业法实施细则》等法律法规的规定,单位或个人原始取得养殖渔业权的途径有两个,即获得县级以上人民政府颁发的养殖证和签订渔业承包合同。

渔业承包合同,是指发包方(常为农村集体经济组织)与承包方为了承包经营渔业水域,从事养殖生产而明确约定双方权利和义务关系的协议。在实践中,渔业承包合同主要适用于开发农民集体所有或国家所有由农民集体使用的宜渔荒地、荒滩、滩涂、海域等。农业承包经营责任制,是我国农村最重要的一种经济制度,《宪法》第八条、《民法通则》第二十七条至二十九条和第八十条至第八十一条、《农业法》、《土地管理法》、《农村土地承包法》等对此都作了规定。但是,现行的法律、法规、规范性文件等对于农民集体如何才可以使用国有的宜渔自然资源、如何签订渔业承包合同以及合同应约定哪些主要内容,缺乏细致的具体规定,难以保证原始取得养殖渔业权的公平性。

获得养殖证的方式主要是通过申请、协商或参加招投标、核准。根据《渔业法》第十二条,县级以上地方人民政府在核发养殖证时,应当优先安排当地的渔业生产者。在我国,许多位于江河湖海沿岸地区的农民集体没有或者仅有少量的农民集体土地,大多数群众世代以打鱼、养鱼为生。在新中国成立之初,仅淡水"连家船"就有12万多条,渔民60多万,直到20世纪70年代末才基本完成了"连家船的社会主义改造",实现陆上定居,绝大多数仍然以渔业为生①。因此,享有捕捞渔业权和在其居住的邻近水域、滩涂的养殖渔业权应是他们与生俱来的一种专属权利。这和我国农民绝对地享有承包其所归属的农民集体所有的土地,从事农业生产,维持生计的权利一样。另外,新中国成立后建设的大量水利水电工程、港口工程等无不影响到渔民的生活。基于此,《渔业法》规定了毗邻国有水域、滩涂居住的渔民

---

① 丛子明,李挺:《中国渔业史》,中国科学技术出版社1993年版,第183－184页。

应该优先享有在该水域、滩涂的养殖使用权。这充分反映了法律的公平原则，是党和政府保护广大渔民根本利益，维护其生存权和发展权，保持渔区社会安定，稳定渔业基本经济制度的具体体现。但是，现行渔业法律、法规没有对申请人的资格和核准程序做出明确的规定，特别是国有滩涂、海域、湖泊、河流水域养殖渔业权的分配程序问题，这导致出现了养殖渔业权的分配纠纷问题。

另外，现行渔业法规对外国公民、外资企业以及港、澳、台地区公民、企业是否可以直接获得养殖渔业权，从事养殖生产，也没有明确的规定。笔者认为，我国是一个发展中国家，养殖渔业权的分配是带有巨大社会福利性质的，因此不应被直接核准给外国公民、企业以及港、澳台公民、企业。他们只有通过与享有养殖渔业权的中国内地公民、单位进行合资、合作，才有可能获得水域、滩涂的养殖使用权。

（二）养殖渔业权的保有时限问题

保有时限是构成财产权利的一项重要内容。而《渔业法》对养殖证的有效期却未作规定。实践中，情况各异。例如，辽宁省庄河市人民政府核发的养殖证有效期30年，福建省云霄县人民政府核发的养殖证有效期为10年，山东省荣成市人民政府核发的养殖证"可长期使用"。而《土地管理法实施条例》第十七条规定，承包国有荒地、荒滩从事水产养殖业，使用权期限可达50年。

这意味着养殖渔业权的内容不完整、不确定，意味着养殖渔业权人的利益面临巨大的风险，不利于鼓励权利人长期投资，开发宜渔的荒滩、滩涂、海域、浅海等从事渔业生产，也不利于保护渔业水域环境。

（三）养殖渔业权的丧失和移转问题

养殖渔业权的丧失主要有以下八种情况：(1)渔业承包合同期满，《土地管理法》第十四条、第十五条规定，农民承包本集体所有的宜渔土地、养殖水面，从事渔业生产，经营期限为30年，承包本集体以外的宜渔土地、养殖水面，经营期限由合同约定，《土地管理法实施条例》第十七条规定，开发国有荒滩、荒地从事渔业生产的，使用期限最长不超过50年；(2)养殖证的有效期期满；(3)发包方与承包方自愿依法解除渔业承包合同；(4)国家依法征收、征用农民集体所有的养殖水域或者依法改变国有水产养殖水域用途；(5)权利人采取欺骗等非法手段获得了养殖渔业权，因而被撤销；(6)养殖环境发生重大变化，导致不适宜开展养殖生产；(7)养殖渔业权人触犯法律或违反渔业承包合同，渔业权被剥夺或者渔业承包合同被解除。《渔业法》第四十条规定，使用国有的水域、滩涂从事养殖生产，无正当理由使水域、滩涂荒芜满一年的，可以被吊销养殖证；(8)权利人依法出让其养殖渔业权。

养殖渔业权的移转主要包括三种方式：(1)权利人死亡，继承人依法继承其养殖渔业权；(2)权利人依法出让、转包、分包、互换或者作价入股国有、私营企业以及与他人组成合伙企业;(3)债权人请求法院以强制方式履行债务,变更了养殖渔业权的权利主体。这些也意味着养殖渔业权可以共有和被分割。

虽然《农业法》、《土地管理法》、《农村土地承包法》等法律法规以及相关民事法律法规的一些规定可以适用养殖渔业权的丧失、移转问题,但是《渔业法》对此却没有做出细致的规定,表现出了很大的缺陷。

(四)养殖渔业权的登记和公示

公示、公信是创设物权的原则之一。所谓公示,是指物权在变动时,必须将物权变动的事实通过一定的方法向社会公开,从而使第三人知道物权变动的情况,以避免第三人遭受损害并保护交易安全。所谓公信,是指一旦当事人变更物权时,依据法律的规定进行了公示,则即使公示方法表现出来的物权不存在或存在瑕疵,但是对于信赖该物权存在并已从事了物权交易的人,法律仍然承认其具有与真实物权存在相同的效果①。根据《物权法》、《渔业法》、《土地管理法》、《农村土地承包法》等法律的有关规定,养殖渔业权是一种独立的用益物权类型,是可以移转的。但是,《渔业法》对登记、查询、统计等问题却未做出细致的规定,以至于养殖渔业权的内容很不完整。这无疑增加了养殖渔业权受侵害的风险,降低了权利交易的安全性。

(五)养殖渔业权的保护措施

《土地管理法》第四条规定,农用地是指直接用于农业生产的土地,包括耕地、林地、草地、农田水利用地、养殖水面等。因此,水产养殖用滩涂、水域等自然资源是农业用地的组成部分,如同耕地一样,应依法受到严格的保护。此外,《渔业法》第三十四条、《水法》第四十条、《土地管理法》第三十九条、《海域使用管理法》第四条及第十八条等对围湖造地、围垦滩涂、侵占江河滩地、退耕还湖、填海造地等也作了规定,《耕地占用税暂行条例》第十四条规定,占用养殖水面以及渔业水域滩涂等农用地建房或从事非农建设,也应当缴纳耕地占用税。然而,水产养殖用滩涂、水域还是时常被随意侵占、改变用途、受到污染,许多水产养殖场被迫关闭、搬迁。这些都严重损害了养殖渔业权人的合法权利。

究其原因,一是有关的行政机关未能对宜渔的滩涂、水域依法制定长期稳定的综合利用规划,未能像保护耕地一样保护养殖水域、滩涂;二是渔政部门未能依据《渔业法》第十五条的规定,将各类水产养殖场明确划分为商品鱼生产基地、城市郊区重要养殖水域、一般养殖水域、未利用的养殖水域等,并制定具体的保护措施。

水产养殖业和捕捞业是农业的组成部分,各级人民政府应依法将渔业生产纳

---

① 王利明:《物权法论》,中国政法大学出版社 1998 年版,第 132 - 138 页。

入国民经济发展规划，制定水产养殖水域、滩涂利用的长远规划，稳定渔业基本经营制度，依法对各类水产养殖用水域、滩涂进行区别保护，维护渔业生产者的合法权益。这需要各级人大和行政立法机关修改、制定相关的渔业法律法规，在物权法学理论的指导下进一步完善养殖渔业权制度。只有建立完善的养殖渔业权制度，才有可能实现水产养殖业的健康发展。

第三节 水产种质资源保护

一、水产种质资源的概念

种质是与体质相对的一个概念，是指决定遗传性状，并将遗传信息传递给后代的遗传物质。没有种质，物种就不可能传代和进化，个体也不可能发育和生长。体质，是后天获得性状，是不遗传的①。因此，水产种质资源是指包含遗传物质，对水产育种、水产养殖生产等有遗传育种价值的遗传材料，包括水生动物、水生植物、水生微生物等种质的活体、标本，以及作为种质资源保存的其他实物，如器官、组织、细胞以及染色体或DNA片段等。

水产种质资源是水产育种、水产养殖生产和水产科技发展的物质基础，是开展生物科技活动、支撑渔业经济发展、改善人民生活的重要战略资源。在国际竞争中，其地位日显重要，包括水产种质资源在内的生物遗传资源的拥有量和研发利用程度已成为衡量国家可持续发展能力和综合国力的重要的指标之一。

二、水产种质资源保护区制度

鉴于水产种质资源对水产养殖业发展的重要意义，《渔业法》第二十九条创设了水产种质资源保护区制度。所谓水产种质资源保护区，是指为保护和合理利用水产种质资源及其生存环境，在保护对象的产卵场、索饵场、越冬场、洄游通道等主要生长繁育区域依法划出一定面积的水域滩涂和必要的土地，予以特殊保护和管理的区域②。根据《渔业法》第二十九条，国家保护水产种质资源及其生存环境，并在具有较高经济价值和遗传育种价值的水产种质资源的主要生长繁育区域建立水产种质资源保护区。这为水产种质资源保护区的建立提供了最直接的法律根据。

依据《水产种质资源保护区划定工作规范（试行）》，具备下列条件之一的水域

---

① 范兆廷：《水产动物育种学》，中国农业出版社2005年版，第17页。

② 参见：《农业部办公厅关于加快水产种质资源保护区划定工作的通知》（农办渔〔2007〕50号）的附件，《水产种质资源保护区划定工作规范（试行）》。

滩涂,可划定水产种质资源保护区:(1)国家或地方规定的重点保护或具有较高经济价值的渔业资源品种的产卵场、索饵场、越冬场、洄游通道等主要生长繁育区域;(2)具有较高遗传育种价值,为当前我国水产养殖的主导品种且养殖原种为我国本地种的水生生物天然集中分布区域;(3)我国特有或当地特有的水生生物天然集中分布区域;(4)具有代表性或典型性的水生生物多样性集中分布区域;(5)具有特殊生态保护或科研价值,对渔业发展或其他人类活动有重大影响的水生生态系统所在区域;(6)其他需要加以保护的区域。

水产种质资源保护区分为国家级和省级。前者是指在国内、国际有重大影响,具有重要经济价值、遗传育种价值或特殊生态保护和科研价值,保护对象为重要的、洄游性的共用水产种质资源或保护对象分布区域跨省(自治区、直辖市)际行政区划或海域管辖权限的,经国务院或农业部批准并公布的水产种质资源保护区。后者是指在当地有重要影响,具有较高的经济价值、遗传育种价值或一定的生态保护和科研价值,经省(自治区、直辖市)人民政府或渔业行政主管部门批准并公布的水产种质资源保护区。根据水产种质资源保护区的自然环境、保护对象资源状况及保护管理工作需要,保护区又可划分为核心区和实验区。核心区是指在保护对象的产卵场、索饵场、越冬场、洄游通道等主要生长繁育场所设立的保护区域;实验区是指核心区以外的区域。在水产种质资源保护区的核心区内,根据不同保护对象的生活习性,可以设定特别保护期和一般保护期。特别保护期是指在保护对象的繁殖期、幼鱼生长期等生长繁育关键阶段,对其加以重点保护所设立的保护期;一般保护期是指特别保护期以外的时段。

设立水产种质资源保护区,是保护水产种质资源的最有效措施。水产种质资源保护区内的渔业活动以及其他影响水产生物生存的各种活动、保护区功能的改变都依法受到了严格的管制。例如,《渔业法》第二十九条规定,未经农业部批准,任何单位或者个人不得在水产种质资源保护区内从事捕捞活动。第四十五条规定,未经批准在水产种质资源保护区内从事捕捞活动的,责令立即停止捕捞,没收渔获物和渔具,可以并处一万元以下的罚款。《渤海生物资源养护规定》第二十一条规定,禁止在种质资源保护区,重要经济鱼、虾、蟹类的产卵场等敏感水域进行放流。水产种质资源保护区一般属于环境敏感区,在保护区内拟从事建设项目的单位应当事先同有关县级以上人民政府渔业行政主管部门协商,依法应进行严格的环境影响评价,采取措施,防止或者减少对渔业资源的损害。造成水产种质资源损失的,有关单位应承担赔偿责任[①]。

国务院于2006年2月印发的《中国水生生物资源养护行动纲要》明确提出,建

① 参见:《建设项目环境保护分类管理名录》、《环境影响评价法》、《水产苗种管理办法》第六条、《渔业法》第三十五条。

立水产种质资源保护区，制定相应的管理办法，强化和规范保护区管理，以保护水产种质资源[①]。为贯彻《渔业法》和《纲要》的要求，农业部于2007年12月公告了首批40处国家级水产种质资源保护区，覆盖了渤海、黄海、东海和南海的海湾、岛礁、滩涂等生态类型以及珠江、长江、黄河、黑龙江等水系的河流、湖泊生态系统。其中，江河类19处，湖泊类11处，海湾类6处，岛礁类3处，滩涂类1处[②]。2008年12月，公告了第二批国家级水产种质资源保护区63处（农业部公告1130号）；2009年12月，公告了第三批国家级水产种质资源保护区57处（农业部公告1308号）。另外，一些地方渔业行政主管部门也组织、协调、建立一些地方级水产种质资源保护区。例如，江苏省海洋与渔业局已批准设立了16个省级水产种质资源保护区[③]。

三、保护水产种质资源的其他法律制度及措施

除了水产种质资源保护区制度，其他的渔业、环境保护法律制度和措施对于保护水产种质资源也发挥着积极的作用。例如，本书第三章讨论的禁渔区（期）制度、重要渔业生物保护名录制度、特别保护幼鱼和亲鱼制度、人工增殖渔业资源制度、征收渔业资源增殖保护费制度、水生野生动植物自然保护区制度等；第四章探讨的渔业水体污染防治措施、渔业环境生态破坏防治措施、环境影响评价制度等以及本章第三节讨论的水产苗种生产管理制度和第六章将探讨的各项水产捕捞业管理制度等。

保护水产种质资源是保护水域生态环境和水生生物资源的一项重要内容。在渔政部门依法承担主要职责的同时，也需要其他负有环境保护职责部门的共同努力。

第四节　水产苗种生产管理制度

与种植业、草业、林果业、畜牧业等其他农业产业一样，采用优良的水产苗种对于提高水产养殖业的经济效益是十分重要的。根据《水产苗种管理办法》第二条和第三十二条，水产苗种是指用于繁育、增养殖（栽培）生产和科研试验、观赏的水产动植物的亲本（即达性成熟年龄的个体）、稚体、幼体、受精卵、孢子及其遗传育种材料。目前，水产苗种的来源包括从天然渔业水体中采集捕获天然水产苗种、利

---

① 参见：《国务院关于印发中国水生生物资源养护行动纲要的通知》（国发〔2006〕9号）。

② “农业部公布首批国家级水产种质资源保护区”，载《中国渔业报》2007年12月17日第1版。

③ 见江苏省海洋与渔业局网站：http://www.jsof.gov.cn/art/2007/11/5/art_47_10736.html

用水产动物的亲体人工繁育水产苗种以及进口水产苗种。由此，水产苗种生产管理制度主要涉及天然水产苗种捕捞许可制度、水产苗种繁育生产许可制度、水产苗种产地检疫制度、水产养殖新品种审定与公告制度、水产苗种进出口许可制度、转基因水产苗种的安全性评价制度等。

一、天然水产苗种捕捞许可制度

由于天然水产苗种数量的多寡直接影响到了渔业生物资源量的波动，关系着水产捕捞业和养殖业的健康发展，《渔业法》第三十一条创设了专项（特许）捕捞许可证制度，即因养殖或者其他特殊需要，捕捞有重要经济价值的苗种或者禁捕的怀卵亲体的，必须经国务院渔业行政主管部门或者省级人民政府渔业行政主管部门批准，在指定的区域和时间内，按照限额捕捞。

此外，渔业法规对在水产动物苗种产区的引水活动还作出了一些管制性规定，防止引水活动严重地损害水产动物苗种。例如，《渔业法实施细则》第二十六条规定，任何单位和个人，在鱼、虾、蟹、贝幼苗的重点产区直接引水、用水的，应当采取避开幼苗的密集期、密集区，或者设置网栅等保护措施。《渤海生物资源养护规定》第三十三条规定，沿岸的盐场、电厂、养殖场和其他利用海水的单位或个人，在纳水时应当采取防护或有效规避措施，保护幼鱼、幼虾资源。在伏季休渔期间引水用水时应设置凸面向外且网目不超过 7 毫米的“V”型防护网。未采取防护措施，对天然生物资源造成损害的，沿岸县级以上地方人民政府渔业行政主管部门应当责令限期消除危害。

二、水产苗种繁育生产许可制度

水产苗种繁育生产是水产养殖业的重要组成部分。为了建立、维护水产苗种生产及经营秩序，我国对水产苗种的繁育生产依法实施了许可证制度，唯一例外的情形是渔业生产者自育、自用水产苗种①。

因此，为销售之目的而从事水产苗种生产活动的单位和个人，应当依法向县级以上地方人民政府渔业行政主管部门提出申请，经过批准，取得水产苗种生产许可证。水产苗种生产许可证由省级人民政府渔业行政主管部门统一印制，有效期为三年。有效期满后，需要延期的，持有者应当于期满 30 日前向原发证机关申请办理展期手续②。

根据《水产苗种管理办法》第十一条、第十二条，申请从事水产苗种生产的单

① 《渔业法》第十六条、《水产苗种管理办法》第十一条。

② 《水产苗种管理办法》第十五条。

位和个人应具备四项基本条件:(1)有固定的生产场地,水源充足,水质符合渔业用水标准;(2)用于繁殖的亲本来源于原、良种场,质量符合种质标准;(3)生产条件和设施符合水产苗种生产技术操作规程的要求;(4)有与水产苗种生产和质量检验相适应的专业技术人员。若申请单位是水产原、良种场的,还应当符合《水产原良种场生产管理规范》(农渔发〔2001〕3号)的要求,并且其水产苗种生产许可证只能由省级人民政府渔业行政主管部门审核发放。

获得水产苗种生产许可证的单位和个人应当按照许可证规定的范围、种类以及有关的生产技术操作规程进行生产,以保证水产苗种质量。如果需要变更生产范围、种类的,应当向原发证机关办理变更手续。县级以上人民政府渔业行政主管部门应组织质量检验机构对其辖区内生产的水产苗种进行检验,检验不合格的,给予警告,限期整改;到期仍不合格的,由发证机关收回并注销水产苗种生产许可证①。为此,全国水产标准化技术委员会和有关部门已经制定、修订公布了一系列水产种质及检测方法的国家标准、行业标准,为各级渔政部门组织、领导开展水产养殖品种种质检测工作提供了依据。

对于未经许可、非法生产水产苗种的,渔政部门依据《渔业法》第四十四条可以没收苗种和违法所得,并处五万元以下罚款。

三、水产苗种产地检疫制度

为了预防鱼病的传播、蔓延,我国渔业法规还设立了水产苗种产地检疫制度。一般讲,只有经过检疫的水产苗种才可以销售,国内异地之间引进水产苗种的,应办理检疫手续,否则禁止运输和销售②。

为此,各级渔业行政主管部门应加强水产苗种产地检疫工作,组织有关机构制定和完善各类水产苗种的检疫规程,并依照规程实施检疫工作,促进水产苗种产业健康发展。

四、水产新品种的审定和公告制度

鉴于水产育种的专业性,这里首先介绍一些与此有关的生物学术语。(1)物种,是生物的繁殖单元,由又连续又间断的种群所组成,也是进化单元、分类单元。杂交不育或者生殖隔离,目前仍然是公认的物种标准③。(2)原种,是指取自模式种采集水域或取自其他天然水域的野生水生动植物种,以及用于选育的原始亲体。

---

① 参见:《水产苗种管理办法》第十七条。

② 参见:《水产苗种管理办法》第十八条;《辽宁省水产苗种管理条例》第十九条。

③ 孟庆闻,等:《鱼类学》,上海科学技术出版社1989年版,第167-168页。

(3)良种,是指生长快、品质好、抗逆性强、性状稳定和适应一定地区自然条件,并适用于增养殖(栽培)生产的水产动植物种。(4)杂交种,是指将不同种、亚种、品种的水产动植物进行杂交获得的后代。(5)品种,是指经人工选育成的,遗传性状稳定,并具有不同于原种或同种内其他群体的优良经济性状的水生动植物。(6)稚体、幼体,是指从孵出后至性成熟之前这一阶段的个体①。(7)亲本,指已达性成熟年龄的个体。(8)原种场,主要是指负责水产原种的搜集、保存和供种,向良种场提供繁殖用良种亲本的水产养殖场;良种场,主要是指负责野生种的驯化、遗传改良、新品种培育、国外引种或引进原种和经过审定的良种、培育亲本、后备亲本,提供给苗种繁育场的水产养殖场②。

鼓励和扶持选育、培育、推广水产养殖优良品种是发展养殖业的一项重要政策。为了落实此项政策,规范水产养殖优良品种生产、销售及推广活动,维护生产者、经营者和养殖生产者的利益,农业部和各级地方人民政府及其渔政部门对水产原种、良种场建设给予了很大的财政支持,并采取了资格认定及命名挂牌、不定期的产品质量抽查及复查等措施。

为此,农业部领导组织制定了《全国水产原良种审定委员会章程》、《国家级水产原良种场基本建设项目管理办法》、《淡水养殖鱼类原良种场建设要点》、《国家级水产原、良种场验收办法》、《水产原良种场生产管理规范》、《水产原、良种审定办法》、《水产原种、良种种质检测规范》等一系列规范性文件,对全国水产原良种审定委员会的任务、组成和活动③,水产原良种场的规划、建设、验收、人员组成、设施设备、生产管理、质量管理以及水产养殖品种的审定方法等都作出了规定。在农业部和地方各级政府的支持下,我国已经建成了国家级和省级两级水产原、良种场生产体系。截止到2006年,经过全国水产原良种审定委员认定,由农业部挂牌的国家级水产原、良种场已有50家,经审定的水产养殖优、新品种已达67个④。

根据《渔业法》第十六条,水产新品种必须经全国水产原种和良种审定委员会审定,由农业部公告后,才可以推广。另外,《渤海生物资源养护规定》第十二条规定,禁止在渤海养殖未经全国水产原种和良种审定委员会审定、农业部批准推广的杂交种、转基因种和其他非渤海原有品种。养殖经全国水产原种和良种审定委员会审定、农业部批准推广的上述品种的,应当严格采取防逃等防护措施,防止其

① 参见:《水产苗种管理办法》第三十二条。

② 胡红浪:"我国水产苗种发展战略研究",载《中国水产》2005年第11期。

③ 全国水产原种和良种审定委员会成立于1991年,是直属农业部领导的权威技术机构,其成员由渔业行政、科研、教学以及推广等方面的专家组成,其秘书处设在全国水产技术推广总站。见全国水产原种和良种审定委员会网站:http://www.nccav.org/page/html/shenweihui2007.asp

④ 见全国水产原种和良种审定委员会网站:http://www.nccav.org/page/html/shenweihuishow2007.asp?btid=99

进入天然水域。该《规定》第二十条又规定，人工增殖放流的苗种应当由省级以上渔业行政主管部门指定的原良种场、增殖站和水生野生动物驯养繁殖基地提供。禁止在渤海放流杂交种、转基因种及其他非渤海原有品种。但放流经省级以上渔业行政主管部门组织生态安全评估合格、全国水产原种和良种审定委员会审定和农业部批准推广的上述品种的除外。

五、水产苗种进口、出口审批制度

水产苗种进出口贸易对于增加我国的水产种质资源、加强与其他国家的友好往来、互通有无、缓解水产苗种市场的供需矛盾、提高渔业生产效益等都有着非常积极的意义。但是，在很多情况下，水产苗种进出口贸易是将一个天然的生物物种或人工繁育的品种或育种材料从一个生态区人为地引入另一个生态区，可能会带来许多意想不到的危险。例如，鱼病的传播，引入种与本地种之间有害的基因融合、有害的竞争等。

因此，《渔业法》第十六条创设了水产苗种进出口行政许可制度，即进出口水产苗种，必须经过国务院渔业行政主管部门或者省级人民政府渔业行政主管部门的批准。水产苗种进口名录和出口名录，则由农业部会同国务院有关部门制定，定期公布，分为三类。列入进口名录Ⅰ类的水产苗种不得进口，列入出口名录Ⅰ类的水产苗种不得出口；列入名录Ⅱ类的水产苗种以及未列入名录的水产苗种的进口、出口由农业部审批，列入名录Ⅲ类的水产苗种的进口、出口由省级人民政府渔业行政主管部门审批①。

另外，进口、出口的水产苗种应当依据《进出境动植物检疫法》实施检疫，防止渔业病害传入境内和传出境外，保障水产养殖业的健康发展，保证水产品消费者的身体健康和生命安全②。对于进口检疫不合格的，作退回或者销毁处理；对于出口检疫不合格的，不准出境。

六、转基因水产苗种的安全性评价制度

转基因水产苗种，是指利用基因工程技术改变基因组构成，用于渔业生产或者水产品加工的水生动植物及其产品。转基因水产苗种具有提高抗病性能、改良品质、增加产量等优点，但是转基因的生物也可能对人体健康和生态环境带来某些意

---

① 参见：《水产苗种管理办法》第二十一条。虽然渔业法规规定了水产苗种进出口名录制度，并以此划分农业部和省级渔业行政主管部门的管辖权，但是至今没有公布该名录。这多少影响了水产苗种进出口的管理工作。

② 参见：《渔业法》第十七条、《水产苗种管理办法》第二十八条。

想不到的不利影响。转基因水产苗种的安全性评价，就是为了防范转基因水产苗种对人类、动植物、微生物和生态环境构成的危险或者潜在风险，事先对转基因水产苗种进行检测、科学评估。《渔业法》第十七条规定，对转基因水产苗种必须进行安全性评价。

根据《农业转基因生物安全管理条例》第四条和第九条规定，农业部监督管理转基因水产苗种安全性评价工作，具体的评价工作则由农业转基因生物安全委员会负责。在获得农业转基因安全证书后，才可以申请水产苗种生产许可证，并依据有关的渔业法规和《农业转基因生物安全管理条例》从事生产。经营转基因水产苗种的，应持有农业部颁发的经营许可证。凡是从境外引进或向我国出口转基因水产苗种的，引进单位或者境外公司应当向农业部提出申请，符合条件的，批准或发放农业转基因生物安全证书。引进单位或者境外公司凭相关批准证书和农业转基因生物安全证书，向口岸进出境检疫机关报检，经检疫合格后方可向海关申报有关手续。此外，转基因水产苗种依法应当有明确的标识。

第五节 水产健康养殖管理

一、养殖水产品的生产过程和渔政部门的监管职责

从生产技术角度看，水产养殖的对象生物、方式和方法是多种多样的，但是从经济学角度和行政管理的视角分析，各种各样的水产养殖活动则是一个相同的初级水产品生产过程，即主要是在渔业行政管理部门的监管之下，由养殖渔业权人投入土地、水、水产苗种、饲料和饵料、渔药、生产设施和工具等生产资料以及劳动力，最终生产出所期望的初级水产品过程，见图5－1。

如图5－1所示，各种各样的水产养殖活动可简化相同的初级水产品生产过程，分为产前、产中、产后三个阶段[①]。渔政部门对水产养殖生产活动的行政管理主要包括四个方面，一是规划水产养殖用地和水源，确保这些资源符合养殖生产的环境要求，依法核发养殖证或管理渔业承包合同，确认合法水产养殖者的养殖渔业权。二是对养殖生产过程进行监视、检查和指导，确保养殖生产用水符合水产养殖用水质量标准、使用的水产苗种、饲料和饵料及渔药等投入品符合有关标准，组织水生动植物防疫工作，防治渔业病害，要求生产者按照养殖生产规范进行生产，并依法记录、保存、提供和披露相关的养殖生产信息。三是鼓励、促进清洁生产，尽量

① 刘新山，高媛媛，李响："论养殖水产品质量安全行政监管问题"，载《宁波大学学报》（人文科学版），2009年第1期。

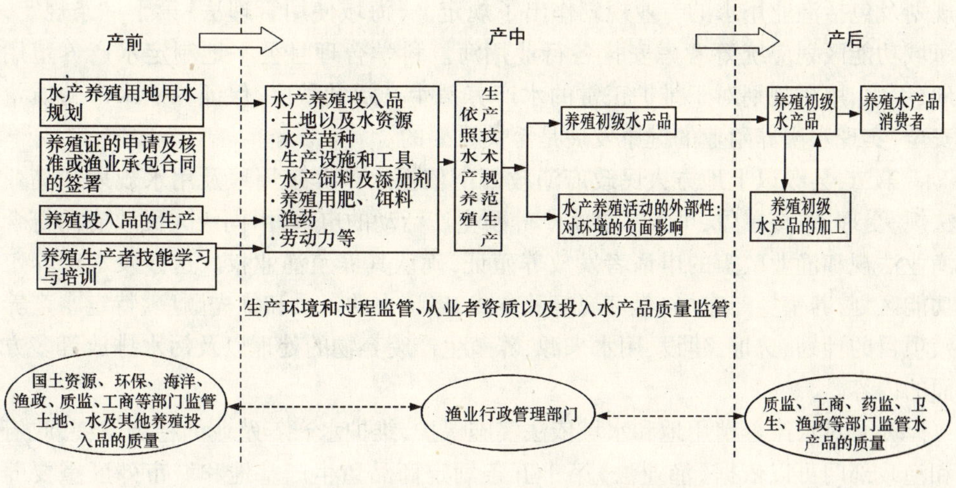

图5－1　养殖水产品的生产过程和行政监管

减轻养殖生产对水环境的负面影响，对养殖水体环境进行监视、监测，确保渔业水体不因养殖活动而受到污染。四是对养殖的初级水产品质量负有检测责任，组织指导对养殖水产品的质量认证工作，确保进入消费市场和加工领域的养殖水产品符合国家标准、行业标准。

事实上，在现行的环境保护和食品质量行政管理体制下，渔政部门与环境保护、海洋、海事、质量监督、工商、卫生、食品药品监督等部门有着十分密切的工作联系，共同承担着确保养殖水产品质量安全的法定职责。

此外，渔业行政管理部门还有义务保护养殖生产者的合法权益，依法调查处理侵害养殖生产者权益的违法案件，调解涉及水产养殖活动的民事纠纷。《渔业法》第三十九条规定，对偷捕、抢夺他人养殖的水产品或破坏他人养殖水体、养殖设施的行为人，渔业行政管理部门有权处以二万元以下罚款。

二、水产养殖用地和用水监管

水产养殖用地和用水监管主要包括三方面的内容。

第一，在各级政府的领导下，在国土资源、水利、海洋、环境保护、农业等部门的密切协作下，各级渔政部门应制定、实施水产养殖用地和用水规划，实现自然资源的合理利用、综合利用。现行的许多法律法规对此都作了明确的规定。例如，《渔业法》第十条、第十一条规定，国家鼓励全民所有制单位、集体所有制单位和个人充分利用适于养殖的水域、滩涂，发展养殖业。国家对水域利用进行统一规划，确定可以用于养殖业的水域和滩涂。《水法》第十四条至第十九条对水资源利用综合规划及包括渔业用水的专业规划作出了规定。《海域使用管理法》第十一条规定，海域功能区划应统筹考虑安排各行业用海。科学合理且公平地制定水产养殖用地、用水、用海规划对于维护正常的水产养殖生产活动秩序，保证养殖水产的质量安全，实现水产养殖业的健康发展是至关重要的。

第二，县级以上地方人民政府渔政部门依据水产养殖用地及用水规划和渔业法规，受理、审核单位、个人从事水产养殖生产活动的申请，由同级人民政府向符合渔业法规和渔业政策的申请者发放养殖证，确认其养殖渔业权。这涉及水产养殖功能区划，养殖生产布局，养殖规模及方式，申请人的资质和优先顺序、特定水产养殖项目的计划、选址、建设、用水来源、养殖生产废弃物的处理以及污水排放等多方面的内容。

为了对水产养殖用地和水域依法实施保护，维护水产养殖业的稳定发展，政府和渔政部门可以依据《渔业法》第十五条划定商品鱼生产基地和城市郊区重要养殖水域，采取特别措施予以保护。对于国家建设需要占用、征用商品鱼生产基地和城市郊区重要养殖水域的，可参照《土地管理法》、《基本农田保护条例》和《耕地占用税暂行条例》等法律法规的规定，办理农用地转用的审批手续和征收农民集体土地的审批手续，缴纳各种税费，用于渔业建设，并根据《物权法》的相关规定，给予水产养殖生产者和农民集体合理的经济补偿。事实上，《渔业法》第三十四条、《农业法》第六十二条、《水法》第四十条、《海域使用管理法》第四条等对围湖造田、侵占江河滩地、填海造地、围垦滩涂等都作出了禁止性或者限制性规定。

第三，在水产养殖生产过程中，渔政部门对水产养殖场所依法承担着监督、检查及指导的职责，以确保水产养殖用地和用水质量符合国家规定。根据《农产品质量安全法》第十五条、第十七条以及《水产养殖质量安全管理规定》第五条、第六条，渔政部门有权禁止在不符合规定的场所从事水产养殖生产活动。水产养殖者应当定期监测养殖用水水质，填写《水产养殖生产记录》，以确保养殖用水符合《无公害食品 淡水养殖用水水质》(NY5051－2001)或《无公害食品 海水养殖用水水质》(NY5052－2001)、《渔业水质标准》(GB11607－89)以及《地表水环境质量标准》(GB3838－2002)和《海水水质标准》(GB3097－1997)中有关渔业用水的规定。

对于直接或间接地向水产养殖场所排放或倾倒废水、废气、废弃物或者其他有毒有害物质的任何单位或个人，养殖渔业权人都有权要求其停止侵害，并有权向渔政部门举报，请求行政救济。渔政部门依法有权对污染者进行渔业行政处罚，以维护养殖水产品的质量安全。若污染给养殖渔业权人造成了损失，污染者应依法承担赔偿责任，渔政部门对由此引起的渔业经济纠纷有义务依法进行调解或作出行政裁决。若渔政部门认为污染行为构成了犯罪，则应移交司法机关处理。

三、水产养殖饲料和饲料添加剂及饵料监管

水产养殖用饲料、饲料添加剂和饵料等是水产养殖活动的重要投入品，其质量的优劣不但直接关系到了养殖生产的经济效益，而且关系到了养殖水产品的质量安全，关系到了水产品消费者的身体健康。

根据《饲料和饲料添加剂管理条例》第二条，饲料是指经工业化加工、制作的供动物食用的饲料，包括单一饲料、添加剂预混合饲料、浓缩饲料、配合饲料和精料补充料。饲料添加剂，是指在饲料加工、制作、使用过程中添加的少量或者微量物质，包括营养性饲料添加剂和一般饲料添加剂，其品种目录由农业部制定，并公布①。按照《饲料工业通用术语》(GB10647－89)的解释，单一饲料是指以一种动物、植物、微生物或矿物质为来源的饲料；添加剂预混合饲料，由一种或多种饲料添加剂与载体或稀释剂按一定比例配制的均匀混合物；浓缩饲料，是指由蛋白质饲料、矿物质饲料、微量元素、维生素和非营养性添加剂等按一定比例配制的均匀混合物；配合饲料，是指根据饲养动物营养需要，将多种饲料原料按饲料配方经工业生产的饲料；精料补充料，是指为补充以粗饲料、青饲料、青贮饲料为基础的草食饲养动物的营养，而用多种饲料原料按一定比例配制的饲料。

为了保证饲料和饲料添加剂的产品质量，《饲料和饲料添加剂管理条例》规定了多项监管制度。主要包括(1)新饲料、新饲料添加剂审定公布制度；(2)饲料、饲料添加剂首次进口登记制度；(3)设立饲料、饲料添加剂生产企业事先审查制度；(4)饲料添加剂、添加剂预混合饲料生产许可证制度；(5)饲料添加剂、添加剂预混合饲料产品批准文号制度；(6)饲料和饲料添加剂生产记录和产品留样观察制度；(7)饲料、饲料添加剂产品质量标准和检验合格证制度；(8)饲料和饲料添加剂产品包装和标签制度；(9)饲料和饲料添加剂产品质量监督抽查制度以及(10)饲料和饲料添加剂经营、使用管理制度等。

除了经过工业化加工、制作的饲料和饲料添加剂外，青饲料(饲食植物)、生物饵料也是水产动物的重要食物②。此外，一些水产养殖生产活动(如海藻栽培)还需要施用各种肥料，以保证栽培的水产植物、饲食植物、饵料生物和水产动物等健康生长。

水产饲料、饲料添加剂、青饲料、生物饵料以及肥料等都是水产养殖生产的重要投入品，其质量和投喂、施用的方式方法，对水产养殖业的经济效益、养殖水产品的质量和消费者健康有着直接的影响。为了保证这些水产养殖投入品符合有关的

---

① 《饲料添加剂品种目录(2006)》，农业部公告第658号，2006年5月31日公布。

② 王道尊，等：《渔用饲料实用手册》，上海科学技术出版社2004年版，第229－327页。

水产标准或者养殖技术规范，保证水产养殖初级水产品的质量安全，防止污染环境，水产养殖者应依法填写《水产养殖生产记录》，记载养殖品种、苗种来源及生长情况、饲料来源及投喂情况、水质情况、养殖病害情况等，并保存记录至该批水产品销售后至少两年①。渔政部门依法有权禁止水产养殖生产者使用不符合标准或养殖生产要求的水产养殖投入品，并有权要求其依据相关水产养殖技术规范使用。

四、水产养殖用药与兽医管理制度

水产养殖用药，亦称渔药，是指用以预防、控制和治疗水产动植物的病、虫、害，促进养殖品种健康生长，增强机体抗病能力以及改善养殖水体质量所使用的一切物质②。渔药是水产养殖生产的重要投入品，主要包括消毒剂、抗微生物药、驱虫杀虫药、环境改良剂、催产类渔药、疫苗以及中草药制剂等。水产行业标准《无公害食品 渔用药物使用准则》（NY5071－2001）的三个附录列举了 8 种常用的外用渔药及使用方法、11 种常用的内服渔药及使用方法、8 种常用渔药的休药期和 7 种禁用的渔药。2002 年 3 月 5 日，农业部又发布了《食品动物禁用的兽药及其他化合物清单》（农牧发〔2002〕1 号），包括 9 种主要用于水产动物的渔药。

一般讲，绝大多数的渔药属于兽药，其生产、经营等活动主要由兽医行政主管部门管理。根据《兽药管理条例》第七十二条，兽药是指用于预防、治疗、诊断动物疾病或者有目的地调节动物生理机能的物质（含药物饲料添加剂），主要包括血清制品、疫苗、诊断制品、微生态制品、中药材、中成药、化学药品、抗生素、生化药品、放射性药品及外用杀虫剂、消毒剂等。为了保证兽药的质量，防治畜禽、水产等动物疾病，促进养殖业的健康发展，维护人体健康，《兽药管理条例》规定了多项制度。主要包括处方药和非处方药分类管理制度；兽药储备制度；新兽药评审注册制度；兽药产品批准文号制度；兽药生产许可证制度；兽药生产记录制度；兽药产品质量合格证制度；兽用标识和标签及说明书制度；用药记录制度；休药期制度；新兽药监测期和不良反应报告制度；兽药经营许可证制度；兽药经营购销记录制度；兽药首次进口评审、注册制度以及兽药国家标准制度等。

为保证养殖水产品的质量，维护水产品消费者的身体健康，防止渔业水体污染，实现水产养殖业的健康发展，水产养殖生产者应当依据兽药标签或说明书、《无公害食品 渔用药物使用准则》（NY5071－2001）以及相关养殖技术规范科学合理

---

① 参见：《渔业法》第十九条、第二十条；《农产品质量安全法》第二十条、第二十一条、第二十二条、第二十四条；《水产养殖质量安全管理规定》第十条、第十二条。

② 参见：《无公害食品 渔用药物使用准则》（NY 5071－2001）。

地使用渔药，特别是遵守有关休药期(即最后停止给药日至水产品作为食品上市出售的最短时间[①])的规定，不使用国家明令禁止使用的兽药，填写《水产养殖用药记录》，记载用药时间、渔药名称、用量和浓度、养殖病害情况、主要症状、处方和处方人、施药人等，并保存记录至该批水产品全部销售后至少2年[②]。根据《渔业法》、《兽药管理条例》[③]、《水产养殖质量安全管理规定》、《农产品质量安全法》和《农业技术推广法》等法律法规的相关规定，渔政部门一方面对水产养殖生产技术、病害防治工作等负有行政指导和技术推广的职责，另一方面对违法使用渔药的养殖生产者有权予以行政处罚。

为了完善动物防疫体系，提高动物疫病的预防和控制能力，我国于2005年对兽医管理体制进行了改革，根据《国务院关于推进兽医体制改革的若干意见》(国发〔2005〕15号)和《动物防疫法》，建立了官方兽医和执业兽医相分离的管理制度，并对动物诊疗机构的设立、经营活动进行了规范。官方兽医，是指具备规定的资格条件并经兽医主管部门任命的，负责出具检疫等证明的国家兽医工作人员；执业兽医，是指从事动物诊疗和动物保健等经营活动的兽医。

只有通过农业部组织的全国统一的执业兽医资格考试，获得农业部颁发的兽医资格证书，并经县级人民政府兽医主管部门注册的兽医师才可以从事动物诊疗活动。执业兽医分为执业兽医师和执业助理兽医师，执业兽医师可以诊断、治疗、开具处方、填写诊断书，执业助理兽医师可以在执业兽医师指导下协助开展兽医执业活动，但不得开具处方、填写诊断书。专门从事水生动物疫病诊疗的执业兽医师和执业助理兽医师，不得从事其他动物疫病诊疗。

从事动物诊疗活动的机构，必须具备法律规定的条件，并依法向县级以上地方人民政府兽医主管部门申请动物诊疗许可证。

五、水生动物防疫与水产品质量检测

作为动物防疫体系的有机组成部分，水生动物防疫工作对于水产养殖业的健康发展和保障消费者的健康是至关重要的。

由于不同的动物疫病(即动物传染病和寄生虫病)对养殖业生产和人体健康的危害程度不同，《动物防疫法》将动物疫病划分为三类，并规定了不同的防疫措施，具体名录由农业部制定并公布。其中，一类疫病是指对人与动物危害严重，需

① 参见：《无公害食品 渔用药物使用准则》(NY 5071－2001)。

② 参见：《渔业法》第二十条；《农产品质量安全法》第二十四条、第二十五条；《水产养殖质量安全管理规定》第十六条至第十八条；《兽药管理条例》第三十八条、第三十九条。

③ 《兽药管理条例》第七十四条规定，水产养殖中的兽药使用、兽药残留检测和监督管理以及水产养殖过程中违法用药的行政处罚，由县级以上人民政府渔业主管部门及其所属的渔政监督管理机构负责。

要采取紧急、严厉的强制预防、控制、扑灭等措施的；二类疫病，是指可能造成重大经济损失，需要采取严格控制、扑灭等措施，防止扩散的；三类疫病是指常见多发、可能造成重大经济损失，需要控制和净化的①。2008 年 12 月，农业部公告了《一、二、三类动物疫病病种名录》，涉及水生动物的一类疫病 1 种，二类疫病 17 种，三类疫病 17 种。

根据《动物防疫法》以及农业部畜牧兽医局和渔业局联合发布的《关于进一步加强渔药管理和水生动物防疫工作的通知》（农牧药发〔2000〕26 号），各级渔业行政主管部门和水生动物防疫机构应在兽医行政主管部门以及动物卫生监督机构的指导下，组织实施水生动物防疫检验工作，在水生动物防疫检疫环节履行《动物防疫法》规定的职责。

根据《渔业法》、《农产品质量安全法》、《兽药管理条例》和《水产养殖质量安全管理规定》等法律法规的有关规定以及国务院和农业部规定的食品质量安全监管工作体制②，渔政部门对流向水产品加工厂和直接进入水产品消费市场的养殖水产品质量负有监督检测的职责，特别是对违禁药物和渔药残留量的监督检测。

为此，渔政部门应依照有关法律、法规的规定与有关部门协作制定水产品质量安全标准，制定养殖水产品药物残留监控计划，组织水产品质量检测机构和水产养殖单位及个人对养殖水产品质量实施抽样检测，并指导、监督水产品生产、经营单位建立可以追溯的水产品质量安全系统，以保证养殖水产品符合水产行业标准《无公害食品 水产品中渔药残留限量》（NY 5070－2001）以及其他食品安全标准，维护水产品生产者、销售者的权益，保证水产品消费者的健康，实现渔业的稳定健康发展。水产养殖单位和个人应当接受渔业行政主管部门组织的养殖水产品药物残留抽样检测，或者委托有资质检测机构对其养殖的水产质量安全状况进行检测。根据相关法律法规的规定，渔政部门有权禁止生产、销售不符合产品质量标准的水产品。

六、养殖水产品的质量安全与认证

养殖水产品是一类营养价值相对较高的农产品。根据《农产品质量安全法》第二条，农产品是指来源于农业的初级产品，即农业活动中获得的植物、动物、微生物及其产品；农产品质量安全是指农产品质量符合保障人的健康、安全的要求。由此，养殖水产品主要是指通过水产养殖活动而获得的、供人食用的水产植物、动物

① 参见：《动物防疫法》第四条。

② 参见：《国务院关于进一步加强食品安全工作的决定》（国发〔2004〕23 号）、《关于进一步加强渔用药管理工作的通知》（农牧发〔1996〕2 号）和《关于进一步加强渔药管理和水生动物防疫工作的通知》（农牧药发〔2000〕26 号）。

以及经过初级加工的水产动物、植物产品；质量安全，则意味着养殖水产品的质量符合保障食用者的健康、安全的要求。

为了解决农产品生产面临的日益严重的污染问题，促进安全食品生产事业，保障消费者的健康，增强农产品的竞争力等目的，农业部门和质检部门及环保部门协作推动了农产品质量认证活动，主要包括农产品产地环境质量认定、农产品生产操作技术认证和农产品质量认证三个方面。由此，经过有权机构认证的养殖水产品可以使用无公害食品标志、绿色食品标志或有机食品标志，进入市场，以便更好地满足各阶层消费者的需求。

养殖生产无公害水产品，首先应科学合理地选择养殖场所，并经过权威机构认定符合《农产品安全质量 无公害水产品产地环境要求》(GB/T18407.4 -2001)。其次，养殖生产的所有投入品都应符合相关标准或规范的要求，并按照无公害水产品的生产技术操作规范进行生产，记录保存相关的生产作业信息。最后，养殖的初级水产品应经过权威机构检测合格。截止到2007年7月，农业部已经发布了无公害养殖水产品质量行业标准30多项①，并公布了主要养殖品种的养殖技术规范。

绿色食品，是指遵循可持续发展原则，按照特定的方式生产，经专门机构认定，许可使用绿色食品标志的无污染的安全、优质、营养类食品。它是我国自20世纪90年代初逐步建立起来的食品质量安全控制体系②，养殖生产场所必须符合《绿色食品 产地环境质量标准》(NY/T391 -2000)，养殖生产过程应遵循绿色水产品的生产技术规范，而产品质量则分为A级和AA级。A级的标准是参照发达国家食品卫生标准和联合国食品法典委员会(CAC)的标准制定的，AA级的标准是根据国际有机农业运动联合会(IFOAM, International Federation of Organic Agriculture Movements)有机产品的基本原则，参照有关国家有机食品认证机构的标准，再结合我国的实际情况而制定的。AA级绿色食品的生产要求严于A级绿色食品，已接近了有机食品的标准。

有机食品，是根据有机食品种植标准和生产加工技术规范而生产的、经过有机食品颁证组织认证并颁发证书的一切食品和农产品，是在国际有机农业运动联合会的推动下发展起来的食品质量安全控制体系③，但是各国制定的有机食品标准不同。在我国，有机水产品的生产应符合国家标准《有机产品 GB/T 19630.1~19630.4—2005》中与水产品相关的要求。例如，养殖有机水产品投喂的饵料必须是有机的、野生的或认证机构许可的。常规养殖过渡到有机养殖至少需要经过12个月的转换期。

---

① 参见：《无公害农产品(渔业产品)检测项目确定原则》(农质安发〔2007〕6号)。

② 刘连馥：《绿色食品导论》，企业管理出版社1998年版，第23页、第45-53页。

③ 谢碧霞，杜红岩：《绿色食品开发利用》，中国中医药出版社2003年版，第73页。

无公害水产品、绿色水产品、有机水产品都是安全的水产品，但是认证的方法、依据的标准及收费规定不同。另外，绿色水产品的标识是全国统一的，并且只有中国绿色食品发展中心才享有最终审批权，而无公害水产品、有机水产品的标识则因认证机构的不同而不同。目前，这三类水产品质量认证措施都是非强制性的，是依生产者的申请而实施的。

七、防治水产养殖污染

在水体流动性比较差、水体自净能力比较差的水域从事水产养殖活动，水养殖活动自身会造成渔业环境质量下降，妨碍渔业生物健康生长的污染问题。水产养殖生产投入的饲料、饵料、肥料、渔药等，水产动物的排泄物，死亡渔业生物的尸体，用于养殖场所消毒的生石灰、熟石灰、漂白粉等，若数量过多而沉积在养殖区底泥中，就有可能造成局部渔业环境质量恶化，危害养殖生物的健康，影响水产品消费者的身体健康。另外，水产养殖场排放的废水，也可能污染养殖场所外部的水环境。

为此，渔业法规和有关的环保法规都作出了明确规定，以防止水产养殖活动造成水环境污染。例如，《渔业法》第二十条规定，从事养殖生产应当保护水域生态环境，科学确定养殖密度，合理投饵、施肥、使用药物，不得造成水域的环境污染①。《海洋环境保护法》第二十八条规定，国家鼓励发展生态渔业建设，推广多种生态渔业生产方式，改善海洋生态状况。新建、改建、扩建海水养殖场，应当进行环境影响评价。海水养殖应当科学确定养殖密度，并应当合理投饵、施肥，正确使用药物，防止造成海洋环境的污染。

为防止水产养殖活动造成水体污染，影响养殖水产品的质量和水环境质量，渔政部门一方面应依法对水产养殖生产者遵守相关养殖技术规范、监测养殖场所水质的情况进行指导、监督和管理，另一方面则应依法对各级渔业环境监测机构进行监督、协调和管理，组织制定严密的渔业环境监测计划，实时监视包括水产养殖场在内的所有渔业水域的环境质量状况，并与其他环境保护部门协作，保证各类水体的正常使用功能。

① 参见：2008 年 2 月修订的《水污染防治法》第五十条，基本上重述了同样的规定。

第六章　水产捕捞业行政管理

第一节　水产捕捞业概述

一、水产捕捞业的概念和特点

水产捕捞业，主要是指人们利用渔业船舶和渔具等生产工具采集、捕获、捕捉野生水生植物和动物资源，从而获得初级水产品的生产事业。水产捕捞业历史悠久，虽与水产养殖业、种植业、林果业、花卉栽培业、牧业、畜禽养殖业等构成了所谓的大农业，但是在许多方面不同于以种植业为代表的其他农业产业，有许多自己的特点。

第一，从捕捞生产的活动范围看，捕捞作业渔场可以是享有完整主权的我国内陆水域、内海和领海，也可以是只享有主权权利的我国专属经济区和大陆架以及没有管辖权的公海以及他国管辖水域。这意味着捕捞业常常是维护国家海洋权益的先锋产业，意味着复杂的渔业生产环境和渔业行政执法环境，意味着渔业生产者在追求渔业生产效益的同时，还承担着维护国家海防安全的重要职责。事实上，在享有完整主权的我国内陆水域、内海和领海，捕捞渔场也时常涉及各级行政区域的边界水域。这些无疑增加了渔政管理的难度和不确定因素，增加了行政管理的成本。

第二，由于捕捞生产的场所主要是海洋及内陆水域，气候环境多变，后勤及通讯保障成本高，生产安全风险一般讲远高于基于陆地的其他农业产业。因此，渔政部门一方面应依法对渔业船舶、渔具等捕捞作业工具的安全质量进行严格的监督检查，另一方面也应依法对捕捞业从业人员的资格实施严格的监督管理，以期降低生产安全风险，维护捕捞生产者的生命和财产安全。

第三，捕捞业的存在和发展是以野生渔业生物资源量的相对稳定为前提的，而渔业生物资源的繁衍生长、资源量的稳定除了受气候和自然环境变化影响外，还与人类的捕捞活动、向水体中的排污活动有着极为密切的关系。捕捞过度、排放的污染物超过水体自净能力都会导致水生生物资源量的急剧减少，捕捞生产无法维持，渔业崩溃，资源长期无法得到恢复。相反，由于渔业生物资源的可再生性，若开发管理得当，则可以实现可持续利用。

第四，狩猎和捕捞是人类利用陆生、水生野生动植物资源生产食物的两类古老活动，有许多相似的特点。然而，今天狩猎的民生理由已基本消失，对于陆生野生动植物主要是保护问题，而捕捞业则不同，至今我国还有数以百万计的人口以捕鱼为生，发展与保护、长期利益与短期利益、局部利益与全局利益之间的紧张关系在渔业行政管理领域里表现得尤为突出。

第五，水产捕捞业是一个历史悠久的产业，捕捞生产者的规模、技术等差异很大，既有以单个渔民家庭为基础的生产单元，也有联户、农民集体经济组织、规模不等的公司化企业。因此，有关捕捞业行政管理的法规、政策、措施宜多样化，以适合捕捞技术不同、规模不同的捕捞生产者。

第六，捕捞生产和其他农业产业都有较强的季节性，但是捕捞作业的对象主要是在"同一池塘"内能够自由游动的鱼类，渔民彼此间竞争激烈，捕捞生产的经济负外部性非常明显。

第七，从经济学视角看，从事捕捞生产活动的投入一般讲远大于以种植业为代表的其他农业产业，并且渔船、渔具等生产工具，甚至渔业劳动力，相对讲也很难转产到其他行业。这意味着从事捕捞业的投资风险很大，稳健发展通常需要金融、保险等行业的大力支持。

第八，水产捕捞业的兴衰往往关系到一个产业链的兴衰。这包括渔业船舶制造及修理行业、渔港码头建设及服务行业、渔具制造及修理行业、水产品存储运输及加工和销售行业、餐饮服务业等。因此，捕捞业的健康发展对于渔区的经济繁荣有着直接的影响。

总之，水产捕捞业虽然是农业的组成部分，但是有许多自身的特点。这些特点影响着捕捞业行政管理制度、政策及措施的设计、执行方式和效果评价。

二、水产捕捞业的分类

在捕捞业漫长的发展历史里，人类发明创造了许多类型的捕捞渔船、捕捞渔具和捕捞方法，主要的捕捞对象也发生着变化。根据不同的分类标准，对捕捞活动进行分类有助于人们了解把握各类捕捞生产活动的技术特征，有助于针对不同类别的捕捞渔业制定不同的管理制度、措施和政策，依法有效地对捕捞业实施管理。

第一，根据捕捞的主要对象分类。例如，虾渔业、海蜇渔业、金枪鱼渔业、鱿鱼渔业、带鱼渔业等。

第二，根据捕捞渔船的特点、规格分类。例如，依据船体的材质可分为钢质渔船渔业、木质渔船渔业及玻璃钢渔船渔业；依据渔船动力来源可分为机动渔船渔业、帆船渔业、机帆船渔业；依据渔船的规格可分为小型渔船渔业、中型渔船渔业和大型渔船渔业。

第三，根据捕捞作业渔场分类。例如，淡水渔业、水库渔业、长江渔业、渤海渔业、近海渔业、外海渔业、远洋渔业、公海渔业等。不同的作业渔场往往决定了不同的渔政管理制度、措施和政策，往往也是划分各渔政部门管辖权的依据。

第四，根据捕捞渔具渔法分类。例如，拖网渔业、围网渔业、定置渔业、钓渔业等。根据推荐性国家标准《渔具分类、命名及代号 GB/T5147－2003》，我国渔具的分类依据是捕捞原理、结构特征和作业方式，对应类、型、式三级。由此，我国有刺网、围网、拖网、地拉网、张网、敷网、抄网、掩罩、陷阱、钓具、耙刺和笼壶十二类渔具，每一类渔具又被分为若干型、若干式。

此外，为了使人们更清楚地了解捕捞业的生产特点，常常同时采用几种分类标准。例如，远洋鱿鱼钓渔业、远洋金枪鱼延绳钓渔业、远洋金枪鱼围网渔业、远洋竹荚鱼大型单拖网渔业等。

第二节　渔业捕捞许可制度

捕捞许可制度是捕捞业行政管理的根本制度，是政府和渔政部门调控渔业经济发展、建立和维护渔业生产秩序、保护渔业生物资源和环境的主要工具，也是从事捕捞生产的单位、渔民家庭、个人维护其合法权益的有力武器。

一、渔业捕捞许可证的概念和由来

《渔业法》第二十三条第 1 款规定，国家对捕捞业实行捕捞许可证制度。所谓捕捞许可证，是指欲从事水产捕捞活动的个人或单位依法向县级以上人民政府渔业行政主管部门或其所属机构提出申请，经批准后，由渔业行政主管部门或其所属机构核发的允许其从事水产捕捞生产的法律证明文件。在渔政管理实践中，渔政部门通常为船东的每一艘渔船核发一本渔业捕捞许可证。

新中国最早明确提出捕捞许可制度的法律文件是国务院于 1979 年 2 月 10 日发布的《水产资源繁殖保护条例》[①]，同年 12 月 18 日原国家水产总局发布了《渔业许可证若干问题的暂行规定》，正式实施了捕捞许可制度。该《规定》第一项规定，

---

① 该《条例》第十七条规定，“各级水产行政管理部门及渔政管理机构，应切实加强对水产资源的繁殖保护工作的管理，建立渔业许可制度，核定渔船，渔具数量及作业类型进行渔船登记，加强监督检查，保证对水产资源的合理利用。”另外，在建国初期，我国曾颁布了一些有关渔业权登记的规定。主要有 1950 年东北区人民政府制定的《东北渔业暂行条例》和《渔业登记细则》、1950 年华东军政委员会水产管理局颁布的《华东区机船底曳网渔业作业试行规则》、1951 年华东水产管理局颁布的《华东区渔业权登记规则（草案）补充规定》、1951 年政务院颁布的《中南区渔业暂行条例》、《中南区渔业权登记暂行规则》和《中南区定置渔业管理暂行规则》等。之后，随着社会主义改造运动的进行，我国渔业进入了政企不分的渔业合作化时期，直到 20 世纪 70 年代末。

“凡从事渔业(暂不包括养殖业)的单位,必须向渔政管理部门提出申请,经审查批准取得渔业许可证后,方准进行生产。”但是,应当注意我国此前处于严格的计划经济时期,捕捞、养殖生产的计划、组织和管理以及水产品购销等基本上是以政企不分的“国营渔业公司、人民公社、大队、生产队、供销合作社”为基础的,有着严格的水产捕捞活动计划和管理制度以及水产资源保护制度,不是自由捕捞,自由从事渔业生产。一些管理措施,甚至比现行的措施还严厉。例如,20 世纪六七十年代对敲舶作业的严厉取缔①。

1982—1986 年间,中共中央和国务院以每年发布 1 号文件的方式在全国全面推进以家庭承包为主要特征的农业改革,取得了巨大成功。对于水产业的改革和发展,中共中央和国务院也专门下发了一系列的文件。例如,1981 年 5 月,国务院批转了国家水产总局《关于当前水产工作若干问题的请示报告》;1982 年 10 月,中共中央、国务院批转了农牧渔业部《关于加速发展淡水渔业的报告》;1983 年 9 月,批转了农牧渔业部《关于发展海洋渔业若干问题的报告》;1985 年 3 月,中共中央、国务院发布了《关于放宽政策、加快发展水产业的指示》(中发〔1985〕5 号)。推动农业改革的五个 1 号文件以及这些专门针对水产业的文件极大地促进了水产业的快速发展,促进了渔业立法工作,促进了渔业管理的法制化进程。1986 年 1 月 20 日,第六届全国人大常委会第十四次会议通过了《渔业法》,全文计六章,35 条,于 1986 年 7 月 1 日实施。该法第十六条规定,“从事内水、近海捕捞业,必须向渔业行政主管部门申请领取捕捞许可证。”

1987 年 10 月 20 日,经国务院批准,农牧渔业部发布了《渔业法实施细则》,第十五条规定,“国家对捕捞业,实行捕捞许可证制度。”1989 年 4 月 13 日,农业部根据《渔业法》和《渔业法实施细则》发布了《渔业捕捞许可证管理办法》,并废止了原国家水产总局 1979 年发布的《渔业许可证若干问题的暂行规定》。由于第八届全国人大 1996 年 3 月通过了《行政处罚法》,农业部又于 1997 年 12 月对《渔业捕捞许可证管理办法》进行了修订。

2000 年 10 月 31 日,第九届全国人大常委会第十八次会议通过了《渔业法》修正案。修正后的《渔业法》第二十三条第 1 款单独规定了捕捞许可证制度,进一步凸显了捕捞许可证制度在捕捞业行政管理中的重要地位,并且考虑我国已经批准《联合国海洋法公约》、与海洋邻国签署渔业协定等新情况②,对公海渔业也实施了

① 张立修,毕定邦:《浙江当代渔业史》,浙江科学技术出版社 1990 年版,第 115 – 119 页。

② 1996 年 5 月 15 日,全国人大常委会批准了我国于 1982 年 12 月 10 日签署的《联合国海洋法公约》,1996 年 7 月 7 日《公约》对我国生效。1997 年 11 月 11 日《中日渔业协定》签署,2000 年 6 月 1 日生效。2000 年 8 月 3 日《中韩渔业协定》签署,2001 年 6 月 30 日生效。2000 年 12 月 25 日《中越北部湾渔业合作协定》签署,2004 年 6 月 30 日生效。

捕捞许可证制度，对在我国与海洋邻国共同管理区作业的渔船则实施了专项捕捞许可制度。根据修正后的《渔业法》，农业部于2002年8月23日发布了《渔业捕捞许可管理规定》，取代了1989年制定的《渔业捕捞许可证管理办法》。鉴于第十届全国人大常委会于2003年8月通过了《行政许可法》，农业部又于2004年7月对《渔业捕捞许可管理规定》进行了较大的修订。

此外，享有地方立法权的一些地方立法机关、地方政府也根据《渔业法》、《渔业法实施细则》等法律法规，并参照农业部制定的《渔业捕捞许可管理规定》，发布了有关捕捞许可制度的地方性法规、地方政府规章。

二、渔业捕捞许可证的管理

（一）渔业捕捞许可证的分类

根据《渔业捕捞许可管理规定》第十七条，渔业捕捞许可证有七类[①]：

（1）海洋渔业捕捞许可证，适用于许可在我国管辖海域的捕捞作业；

（2）公海渔业捕捞许可证，适用于许可我国渔船在公海的捕捞作业；

（3）内陆渔业捕捞许可证，适用于许可在内陆水域的捕捞作业；

（4）专项（特许）渔业捕捞许可证，需要和海洋渔业捕捞许可证或内陆渔业捕捞许可证同时使用，适用于许可在特定水域、特定时间或对特定品种的捕捞作业，包括在B类渔区的捕捞作业；

（5）临时渔业捕捞许可证，适用于许可临时从事捕捞作业和非专业渔船从事捕捞作业；

（6）外国渔船捕捞许可证，适用于许可外国船舶、外国人在我国管辖水域的捕捞作业；

（7）捕捞辅助船许可证，适用于许可为渔业捕捞生产提供服务的渔业捕捞辅助船，从事捕捞辅助活动。

（二）渔业捕捞许可证的主要内容

根据《渔业法实施细则》第十五条、《渔业捕捞许可管理规定》第四十一条，渔业捕捞许可证的样式、内容等由农业部规定，并统一印制。主要内容包括：许可证编号；渔业船舶基本信息；作业类型、作业方式、作业时限、作业场所和捕捞品种；持证人名称和地址；签发人的签名和发证机关印章；渔船主机功率凭证；渔业资源增

---

① 另外，《渔业捕捞许可管理规定》第二十条还规定了在相邻交界水域作业的渔业捕捞许可证，由交界水域有关的县级以上地方人民政府渔业行政主管部门协商发放，或由其共同的上级渔业行政主管部门审批发放。

殖保护费缴纳记录;年度审验登记;违规记录等。

根据《渔业捕捞许可管理规定》第三十二条,海洋渔业捕捞许可证和内陆渔业捕捞许可证的使用期限为五年。其他种类渔业捕捞许可证的使用期限根据实际需要确定,但最长不超过三年。

(三)渔业捕捞许可证的申请和发放

统一领导、分级管理是指导渔业捕捞许可证申请、发放工作的基本方针。根据《渔业捕捞许可规定》第五条,农业部主管全国渔业捕捞许可管理工作,中华人民共和国渔政局(即农业部渔业局)具体组织在全国贯彻实施,农业部的三个海区渔政局负责各自海区的捕捞许可管理的组织和实施工作,县级以上地方人民政府渔业行政主管部门及其所属的渔政管理机构负责本行政区域内的捕捞许可管理的组织和实施工作。

渔业捕捞许可证的审批、发放权限主要是依据捕捞渔船的规格和作业水域划分的。根据《渔业捕捞许可规定》第十九至第二十一条,农业部负责核发下列渔业捕捞许可证,即(1)到公海作业的;(2)到我国与有关国家缔结的协定确定的共同管理渔区、南沙海域、黄岩岛海域作业的;(3)主机功率大于等于441千瓦(600马力)的海洋大型拖网、围网渔船;(4)跨海区界线作业的;(5)到特定渔业资源渔场、水产种质资源保护区作业的;(6)因养殖或者其他特殊需要,捕捞农业部规定的有重要经济价值的苗种或者禁捕的怀卵亲体的;(7)因教学、科研等特殊需要,在农业部规定的禁渔区、禁渔期从事捕捞作业的。其他的渔业捕捞许可证,则由县级以上地方人民政府渔业行政主管部门审批发放,具体办法由省、自治区、直辖市人民政府规定,送农业部备案。在相邻交界水域作业的渔业捕捞许可证,由交界水域有关的县级以上地方人民政府渔业行政主管部门协商发放,或由其共同的上级渔业行政主管部门审批发放。

一般讲,申请人申请渔业捕捞许可证需要符合三个条件,即拥有合格的捕捞渔船、有符合资质的从业人员和船网工具控制指标①。而是否可以获得船网工具指标,从根本上讲取决于申请人是否在历史上曾经从事了捕捞活动,尽管政府和渔政部门可以根据渔业经济发展状况和面临的形势通过行政命令及财政手段核减或增加船网工具指标,调控渔业经济发展。可见,渔政部门审批、核发渔业捕捞许可证的行为,一方面具有确认申请人是否享有历史性捕捞渔业权的属性,另一方面也具有凭借政府特有的公权力调控渔业经济发展的属性。

---

① 参见:《渔业法》第二十四条;《渔业法实施细则》第十七条;《渔业船舶登记办法》以及《渔业捕捞许可管理规定》第三条、第二十四条和《中韩渔业协定暂定措施水域和过渡水域管理办法》第六条;《中日渔业协定暂定措施水域管理暂行办法》第五条。

各级渔政部门收到申请人提交的申请材料后，首先应依据相关的法律、法规和规范性文件对其进行形式审查，即审查申请人提交的材料是否齐全，是否按规定填写了所有的信息等，然后进行实质审查，核实所有的材料信息是否真实，最后根据各自的管辖权限在法定的时限内作出是否发放渔业捕捞许可证的决定。

（四）捕捞许可证的使用

渔业捕捞许可证是持有人合法从事捕捞渔业生产的法律证明文件。在从事捕捞作业的过程中，行为人必须随船携带其捕捞许可证，积极配合渔政公务人员的现场检查工作。因此，行为人应妥善保管、正确使用渔业捕捞许可证。若捕捞许可证丢失或损毁，持有人应在一个月内向原发证的渔政部门申请补发。若渔船名称变更、船籍港变更、渔船所有权共有人之间变更或捕捞许可证有效期期满，则应向原发证的渔政部门申请换发。若持有人不再从事捕捞生产，应将其捕捞许可证交回原发证的渔政部门，办理注销手续。若从事远洋渔业，应将捕捞许可证交渔政部门暂存。如果发生下列情况（1）渔船作业方式变更；（2）渔船主机、主尺度、总吨位变更；（3）因渔船买卖发生渔船所有人变更船东应根据有关规定和程序向渔政部门重新申请渔业捕捞许可证①。任何人不得买卖、出租和以其他形式转让捕捞许可证，不得涂改、伪造、变造捕捞许可证②。

另外，使用期一年以上的渔业捕捞许可证应接受渔政部门的年度审验（公海渔业捕捞许可证的年审期为两年一次）。在同时符合下列条件的情况下，捕捞许可证年审合格：（1）具有有效的《渔业船舶检验证书》和《渔业船舶登记（国籍）证书》，持证人和渔船主尺度、主机功率、吨位未发生变更；（2）渔船作业类型、场所、时限、渔具数量与许可内容一致；（3）按规定填报《渔捞日志》，未超出捕捞限额指标（对实行捕捞限额管理的渔船）；（4）违规案件已经结案；（5）按规定缴纳渔业资源增殖保护费等。若年审不合格，渔政部门可以责令持证人限期改正，再审验一次。逾期未年审或年审不合格的捕捞许可证，则视为无效的捕捞许可证③。

三、海洋捕捞业的“双控”制度

为了养护海洋渔业生物资源，控制和削减捕捞强度，逐步使之与可捕资源量相适应，我国于20世纪90年代初对海洋捕捞业实施了“双控”制度④。事实上，1986

---

① 参见：《渔业捕捞许可管理规定》第十六条、第二十九条、第二十七条、第三十条、第四十四条、第二十八条。

② 参见：《渔业法》第二十三条、《渔业捕捞许可管理规定》第三十一条。

③ 参见：《渔业捕捞许可管理规定》第三十三条、第三十四条、第三十五条。

④ 参见：农业部《关于印发“八五”期间控制海洋捕捞强度增长指标的意见的通知》（〔1992〕农〔渔政〕字第4号）。

年《渔业法》第十六条对此就做了明确规定。在实践中,“双控”制度主要是由农业部依据海洋捕捞业的历史规模决定捕捞渔船和功率总数,对其实施总量控制,并在考虑渔区经济和社会发展状况以及产业布局等因素的前提下,再进一步适当削减渔船和功率总数,各级渔政部门在批准发放海洋捕捞许可证时不得超过上级部门核定渔船和功率总数。从理论上分析,“双控”制度的设立进一步揭示了渔业捕捞许可证在现阶段所具有的双重属性,既有物权属性又有行政许可的特征,既有行政确认持证人享有用益物权的功能,又发挥着宏观调控的作用。

为了实施“双控”制度,经国务院批准,农业部又先后制定了《关于“九五”期间控制海洋捕捞强度指标的实施意见》以及《关于2003—2010年海洋捕捞渔船控制制度实施意见》(农渔函〔2003〕63号)。2003—2010年实施意见提出的总体目标是,全国海洋捕捞渔船船数和功率数分别从2002年底的222 390艘、12 696 631千瓦,压减到2010年的192 390艘、11 426 968千瓦以内,船数减少3万艘,功率数减少1 269 663千瓦。从实际效果看,“八五、九五实施意见”所提出的控制指标都未能实现。究其原因,一是捕捞渔船总数和功率总数是两个互相关联的指标,从技术和经济角度看很难同时实现“双控”;二是在此期间严重忽视捕捞许可证的物权属性,未制定相应的经济保障措施,以保证失去捕捞渔业权的人获得经济补偿,便利他们转产转业。

为此,各级政府和渔政部门应从技术、经济、作业类型和方法、社会保障建设等多方面完善此项制度,制定更加灵活的渔业退出和进入政策,依据《物权法》的有关规定采取捕捞渔业权赎买措施,以保证“双控”目标的顺利实现。

四、渔业捕捞许可证的法律性质

新中国建立以来,我国的自然资源所有权制度、使(利)用权制度经历了非常大的变革,由最初的国家所有和私人所有逐步演变成了国家所有和农民集体所有,并建立了各种类型的自然资源用益物权制度①,经济组织方式也随之由计划经济逐步向市场经济演进。同时,由于国民经济工业化程度的大幅度提高、人口的大量增加和居住方式的城市化等原因,渔业发展所依赖的自然环境条件也发生了非常大的变化。例如,渔业生物资源衰退、渔业水域面积缩减、渔业水体污染等。

在自然资源所有权和利(使)用权以及经济组织方式变革的大背景下,我国于1979年实施了渔业捕捞许可制度,并逐步禁止了非渔业生产单位从事捕捞生产②,

① 参见:《土地改革法》(1950)、《宪法》、《民法通则》、《土地管理法》、《农村土地承包法》、《物权法》等法律的相关规定。

② 参见:已废止的《渔业许可证若干问题的暂行规定》(1979)、《海洋捕捞渔船管理暂行办法》(1983)和《渔业捕捞许可证管理办法》(1989)的相关规定。

努力降低捕捞强度，保护水产资源和环境。实际上，这承认了江、河、湖、海沿岸地区人民对渔业资源专有的捕捞利用权利，否定了此前计划经济时期一些机关、部队、团体、厂矿等非渔业单位的捕捞权利。在建立以家庭承包为特色的新型农业经济组织方式的进程中，渔业企业、农（渔）民集体经济组织、渔民家庭等从事捕捞、利用渔业生物资源的权利日趋物权化。渔政部门根据《渔业法》以及其他法规发放捕捞许可证的行为更多的是一种行政确权行为，而非行政授权行为，即政府凭借其特有的公信力以行政决定的方式确认渔民基于传统民生方式应当享有的捕捞渔业权，一种受到法律保护的、独立的民事权利①。

《物权法》用益物权编第一百二十三条规定，依法取得的捕捞权利受法律保护；依据该法第一百二十一条，因征收、征用而致使捕捞证持有人无法从事捕捞生产或影响其行使捕捞的权利，他们有权获得相应补偿。因此，渔业捕捞许可证的法律性质在于证明持有者享有的捕捞权利是一种独立的用益物权。通过合法捕捞，渔业权人获得了对所捕获的渔业生物的完整所有权。尽管渔业捕捞许可证的原始发放通常是以申请人拥有渔船、网具等为必要条件，但是捕捞渔业权实质上是不依附捕捞渔船、网具等生产工具而独立存在的。在现阶段，渔船、网具等生产工具只是渔政部门和权利人用于度量特定捕捞渔业权价值的一种很不精确的参照指标。而在捕捞配额制度比较成熟的冰岛、新西兰等国家，捕捞许可证主要是一种行政管理工具，捕捞渔业权的价值则由捕捞配额的市场价值来体现②。

但是也应当注意，在现行的捕捞业行政管理法律制度下，渔业捕捞许可证也是政府和渔政部门借以获取渔业经济运行信息、保护渔业生物资源和环境、调控渔业经济发展、维护渔业生产秩序、维护人民生命健康和财产安全以及履行国际义务的主要行政管理工具。目前，渔政部门依单位、个人的申请而核发的公海渔业捕捞许可证、专项（特许）渔业捕捞许可证、临时渔业捕捞许可证、外国渔船捕捞许可证及捕捞辅助船许可证主要是一种渔政管理工具，并非确认申请人享有的民事权利。

虽然《物权法》、《渔业法》等法律以及相关的法规和长期的捕捞业管理实践已经确认了捕捞渔业权是一种独立的用益物权，但是还存在许多不完善的地方。例如，对捕捞渔业权的流转方式缺乏明确细致的法律规定、对渔业权人行使其捕捞渔业权的方式限制得比较多、对侵害捕捞渔业权的行为（如水污染、无证捕捞、恣意侵占渔业水域等）制裁不力、捕捞渔业权的登记不规范等。

---

① 孙宪忠：《中国渔业权研究》，法律出版社 2006 年版，第 3 - 10 页。

② 刘新山："ITQ 渔业管理制度与物权理论的关系"，载《上海水产大学学报》2002 年第 1 期。

第三节　水产捕捞生产管理

渔业捕捞许可制度是捕捞业行政管理的根本制度。以此为基础,各级政府和渔政部门对捕捞生产的管理主要包括捕捞渔场、捕捞渔具和渔法、渔捞日志、捕捞限额、渔业船舶、渔业从业人员、渔船航行安全、渔业无线电通信等几方面。此外,还包括对我国渔船在日本、韩国、越南等海洋邻国管辖海域的生产管理;对外国渔船在我国管辖海域的生产管理以及对远洋渔业行政管理。本节将探讨捕捞渔场管理、捕捞渔具与渔法管理、渔捞日志制度、捕捞限额制度以及我国渔船在韩国、日本、越南管辖海域的捕捞生产管理。其他问题将在本章第四节、第五节和第七章探讨。

一、捕捞渔场管理

一般讲,任何天然水体都会有水产生物繁衍生息。但是,这并不意味着所有的天然水体都是捕捞渔场。渔场主要是从渔业资源学和渔业生产的角度出发,指水产动物相对比较集中,具有经济开发价值,并且适合人们利用渔业船舶、捕捞渔具和网具等生产工具从事捕捞生产的天然水体。根据不同的分类标准,可以将渔场分为各种类型。例如,根据捕捞的主要目标生物,可分为带鱼渔场、大黄鱼渔场、金枪鱼渔场等;根据鱼类的生活史可以分为产卵渔场、索饵渔场、越冬渔场等;根据捕捞作业方式,可以分为定置网具作业渔场、拖网作业渔场、围网作业渔场、流刺网作业渔场、钓具作业渔场等;根据渔场的形成机理分为流隔渔场、涡流渔场、上升流渔场等①。

我国渔船的作业渔场包括我国的内陆水域以及海洋渔场。其中,海洋渔场包括我国的内海、领海、专属经济区和东海、黄海、南海的他国管辖海域以及远洋渔业渔场。为了渔业生产统计、科研及渔业管理的需要,人们常将捕捞渔场分为一个个渔区。图6－1a 和图6－1b 示意了渤海、黄海、东海和南海的渔场名称和渔区编号。渔场的名称主要是依据其地理位置而来,渔区编号的顺序是从西往东、从北到南,1 号渔区位于渤海的辽东湾,最南部的 945 号渔区位于南海的曾母浅滩。每个渔区的范围一般是经纬度各 30′,每个渔区又依从西往东、从北到南的顺序按经纬度各 10′,划分成了 9 个小渔区。

---

① 陈新军:《渔业资源与渔场学》,海洋出版社 2004 年版,第 149－157 页。

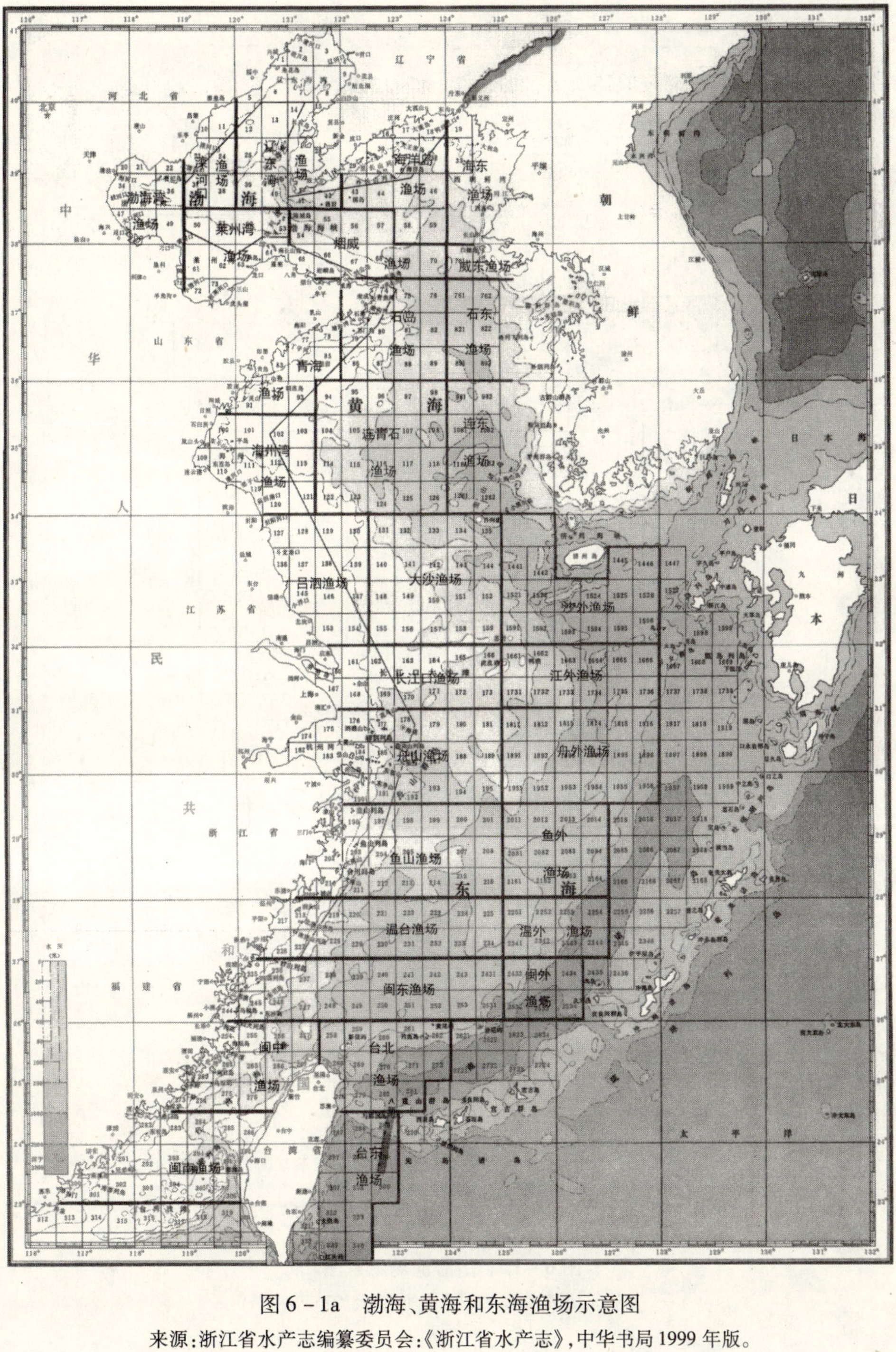

图 6－1a　渤海、黄海和东海渔场示意图

来源：浙江省水产志编纂委员会：《浙江省水产志》，中华书局 1999 年版。

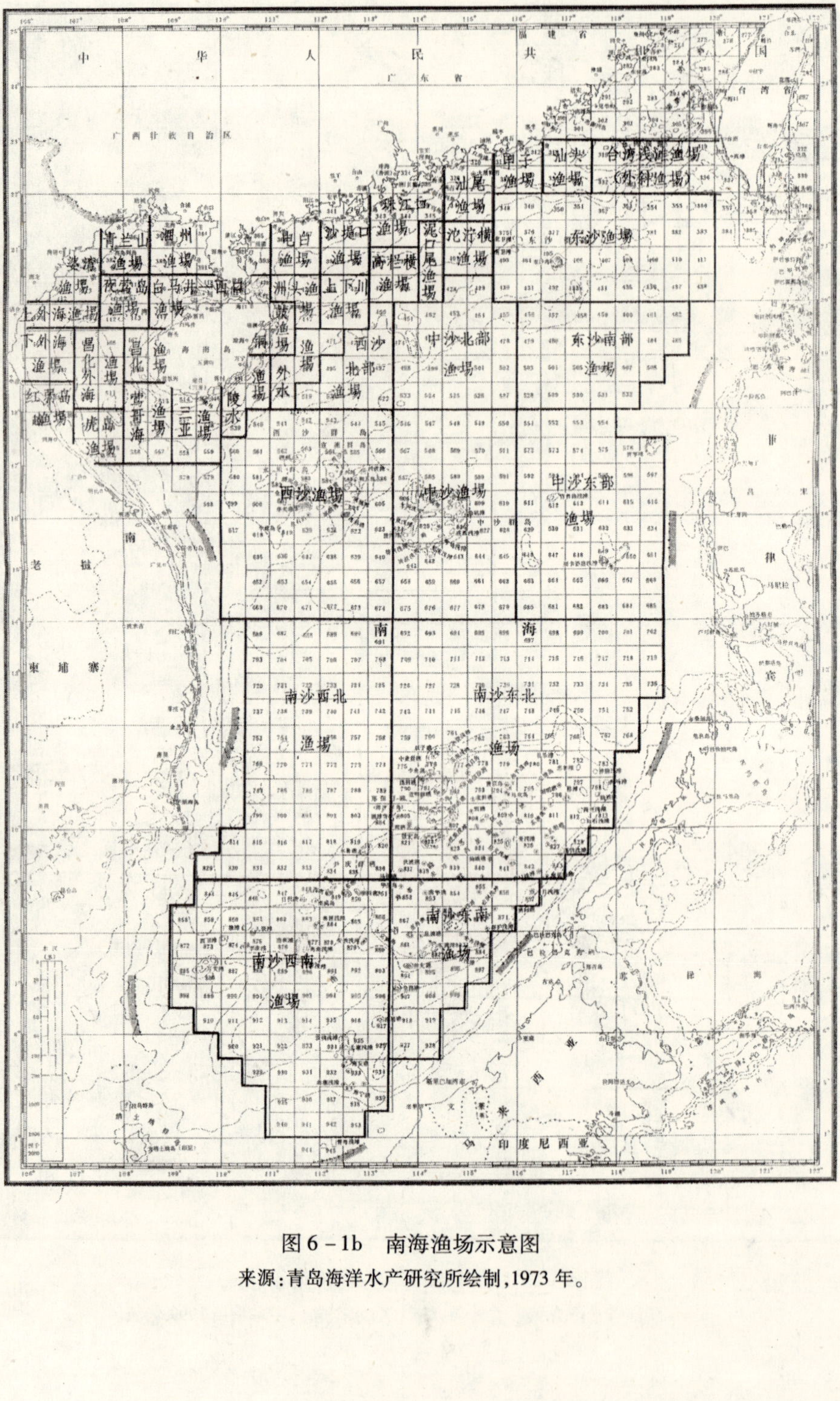

图 6－1b　南海渔场示意图

来源：青岛海洋水产研究所绘制，1973 年。

为了满足渔业行政管理的需要,《渔业捕捞许可管理规定》第七条又将海洋渔场分为四类渔区:(1)A类渔区,即黄海、渤海、东海和南海及北部湾等海域机动渔船底拖网禁渔区线向陆地一侧的海域。(2)B类渔区,即我国与有关国家缔结的渔业协定所确定的共同管理渔区、南沙海域、黄岩岛海域及其他特定渔业资源渔场和水产种质资源保护区。(3)C类渔区,即渤海、黄海、东海、南海及其他我国管辖海域中除A类、B类渔区之外的海域。其中,黄渤海区为C1、东海区为C2、南海区为C3。(4)D类渔区,即公海。

对作业渔场的行政管理主要包括两方面的含义。

一方面,政府和渔政部门对捕捞渔场享有一定的行政配置权①。《渔业法》第二十五条规定,从事捕捞作业的单位和个人必须在捕捞许可证核定的作业场所作业。《渔业法实施细则》第五条,明确了行政配置捕捞渔场的基本原则,即以渔业资源可捕量为依据,按照有利于保护、增殖和合理利用渔业资源,优先安排邻近地区、兼顾其他地区的原则,统筹安排,并且进一步规定舟山渔场冬季带鱼汛,浙江渔场大黄鱼汛,闽东、闽中渔场大黄鱼汛,吕泗渔场大黄鱼、小黄鱼、鲳鱼汛,渤海渔场秋季对虾汛等主要渔场、渔汛和跨海区管理线的捕捞作业,由农业部或其授权单位安排。在统一领导、分级管理的渔业行政体制下,《捕捞许可管理规定》第二十二条也规定了作业场所的核定权限,即(1)农业部有权核定所有的作业场所;(2)农业部各海区渔政渔港监督管理局负责核定本海区范围内的C类渔区以及农业部授权的B类渔区;(3)省级渔业行政主管部门,在海洋为本省、自治区、直辖市范围内的A类渔区,农业部授权的C类渔区。在内陆水域为本省、自治区、直辖市行政管辖水域。特殊情况需要地(市)级、县级渔业行政主管部门核定作业场所的,由省级渔业行政主管部门规定并授权。另外,第二十条又补充规定,因传统作业习惯或资源调查及其他特殊情况,需要跨界捕捞作业的,由申请人所在地县级以上渔业行政主管部门出具证明,报作业水域所在地审批机关批准。在相邻交界水域作业的渔业捕捞许可证,由交界水域有关的县级以上地方人民政府渔业行政主管部门协商发放,或由其共同的上级渔业行政主管部门审批发放。

另一方面,政府和渔政部门以及其他有关的政府部门依法有权基于各种理由设立各种特殊区域,进而完全禁止或者限制区域内的水产捕捞活动②。例如,饮用水水源保护区、具有特殊经济文化价值的水体、自然保护区、风景名胜区、港口及航

---

① 另见第二节"渔业捕捞许可证的管理"的有关内容。现行的渔业法规和管理体制是同时依据捕捞渔船的类型及规格、捕捞对象、捕捞渔具及网具类型、作业渔场以及捕捞许可证持有人的身份等几个标准对捕捞许可证进行分类、划分各级渔政部门行政权力的。这多少造成了捕捞许可证分类和管辖权的混乱,宜适当简化。

② 另见本书第三章、第四章、第五章的有关内容以及有关的法律、法规。

道区、水工程保护区、军事管理区、水产养殖增殖区、禁渔区、水产种质资源保护区、重点苗种产区、人工鱼礁投放区、亲鱼或幼鱼保护区、水产资源保护区等。

二、捕捞渔具和渔法管制制度

在漫长的渔业发展历史里,人类发明创造了各种各样的捕捞渔具和捕捞方法。其中,有些渔具渔法对渔业生物资源的繁衍生息是十分有害的,必须依法禁止;有些则需要依法规定标准,以减轻对渔业生物资源的破坏;那些既有利于提高生产效率,又有利于保护资源的渔具渔法,则应制定政策措施予以鼓励、推广。《渔业法》第二十五条规定,从事捕捞作业的单位和个人,必须按照捕捞许可证核定的作业类型和渔具数量进行作业;第三十条规定,禁止制造、销售、使用禁用的渔具,禁止使用小于最小网目尺寸的网具进行捕捞。

虽然国家标准《渔具分类、命名及代号》(GB/T5147－2003)将渔具划分为了十二类,但是现行的《渔业捕捞许可管理规定》则把各种捕捞作业类型简化为了九种,即刺网、围网、拖网、张网、钓具、耙刺、陷阱、笼壶和杂渔具(含地拉网、敷网、抄网、掩罩及其他杂渔具)[①],并规定各级渔政部门在按规定的权限审批发放渔业捕捞许可证时,应当明确核定许可的作业类型、渔具数量及规格,核定的作业类型最多不超过两种,拖网、张网不得与其他作业类型兼作,其他作业类型不得改为拖网、张网作业,非渔业生产单位的专业旅游观光船舶除垂钓之外,不得使用其他捕捞作业方式,捕捞辅助船携带的渔具应捆绑、覆盖。

根据《水产资源繁殖保护条例》第十一条、《渔业法》第三十条、《渔业法实施细则》第二十条和《长江渔业资源管理规定》第六条,被禁止的捕鱼方法主要有炸鱼、毒鱼、电鱼、鱼鹰捕鱼[②]、敲舾作业、水獭捕鱼、使用拦河缯捕鱼以及其他破坏渔业资源的捕捞方法。炸鱼,是指向水体中投放雷管、炸药等爆炸物,引起爆炸,致使水生动物昏迷、死亡,从而捕获水生动物的行为;毒鱼,是指向水体中投放毒药、麻醉品、化学制品以及其他对水生动物有害的物质,导致水生动物昏迷、麻痹、死亡,进而捕获水生动物的行为。炸鱼、毒鱼,不但严重地损害了渔业生物资源,而且还破坏了水生生物的栖息、繁衍、生存环境,危害水产品消费者以及违法者自身的健康和安全,甚至危害公共安全,必须依法禁止。另外,《民用爆炸物品管理条例》、《农药管理条例》[③]、《兽药管理条例》、《危险化学品安全管理条例》等法规对爆炸物品、

① 参见:《渔业捕捞许可管理规定》第十八条。

② 根据《渔业法实施细则》第二十条,在特定水域确有必要使用鱼鹰捕鱼时,必须经过省级人民政府渔业行政主管部门批准。

③ 《农药管理条例》第二十八条规定,使用农药应当注意保护环境、有益生物和珍稀物种。严禁用农药毒鱼、虾、鸟、兽等。

有毒物质、危险化学品等的生产、运输、销售、存储、使用问题也都作了规定。炸鱼、毒鱼的行为不仅违反渔业法规,也涉嫌违反上述法规,渔政部门可以和有关的其他政府部门协作查处。利用鱼鹰、水獭捕鱼在我国有着悠久的历史①,考虑到该方法对鱼类资源的破坏以及可能的疾病传播问题,新中国成立后,被逐步依法禁止。电鱼,是指在水体中使用能够产生电流的器具,造成水生动物昏迷、麻痹或死亡,以捕获水生动物的行为。利用电捕鱼在新中国的历史上曾是合法的②,但是由于电对生物资源的破坏以及对人身健康的潜在威胁,也被逐步依法禁止。敲舶作业(亦称舶艚作业、敲罟、扣罛),是渔民们利用石首鱼科的鱼类(主要是大黄鱼)对声音十分敏感的属性,不停地敲击舶板(多为黄檀木)、竹筒等,发出"嘣嘣"响声,将鱼驱赶集结到一起,再用网捕获之的作业方法。这种捕鱼方法在我国南方有着很悠久的历史,属于敷网类,需要多条小船与一条或两条大船一同作业,被称为一艚③。新中国成立后,这种作业方法的科学性、合法性曾引起过很大争论,最终因其严重破坏渔业资源而于20世纪70年代中期被全面禁止④。

网目规格与养护渔业生物资源有直接关系(自然也关系到了渔获效率),对网目规格依法作出限制性规定是十分必要的。根据《渔业法》第三十条,农业部和省级渔业行政主管部门有权依法禁止使用小于最小网目规格的网具进行捕捞。例如,强制性国家标准《南海区拖网网囊最小网目尺寸》(GB11780-2005)规定,南海区拖网网囊最小网目尺寸为40毫米;《东海、黄海区拖网网囊最小网目尺寸》(GB11779-2005)规定,东海、黄海区拖网网囊的最小网目尺寸为54毫米。《渤海生物资源养护规定》第二十八条和附件2规定,鲅鱼流网的最小网目为90毫米,对虾流网的最小网目为60毫米,张网类网目不小于8毫米,围网类网目不小于33毫米。该《规定》第三十条还规定,禁止使用三重流网、底拖网、浮拖网及变水层拖网作业,但网口网衣拉直周长小于30米的桁杆、框架型拖网类渔具除外。

除了被渔业法规明示禁止或限制使用的捕捞渔具和方法外,农业部和省级渔业行政主管部门也可以依法认定其他对渔业资源有害的渔具渔法,并禁止使用。如果当事人对渔业行政主管部门认定的结果有异议,可以向其上一级主管部门或

---

① 大概在唐代,渔民利用鱼鹰、水獭捕鱼的方法就出现了。见中国农业文明网之农业科技史:http://www.icac.edu.cn/agrihistory/historytype.asp?types=%C5%A9%D2%B5%BF%C6%BC%BC%CA%B7

鱼鹰的学名称鸬鹚,其喉咙下有一皮囊,可以储存捕捉到的鱼。为了不让鱼直接进到鱼鹰的胃里,渔民常在鱼鹰皮囊的下端扎上一种比较结实的水草。目前,鱼鹰捕鱼在有些地方已经演变了渔业旅游项目,或许是未来观光渔业发展的一个方向。

② 上海市上海县县志编纂委员会:《上海县志》,上海人民出版社1993年版。见上海市地方志办公室网站:http://www.shtong.gov.cn/node2/node4/node2250/shanghai/node53835/node53849/node53851/userobject1ai35910.html

③ 林俊聪:《南澳岛传奇》,广东高等教育出版社1995年版。

④ 浙江省水产志编纂委员会:《浙江省水产志》,中华书局1999年版,第221-223页。

者其所属的人民政府申请行政复议，也可以向人民法院提起行政诉讼。

另外，由于在公海使用大中型流网对捕捞对象鱼类以外之海洋生物资源（如海鸟、海洋哺乳动物等）的严重损害，联合国大会曾三次通过决议禁止在公海使用大中型流网捕鱼，我国政府持赞成态度[①]。为此，农业部曾发出通知禁止使用大中型流网的我国渔船在公海作业[②]，并根据"中国政府和美国政府关于联合国大会46/215决议的谅解备忘录"与美国海岸警卫队在北太平洋开展了联合海上执法活动，查处违法的渔船。

三、渔捞日志制度

根据《渔业法》第二十五条和《渔业捕捞许可管理规定》第六条、第二十六条，海洋大型和中型渔船（即主机功率大于等于44.1千瓦，且船长大于等于12米的渔船）应当填写渔捞日志，并在渔业捕捞许可证年审或再次申请渔业捕捞许可证时，提交给渔业捕捞许可证年审或发证机关。另外，依据《中日渔业协定暂定措施水域管理暂行办法》第七条、《中韩渔业协定暂定措施水域和过渡水域管理办法》第九条和《远洋渔业管理规定》第二十条，在中日、中韩渔业协定设立的暂定措施水域和过渡水域作业的渔船以及从事远洋渔业的渔船也需要填写渔捞日志[③]。

渔捞日志是专门记载捕捞生产信息的原始记录簿，通常由省级渔政部门或者农业部三个海区渔政局根据规定的样式统一印制，主要包括捕捞船舶信息、捕捞许可证信息、捕捞单位或者个人信息、每日每网次作业时间和位置、每次作业的产量和主要品种、渔获物水上扒载或者上岸情况、填写者和船长签名等项内容。渔获物的品种名称，由农业部各海区渔政渔港监督管理局商本海区所辖省、自治区、直辖市渔业行政主管部门统一规定[④]。

---

① 即联合国大会于1989、1990、1991年分别通过的44/225、45/197、46/215号决议，我国政府都投了赞成票。

② 参见：《农业部关于印发联合国大会通过禁止在公海使用大型流网决议的通知》（〔1990〕农〔渔政〕字第18号）、《农业部关于禁止在公海使用大型流网作业的通知》（〔1991〕农〔渔政〕字第3号）。

③ 2000年修订的《渔业法》规定了渔捞日志制度，但是对未依法填写渔捞日志的违法行为却未规定相应的法律责任，而四个农业部的部门规章将是否填写渔捞日志作为再次申请捕捞许可证的一个条件或规定为捕捞许可证年审不合格。这暴露了现行渔业立法的不完善性，渔业法规之间的不协调性，也和2004年施行之《行政许可法》的有关规定不尽一致。另外，中越北部湾渔业联合委员会为执行《中越北部湾渔业合作协定》于2004年制定了《北部湾共同渔区渔业资源养护和管理规定》，依据该《规定》第六条和第二十条，在共同渔区作业的渔船应填写渔捞日志；没有填写的，将处以500元人民币或100万越盾罚款。笔者认为，此文件由中越双方为执行《中越北部湾合作协定》联合制定，事件本身非常有"创新性"，但只是渔政部门为规范执法行为与越方合作制定的带有国际性质的规范性文件，不是严格意义上的国内法或国际法。再有，农业部于1999年2月26日发布的《中日渔业协定暂定措施水域管理暂行办法》将"渔捞日志"称为"捕捞日志"，这与《渔业法》第二十五条规定的术语不一致，应予以修正。

④ 参见：《渔业捕捞许可规定》第四十一条、《中韩渔业协定暂定措施水域和过渡水域管理办法》第十五条。

获取捕捞生产信息对于政府和渔政部门了解渔业生物资源种群变动状况、渔场环境状况、渔业经济运行情况以及维护渔业生产安全和履行国际法义务等都具有重要意义,是政府和渔业行政主管部门进行科学决策的重要依据,更是建立捕捞限额制度的必要条件。为此,船长和其他责任人应当依法实事求是地填写渔捞日志。

四、捕捞限额制度

捕捞限额制度,是指由渔业行政主管部门根据渔业生物学家所做的渔业资源评估结果,并考虑经济发展和社会因素,事先决定某种渔业在特定水域、特定渔期的最高渔获量,当上岸的渔获量达到最高渔获量后,即关闭该渔业的一种管理制度。根据各种渔业各自的生物学特点和在经济、社会等方面的意义,捕捞限额总量可以完全分配到每条捕捞渔船、每个捕捞企业或者每个渔业协会组织等,当他们的上岸渔获量达到各自拥有的渔获配额后,即依法分别中止他们在该渔期的捕捞渔业权。为了避免每年分配渔获配额的弊端,渔政部门也可以采取一次性永久地分配捕捞限额百分比份额的作法,当调整每种渔业的捕捞限额总量时,捕捞企业和个人各持有的渔获配额随之变动。在一些国家,捕捞企业和个人享有的渔获配额和永久性的百分比份额是可以无限可分的,可以依法有偿转让,即捕捞限额制度发展成了个体可移转的配额制度(ITQs, Individual Transferable Quotas)。例如,新西兰和冰岛的所有渔业,澳大利亚、美国、加拿大、荷兰、意大利、挪威、南非等国的部分渔业都处于该制度管理之下①。捕捞限额总量,也可以不做进一步分配,只要总的上岸渔获量达到捕捞限额总量,就关闭该渔业,依法中止所有个人和企业在该渔期的捕捞渔业权。

《渔业法》第二十二条规定,渔业生物资源的总可捕量应当遵循捕捞量低于渔业资源增长量的原则确定。渔业生物资源的增长量,一般是指某一种渔业生物资源群体在自然条件下自我繁殖、生长的年增加量。为此,农业部应组织领导进行渔业资源调查和评估,为决定法定的捕捞限额提供理论依据。海洋渔业捕捞限额由农业部决定,经过国务院批准后,分解下达;内陆水域的捕捞限额由有关省级人民政府决定或者由相关省级人民政府协商决定,然后分解下达。为了体现公平和保障渔民的知情权,决定的捕捞限额、分配办法和结果必须依法公开。农业部和省级人民政府渔业主管部门应当对捕捞限额制度的实施情况加强监督管理。对于超过上级下达捕捞限额指标的,应当从下一个捕捞年度指标中扣除。值得注意的是,法定捕捞限额的确定还应当考虑经济和社会发展的现实情况,并非是生物学意义上的可捕量。

1998 年,农业部提出了 1999 年海洋捕捞计划产量“零增长”的目标,进而制定

① 刘新山:“ITQ 渔业管理制度与物权理论的关系”,载《上海水产大学学报》2002 年第 1 期。

了“十五”期间捕捞产量“负增长”的战略目标[①]，正在从经济学、社会学等方面为实施捕捞限额制度积极地做准备。但是，目前还没有在具体的渔业管理中实施。

捕捞限额制度，是渔业生物学、经济学、社会学和法学理论互相交叉的产物，不但需要渔政部门依法积极稳健地推行，还需要其他政府部门的支持和广大渔民的积极参与，每种渔业都需要具体的实施方案。实施捕捞限额制度，特别是个体可移转的配额制度，不但可以有效地养护和充分利用渔业生物资源，并且还可以依靠市场的力量优化渔业行业的产业结构，提高渔业行业的整体经济效益和竞争力。

五、对我国渔船在海洋邻国管辖海域的渔业生产管理

（一）中日、中韩、中越渔业协定

我国与朝鲜、越南是海岸相邻的海洋邻国，与韩国、日本、菲律宾、马来西亚等国则是海岸相对的海洋邻国。实际上，我国渔民基本上是与这些海洋邻国的渔民在“同一池塘——黄海、东海和南海”里从事竞争性的海洋渔业生产活动。根据世界各国普遍接受的国际法，特别是1982年《联合国海洋法公约》，确立的精神和原则，我国应和这些海洋邻国通过友好协商，公平地划分彼此之间的领海、专属经济区和大陆架界限，并共同承担责任，养护黄海、东海和南海的渔业资源，以实现各国海洋渔业的可持续发展。事实上，在《联合国海洋法公约》于1982年形成之前，我国就和朝鲜、越南、日本签署过双边渔业协定，对共同利用、养护黄海、北部湾、东海的渔业资源以及海上遇险、海难救助等问题达成了许多共识，做出了安排，建立了海洋渔业行政管理合作关系[②]。

鉴于《联合国海洋法公约》已于1994年11月16日生效，并且中国、日本、韩国、越南都批准了《联合国海洋法公约》[③]，正式认可了《联合国海洋法公约》确立的各项国际海洋法制度、国际海洋渔业管理制度，我国与日本、韩国和越南分别于1997年11月11日、2000年8月3日和2000年12月25日签署了双边渔业协定，其中与越南还就北部湾水域两国间的领海、专属经济区、大陆架划界问题签署了协定，形成了我国首条大约500千米长的海洋边界线。见图6-2、图6-3。

---

① 《总结经验　迎接挑战　开拓进取　为新世纪渔业健康发展奠定坚实基础——杨坚同志在全国农业工作会议渔业专业会议上的讲话》，1998年12月30日，见《1998年渔业工作文件选编》。《加快结构调整　提高管理水平　全面提升我国渔业经济发展质量——农业部渔业局局长杨坚在全国农村工作会议渔业专业会议上的讲话》，2002年1月10日。

② 黄硕琳：《海洋法与渔业法规》，中国农业出版社1995年版，第124-135页。

③ 中国、日本、韩国、越南分别于1996年5月15日、1996年6月20日、1996年1月29日、1994年7月25日批准了《联合国海洋法公约》。根据《联合国海洋法公约》第三百零八条，《联合国海洋法公约》应在该国将批准书交存后第30日起对其生效。

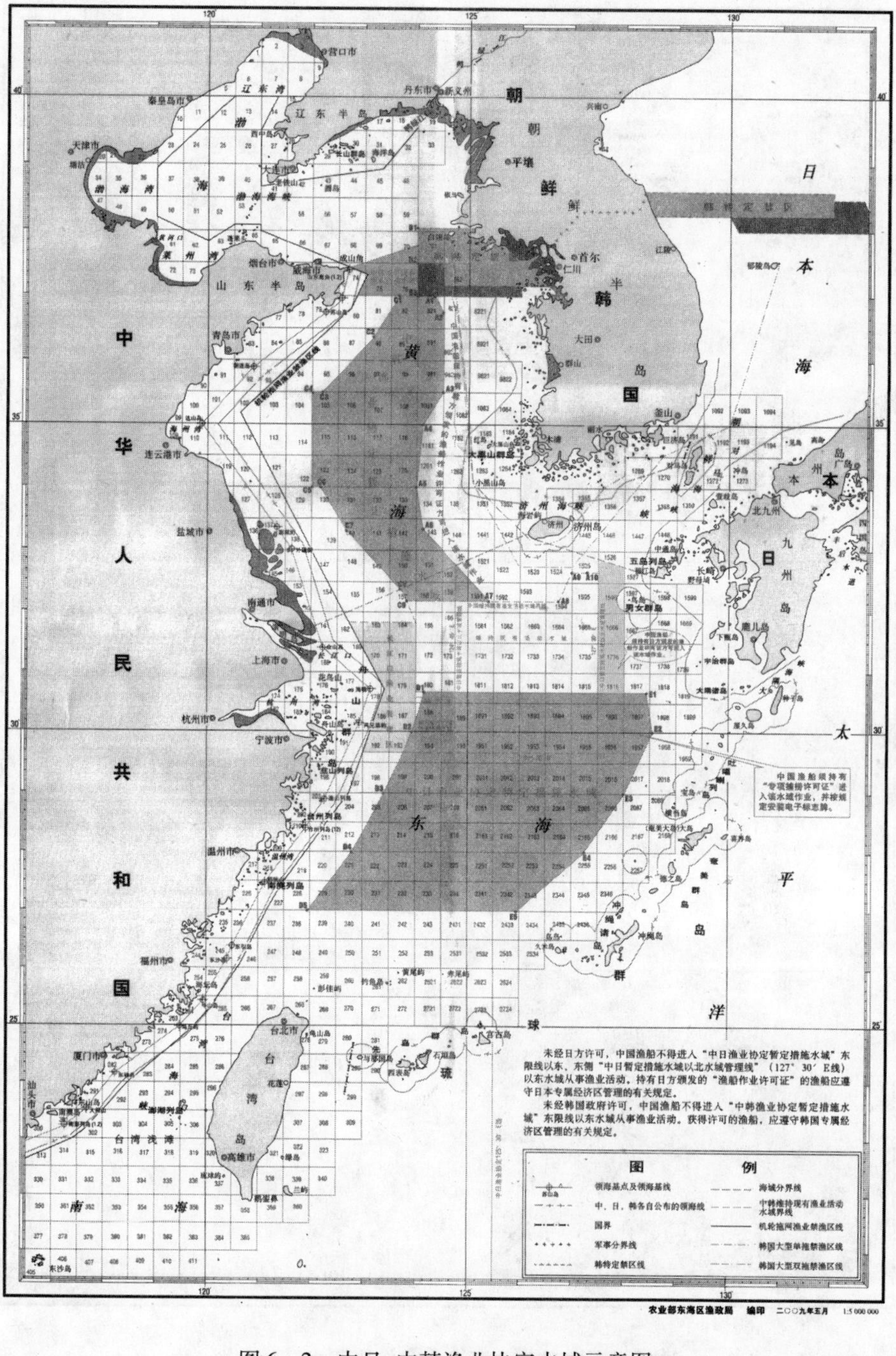

图 6－2　中日、中韩渔业协定水域示意图

来源：农业部东海区渔政局编印，2009 年 5 月。

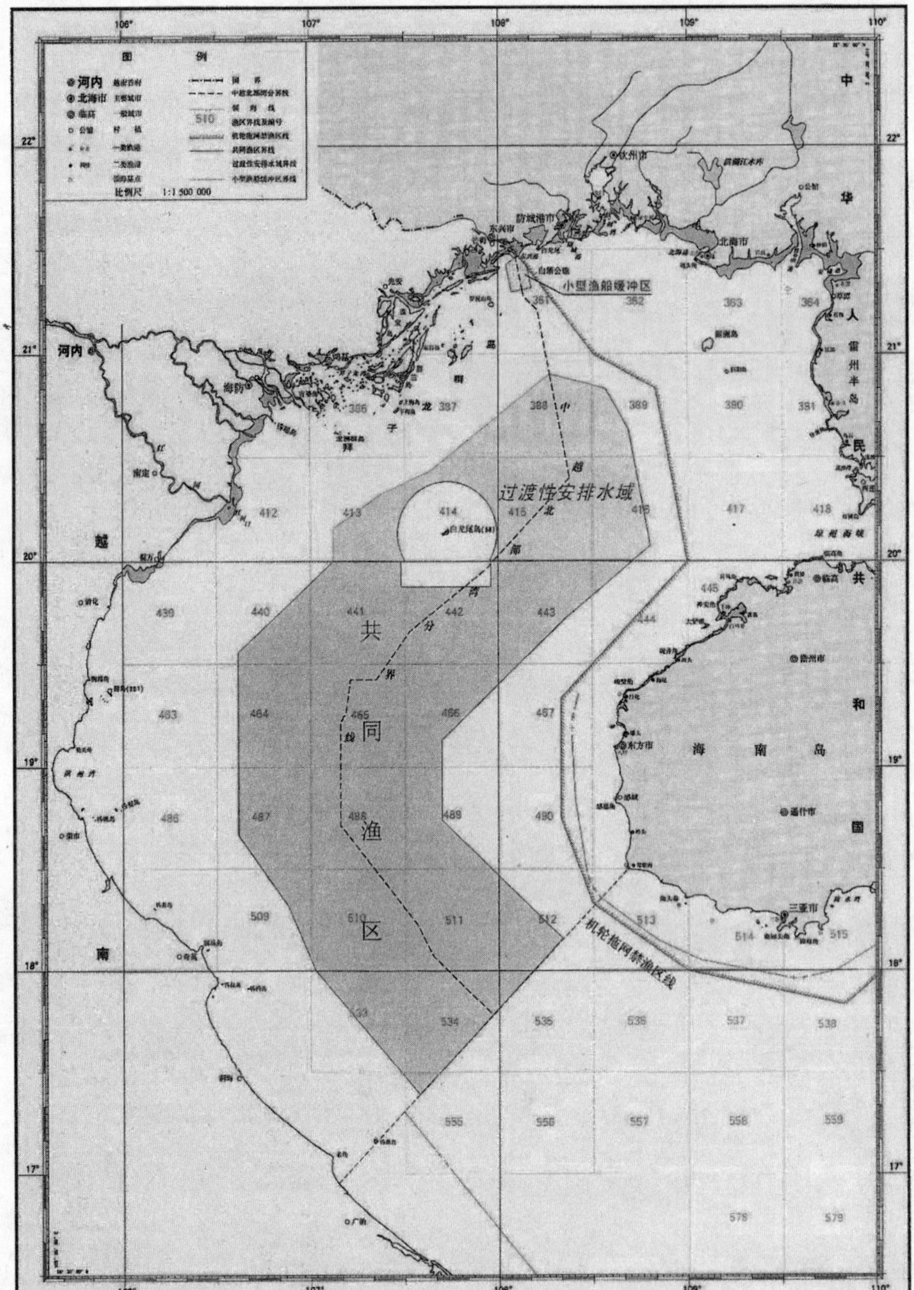

图 6－3 中越北部湾渔业合作协定水域示意图

来源：农业部南海区渔政渔港监督管理局，2004 年 5 月。

（二）对我国渔船在日本、韩国管辖海域的渔业生产管理

《中日渔业协定》和《中韩渔业协定》已分别于2000年6月1日、2001年6月30日生效。这两个《协定》是我国与日本、韩国在无法就专属经济区及大陆架划界问题达成完全一致意见，并签署划界协定之前，专门就渔业问题作出的临时性安排。从《协定》的内容看，缔约双方实际上认可了各自主张的部分专属经济区，并且根据互惠原则，按照双边渔业协定及缔约方国内有关法规，准许缔约另一方的渔民在其专属经济区从事渔业活动；在东海、黄海水域设立了“中日暂定措施水域”和“中韩暂定措施水域”，缔约双方为养护和合理利用海洋生物资源，应按照依据《协定》而设立的中日、中韩渔业联合委员会的决定，在暂定措施水域采取共同的养护措施和量的管理措施，对“暂定措施水域”内的渔业活动主要根据船旗国管辖原则进行管理。

因此，我国渔民经日本、韩国渔业主管机关核发入渔许可证后，可以在日本、韩国的专属经济区从事渔业生产。具体的入渔船数、作业水域、作业方式、捕捞配额和作业时间等，由依据中日渔业协定、中韩渔业协定分别设立的中日渔业联合委员会、中韩渔业联合委员会商定，一般一年一次。之后，由中华人民共和国渔政局通过农业部东海区渔政局和农业部黄渤海区渔政局将入渔渔船指标落实到沿海各省、直辖市，再逐级落实到具体的船东。

在日本、韩国专属经济区生产的我国渔船应当遵守《中日渔业协定》、《中韩渔业协定》和日本、韩国的国内相关法律、法规，接受日本、韩国政府有关部门的管理。日本、韩国对我国渔船在其专属经济区作业的管理制度、措施类似。主要包括获得日方或韩方颁发的作业许可证、悬挂许可标志牌、进出水域通报、填写作业日记、填写渔获物每日报表等。对违反日本、韩国相关法律规定的我国渔船，处罚的类别主要是罚款、没收渔获物、没收渔具、没收渔船、扣押渔船和有关船员等[①]。

（三）对我国渔船在北部湾越南管辖海域的渔业生产管理

《中越关于两国在北部湾领海、专属经济区和大陆架划界协定》是双方签署《中越北部湾渔业合作协定》的重要国际法依据之一。这使得在北部湾水域的中越渔业行政管理合作方式与以中日渔业协定及中韩渔业协定为基础建立的两国渔业行政管理合作方式有很大区别。2004年4月29日双方签署了《中越北部湾渔业合作协定补充议定书》，就《中越北部湾渔业合作协定》第十一条规定的“过渡性安排”达成了协议。至此，我国与越南就在北部湾水域设立跨越两国海洋界限的小

---

① 农业部东海区渔政渔港监督管理局，上海水产大学：专属经济区渔政巡航培训教材，2006年4月，第123－130、148－154页。

型渔船缓冲区、过渡性安排水域和共同渔区问题以及互相入渔、渔业行政管理合作、共同养护北部湾水域的生物资源、紧急避难等问题达成了完全一致(见图6-3),《中越北部湾渔业合作协定》已于2004年6月30日生效。

在北仑河口水域设立小型渔船缓冲区的目的是为了弱化,并和平友好地处理因小型渔船误入对方领海而引起的渔业纷争。两国渔民按规定不得进入对方领海从事渔业活动,但是双方的管理机关对小型渔船过界捕捞问题应当克制,只可以进行警告和责令离开,不可以扣留、逮捕、处罚或者使用武力。有关的渔业活动争议,由中越渔业联合委员会解决;渔业活动以外的争议,则依照各自的国内法解决。

过渡性安排水域,是指北纬20度以北、越南白龙尾岛15海里水域以外、由12个点顺次以直线连接围成的跨界水域。双方进入该水域生产的渔船数量由中越渔业联合委员会决定,其中拖网渔船不超过35%,渔船总数量逐年减少25%。过渡性安排水域的有效期为4年。过渡期结束后,优先考虑对方入渔。过渡水域所属国负责发放捕捞许可证,并收取每船每年200美元的许可证发放费,并在各自的专属经济区内分别依据中越渔业联合委员会制定的《北部湾共同渔区渔业资源养护和管理规定》和各自的国内渔业法规对合法进入共同渔区的渔船和非法进入共同渔区的渔船实施区分管理。作业渔船,需要填写渔捞日志。2008年6月30日,过渡性安排已到期结束,此过渡水域已按照专属经济区制度管理,双方在尊重各自对其专属经济区的管辖权和渔民传统作业权的基础上,通过友好谈判、协商,根据该水域的渔业资源状况合理安排互相入渔。

共同渔区,是指北部湾封口线以北、北纬20度以南、距离双方海洋边界线各30.5海里、由15个点顺次以直线连接围成的跨界水域。共同渔区面积约3万平方千米,时限15年,并长期合作。双方进入该水域生产的作业渔船数量由中越渔业联合委员会决定,船旗国的渔业主管部门发放各自的捕捞许可证,并在各自的专属经济区内分别依据中越渔业联合委员会制定的《北部湾共同渔区渔业资源养护和管理规定》和各自的国内渔业法规对合法进入共同渔区的渔船和非法进入共同渔区的渔船实施区分管理。作业渔船,应当填写渔捞日志。

六、对香港、澳门特区流动渔船的管理

香港、澳门特区流动渔船是指持有香港特别行政区或澳门特别行政区船籍,并在广东省渔政渔港监督管理机构备案的渔船。根据《港澳流动渔船管理规定》,这些流动渔船只能在除北部湾以外的南海海域作业,而不能跨海区到东海、黄海、渤海海域作业,并事先应向农业部或广东省渔政部门申请船网工具控制指标,申办渔业捕捞许可证,获得的船网工具指标不得擅自出售、出租或以其他形式转让到祖国大陆。

港澳流动渔船，也应按照获得捕捞许可证的核定的作业类型、场所、时限、渔具规格和数量及捕捞限额作业，依法缴纳渔业资源增殖保护费，按照广东省指定的港口入户和停泊，缴纳渔港费。渔船和船员应持有公安边防部门签发的《出海船舶户口簿》和《出海船民证》等证件，并接受公安边防部门的出入港查验和管理。

第四节　对外国渔船在我国管辖海域渔业活动的管理

鉴于我国与海洋邻国之间历史上长期存在的海洋渔业关系，根据世界各国普遍接受的国际法原则，特别是1994年生效的《联合国海洋法公约》中的有关规定以及双边渔业协定，我国允许其他国家的国民、渔船在我国管辖水域从事渔业生产活动以及海洋生物资源调查等科学研究活动。但是，这些外国人、外国渔船必须接受我国渔政部门以及政府其他有关部门的管理，遵守我国相关的法律、法规，对维护我国管辖海域的渔业生产秩序、保护海洋环境和养护渔业资源等承担责任。

一、对外国人、外国渔船实施管理的国内法律依据

渔政部门对外国人和外国渔船实施行政管理的国内法律依据主要包括《领海及毗连区法》、《专属经济区和大陆架法》、《渔业法》以及农业部1999年发布的《中华人民共和国管辖海域外国人、外国船舶渔业活动管理暂行规定》等。《渔业法》第八条规定，外国人、外国渔业船舶进入中华人民共和国管辖水域，从事渔业生产或者渔业资源调查活动，必须经国务院有关主管部门批准，并遵守本法和中华人民共和国其他有关法律、法规的规定；同中华人民共和国订有条约、协定的，按照条约、协定办理。国家渔政渔港监督管理机构对外行使渔政渔港监督管理权。

二、对日本、韩国、越南渔船的管理

根据《中日渔业协定》、《中韩渔业协定》和中日渔业联合委员会、中韩渔业联合委员会商定的办法以及我国的渔业法规，在我国专属经济区从事渔业生产的日本、韩国渔船应当事先获得中华人民共和国渔政局核发的渔业捕捞许可证。若许可证丢失、损毁、变更登记内容等，应重新申请发放或变更登记；若许可被取消、损毁、到期自动终止、持有者死亡或变更、重新发放等，应交回原渔业捕捞许可证。在我国专属经济区水域生产的日本、韩国渔船，应当按照核定的作业水域、作业时间、作业方式、捕捞鱼种、渔获配额等进行生产，并遵守有关船舶及人员证明文件、进出水域报告、捕捞日志、作业每日报告、作业季度报告、渔船标识、渔具规格和标准及存放方式、渔获或其他物资海上转载、进出我国港口、紧急避难等方面的法律规定。

由于《中越北部湾渔业合作协定》的国际法基础与中日、中韩渔业协定的国际法基础有较大区别，对在我国管辖的北部湾水域作业的越南渔船的管理模式不同于对日本、韩国渔船的管理模式。在共同渔区我国管辖水域作业的越南籍渔船之渔业捕捞许可证由越南渔业主管部门发放，而对进入过渡性安排水域我国一侧的越南籍渔船之渔业捕捞许可证则由我国渔政部门发放，但是都由我国渔政部门根据我国渔业法规以及中越双边渔业协定和中越渔业联合委员会制定的《北部湾共同渔区渔业资源养护和管理规定》实施管理。

三、对外国渔船违法活动的调查处理

对涉嫌违反双边渔业协定和我国渔业法规的外国渔船，渔政部门应依据规定程序调查处理。主要包括巡航观察、立案、调查取证（包括录像、登临检查、紧追、询问等方式）、扣押违法人员和渔船、形成和执行处理决定、释放违法人员及渔船、提交结案报告等环节。为了保证及时查处违法的外国渔船，各级渔政机关和机构都建立了应急值班制度①。

根据《渔业法》第四十六条，对于未经批准擅自进入我国管辖水域从事渔业生产和渔业资源调查活动的，渔政部门应责令其离开或者将其驱逐，并可以没收渔获物、渔具，处50万元以下的罚款；情节严重的，可以没收渔船；构成犯罪的，依法追究刑事责任。

外国人、外国渔船对我国渔政部门实施的渔业行政处罚不服的，可以申请行政复议或提起行政诉讼。

第五节 远洋渔业管理

一、远洋渔业的概念和意义

根据《远洋渔业管理规定》第二条，远洋渔业是指中华人民共和国公民、法人和其他组织到公海和他国管辖海域从事海洋捕捞以及与之配套的加工、补给和产品运输等渔业活动，但不包括到黄海、东海和南海从事的渔业活动。可见，远洋渔业包括了公海渔业和在他国管辖海域的过洋性渔业。

积极发展远洋捕捞业对于提升我国的国际政治及经济地位，实现渔业经济、乃至国民经济的健康协调发展等具有重要意义。第一，公海渔业资源是一种战略资

---

① 农业部东海区渔政渔港监督管理局，上海水产大学：专属经济区渔政巡航培训教材，2006年4月，第183－187页。

源,公海捕鱼自由是《联合国海洋法公约》确认的一项国际法原则,发展公海渔业是维护我国国际政治权利和经济权利的具体体现,是行使国际法权利和履行国际法义务、参与公海渔业管理、与世界各国一道保护公海渔业资源的客观需要。第二,发展在他国管辖海域的过洋性远洋捕捞业对于增进我国与合作国家之间的友谊,促进合作国家的经济发展等可以发挥积极的建设性作用。第三,发展远洋渔业对于增加国际、国内水产品市场供应,满足水产品消费者的需要,维护我国的国际贸易收支平衡等能够发挥积极作用。第四,发展远洋捕捞业可以带动整个渔业产业链的发展,创造大量的就业岗位,对于促进沿海区域经济的繁荣,解决城乡经济发展不协调与失业问题等具有非常现实的意义。第五,我国近海的渔业资源长期以来衰退严重,渔业行业效益不高,发展远洋渔业对于减轻我国近海的捕捞强度,恢复近海渔业资源,提高捕捞行业的经济效益可以产生积极的影响;第六,发展远洋捕捞业能够促进我国海洋渔业科学与技术进步。例如,渔业船舶制造技术、网具生产制造技术、捕捞生产技术、海洋生物科学和海洋环境科学以及管理科学等。

根据《渔业法》、《农业法》等法律的相关规定①,鼓励、扶持远洋捕捞业是我国长期的渔业发展政策。

二、远洋渔业管理制度

根据《联合国海洋法公约》和其他相关的国际法原则及国际渔业管理实践,船旗国管辖是管理公海渔业的根本原则,而对于过洋性的远洋渔业,则主要由渔业活动所在国依据其国内法和双边渔业协定进行管理。根据《远洋渔业管理规定》第三条,农业部主管全国的远洋渔业工作,制定国家远洋渔业发展政策,负责全国远洋渔业的规划、组织和管理,并会同海关、商务、外交、税务等部门对远洋渔业企业执行国家有关法规和政策的情况进行监督。省级人民政府渔业行政主管部门负责本行政区域内远洋渔业的规划、组织和监督管理。具体的远洋渔业管理制度主要包括企业资格认定及年审换证制度、项目审批及年审确认制度、远洋渔业生产信息报告制度、公海渔业捕捞许可证制度以及对远洋渔业船舶和船员的监督管理制度。

一般讲,远洋捕捞业属于高风险、高投入产业。企业资格认定及年审换证制度,实际是农业部对企业是否具有从事远洋渔业的能力采取的一种资格评价认证措施,主要目的在于帮助企业降低和防范经营风险,维护劳动者的生命健康和财产安全,保证远洋渔业的健康发展。评价的主要内容有远洋渔船状况、承担意外风险的经济实力、资信记录、经营管理人员的管理水平等。只有取得《农业部远洋渔业企业资格证书》的企业才可以从事远洋捕捞生产,才可以享受国家的有关扶持政

① 参见:《渔业法》第二十一条、《农业法》第十六条。

策。并且,农业部每年还要对企业的远洋渔业资格实施年审,换发《农业部远洋渔业企业资格证书》。

在实施远洋渔业企业资格认定及年审制度的基础上,农业部又依据捕捞生产所在海域、合作国家、捕捞的对象、作业类型等界定了不同的远洋渔业项目,采取了项目审批及年审确认制度,即企业在从事远洋渔业之前应向农业部提供项目申请报告、企业营业执照和银行资信证明、项目可行性报告、外方合作协议或入渔证明或公海渔业捕捞许可证申请书、我国驻外使(领)馆意见、远洋渔船相关证书等材料,以取得农业部的批准。在项目进行过程中,若企业计划改变作业国家(地区)或海域、作业类型、入渔方式或渔船数量、更换渔船的,应当向农业部提出项目变更申请。为了使政府和渔政部门能准确把握远洋渔业的发展状况,及时制定应对措施,相关企业应填写渔捞日志,向农业部报告其远洋渔船进出境情况、捕捞生产情况、自捕水产品运回国内情况等,并在项目中止或执行完毕后,提交项目执行情况总结报告。

公海渔业捕捞许可证制度是在《联合国海洋法公约》于1994年生效、全国人大常委会于1996年批准《联合国海洋法公约》的背景下实行的,目的是更好地行使我国享有的国际法权利,承担相应的国际法义务,与其他远洋渔业国家一道维护公海渔业生产秩序,保护公海渔业资源,保证我国公海渔业事业的健康发展。根据《渔业法》第二十三条,从事公海渔业生产的渔船必须持有农业部核发的公海渔业捕捞许可证。因此,远洋渔业企业应当根据《渔业捕捞许可管理规定》规定的程序和要求的材料,向农业部申请公海渔业捕捞许可证。农业部在批准远洋渔业项目时,同时发给《公海渔业捕捞许可证》,并且每两年对公海渔业捕捞许可证审核一次。渔业企业应按照《公海渔业捕捞许可证》规定的作业类型、场所、时限进行生产。

作为一类特殊的动产,远洋渔业船舶既是渔业劳动者的工作场所,也是他们生活场所。政府和渔政部门依法有权力,也有义务对远洋渔船的安全性、管理水平和船员的从业资格实施行政管理,禁止企业利用不合格的渔船从事远洋渔业生产,禁止没有资格的船员从事远洋渔业工作,以维护劳动者的生命安全、身体健康和财产安全,保证远洋渔业的健康发展。根据《渔业法》和《远洋渔业管理规定》以及其他相关法律法规的规定,远洋渔船必须经国家渔业船舶检验部门技术检验、经渔港监督部门依法登记,取得各种有关的证书后才可能被用于从事远洋渔业生产,制造、更新改造、购置、进口远洋捕捞渔船的,应当根据《渔业捕捞许可管理规定》报农业部审批,远洋渔船所有权变更为他国公民或企业所有的,应当按《渔业船舶登记办法》的有关规定,办理渔船所有权注销登记,并持渔船所有权注销登记证书复印件报农业部备案。

根据《远洋渔业管理规定》第二十一条至第二十三条的规定,远洋渔业船员应具有一年以上的海洋捕捞经历,并经过培训,取得经农业部授权的渔政渔港监督管理机构考试合格发放的《渔业船舶职务船员适任证书》和《渔业船员专业训练合格证》,远洋渔业企业应当凭农业部远洋渔业项目批准文件、远洋渔业船员聘用合同、远洋渔业船员职务船员证书和专业训练合格证、远洋渔业船员政审材料等为远洋渔业船员办理海员证,应当与其聘用的远洋渔业船员或远洋渔业船员所在单位直接签订合同,为远洋渔业船员办理有关保险,按时发放工资,保障远洋渔业船员的合法权益。

第七章　渔业船舶、船员、港口与无线电通信行政管理

第一节　渔业船舶行政管理

一、渔业船舶的概念和分类

船舶是人们在水上进行各类经济生产活动、行政管理活动、科学研究及教学培训活动、娱乐活动、体育活动、军事活动等必需的工具。从行政管理的视角看，渔业船舶主要是与客货运输船舶、军事船舶等相区别，由渔业行政主管部门实施行政管理的一类船舶。《渔港水域交通安全管理条例》第四条规定，渔业船舶是指从事渔业生产的船舶以及属于水产系统为渔业生产服务的船舶，包括捕捞船、养殖船、水产运销船、冷藏加工船、油船、供应船、渔业指导船、科研调查船、教学实习船、渔港工程船、拖轮、交通船、驳船、渔政船和渔监船。

为了更有效地对渔业船舶依法分类实施管理，对功能不同、规格不一的渔业船舶依据不同的分类标准进行分类是非常必要的。

(1)依据渔船船体的材质，可分为钢质渔船、木质渔船、玻璃钢渔船等。材质不同的渔船，通常服从不同的设计、建造规范。

(2)依据船舶的动力来源，可分为机动渔船、帆船、机帆船等。

(3)依据渔船的大小分类，进而可依据船长、吨位、主机功率等分类。渔船的规格，往往是划分行政管辖权的依据之一，意味着适用不同的管理制度和政策。

(4)依据渔船的主要功能，可分为渔业生产船、水产科学研究调查船、水产教学实习船、政府公务船舶等。

(5)渔业生产渔船依据其主要功能，又可细分为捕捞渔船、养殖渔船、水产运销船、冷藏加工船、鲜销渔船、油船、供应船、渔港工程船、拖轮、驳船、交通船等。

(6)依据渔船的作业水域，可分为内陆渔船、近海渔船、外海渔船、远洋渔船等。

(7)依据捕捞渔船的捕鱼方式，捕捞渔船可分为拖网渔船、围网渔船、定置网渔船、张网渔船、鱿鱼钓渔船、带网船、灯光船、延绳钓渔船、漂流渔船等。

(8)根据渔船的船龄，分为老旧渔船和非老旧渔船，前者又分为一般老旧渔船和限制使用老旧渔船。

另外，为了更清楚地了解渔船的特点，更好地对渔船实行分类管理，可同时采用几种分类标准。例如，远洋鱿鱼钓渔船、远洋水产运销船、海洋大型围网渔船等。

二、渔业船舶强制检验制度

渔业船员素质和渔业船舶质量是影响渔业生产安全的两大基本要素。渔业船舶既是人们用来进行渔业生产、从事渔业科学研究、教学实习或渔业行政管理等活动必需的工具，同时也是渔业劳动者、科研教学实习人员或渔政公务人员的生活住所。为了保证渔业工作者的生命安全和财产安全，保证渔业船舶处于适航状态、具备工作和生活条件，预防环境污染，渔业船舶必须依法接受强制检验①，只有经过检验合格而获得渔业船舶检验证书的渔业船舶才可以航行②。对未经检验、未取得渔业船舶检验证书而擅自下水作业的渔船，渔业船舶检验机构依法可以没收③。

渔业船舶检验，应当遵循安全第一、保证质量和方便渔民的原则。渔船检验机构及其检验人员应当依据国家渔业船舶检验机构制定的渔业船舶检验规则实施检验，并按照国务院价格主管部门、财政部门规定的收费标准收取渔船检验费。渔业船舶检验主要包括初次检验、营运检验和临时检验三种。

初次检验，是指渔业船舶检验机构在渔业船舶投入营运前对其所实施的全面检验。制造、改造和进口的渔业船舶应接受初次检验，包括图纸、技术文件、船用设备及材料、施工过程等多个方面。营运检验，是指渔业船舶检验机构对营运中的渔业船舶所实施的常规性检验。检验项目主要包括渔业船舶的结构和机电设备；与渔业船舶安全有关的设备、部件；与防止污染环境有关的设备、部件；以及农业部规定的其他项目。临时检验，是指渔业船舶检验机构对营运中的渔业船舶出现特定情形时所实施的非常规性检验。例如，无法及时回船籍港的、不符合交通安全或环保法规被责令检验的、发生事故的等。任何单位和个人都不得擅自改变船舶的吨位、载重线、主机功率、人员定额、适航区域；不得擅自拆除更换有关航行作业安全以及防止环境污染的设备、部件。

另外，渔业船舶检验制度还包括对船用产品、材料检验认证；对渔业船舶设计、建造、维修单位的资质认可和监管④；对渔业船舶验船师的任职资格认可和管理等多项内容。

---

① 参见：《渔业船舶检验条例》第四条。

② 参见：《海上交通安全法》第四条、《内河交通安全管理条例》第六条、《渔港水域交通安全管理条例》第十三条、《远洋渔业管理规定》第十七条。

③ 参见：《渔业船舶检验条例》第三十二条。

④ 参见：《国务院对确需保留的行政审批项目设定行政许可的决定》第一百七十四项。

三、渔业船舶的命名和登记

渔业船舶是具有水上航行能力的合成物,包括船体、主机和附属设备,属于民法理论所认为的不可分物,一定程度上具有人的属性[①]。因此,各国法律对这类特殊动产的管理一般都是按照不动产处理的,渔业船舶之命名核准、所有权转移和权利设定等方面的规定与不动产类似。我国的渔业法规主要规定了渔业船舶的命名、船籍港的确定、所有权登记、国籍登记、抵押权登记、光船租赁登记以及变更和注销登记等各项制度。

(一)渔业船舶的命名

作为一类特殊的动产,渔业船舶应依法命名,以便渔政部门对其实施管理。主要分三种情况:(1)渔业生产船舶,主要依据《渔业船舶船名规定》命名;(2)远洋渔业船舶、科研船和教学实习船的船名可由船舶所有人提出,报省级渔港监督机构核准;(3)渔业行政执法船舶的命名,由渔业行政部门根据《渔业行政执法船舶管理办法》决定。

根据《渔业船舶船名规定》第三条,渔业生产船舶的船名通常由四部分内容构成,即(1)省(自治区、直辖市)名称的规范化简称+(2)渔业船舶所在县(市、区)名称的规范化简称,取第一个汉字,如果第一个汉字与本省其他县(市、区)名称相同,则取前两个汉字+(3)船舶种类(或用途)的代称+(4)由五位数的数码组成的顺序号。其中,船舶种类(或用途)的代称是①捕捞船用“渔”;②养殖船用“渔养”;③渔业指导船用“渔指”;④ 供油船用“渔油”;⑤供水船用“渔水”;⑥渔业运输船用“渔运”;⑦渔业冷藏船用“渔冷”;其他种类的渔业船舶由各省级渔业船舶登记机关规定,报中华人民共和国渔政局备案。另外,国有渔业企业的渔业船舶的船名,可以用本企业名称的简称代替省、自治区、直辖市名称的简称和本企业所在县(市、区)名称的简称[②]。

一般讲,渔业船舶的船名应依照有关标准从左至右横向标写在船首和船尾两舷,并在驾驶台顶部两侧固定悬挂船名牌[③]。

(二)渔业船舶的登记

渔业船舶登记是渔业船舶行政管理的重要内容,具有重要意义。一方面,通过登记明确船籍港、国籍,如同明确自然人或法人的住所,便于渔政部门对渔船实施

---

① 傅廷中:《海商法论》,法律出版社 2007 年版,第 22-25 页。

② 参见:《渔业船舶船名规定》第四条。

③ 参见:《渔业船舶船名规定》第七条至第十条、《渔业船舶登记办法》第十七条。

有效管理。登记机关有权对渔船构造、设备、适航条件等进行核查，只有符合国家所规定的技术要求的渔船才予以登记，由此保证渔船的适航性和生产安全。另一方面，通过登记能够保护渔船交易安全，保护当事人的合法权利。一般情况下，以渔船为标的物所设定权利的效力多取决于登记。

1. 船籍港的确定

根据《渔业船舶登记办法》第二条、第三条和第七条，凡中华人民共和国境内的企业法人或中国公民的渔业船舶，以及经中华人民共和国有关主管机关批准成立的外国独资、中外合资（合作）企业的渔业船舶，都应依法登记。办理登记的渔业港口为渔业船舶的船籍港，可由船舶所有人在其居住地或经营地就近选择，但每艘渔业船舶只能有一个船籍港。

船籍港名称应依照相关标准标写在船尾部中央，船名下方，从左至右水平标写①。

2. 渔业船舶所有权登记

渔业船舶所有权，是指渔业船舶所有人依法对其船舶享有占有、使用、收益和处分的权利。根据《渔业船舶登记办法》第十一条、第十二条，渔业船舶所有权的取得、转让和消灭，由两个以上的法人或者个人共有的，都应依法登记，否则不得对抗第三人。登记机关核准登记后，应向渔业船舶所有人核发渔业船舶所有权登记证书。

申请渔业船舶所有权登记时，渔业船舶所有人一般应交验（1）取得船舶所有权的合法文件；（2）除新建船舶以外，应交验原船籍港登记机关出具的所有权注销登记证明；（3）未进行抵押的证明文件或者抵押权人同意被抵押船舶转让他人的文件；（4）证明船舶所有人身份的文件；（5）由境外购进的渔业船舶，应当出具国家有关主管机关签发的准予进口渔业船舶的批准文件等②。

3. 渔业船舶的国籍登记

渔业船舶的国籍是确认其航行权、捕捞渔业权和行政、司法管辖权等的法律依据。只有通过国籍登记的方式而依法获得我国国籍的渔业船舶，才有可能在我国内陆水域、内海、领海内依法从事各种渔业生产活动，依照渔业法规的有关规定申请获得捕捞渔业权。具有我国国籍的渔船在从事公海渔业活动时，只受我国有关行政机关和司法机关管辖；具有我国国籍的渔船在他国管辖水域从事渔业生产活动时，则通常依据双边或多边渔业协定以及所在国的法律法规进行管理。

---

① 参见：《渔业船舶船名规定》第七条、第八条；《渔业船舶登记办法》第十七条。

② 参见：《渔业船舶登记办法》第十三条。

根据《渔业船舶登记办法》第十五条，申请国籍登记的，应当交验(1)渔业船舶所有权登记证书或取得船舶所有权的合法文件；(2)船舶检验部门签发的有效船舶技术证书；(3)若是捕捞渔船，还应交验渔政管理部门签发的准造(购)证或捕捞许可证；若是从事远洋渔业生产的船舶，还应交验农业部的批准文件。核准登记后，登记机关对于从事远洋渔业生产的船舶签发渔业船舶国籍证书；对于非远洋渔业船舶，则签发渔业船舶登记证书。渔业船舶国籍证书或渔业船舶登记证书必须随船携带，有效期均为五年。持证人应在证书有效期满不少于30日之前，持原证书和船舶检验部门签发的有效船舶技术证书到船籍港登记机关办理证书换发手续。

4. 渔业船舶的抵押权登记

根据《海商法》第十一条，渔业船舶抵押权是指抵押人对于抵押权人提供的作为债务担保的渔业船舶，在抵押人不履行债务时，可以依法拍卖，从卖得的价款中优先受偿的权利。它是以渔业船舶(包括在建的船舶)为标的的一种担保物权，具有从属于债权、不可分割、优先受偿、物上代位性等特征，抵押的船舶因海上事故或其他原因损毁或灭失，所得到的赔偿金，应用于清偿所担保的债权[①]。渔业船舶抵押权的设定必须通过登记的方式进行公示，获得公信，以保证各利益相关人的合法权利。未经登记的，不得对抗第三人[②]。

根据《渔业船舶登记办法》，渔业船舶所有人或其授权的人可以设定船舶抵押权。渔业船舶共有人就共有渔业船舶设定抵押权时，应当提供三分之二以上份额或者约定份额的共有人同意的证明文件。设定渔业船舶抵押权，应当签订书面合同。抵押权人和抵押人在申请抵押权登记时，应交验渔业船舶所有权登记证书或建造中的渔业船舶的建造合同以及抵押书面合同。登记机关核准登记后，应将有关抵押权设定情况载入渔业船舶登记簿和渔业船舶所有权登记证书，并向抵押权人核发渔业船舶抵押权登记证书。

5. 渔业船舶的光船租赁登记

光船租赁，是指由船舶出租人向承租人提供不配备船员的船舶，由承租人在约定的期间内占有、使用和经营船舶，并向出租人支付租金的民事行为。为了确认承租人根据光船租赁合同而取得的占有、使用、经营船舶的权利，以及满足可能变更船舶国籍的需要，海商法规设立了光船租赁登记制度。

根据《渔业船舶登记办法》第二十四条，三种情形的渔业船舶光船租赁合同需

① 赵德铭，何丽新：《国际海事法学》，北京大学出版社1999年版，第83-86页。

② 参见：《海商法》第十三条、《渔业船舶登记办法》第十九条。

要登记，即(1)中国籍船舶以光船条件出租给中国籍法人或公民；(2)中国籍船舶以光船条件出租境外；(3)中国籍法人或公民以光船条件租进外国籍船舶。办理登记需要交验的文件主要包括光船租赁合同、渔业船舶所有权证书、渔业船舶检验证书、渔船国籍证书等。若船舶为捕捞渔船，事先应取得渔政部门的批准。登记机关核准登记后，应将有关船舶租赁情况分别载入渔业船舶登记簿和渔业船舶所有权登记证书，向出租人和承租人核发渔业船舶租赁登记证明书各1份。在跨越国境租赁的情况下，还需要办理渔业船舶国籍证书或渔业船舶登记证书中止或注销、封存手续，核发临时渔业船舶国籍证书等。

6. 变更登记和注销登记

根据《渔业船舶登记办法》第二十九条、第三十条，若以下七种登记事项发生变化，渔业船舶所有人应办理变更登记：(1)船名、船号；(2)船籍港；(3)船舶尺度、吨位或作业方式；(4)船舶主机类型、数目或功率；(5)船舶所有人名称或住址(船舶所有权没有转移)；(6)船舶共有情况；(7)船舶抵押合同(不含解除合同)。登记机关核准变更登记后，应将有关变更登记情况载入渔业船舶登记簿，并在渔业船舶所有权证书、渔业船舶国籍证书或渔业船舶登记证书的“项目变更”栏内注明变更内容，并加盖登记机关印章。登记机关核准船籍港变更登记的，还应将船舶登记档案转交给新船籍港的登记机关，船舶所有人再向新船籍港的登记机关申请办理渔业船舶登记。

根据《渔业船舶登记办法》第三十一条，在船舶所有权转移、船舶灭失或失踪满6个月以及船舶报废或拆毁的情况下，船舶所有人应向船籍港登记机关申请办理所有权注销登记。登记机关在核准注销登记前，应当通知该船登记的债权人，收回渔业船舶所有权登记证书、渔业船舶国籍证书或渔业船舶登记证书、渔业船舶航行签证簿、捕捞许可证。若无法收回，船舶所有人应登报声明作废。核准注销后，登记机关应向船舶所有人出具渔业船舶注销登记证明书。

另外，船舶抵押合同解除，抵押权人和抵押人应办理船舶抵押权注销登记，以光船条件出租到境外的渔船，出租人应办理中止或注销船舶国籍登记，光船租赁合同期满或光船租赁关系终止的，出租人向船籍港登记机关申请办理光船租赁注销登记。

虽然现行的海商法规、渔业法规对渔业船舶的登记问题都作出了规定，但是在实践中依然存在许多未办理登记的渔业船舶。这不但影响了渔业船舶相关人的合法权利，引发了许多有关渔业船舶的民事纠纷，也影响了渔业船舶管理秩序、渔业生产秩序、恶化了水上治安状况。根据《国务院对清理、取缔“三无”船舶通告的批复》(国函〔1994〕111号)，渔政渔港监督机构有权对无船名船号、无船舶证书、无船籍港的“三无”船舶采取禁止离港、罚款、没收等措施。

为了简化办事程序,加强对小型渔船的管理,减轻渔民负担,农业部于2002年对海洋小型渔船实行了“三证合一”政策,即主机功率不满44.1千瓦(60马力)且船长不满12米的海洋捕捞渔船只需申领一本“中华人民共和国海洋小型渔业船舶证书”,以取代渔业船舶检验证书、渔业船舶登记证书和渔业捕捞许可证①。

此外,由于管理进出境事务和维护边境地区治安秩序的需要,在边境水域和海洋从事渔业生产活动的渔业船舶,还应依法向公安边防部门申请《出海船舶户口簿》、《出海船舶边防登记簿》等证件②。

四、渔业公务船舶管理

渔业公务船舶,主要是指渔业行政执法船舶,即各级渔业行政主管部门执行渔业行政执法任务的专用公务船、艇,简称渔政船③。为了保证渔政船和船员、渔政公务人员的安全,规范渔业执法行为,提高渔业行政管理的安全性和效率,必须对渔政船依法管理。根据《渔业行政执法船舶管理办法》,主要包括以下几个方面。

第一,建造、改造、购置和报废渔政船必须经有权机关批准。农业部直属渔业行政管理机构和省级渔业行政主管部门需新建、改造、购置和报废渔政船的,由中华人民共和国渔政局审批;省级以下各级渔业行政主管部门需新建、改造、购置和报废渔政船的,由各省级渔业行政主管部门审批,报中华人民共和国渔政局(海洋渔政船同时报所在海区渔政局)备案。

第二,与其他的渔业船舶一样,渔政船的设计、建造和安装的设备必须符合有关的标准和技术要求,必须依法向渔业船舶检验部门申报船舶检验。

第三,渔政船必须按照农业部的规定统一命名、编号,确定船籍港,依法办理船舶登记,并采用统一外观颜色和标志,刷制中国渔政徽标。

第四,所有渔政船必须向中华人民共和国渔政局申请注册,且每三年重新注册一次,经核准后,才有权执行渔业行政执法任务。并且,经过核准注册登记的渔政船,应向社会公布。

第五,渔政船必须服从其渔业行政主管部门的调度指挥,认真执行下达的执法任务。上一级渔业行政主管部门可以根据执法任务的需要,调用下一级渔业行政主管部门的渔政船执行执法任务。渔政船被调用期间服从上级渔业行政主管部门的指挥。

第六,在因特殊原因需借用、租用、征用非渔政船执行渔业行政执法任务的情

① 参见:《农业部关于开展海洋小型渔业船舶证书换发工作的通知》(农渔发〔2002〕19号)。
② 参见:《国务院对确需保留的行政审批项目设定行政许可的决定》第43项、第44项。
③ 参见:《渔业行政执法船舶管理办法》第二条。

形下,必须事先报经省级渔业行政主管部门批准。报告时,应说明拟执行的任务、时间、范围以及拟借用、租用船舶的船名号等有关情况。执行任务时,借用、租用、征用的非渔政船的船名号必须清晰可见,在不影响公务的前提下还应有明显的渔业行政执法标识。任务结束后应向批准部门报告执行情况。

五、老旧渔业船舶特别监管制度

为了加强对达到一定服役年限的渔业船舶的安全管理,及时排除安全隐患,预防渔业安全事故的发生,保证人民群众的生命和财产安全,现行渔业法规创设了老旧渔业船舶特别监管制度①,即对材质、航行水域和主体功能不同的各类渔船依法分别规定了一般老旧渔船和限制使用老旧渔船的船龄(见表7-1),渔业船舶检验机构对这两类渔船实施特别的检验制度,渔港监督机构也相应地采取特别的渔船登记制度,以期限制船东利用存在安全隐患的老旧渔业船舶从事渔业活动,督促、引导其淘汰、更新老旧渔业船舶。

表7-1　老旧渔业船舶船龄标准

渔船类别		一般老旧渔船	限制使用老旧渔船
海洋捕捞渔船	钢质,船长<12米	16年	21年
	钢质,12米≤船长<24米	20年	25年
	钢质,船长≥24米	24年	29年
	钢质,专门从事远洋作业和从事深水灯光围网作业的	30年	35年
	钢质,在本办法实施前改造且从事远洋作业的	26年	31年
	木质,船长<12米	13年	18年
	木质,12米≤船长<24米	18年	23年
	木质,船长≥24米	20年	25年
	使用梢木、坤甸木、稠木等特种木材制造的	25年	30年
	钢丝网水泥捕捞船	24年	29年
	玻璃钢捕捞船	30年	35年
内河捕捞船	钢质捕捞船	21年	26年
	木质捕捞船	25年	30年
	钢丝网水泥捕捞船	24年	29年
	玻璃钢捕捞船	30年	35年

① 参见:《农业部关于加强老旧渔业船舶管理的通知》(农渔发〔2007〕11号)。

续表

渔船类别		一般老旧渔船	限制使用老旧渔船
其他渔业船舶	养殖船	20 年	25 年
	水产品冷藏加工船	29 年	34 年
	拖轮、驳船	29 年	34 年
	水产运销船	26 年	31 年
	油船	26 年	31 年
	渔业指导船、渔业科研调查船、教学实习船、供应船、交通船	30 年	35 年
	渔业公务船	30 年	35 年

对两类老旧渔业船舶，各级渔政渔港监督管理机构应提前六个月书面通知所有人，并报同级渔业行政主管部门备案。对检验合格的一般老旧渔业船舶，渔业船舶检验机构签发的《渔业船舶检验证书》有效期最长为 24 个月；对检验合格的限制使用老旧渔业船舶，检验机构签发的《渔业船舶检验证书》有效期最长为 12 个月，若连续三次检验不合格，则不再受理船舶所有人的检验申请，并报同级渔业行政主管部门及其所属的渔政渔港监督管理机构备案。老旧渔业船舶的《渔业船舶登记证书》或《渔业船舶国籍证书》以及《渔业捕捞许可证》，可使用至有效期满，再重新换发新证时，有效期则不得超过《渔业船舶检验证书》的有效期。

另外，根据《渔业法》第三十八条和第四十一条、《渔业船舶检验条例》第三十二条以及《国务院对清理、取缔“三无”船舶通告的批复》（国函〔1994〕111 号），渔政渔港监督管理机构和渔船检验机构有权对非法建造、改装、非法使用从事渔业活动的船舶予以罚款、没收，对无船名船号、无船舶证书、无船籍港的“三无”船舶可以没收，并予以拆解，以维护海上治安和生产秩序，保护人民群众的生命和财产安全。

第二节　渔业船员行政管理

一、渔业船员任职资格制度

根据《船员条例》第四条及《海洋渔业船员发证规定》第四十八条，并考虑关于《农业部渔政渔港监督管理局关于发布“渔业船员服务簿”实施规定的通知》（〔1990〕渔〔港〕字第 10 号）以及农业部和交通运输部关于水上交通安全管理的职责分工[①]，渔业船员主要是指依照有关的法律法规和规定经渔港监督机构注册取得渔业船员服务簿、经过培训有资格在渔业船舶上工作的人员。渔业船员服务簿是船员参加专业训练和体格检查、申请考试、办理职务升级和换领渔业船员职务证书的证明文件。其主要功能是记录渔业船员在船上的服务经历，一般应每隔24个月至36个月的期间内到签发服务簿的渔港监督机构办理签证，以核定渔业船员的服务资历。另外，渔业船员服务簿也是持有人的职业身份证明文件，是渔业船员从业许可制度的具体体现。

渔业船员可分为甲板部船员和轮机部船员，包括船长、高级船员、普通船员三类；船长和高级船员，又被称为职务船员；船长，是指依照相关的规定取得船长任职资格，负责管理和指挥船舶的人员；高级船员，是指依照相关规定取得相应任职资格的大副、二副、三副、轮机长、大管轮、二管轮、三管轮、通信人员以及其他在船舶上任职的高级技术或者管理人员；普通船员，是指除船长、高级船员以外的其他船员。

渔业船员所从事的工作专业化程度非常高，工作场所主要是在内陆水域或者海洋，面临的安全风险相对陆地工作较高。因此，对他们知识水平、劳动技能、身体素质等方面的要求自然较高。为了减少水上航行、生产安全事故的发生，保证船员的生命安全和船舶及其他财产的安全，所有渔业船员必须学习规定的文化知识，接受相关的工作技能培训，依法取得相应的任职资格。一些国际条约、公约[②]和我国国内法律、法规对此都作出了明确的规定。例如，《海上交通安全法》第七条规定，船长、轮机长、驾驶员、轮机员、无线电报务员、话务员的相应人员，必须持有合格的职务证书，其他船员必须经过相应的专业技术训练。《渔港水域交通安全管理条例》第十四条规定，渔业船舶的船长、轮机长、驾驶员、轮机员、电机员、无线电报务员、话务员，必须经渔政渔港监督管理机关考核合格，取得职务证书，其他人员应当经过相应的专业训练。

另外，依据国际惯例，中国籍渔业船舶的船员一般应由中国公民担任。在特殊情况下，船长、驾驶员和报务员之外的其他船员可以由外国籍公民担任，但是，外国籍公民的人数最多不得超过全体船员总数的30%，并且应经主管机关批准[③]。

根据《远洋渔业管理规定》第二十三条，从事远洋渔业的渔业船员，还应向海事机构申请办理海员证。海员证是我国渔业船员在境外工作、旅行的中国公民身份证明文件。持有者在其他国家、地区享有按照当地法律、有关国际条约以及我国

① 参见：《关于水上交通安全管理分工问题的通知》（农（渔政）字〔1989〕19号）。

② 例如，1982年《联合国海洋法公约》第九十四条、1974年《国际海上人命安全公约》等。

③ 参见：《渔业船舶登记办法》第九条、《船员条例》第十二条、《船舶登记条例》第七条。

与有关国家签订协定规定的权利和通行便利。海员证的有效期不超过五年①。

二、渔业船舶安全配员管理

渔业船舶安全配员，主要是指船东或渔业船舶的经营者必须依法为其渔业船舶配备合格适任、数量足够的船员，以保证渔业船舶安全航行及生产，保证渔业船员生命安全，保证渔业船舶、设备、货物等财产安全的管理制度。

渔业船舶安全配员是保证船舶正常安全航行、生产的法定技术要求。一些相关的国际公约②和我国的国内法对此都作出了明确的规定。例如，《海上交通安全法》第六条规定，船舶应当按照标准定额配备足以保证船舶安全的合格船员。只有配备了符合规定的合格船员，才允许船舶航行。《渔港水域交通安全管理条例》第二十二条规定，未配齐船员的，由渔港监督管理机构责令改正，并可以处以罚款。

《海洋渔业船员发证规定》第五条至第九条规定，500 总吨以上的海洋渔业船舶应配备船长、大副、二副、三副，200 总吨至 500 总吨的渔业船舶应配备船长、大副、二副；主机总功率在 750 千瓦以上渔业船舶应配备轮机长、大管轮、二管轮、三管轮，主机总功率 250 千瓦至 750 千瓦的渔业船舶应当配备轮机长、大管轮、二管轮；发电机总功率为 500 千瓦以上的渔业船舶，应配备船舶电机员，也可由轮机长兼任；无限航区的渔业船舶，应配备全球海上遇险和安全系统无线电操作员，也可由取得全球海上遇险和安全系统无线电操作员任职资格的驾驶人员兼任，有限航区的渔业船舶，应配备无线电话务员，也可由取得无线电话务员任职资格的驾驶人员兼任；对于 200 总吨以下渔业船舶的驾驶人员、主机总功率 250 千瓦以下渔业船舶的轮机人员和无线电话务员之配备要求，由省级渔港监督机构规定，报中华人民共和国渔政局备案。这里，有限航区是指我国管辖的水域；无限航区，即有限航区及其以外的水域。

至于内河渔业船舶的船员配备要求，则由省级渔港监督机构规定③。

三、渔业船员培训发证管理

渔港监督机构对渔业船员的培训发证管理工作主要包括三个方面。一是根据有关国际公约和国内海事及渔业法规的规定，并考虑我国对运输船舶船员的培训要求、渔业船舶的特点、渔业生产环境、渔业船员岗位要求等因素，依法规定渔业船

① 参见：《船员条例》第十七条、第十八条。

② 例如，1982 年《联合国海洋法公约》第九十四条、第二百一十七条；1974 年《国际海上人命安全公约》等。

③ 参见：《内河渔业船舶船员考试发证规则》第五条。

员学习、培训、操作的科目、大纲、考试合格标准；二是依申请，审查核发渔业船员证书；三是鼓励支持渔业船员培训机构发展，对其进行资格认证，对教育培训、实际操作、考试等活动进行监管。

根据相关海事法规和渔业法规的规定，注册为渔业船员一般应符合三个条件。一是年龄在18周岁到60周岁之间；二是身体状况满足规定的健康要求；三是具有一定的文化水平，接受过渔业船员教育和培训，并经渔港监督机构考试合格[①]。《内河渔业船舶船员考试发证规则》的附件和《海洋渔业船员发证规定》第四十九条规定了渔业船员的体检要求。由于渔业船舶航行水域不同以及渔业船员工作岗位技能要求不同等原因，渔业职务船员培训被分为了内河渔业职务船员和海洋渔业职务船员培训、普通渔业船员基础培训和渔业职务船员培训；职务渔业船员培训又被进一步分为了驾驶员、轮机员和无线电操作员培训。

（一）普通渔业船员基础培训

普通渔业船员基础培训，是指对船员进行海洋与气象知识、航海大意、轮机大意、水手工艺、海上救生、船舶消防、海上急救、救生艇筏操纵、海洋防污、海损事故紧急处理等十项内容的基础理论学习和实际操作训练。培训考试合格者，可以向渔港监督机构申请《渔业船舶普通船员专业训练合格证》，并由渔港监督机构在其渔业船员服务簿中记载。合格证的有效期为五年；持有人应在有效期满最后六个月内，申请换发；所有普通渔业船员，都必须持证上岗[②]。

（二）内河渔业职务船员

对于内河渔业船舶的驾驶员和轮机员，证书等级分为甲、乙、丙三级。甲等证书，适用船舶主机额定功率45千瓦以上渔业船舶上工作的轮机员或船舶吨位在30总吨以上工作的驾驶员；乙等证书，适用船舶主机额定功率18千瓦至45千瓦渔业船舶上工作的轮机员或船舶吨位不满30总吨至10总吨上工作的驾驶员；丙等证书，适用船舶主机额定功率18千瓦以下渔业船舶工作的轮机员或船舶吨位不满10总吨及尾挂机和非机动船舶上工作的驾驶员。

（三）海洋渔业职务船员

对于海洋渔业船舶的驾驶员和轮机员，适任证书被分为了甲、乙两类，分别适用于无限航区和有限航区（即我国管辖的水域）；再根据船舶吨位、主机总功率，将甲类证书分为了一、二、三等，将乙类证书分为三、四、五等。由此，驾驶员甲类一等

① 参见：《船员条例》第六条；《内河渔业船舶船员考试发证规则》第六条；《海洋渔业船员发证规定》第十九条、第四十四条。

② 参见：《渔业船舶普通船员专业基础训练考核发证办法》。

适任证书适用于所有渔业船舶，甲类二等适任证书适用于1 600总吨以下渔业船舶，甲类三等适任证书适用于500总吨以下渔业船舶；轮机人员甲类一等适任证书适用于所有渔业船舶，甲类二等适任证书适用于主机总功率3 000千瓦以下渔业船舶，甲类三等适任证书适用于主机总功率750千瓦以下渔业船舶；驾驶员乙类三等适任证书适用于500总吨以下渔业船舶，乙类四等适任证书适用于200总吨以下渔业船舶，乙类五等适任证书适用于30总吨以下渔业船舶；轮机员乙类三等适任证书适用于主机总功率750千瓦以下渔业船舶，乙类四等适任证书适用于主机总功率250千瓦以下渔业船舶，乙类五等适任证书适用于主机总功率45千瓦以下渔业船舶。

对于电机员，不设乙类证书。甲类一等适任证书适用于发电机总功率500千瓦以上渔业船舶，甲类二等适任证书适用于发电机总功率500千瓦至1 200千瓦以下渔业船舶，甲类三等适任证书适用于发电机总功率500千瓦至800千瓦以下渔业船舶。

对于无限航区渔船的无线电操作员，需要全球海上遇险和安全系统(GMDSS，Global Maritime Distress & Safety System)无线电操作员适任证书；对于有限航区的渔船的无线电操作员，需要无线电话务员适任证书。

申请渔业职务船员适任证书的，除了应符合年龄、身体状况、培训考试合格等条件外，一般还要求具有海上工作经历①。证书的有效期不超过五年。

(四)渔业船员培训机构管理

鼓励劳动者从事渔业船员工作，鼓励、支持教育培训机构积极开展渔业船员培训事业，是渔业船员培训发证管理工作的一项指导原则，各级人民政府及渔政渔港监督机构应积极为渔业船员的教育培训和就业创造条件②。同时，渔港监督机构也应加强对渔业船员教育培训机构的资格认定和监管工作，以保证教育培训的质量。

一般讲，设立渔业船员培训机构，应当符合四项条件。一是有符合要求的场地、设施和设备；二是有与培训相适应的教学人员及管理人员；三是有健全的培训管理制度、安全防护制度；四是有船员培训质量控制体系。培训机构应依据渔政渔港监督机构规定的科目、大纲和标准等在认定的培训资格范围内进行教学、培训、操作训练及考核。对于不能按照规定进行培训以及不能够保证培训质量的机构，渔政渔港监督机构可以取消其培训资格③。

---

① 参见:《船员条例》第九条;《海洋渔业船员发证规定》第十九条、第二十条。

② 参见:《船员条例》第三条、《渔港水域交通安全管理条例》第十五条。

③ 参见:《船员条例》第三十六条、第三十八条、第四十七条、第六十二条、第七十一条;《渔业船舶普通船员专业基础训练考核发证办法》第六条;《渔业船员专业训练发证办法》第五条、第十二条。

四、渔业船员的职责和权益保护问题

渔业船员们常常在远离陆地的渔业船舶上共同生活、协作劳动，构成了一个联系紧密、彼此依赖的小社会。每位船员是否具有较高的职业技能、是否能够依法严格地积极履行自己的岗位职责、是否能够遵守工作纪律和职业道德、是否能够彼此和谐相处、其合法权益是否能够得到切实保障等，直接关系到了船员们的生命安全、渔船所有者和经营者的财产安全以及渔业生产效率。

为此，一些海事法规对船员，特别是船长的岗位职责要求作出了规定。例如，根据《船员条例》第二十条、第二十一条，船员应携带有效证件，按照水上交通安全和防治船舶污染的操作规则操纵、控制和管理船舶，遵守船舶的管理制度和值班规定，如实填写有关船舶法定文书，参加船舶应急训练、演习，不得利用船舶私载旅客、货物，不得携带违禁物品，执行船长的指令等。对于违反岗位职责规定的船员，船长可以责令其离岗，海事机构可以对其处以罚款；若是职务船员，也可以吊销其适任证书。《海商法》第三十五条至第四十条和《船员条例》第二十一条至第二十四条，则主要对船长的权利和职责作出了规定。渔政渔港监督机构，可以参照海事法规的规定，明确渔业船员的主要职责，加强对渔业船员履行其职责情况的监管，减少渔业船舶事故的发生。但是，渔业船舶与运输船舶、渔业船员与商船船员在许多方面毕竟存在显著的差距，渔业行政管理部门应积极推进渔业船员和渔业船舶管理方面的立法工作，以适应市场经济发展的需要，更好地推动平安渔业建设。

关于依法保护渔业船员权益的问题，除了有关的劳动和社会保障法律法规外，《海商法》设立的船舶优先权制度和《船员条例》第五章还作出了专门的规定。此外，根据《远洋渔业管理规定》第二十二条，远洋渔业企业应当与其聘用的远洋渔业船员或远洋渔业船员所在单位直接签订合同，为远洋渔业船员办理有关保险，按时发放工资，保障远洋渔业船员的合法权益，不得向远洋渔业船员收取不合理费用。

船舶优先权，是指海事请求人依法向船舶所有人、光船承租人、船舶经营人提出海事请求，对产生该海事请求的船舶具有优先受偿的权利。其中，船长、船员和在船上工作的其他在编人员根据劳动法律、行政法规或者劳动合同所产生的工资、其他劳动报酬、船员遣返费用和社会保险费用的给付请求；在船舶营运中发生的人身伤亡的赔偿请求在受偿顺序中分列第一位和第二位①。

《船员条例》主要是从六个方面对保护船员权益做了规定。第一，船员用人单位应当为其录用的船员办理工伤保险、医疗保险、养老保险、失业保险以及国家规

① 参见：《海商法》第二十条至第二十三条。

定或者船员劳动合同约定的其他社会保险,并依法按时足额缴纳各项保险费用。第二,船员生活和工作场所应当符合国家船舶检验规范中有关船员生活环境、作业安全和防护的要求,要为船员提供必要的生活用品、防护用品、医疗用品,建立船员健康档案,定期为船员健康检查,防治职业疾病,船员工作期间患病或者受伤,船员用人单位应当及时给予救治。第三,船员工会组织应当加强对船员权益的保护,指导、参与船员与船员用人单位签订劳动合同。船员以个人名义与境外船员用人单位订立劳动合同时,应当通知船员工会组织,并可以使用船员工会组织推荐的格式合同。第四,船员用人单位应当向船员支付合理的工资和报酬,并足额地发放给船员。任何单位和个人不得克扣船员的工资和报酬。船员在劳动合同有效期内的待派期间,船员用人单位应当支付不低于船员用人单位所在地人民政府公布的最低工资。第五,船员除享有国家法定的节假日外,还享有在船上每工作两个月不少于五日的年休假。船员在年休假期间,船员用人单位应当支付不低于船员在船服务期间平均工资和报酬。第六,船员有要求遣返和选择遣返地点的权利。

渔业船员职业是世界公认的最艰苦、伤亡风险最高的职业之一。虽然 2007 年 9 月 1 日实施的《船员条例》对依法保护船员权益问题作了比较全面的规定,但是渔政渔港监督机构如何参照此《条例》以及有关渔业法规和劳动与社会保障法规保护渔业船员的合法权益,创建平安渔业依然是个非常迫切的现实问题。

第三节 渔业港口和航行作业安全管理

一、渔业港口的概念和分类

港口,是指具有船舶进出、停泊、靠泊,旅客上下,货物装卸、驳运、储存等功能,具有相应的码头设施,由一定范围的水域和陆域组成的区域。港口可以由一个或者多个港区组成①。渔港,主要是与以停靠货运船舶为主体功能的商港及与以停靠军事船舶为主的军事港口相区别的一类港口,是水产品和渔需物资的重要集散地,是渔业经济发展的重要基础设施。根据《港口法》第五十九条和《渔港水域交通安全管理条例》第四条、第五条,渔业港口是指主要为渔业生产服务和供渔业船舶停泊、避风、装卸渔获物和补充渔需物资的人工港口和自然港湾,包括综合性港口中渔业专用的码头、渔业专用的水域和渔船专用的锚地。若对渔港性质的认定有不同意见,应由县级以上人民政府决定。

新中国成立以来,我国改建、扩建和新建了许多渔业港口。截止到 2003 年 4

① 参见:《港口法》第三条。

月2日，经县级以上人民政府认定的，由农业部公布的沿海渔港达1 024个，内陆渔港137个。根据渔港在区域渔业经济发展中的地位、服务渔船的范围、水产品卸港量、投融资渠道等，这些渔港被分成了四级。特一级渔港，是指在渔业发展中占有重要地位的渔业基地港，来港船舶可以包括生产渔船、加工渔船和冷藏运输船；一级渔港，是几省（区、市）渔船共用或常有外籍渔船停靠作业，水产品年卸港量在二万吨以上的渔港；二级渔港，是指主要供本省（区、市）渔船停靠作业，水产品年卸港量在一万至二万吨之间的渔港；三级渔港，是指主要供本县（市）渔船停靠作业，水产品年卸港量在一万吨以下的渔港①。

二、渔业港口的规划、建设和经营管理

渔业行政管理部门对渔业港口的管理涉及规划、建设、维护、经营、交通秩序与作业安全等多个方面。1975年3月，当时主管水产事务的农林部组织召开了第一次全国群众渔港建设会议。自此，渔业港口建设才正式纳入了国家基础设施建设计划项目②。

根据《港口法》以及《渔业法》的有关规定，各级人民政府应在国民经济和社会发展计划中体现渔业港口的发展和规划要求，并且依法保护和合理利用渔业港口资源。渔业港口规划应当根据国民经济和社会发展的要求编制，体现合理利用岸线资源的原则，并且应与渔业发展规划、城乡规划、土地利用总体规划、江河流域规划、防洪规划、海洋功能区划等相协调。渔业港口规划包括渔业港口布局规划和渔业港口总体规划。前者，是指渔港的分布规划；后者，是指一个渔港在一定时期的具体规划，包括港口的水域和陆域范围、港区划分、吞吐量和到港船型、港口的性质和功能、水域和陆域使用、港口设施建设岸线使用、建设用地配置以及分期建设序列等内容。渔港总体规划，应当符合渔业港口布局规划，是城乡规划的组成部分。农业部和各级地方人民政府及其渔业主管部门应依据《港口法》和《渔业法》等法律法规和相关标准、技术规范、程序等领导、组织编制渔业港口规划。

渔港建设应符合渔业港口规划，目前主要是以改建、扩建现有渔港为主。由于渔港属于渔业产业基础设施，具有社会公益性，以及我国经济正由计划经济向市场经济过渡等原因，渔港建设资金的来源无论是历史上还是现在都比较复杂，既包括中央和地方政府财政投资，也包括向渔民征收的渔业附加税及渔港建设基金、渔民群众自筹资金、各种渔港费以及民营资本等。因此，虽然《渔业法》已经明确渔港

---

① 参见：《渔港总体设计规范》（SC/T9010－2000）。从目前渔港建设情况看，此《规范》界定的分级标准已明显滞后，迫切需要修订。

② 中华人民共和国农业部渔业局：《中国渔业五十年大事记（1949年10月－1999年9月）》，中国农业出版社1999年版。

经营实行“谁投资谁受益”的原则①,但是目前渔港建设和经营及行政管理体制还存在许多问题。比较突出的问题之一是渔港用地、渔业水域和渔港设施的所有权、经营权以及渔港的行政管理权主体不明、彼此关系不明确,进而导致了渔业港口设施规划、建设、维护义务主体不明等一系列问题。

加强对渔港规划、建设和经营管理,对于保障渔业经济的健康发展,保证渔业生产安全,繁荣城乡经济以及巩固国防等都具有十分重要的意义。随着市场经济的快速发展,城镇规模的扩大,房地产开发和工农业建设,“人地、人水”关系的日趋紧张,渔港的规划、建设、维护、经营和行政监管等面临的问题和矛盾会越来越多。这迫切要求农业部和各级人民政府及其渔业行政管理部门积极推进渔港监督管理体制改革,针对不同的情况,明晰各类渔港权利主体之间的关系,根据《港口法》和《渔业法》制定专门的法规、政策和措施,保证渔港建设和经营事业的健康发展,更好地维护渔港的生产秩序与安全。

三、渔港签证和引航制度

渔港签证,是渔港监督机构对进出渔港或在港内航行、作业的我国船舶进行查验,并审核有关船舶状况和船方报告,而后对处于适航或适拖状态、且符合规定条件的船舶,签发准许其进出渔港或在港内航行、作业法律文书的一项管理制度。渔港签证制度是渔港监督机构实施的一种行政许可行为,其目的是维护渔港内的生产和交通秩序,保障船舶、港口设施和船员的安全,防止船舶事故的发生。根据《海上交通安全法》第十二条、《内河交通安全管理条例》第十八条和《渔港水域交通安全管理条例》第六条,船舶进出渔港必须办理签证。

一般情况下,船舶应在进港后24小时内(在港时间不足24小时的,于离港前)应向渔港监督机构办理进出港签证手续;签证工作一般实行进出港一次签证;渔业船舶若临时改变作业性质,出港时仍需办理出港签证。在海上连续作业时间不超过24小时的渔船以及船长在12米以下的小型渔船,可以向所在地或就近渔港的渔港监督机构或其派出机构办理定期签证。对于政府公务船舶、军事船舶以及体育船舶等,可以免签证,但需要通报渔港监督机构②。

一般讲,办理渔港签证应符合八项条件。(1)船舶证书齐全、有效;若是捕捞渔船,还应有渔业捕捞许可证;若是150总吨以上的油轮或400总吨以上的非油轮或主机额定功率300千瓦以上的渔业船舶,应备有油类记录簿;若是倾倒废弃物的船舶,应持有国家海洋局或其派出机构的批准文件。(2)按规定配齐船员、职务船

---

① 参见:《渔业法》第二十七条。

② 参见:《船舶进出渔港签证办法》第三条、第六条、第七条。

员应持有有效的职务证书。(3)船舶处于适航状态,并按规定标写了船名、船号、船籍港和船名牌。(4)装运危险物品的船舶,其货物名称和数量应与《船舶装运危险物品准运单》所载相符,并有相应的安全保障和预防措施,按规定显示信号。(5)没有违反我国法律、行政法规或港口管理规章的行为。(6)已缴纳了应承担的费用或提供了适当的担保。(7)若发生了交通事故,按规定办完了处理手续。(8)根据天气预报,海上风力没有超过船舶抗风等级①。

船舶引航,是引航员引领船舶航行、靠泊、离泊、移泊的活动。引航制度,既是维护国家主权的需要,也是维护港口设施、船舶和船员生命安全的需要。根据《海上交通安全法》第十三条、《内河交通安全管理条例》第十九条、《港口法》第三十九条以及《船舶引航管理规定》第九条,外国籍船舶、通航条件受限制的船舶、载运危险货物的船舶、可能影响港口设施安全的船舶等,应当向引航机构申请引航。

另外,若有国际航行船舶(即进出我国口岸的外国籍船舶和航行国际航线的中国籍船舶)进出经国家批准可以进出国际航行船舶的渔业港口,渔港监督机构应协助海事机构、海关、公安边防机关、国境卫生检疫机关、动植物检疫机关,为国际航行船舶办理船舶进口岸手续和出口岸手续②。

四、装卸危险货物监管制度

危险货物,是指具有爆炸、易燃、毒害、腐蚀、放射性、污染危害性等特性,在船舶载运过程中,容易造成人身伤害、财产损失或者环境污染而需要特别防护的物品。目前,危险货物被分为九类,即(1)爆炸品;(2)压缩气体和液化气体;(3)易燃液体;(4)易燃固体、自燃物品和遇湿易燃物品;(5)氧化剂和有机过氧化物;(6)毒害品和感染性物品;(7)放射性物品;(8)腐蚀品;(9)杂类。根据危险程度,各类危险货物又被分为了一级和二级危险货物③。

根据《海上交通安全法》、《港口法》、《渔港水域交通安全管理条例》、《内河交通安全管理条例》、《船舶进出渔港签证办法》等法律法规的相关规定,船舶载运危险货物进出渔港、在渔港内从事装载、卸载、过驳、运输、储存危险货物等活动,必须事先获得渔港监督机构的批准,并且得到批准后也必须在指定的地点依据有关法律、法规、规章、章程、规范等规定的程序进行作业。对于违章作业的,渔港监督机构可责令其改正或停止作业,处以罚款,必要时可采取强制措施,以维护船员生命安全以及船舶、港口设施安全。

---

① 参见:《船舶进出渔港签证办法》第十二条。

② 参见:《国际航行船舶进出中华人民共和国口岸检查办法》;《远洋渔业规定》第十二条。

③ 参见:《船舶载运危险货物安全监督管理规定》第三十六条、《水路危险货物运输规则》第三条。

五、港航设施的建设和维护管理

根据交通运输部及其海事机构与农业部及其渔政渔港监督机构的职责分工，监视、维护渔港的正常使用功能、秩序和安全是渔港监督机构的法定职责。这主要涉及对渔港水域和渔业专用航道通航功能的监管以及对渔业航标及辅助设施、通信设施、交通管理设施、环境保护设施和渔业港口设施的保护管理等。

渔港水域一般包括码头前沿水域、进出渔港航道、船舶回转调头水域、停泊锚地、避风锚地、系泊区、过驳作业区等。渔港监督机构应保证渔港水域符合渔业港口设计规范，渔港水域各组成部分达到规定的水深、面积，位置得当，流态良好，能够满足船舶安全进出港、停泊、靠离码头、装卸货物等活动的要求。

航道，是指我国沿海、江河、湖泊、运河内船舶、排筏可以通航的水域，又有国家航道、地方航道和专用航道之分①。我国沿海和内河航道的管理、整治和维护，主要由海事部门负责。

渔业航标，是指在渔港、进出港航道和渔业水域主要供渔业船舶定位、导航或者用于其他专用目的的助航设施，包括视觉渔业航标、无线电导航设施和音响渔业航标；渔业航标辅助设施，是指为渔业航标及其管理人员提供能源、水和其他所需物资而设置的各类设施②。渔政渔港监督机构应编制渔业航标规划，按规划设置、调整、维护渔业航标，并向海事机构通报；对损毁渔业航标的行为人，依法给予处罚，并要求其承担赔偿责任。渔业航标必须符合国家标准和有关技术要求，如《内河助航标志》(GB5863－1993)和《中国海区水上助航标志》(GB4696－1999)。另外，专业单位经过批准也可以在渔港设置自用的渔业航标，自行维护。

为了保护渔港设施、渔港水域、渔业航标及辅助设施、通信设施、交通管理设施、环保设施等的正常功能，在渔港内新建、改建、扩建各种设施或者进行任何水上、水下施工作业，都应得到渔港监督机构的批准；批准后，渔港监督机构应当事先发布航行通告。禁止在渔港内倾倒废弃物以及从事捕捞、养殖、种植等妨碍交通安全的活动，禁止向渔港水域排放超过国家环保标准的有毒、有害废水。

为了筹集维护渔港及其设施和渔业航标及其辅助设施、保护渔港水域环境等所需资金，渔港监督机构可以依法向进出渔港的船舶征收船舶港务费、停泊费、靠泊费、货物港务费③。

---

① 参见：《航道管理条例》第五条、第三十一条。

② 参见：《渔业航标管理办法》第二条、第二十四条。

③ 参见：《渔港费收规定》(〔1993〕农〔渔政〕字第15号)。

六、渔业船舶航行及作业值班和避让

为了避免值班船员在渔船操纵中的过失行为，保障渔船航行和作业安全，农业部 1999 年发布了《渔业船舶航行值班准则（试行）》[①]，规范了渔业船员值班制度。《准则》包括值班船员的资格、编制值班规则、船长的责任、出航准备、舵令下达、了望要求、捕捞作业值班、锚泊值班、交接班、轮机值班、无线电值班、航海日志填写与保管、轮机日志的填写与保管等多个方面。船长和值班船员应遵守国际、国内相关法规、港口章程和值班规则，认真填写航海日志、轮机日志和渔捞日志，保证船舶安全。

由于《1972 年国际海上避碰规则》未明确捕捞渔船之间的避让规则，农业部发布了《渔船作业避让规定》[②]，对拖网渔船、定置网渔船、漂流渔船和围网渔船之间的避让义务作了规定，并规定了各类渔船在能见度不良时的行动规则以及作业时的号灯、号型和灯光信号。值班船员，应严格按照国际海上避碰规则和渔船作业避让条例操纵渔船，避免发生碰撞事故。另外，渔船航行、作业、进出港口，还应遵守港口章程，并且应优先遵守港章的有关规定。

七、防治渔业船舶污染管理

渔船是内河水域和海洋环境污染源之一，防止渔船造成水污染是渔业行政主管部门的法定职责。《水污染防治法》、《水污染防治法实施细则》、《海洋环境保护法》、《防治船舶污染海洋环境管理条例》、《防止拆船污染环境管理条例》等国内法律法规以及一些国际海事公约对防止包括渔船在内的船舶水污染问题作出了比较全面的规定。

第一，渔船必须按照相关规定配置相应的防污设备和器材。第二，渔船向水体中排放的含油污水、生活污水等，应当符合有关的国家标准，禁止向水体排放残油、废油等有害物质。第三，渔船运载油类和易造成污染的货物等，应当采取防止溢流和渗漏的措施，防止造成水污染。第四，从事渔船拆解、沉船打捞、渔船建造修理、污染物质接收、渔船清洗等容易污染水环境的活动前，应当编制作业方案，采取有效的防污染措施，并应得到渔港监督机构的批准。第五，在内河和港口水域禁止倾倒船舶垃圾，在海洋上应按相关标准的要求处理船舶垃圾，港口、码头、装卸站和船舶修造厂应当备有足够的船舶污染物、废弃物的接收设施。第六，一些渔业船舶还

① 参见：《渔业船舶航行值班准则（试行）》（农渔发〔1999〕10 号）。

② 参见：1983 年 9 月 20 日农牧渔业部发布的《渔船作业避让暂行条例》（[83]农〈管〉字第 28 号）；2007 年 11 月 8 日更名为《渔船作业避让规定》，见《农业部现行规章清理结果》（农业部令 2007 年第 6 号）。

应持有船舶防污文书，并如实记录涉及污染物作业和排放的事项。

八、渔业水上交通事故调查和处理

根据《海上交通安全法》第四十八条、《海上交通事故调查处理条例》第三条、《内河交通安全管理条例》第九十三条和《渔港水域交通安全管理条例》第三条，渔业水上交通事故的调查和处理由渔港监督机构负责。

所谓渔业水上交通事故，是指一切船舶、浮动设施在我国渔港水域发生的交通事故以及渔业船舶在我国的内河以及所管辖的海域发生的交通事故。共包括八类，即(1)碰撞，指船舶与船舶(包括排筏、水上浮动装置)相互间碰撞致损以及因船舶航行产生的浪涌冲击他船而致损；(2)触礁，指船舶触碰礁石或搁置在礁石上致损；(3)触损，指船舶触碰岸壁、码头、航标、桥墩、钻井平台等水上固定物或沉船、木桩、渔栅等水下障碍物致损；(4)搁浅，指船舶搁置在浅滩上致损；(5)风灾，指船舶遭受强风致损；(6)火灾，指因雷击、爆炸、失火等原因致使船舶燃烧致损；(7)自沉，指船舶因装载不当、船体漏水等原因或不明原因造成船舶沉没或人员伤亡；(8)其他引起财产损失或人身伤亡的海上交通事故。但是，不包括战争或军事行动，抢劫、斗殴、走私等违法行为造成的事故。根据事故造成的伤亡的人数和经济损失，渔业水上交通事故分为小事故、一般事故、重大事故、特大事故和特别重大事故。小事故，指船员有伤残，但无人员死亡与失踪，或者海上事故直接经济损失达1万~10万元，内陆水域事故直接经济损失达0.1万~10万元的事故；一般事故，指一次性死亡或失踪1~2人，或者直接经济损失10万元及以上的事故；重大事故，指一次性死亡或失踪3~9人，或者直接经济损失100万元及以上的事故；特大事故，指一次性死亡或失踪10~29人，或者直接经济损失1 000万元及以上的事故；特别重大事故，指一次性死亡或失踪30人及以上的事故。经济损失主要包括船舶损失、人身伤害损失、船舶打捞和脱浅费用和污染损害①。

发生渔业水上交通事故后，有关单位或个人应立即向就近的渔政渔港监督机构报告，接到报告的渔政渔港监督机构应迅速向其所属的渔业行政主管部门、本级人民政府及其安全生产监督管理部门报告，并视事故严重程度逐级向上级渔业行政主管部门和我国海上专业救助力量——交通运输部主管的中国海上搜救中心及其地方海上搜救机构报告。各级渔业行政主管部门、人民政府、海上搜救中心应按照《渔业船舶水上安全突发事件应急预案》、《国家海上搜救应急预案》等，迅速开展救助活动。

① 参见：《渔业海上交通事故调查处理规则》第二条、第三条；《渔业船舶水上事故报告和统计规定》第三条、第四条、第十一条、第十二条。

渔业水上安全突发事件救助结束后，有权处理的渔政渔港监督管理机构应按照渔业水上事故调查处理规则规定的程序，本着坚持实事求是、尊重科学、公正公开的原则，准确地查清事故经过，全面地分析事故原因，核实、估算事故造成的人员和经济损失，判明事故的性质和类别，认定事故责任，总结事故教训，提出整改措施，并对违反法律法规的事故责任者依法给予行政处罚，对涉嫌犯罪的，依法移交司法机关处理。另外，对由此引发的渔事纠纷，渔政渔港监督机构可应当事方的申请依法进行行政调解，或由仲裁机构依据《仲裁法》和渔业争议仲裁规则进行仲裁，帮助各方化解矛盾，维护渔区经济和社会稳定，尽快恢复生产。

第四节 渔业无线电通信行政管理

通信，一般是指不同地点之间的信息传输和交换。保障渔业船舶通信的及时性、有效性和准确性，是实现渔业船舶安全航行、安全生产，保证渔业船员生命安全以及财产安全的重要条件。依据通信原理和设备，渔业船舶通信包括视觉信号通信、声响信号通信和无线电通信。视觉信号通信又分为灯光通信、旗号通信和手旗或手臂通信；声响通信主要是指通过汽笛、号钟、雾角等发声器具传递信息以及利用强力扬声器对话通信；无线电通信包括无线电报通信、无线电话通信以及全球海上遇险与安全系统[①]。本节仅探讨渔业无线电通信行政管理问题。

一、无线电通信模型和频谱划分

无线电通信，是利用无线电波作为载波来传递各种信息（如声音、文字、符号、图像、数据等）的一种通信方式。其原理在于导体中电流强弱的改变会产生无线电波。利用这一现象，通过调制可将信息加载于无线电波之上。当无线电波通过空间传播到达收信端，电波引起的电磁场变化又会在导体中产生电流变化。通过解调将信息从电流变化中提取出来，就实现了信息传递的目的。图 7 - 1 和图 7 - 2 分别示意了无线电模拟通信和数字通信系统模型[②]。模拟信号意味着信号参量的取值方式是连续的，而数字信号的参量是离散取值的。

频率、波长和波速是描述电磁波特性的三个主要参数。频率（f），即电磁波每秒钟变化的次数，单位为赫兹；波长（λ），即电磁波振动一次的长度；波速（C），即电磁波传播的速度，大约每秒 30 万千米。三个参数之间的关系式为：波速 = 波长 × 频率。无线电波，主要是指不通过人为导引而在空间（包括真空中）传播

① 邱志雄：《航海概论》，人民交通出版社 2000 年版，第 96 - 110 页。

② 南利平，等：《通信原理简明教程》，清华大学出版社 2007 年版，第 3 - 4 页。

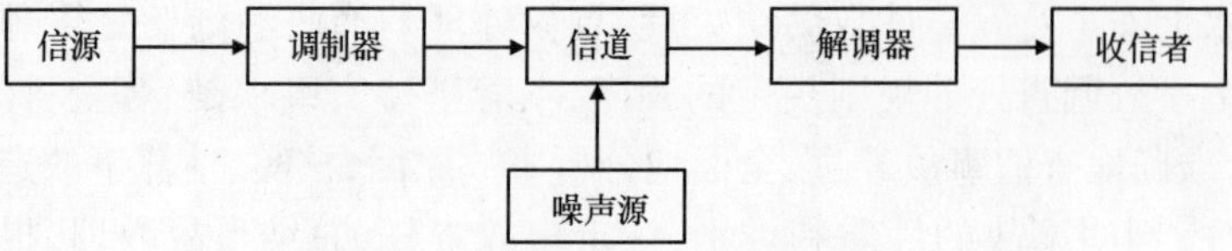

图 7－1 模拟通信系统模型示意图

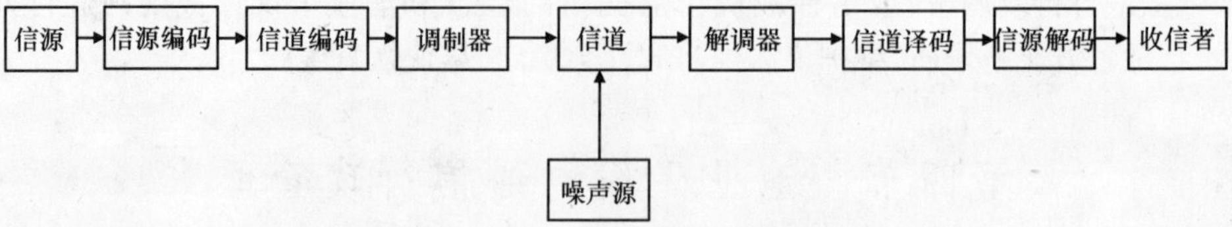

图 7－2 数字通信系统模型示意图

的电磁波，其上限频率通常为 3 000 GHz，下限频率通常为 3 KHz。这一范围的频率集合称为无线电频谱，又被划分成了若干频带、波段。不同频带、不同波段的无线电波的空间传播方式不同、主要用途也不同。传播方式主要有地波（又称绕射传播）、天波（也称电离层反射波）、空间直射波（亦称视距传播）、地球卫星中继传播等。

无线电频谱资源是人类共享的自然资源，但是对于一个主权国家而言，又是国家所有的、稀缺的战略资源和经济发展资源。无线电频谱资源的开发利用关系到了国民经济的健康发展，也涉及国家主权和安全问题。根据原信息产业部 2006 年发布的《无线电频率划分规定》，我国将无线电频谱分为了 14 个频带。表 7－2 列出了无线电频带名称、频率范围、波段名称、波长范围和常用传输媒介（信道）及主要用途。

表 7－2 无线电频带、波段的范围和名称以及常用传输媒介和主要用途

带号	频带名称	频率范围	波段名称	波长范围	常用传输媒介	用途
－1	至低频（TLF）	0.03－0.3 Hz	至长波或千兆米波	10 000－1000 兆米（Mm）		
0	至低频（TLF）	0.3－3 Hz	至长波或百兆米波	1 000－100 兆米（Mm）		
1	极低频（ELF）	3－30 Hz	极长波	100－10 兆米（Mm）		
2	超低频（SLF）	30－300 Hz	超长波	10－1 兆米（Mm）		
3	特低频（ULF）	300－3 000 Hz	特长波	1 000－100 千米（km）		
4	甚低频（VLF）	3－30 kHz	甚长波	100－10 千米（km）	有线线对	音频、电话、数据终端、长距离导航、时标

续表

带号	频带名称	频率范围	波段名称	波长范围	常用传输媒介	用途
5	低频(LF)	30-300 kHz	长波	10-1千米(km)	有线线对	导航、信标、电力线通信
6	中频(MF)	300-3 000 kHz	中波	1 000-100米(m)	同轴电缆	调幅广播、移动陆地通信、业余无线电
7	高频(HF)	3-30 MHz	短波	100-10米(m)	同轴电缆	移动无线电话、短波广播、定点军用通信、业余无线电
8	甚高频(VHF)	30-300 MHz	米波	10-1米(m)	同轴电缆	电视、调频广播、空中管制、车辆通信、导航、集群通信、无线寻呼
9	特高频(UHF)	300-3 000 MHz	分米波	10-1分米(dm)	波导	电视、空间遥测、雷达导航、点对点通信、移动通信
10	超高频(SHF)	3-30 GHz	厘米波	10-1厘米(cm)	波导	微波接力、卫星和空间通信、雷达
11	极高频(EHF)	30-300 GHz	毫米波	10-1毫米(mm)	波导	雷达、微波接力、射电天文
12	至高频(THF)	300-3 000 GHz	丝米波或亚毫米波	10-1丝米(dmm)		

注:

① 频率范围和波长范围均含上限、不含下限。

② 根据《无线电频率划分规定》之1.9无线电频带和波段的命名,无线电频率以Hz(赫兹)为单位,3 000 Kz以下(包括3 000 kHz),以kHz(千赫兹)表示;3 MHz以上至3 000 MHz(包括3 000 MHz),以MHz(兆赫兹)表示;3 GHz以上至3 000 GHz(包括3 000 GHz),以GHz(吉赫兹)表示。

来源:①《中华人民共和国无线电频率划分规定》,信息产业部于2006年10月16日公布

② 隋晓红,钟晓玲:《通信原理》,北京大学出版社2007年版,第2-3页

二、渔业无线电通信网

渔业通信网的规划、建设、维护和管理是渔业电信管理的重要工作。按照渔业通信网的主要用途,可分为渔业安全通信网、渔业生产指挥与信息服务通信网和渔政管理通信网;按照渔业通信网覆盖的范围,可分为近海、外海和远洋三类;按照占用的波段,大致可分为短波、超短波和微波通信(卫星通信)网三种。但在实际上,通信网没有严格的区分,往往是以岸台为中心的综合性通信网。

(一)渔业安全通信网

一般讲,海洋渔业船舶航行的水域可分为近海、外海和远洋。由此,渔业安全通信网包括近海渔业安全救助通信网、短波安全通信网和交通运输部负责建设管理的全球海上遇险与安全系统(GMDSS, Global Maritime Distress and Safety System)。通过渔业安全通信网向渔业船舶提供安全通信服务,是各级政府和渔政部门公共管理活动的重要内容。

1. 近海渔业安全救助通信网

为了解决近海(大约50海里内)渔业船舶安全通信问题,农业部于1998年建成开通了近海渔业安全救助通信网(简称90系统),在沿海建设了121座基站,具有接收近海渔业船舶遇险报警、显示渔业船舶识别码及船位、发布气象和海况预报以及其他通信功能。2006年,农业部又组织协调各级地方政府及渔政部门对该通信网进行了升级改造①。

渔业船用调频无线电话机的频率范围是27.5—39.5MHz,按25 KHz信道间隔划分为480个信道②。其中,221号信道(33.000 MHz)为ASK调制信令信道;223号信道(33.050 MHz)为遇险求救话音通信信道;225号信道(33.100 MHz)为气象与海况只收信道;231号信道(33.250 MHz)为MSK调制紧急呼叫信令信道;236号信道为MSK调制非紧急呼叫信令信道。指配给渔业船用无线电话机的渔船识别码为11位数字,其中前6位为渔业船舶证书发证机关所在省、市、县的国家行政区划代码,后5位是渔船代码。

渔业船用调频无线电话机具有多种功能。例如,多信道值守(即在遇险信道和其他信道之间可以循环扫描,以保证及时准确接受遇险呼叫信号和其他呼叫);遇险求救报警;气象和海况紧急警报(岸台发出紧急警报后,话机即发出紧急警报声,并自动转至225信道收听);具有语音加密功能的渔政专用信道;全呼(岸台对覆盖范围内所有船台的呼叫,用于紧急广播);海呼(岸台对通信范围内的在某一特定海域的船台进行呼叫,船台应答后自动转到指定信道上进行通话。用于紧急广播,遇险船只周围海域的救援船只调动等);群呼(具有相同群呼码的船台间或岸-船台间的呼叫,呼叫后自动转到随机选取的空闲频道上进行通话);选呼(即船台间或岸-船台间的选择性呼叫,应答后自动转到随机选取的空闲频道上进行通话);电话呼叫(即岸台发给船台的陆上公网有电话接入的呼叫和船台发给岸台要求接入陆地公网电话的呼叫)等。

---

① 参见:《关于全国近海渔业安全救助通信网升级改造项目建设工作有关事宜的通知》(国渔信〔2006〕18号)。

② 参见:《渔业船用调频无线电话机(27.5—39.5MHz)通用技术规范(试行)》(农办渔〔2007〕41号)。

2. 短波安全通信网

短波安全通信网始建于20世纪70年代末，按照国家渔业行政主管部门的统一规划在各省海洋渔业指挥部和国有渔业公司的基础上组建①。目前，全国已改造建设并投入运行海洋渔业短波安全通信网国家级岸台14座，实行24小时不间断守听值班②。短波通信是外海及远洋作业渔船的主要通信方式，渔船需要安装短波单边带电台，主要功能是转发气象预报，航行警告，渔业船舶紧急及遇险报警，保障搜救协调通信以及日常通信等。

3. 全球海上遇险与安全系统(GMDSS)

国际海事组织(IMO，International Maritime Organization)③于20世纪70年代提出了全球海上遇险与安全系统的设想，以取代传统的莫尔斯码通信系统，提高船舶遇险预报警和救助效率。1988年，国际海事组织对《1974年国际海上人命安全公约》(International Convention for the Safety of Life at Sea)进行了修正，引入了该系统。修正案于1992年生效，要求自1992年2月1日至1999年2月1日在全球范围内实施全球海上遇险和安全系统，即在上述时间内在遇险和安全通信方面以现代化的通信系统取代传统的莫尔斯电报通信系统。

GMDSS的主要功能包括遇险报警、搜救协调通信、搜救现场通信、寻位、海上安全信息播发、一般公众业务通信和驾驶台对驾驶台通信等。GMDSS使用了两大通信系统，一是由国际海事卫星通信系统和极轨道卫星搜救系统组成的卫星通信系统；二是由中频、高频、甚高频通信分系统组成的地面通信系统。

GMDSS的应用标志着海上安全通信技术的一次重大变革，船舶应配备的通信设备取决于船舶的航区，而航区是以岸台使用各种频段无线电波覆盖的海域来划分的。A1航区：VHF岸台所覆盖的海域，距离沿岸约25海里；A2航区：MF岸台覆盖的海域，但是不包括A1航区，距岸约为100～150海里；A3航区：INMARSAT覆盖的海域，但是不包括A1和A2航区，一般指南北纬70°以内的海域；A4航区：即A1、A2、A3航区以外的海域，即南北纬70°以外到两极之间的海域④。GMDSS对船舶配备通信设备的要求，见表7-3。

① 乐美龙，等：《渔业法规与渔业管理》(下册)，中国农业出版社2004年版，第258页。

② 江开勇："我国海洋渔业安全通信现状及发展对策"，载《中国水产》2008年第1期。

③ 国际海事组织源自1948年3月6日通过的《建立政府间海事协商组织公约》(Convention establishing the Inter-Governmental Maritime Consultative Organization〈IMCO〉)。《公约》于1958年3月17日生效，IMCO在1959年正式建立，1982年更名为IMO。我国于1973年加入该组织。见国际海事组织网站：http://www.imo.org/

④ 邱志雄：《航海概论》，人民交通出版社2000年版，第109-110页。《全球海上遇险和安全系统(GMDSS)术语》(GB/T 16162-1996)。

表7-3 船舶需要配备的GMDSS无线电通信设备

用途	设备	使用频率	航区			
			A1	A2	A3	A4
主通信设备(遇险安全通信和一般通信)	无线电话 + DSC + DSC 连续守听设备	VHF	√	√	√	√
		MF		√	√	
		MF/HF			√	
	INMARSAT 岸站	1.6 GHz			√	
自动遇险报警设备	卫星系统 EPIRB	406 MHz	√	√	√	√
		1.6 GHz	√	√	√	√
	VHF EPIRB	70 信道	√			
海上安全信息接收设备	NAVTEX 接收机	518 KHz	√	√	√	√
	INMARSAT EGC	1.6 GHz	√	√	√	√
定位装置	雷达	9 GHz	√	√	√	√
	搜救雷达应答标 SART	9 GHz	√	√	√	√
救生艇用通信设备	便携式 VHF 双向无线电话	16 信道 +1 个信道	√	√	√	√

说明:

1. DSC(digital selective calling),即数字选择呼叫,采用数码使一无线电台与另一电台或一组电台建立联系和传递信息,并符合原国际无线电咨询委员会有关建议案的一种技术。
2. VHF EPIRB(emergency position - indicating radiobeacon),甚高频紧急无线电示位标,能在甚高频(VHF)70 信道(156.525 MHz)上发送数字选择呼叫报警的甚高频设备。
3. NAVTEX(navigational telex),利用窄带直接印字电报技术自动接收海上安全信息的系统,又称航警电传系统。岸台使用518KHz 向沿海船舶播发海上安全信息。
4. INMARSAT EGC(enhanced group call),即 INMARSAT 系统的增强寻呼系统,可以向远海海域播发海上安全信息。
5. SART(Search and Rescue Radar Transponder),指示遇险人员或船只的位置,是搜救和寻位的有效装置。

来源:① 邱志雄:《航海概论》,人民交通出版社 2000 年版,第 110 页。
②《全球海上遇险和安全系统(GMDSS)术语》(GB/T 16162 - 1996)。

在我国,GMDSS 由交通运输部负责于 20 世纪 80 年代开始规划建设,并在《船舶与海上设施法定检验规则》中对中国籍船舶应配备的 GMDSS 相关设备作出了规定①。根据航行的海区,我国的一些远洋渔业船舶一般应加入 GMDSS,配备有关设备。

① 许晖,刘加山:"解析 GMDSS 系统",载《中国船检》2002 年第 7 期。

（二）渔业生产指挥调度与信息服务通信网

构成渔业生产指挥调度与服务通信网的渔业岸台是由四类主体设立和管理，即各级政府及其渔业主管部门、渔业企业或渔业团体、为渔业提供有偿服务的机构、渔民个人。

（三）渔政管理通信网

渔政管理通信网是各级渔政管理部门建设使用的，主要用于渔政船的指挥调度。为适应专属经济区渔政管理的需要，中国渔政指挥中心建立了专属经济区渔政船船位监测系统，三个海区渔政渔港监督管理局也建立了相互独立的船位监测系统。

近年来，虽然我国的渔业无线电通信事业有了很大发展，但是技术水平和装备依然很落后，遇险报警救助、生产指挥和渔政管理的效率不高。为尽快改变我国海洋渔业通讯网络和安全预警体系建设落后状况，构筑海洋渔业安全生产预警、搜救指挥通讯平台，增强对渔业突发、紧急事件的应变能力和处置能力，进一步提高海损事故救助成功率，有效保护渔民生命财产安全，保障渔业经济的健康发展，农业部 2007 年决定整合现有海洋渔业通信资源，利用现代化通信技术，建立全国统一的海洋渔业安全通信网路，即建立“四网合一”的海洋渔业短波安全通信网、超短波（近海）渔业安全救助通信网、渔业船舶船位监测网和海洋渔业公众移动通信网①。

三、渔业船舶无线电通信设备配备要求

根据渔业船舶规格和航行海区，《渔业船舶法定检验规则 2000 版》第七篇第十章对渔业船舶应当配备的无线电通讯设备作出了规定，见表 7－4。

表 7－4 渔业船舶无线电通信设备配备定额

序号	设备名称	L＜24 m	L≥24 m	
			A1 海区	A2、A3 海区
1	甚高频无线电装置（VHF）			1[1)]
2	奈伏泰斯接收机（NAVTEX）			1[2)]
3	卫星紧急无线电示位标（1.6 GHz 或 406 MHz－EPIRB）			1[3)]
4	中频无线电装置（MF）			根据实际海区任选一种
5	中频/高频无线电装置（MF/HF）			
6	INMARSAT 船舶地球站			

① 参见：农业部办公厅关于印发《全国海洋渔业安全通信网 CDMA 通信系统规范》的通知（农办渔〔2007〕42 号）。

续表

序号	设备名称	L<24 m	L≥24 m	
			A1 海区	A2、A3 海区
7	救生艇筏双向甚高频无线电话(Two-way VHF)		2[4)]	3[5)]
8	搜救雷达应答器(SART)			2[5)]
9	渔船用无线电话(27.50 MHz~39.50 MHz)	1	1	1

1)永远处于编队作业的辅助船可以免除;

2)中文航行警告业务开展前可以免除;

3)船长小于37米的现有渔船应在2005年2月1日或主管机关可能确定的其他日期之后要求配备;

4)仅对渔政船及渔监船有此项要求;

5)船长小于37米可以减少1只。

来源:《渔业船舶法定检验规则2000版》。

表中所列中频(MF)和中/高频(MF/HF)无线电装置应具有DSC和电话功能,甚高频无线电装置(VHF)应在2005年2月1日或主管机关可能确定的其他日期之后具有DSC功能。小于45 m的国际渔船(即在中国水域以外从事捕捞作业的渔船、渔政船、渔业指导船、科研调研船、实习船及非营业性水产运销船)配备时,还应符合(不分海区):(1)甚高频无线电装置(VHF)配1只;(2)卫星紧急无线电示位标(1.6 GHz或406 MHz-EPIRB)配1只;(3)奈伏泰斯接收机(NAVTEX)在不配INMARSAT船舶地球站时,应配备1只;(4)搜救雷达应答器(SART)配1只;(5)港口国的特殊要求;(6)如港口国对某些配备无规定要求者,经主管机关同意可适当放宽。

四、我国的无线电通信管理体制

欧美科学家在19世纪晚期发明的无线电通信技术,很快在清朝末年就传入了我国。1920年,中国加入了国际无线电报公约(International Radiotelegraph Convention)。但是,清末和民国时期战乱不止、民贫国弱,无线电通讯事业在我国发展得非常缓慢。

新中国建立后至1962年,无线电台所用频率和建设布局由地方和军队部门分别管理;1962年后,中央、各中央局和各省(自治区、直辖市)相继成立无线电管理委员会,实行全国无线电统一管理的体制,各级无线电管理委员会的日常办事机构设在军队,对外不公开。在文革期间,无线电事业的正常发展和管理工作受到了极大影响。1984年,成立了国务院、中央军委无线电管理委员会(简称国家无线电管理委员会),在国务院、中央军委领导下,统一负责全国党政军民无线电管理工作的体制，其办事机构设在总参通信部，各省（自治区、直辖市）以及地市无线电管理委员会的办事机构从军队调整到地方政府办公厅，实行军地联合办公。1986 年 11 月，国务院、中央军委对无线电管理体制进行重大改革，实行统一领导、分工管理的体制，国家无线电管理委员会在国务院、中央军委的领导下，统一领导全国的无线电管理工作，其办事机构由军队转到政府，由邮电部代管；省（自治区、直辖市）无线电管理委员会负责本辖区内的无线电管理工作，其办事机构设在政府办公厅；设立中国人民解放军无线电管理委员会，在国家无线电管理委员会领导下，负责军事系统的无线电管理工作。

1993 年，国务院和中央军委颁布了《无线电管理条例》，规定无线电管理实行统一领导、统一规划、分工管理、分级负责的原则，规定无线电频谱资源属国家所有，对无线电频谱实行统一规划、合理开发、科学管理、有偿使用的原则，并明确了科学管理、促进发展的方针。

此后，我国的无线电事业发展迅速，管理体制又经历了多次改革和调整。目前的管理体制是工业和信息化部之无线电管理局（国家无线电办公室）在国务院、中央军事委员会的领导下负责全国无线电管理工作，军事系统的无线电管理工作由中国人民解放军无线电管理委员会负责，国务院有关部门的无线电管理机构负责本系统的无线电管理工作，省、自治区、直辖市和设区的市无线电管理机构在上级无线电管理机构和同级人民政府领导下负责辖区内除军事系统外的无线电管理工作。

国家渔业行政管理部门，在 20 世纪 50 年代末就设立了渔业无线电管理机构。根据 1996 年原国家无线电管理委员会和农业部联合颁布的《渔业无线电管理规定》，农业部渔业无线电管理委员会在工业和信息化部之无线电管理局领导下负责授权的渔业无线电管理工作；黄渤海、东海、南海区渔政渔港监督管理局的渔业无线电管理办公室，在农业部渔业无线电管理委员会领导下负责本海区的渔业无线电管理工作；省、自治区、直辖市和市、县（市）渔业行政主管部门的渔业无线电管理机构，负责辖区内的渔业无线电管理工作。

五、渔业无线电通信管理法律制度

根据《无线电管理条例》和《渔业无线电管理规定》[①]，农业部渔业无线电管理委员会、三个海区渔政渔港监督管理局的渔业无线电管理机构和地方各级渔业无线电管理机构在工业和信息化部之无线电管理局的统一领导下负责渔业无线电通信管理工作。主要的工作内容包括规划、建设和维护渔业通信网；规划分配给渔业

① 参见：《关于发布〈渔业无线电管理规定〉的通知》（国无管〔1996〕13 号）。

无线电电台使用的频率、呼号，归口管理报国家无线电管理机构办理审批手续，征收利用渔业无线电资源的相关规费；对无线电实施监测、监督和检查，协调处理渔业无线电纠纷，维护渔业无线电通信秩序；制定和实施渔业无线电通信行业标准和技术规范等。

（一）渔业无线电频率管理

无线电频谱资源是一种有限的、稀缺的自然资源。渔业无线电管理机构应对国家无线电管理局分配给渔业行业的频谱资源进行规划，在获得其批准后负责实施，并由国家和省级无线电管理机构依据审批权限指配频率。指配频率，是有权机关把无线电频率或信道核准给无线电台在规定条件下使用的行政许可行为。渔业频率使用权，不得出租、转让；对于指配的频率长期不使用的，国家有权依法收回。依法获得的渔业频率使用权，受法律保护。

（二）渔业无线电台（站）执照管理

渔业无线电台（站）包括渔业岸台和渔业船舶制式电台[①]。根据《无线电管理条例》第十一条、第十四条和《渔业无线电管理规定》第八条、第十一条以及《无线电台执照管理规定》，设置和使用渔业岸台的单位和个人，应当向渔业无线电管理机构提出申请，经审核后，报有审批权的无线电管理机构批准，领取国家无线电管理机构统一印制的中华人民共和国无线电台执照；对于海洋渔业船舶上的制式电台，所有者应依法向渔业无线电管理机构领取中华人民共和国船舶电台执照，并且发放执照的渔业无线电管理机构还应向上级渔业无线电管理机构以及国家无线电管理局或省级无线电管理机构备案；对于渔业船舶非制式电台以及内河水域渔业船舶制式电台执照发放管理问题，则由各省级无线电管理机构规定。渔业无线电管理机构主要是根据渔业无线电通信网建设规划审核设立渔业无线电岸台的申请。

渔业无线电台执照的有效期，一般为三年；临时执照的有效期，不超过半年；执照有效期满需要继续使用电台的，应在期满前一个月向原核发机构申请办理展期；已领取执照，且两年以上不使用无线电台（站）的，由原核发机构收回或注销其执照；无线电台（站）停用或撤销的，持有者应向核发机构交回其执照，并报告其无线电设备处理情况。

（三）渔业无线电号码资源管理

渔业无线电号码，是标识渔业无线电台（站）的一组字母和数字，对于渔船上

① 制式无线电台（compulsory fitted radio station），指为确保船舶、航空器的安全，在制造完成时必须安装在其上的无线电通信设备；也指按照统一规格装配在机车上的无线电通信设备。参见：《无线电管理术语》（GB/T 13622－92）。

的制式电台，也是该渔船的重要识别码，具有全球唯一性和法定性，是由渔业无线电台(站)执照核发机构统一规划和指配的。渔业电台号码主要有渔船无线电台标识码、渔业电台呼号、窄带直接印字电报号码、数字选择性呼叫号码、卫星地面站识别码等。渔业无线电号码资源管理，是进行无线电监测，处理无线电干扰问题，保证通信秩序，保障通信质量的基础性工作。

渔业无线电台(站)的使用单位和个人，应遵守有关的渔业无线电通信的规则。

(四)无线电资源有偿使用制度

无线电是信息无线传输和交换的载体，如同土地、水、石油、渔业生物等自然资源，无线电频谱也是一种稀缺的自然资源，属于国家所有[①]。目前，我国对无线电频谱资源实行了有偿使用制度，设置使用无线电台应按规定缴纳注册登记费和频率占用费；研制、生产、销售、进口无线电发射设备，应按规定缴纳注册登记费和设备检测费；使用未经国家无线电管理机构型号认证的设备，应按规定进行设备检测，并缴纳设备检测费。但是，渔业行政管理部门设置的专用公务电台免缴频率占用费[②]。

(五)渔业无线电设备管理

国家鼓励研制生产先进的渔业无线电通信设备，但是必须对其实施严格管理，确保无线电设备符合国家技术标准、有关行业标准或技术要求，以维护无线电通信秩序。这主要涉及三个方面：一是制定渔业无线电通信网规范、设备标准或技术要求等，如农业部 2007 年发布了《渔业船用调频无线电话机(27.5—39.5MHz)通用技术规范(试行)》以及《全国海洋渔业安全通信网 CDMA 通信系统规范》。二是研制、生产、进口的渔业无线电的设备应符合国家技术标准和要求，应经农业部或省级渔业无线电管理委员会审核后，报国家无线电管理局或省级无线电管理机构审批。三是渔船检验机构对渔业无线电设备的安装管理、检测以及对生产、维修企业、厂家及其产品的认证、认可等。

各级渔业无线电管理机构可以协同有关部门，依法对市场上销售的渔业无线电发射设备实施监督和检查。

(六)渔业无线电监测和干扰处理

无线电频谱资源是一种非耗竭的自然资源，不受行政区划边界、国家地理边界的限制，但是很容易受到自然噪声和人为噪声的干扰，致使其无法正常利用，无法准确有效地传输信息。因此，必须对无线电资源利用情况依法进行监测，查明噪声

---

① 参见：《物权法》第五十条、《无线电管理条例》第四条。

② 参见：《无线电管理收费规定》(计价费〔1998〕218 号)第三条、第十条。

源，减轻或排除干扰，保证无线电通信质量。

无线电监测，是为获得无线电频谱、频率、信号信息等采取的技术监管措施，包括监听、测向、识别、测量、分析、记录、建立数据库等工作环节。此项工作是无线电管理的基础性工作，是提高各类无线电业务的兼容性、排除和查处非法干扰源、决定无线电行政处罚以及开展无线电管理国际合作等诸项工作的前提。根据《无线电管理条例》和《渔业无线电管理规定》，国家无线电监测中心及其各级监测站统一领导和负责全国的无线电监测工作，农业部和黄渤海、东海、南海区以及省级渔业无线电监测站负责对本辖区内的渔业无线电信号监测。各级渔业无线电监测站的主要职责包括：(1)监测渔业无线电台(站)是否按照规定程序和核定项目工作；(2)查找未经批准使用和扰乱渔业通信秩序的无线电台(站)；(3)检测渔业无线电设备的主要技术指标；(4)完成无线电管理机构交办的其他工作。

按照干扰源的性质，无线电干扰可分为自然干扰和人为干扰。自然干扰源于自然现象，是不可控制的，主要有太阳干扰、宇宙干扰等；人为干扰源，又可分为无线电设备干扰源和非无线电设备干扰源两类，是可控制的。非无线电设备干扰包括工业、科研、医疗等电器设备干扰，电力线干扰等，为防止其对无线电业务产生有害干扰，国家标准中已对其使用频率和辐射允许值作出了规定。无线电干扰的程度，一般分为三级：(1)允许的干扰，即引起信号接收质量降低尚不明显，在规划通信系统时应予以考虑，允许干扰的程度通常在国际无线电咨询委员会的建议或其他国际协议中规定；(2)可接受的干扰，指在给定的条件下，具有较高程度的干扰，使信号接收质量有中等程度的降低，经有关主管部门认定它是可接收的；(3)有害干扰，已使无线电通信业务严重降低质量、引起阻塞或反复阻塞。

各级无线电管理机构、渔业无线电管理机构有义务保护渔业无线电合法使用者免受人为的无线电干扰。在处理渔业无线电通信干扰问题时，应当遵循带外让带内、次要业务让主要业务、后用让先用、无规划让有规划的原则。对于人为干扰合法无线电业务、且构成有害干扰的，各级无线电管理机构、渔业无线电管理机构可依照《无线电管理条例》、《渔业无线电管理规定》和《无线电管理处罚规定》等法规给予行政处罚，视违法情节，也可由公安机关依照《治安管理处罚法》给予行政拘留①，涉嫌构成犯罪的，应移交司法机关处理②；造成无线电合法使用者经济损失的，应承担赔偿责任③。

对于涉外及境外和国外的无线电有害干扰问题，由国家无线电管理局统一与

① 参见：《治安管理处罚法》第二十八条。

② 参见：《刑法》第二百八十八条；《最高人民法院关于审理危害军事通信刑事案件具体应用法律若干问题的解释》(法释〔2007〕13号)。

③ 参见：《无线电管理条例》第四十四条。

有关国际组织、国家、地区交涉。

(七)渔业无线电管理检查人员和操作人员资格制度

根据《无线电管理条例》第四十二条、《渔业无线电管理规定》第二十八条、第二十九条,各级渔业无线电管理机构的渔业无线电管理检查人员应获得相应资格后才可以在辖区内进行渔业无线电监督检查工作,其资格由省级渔业无线电管理机构审查,统一报农业部渔业无线电管理机构批准,并代核发中华人民共和国无线电管理检查员证。

根据《无线电管理条例》第十二条、《渔业无线电管理规定》第九条以及渔业职务船员任职资格的有关规定,渔业无线电岸台和渔业船舶制式电台的操作人员也应具备相应的资格。渔业岸台操作员,由省级渔业无线电管理机构负责培训,通过考核后发给资格证书;船台无线电操作员,由渔港监督机构依照渔业船员任职资格的规定办理资格证书。

第八章　渔业行政许可行为

第一节　渔业行政许可的概念

一、渔业行政许可的概念

渔业行政许可行为是渔政部门依法有权实施的具体行政管理行为之一。其结果通常会对渔政管理相对人的权利、资格、资质、预期的经济利益等产生重大影响。合理地设定、正确地实施渔业行政许可行为对于建立和维护渔业活动秩序,科学地利用及有效保护水生生物资源,促进渔业经济的健康发展以及渔区社会的和谐是非常重要的。

为了规范行政机关的审批行为,第十届全国人大常委会第四次会议于2003年8月通过了《行政许可法》,对行政许可的设定和实施作出了比较全面系统的规定。该法第二条规定,行政许可是指行政机关根据公民、法人或者其他组织的申请,经依法审查,准予其从事特定活动的行为。

参照《行政许可法》给出的上述定义,根据相关的渔业法规,并结合渔业行政管理实践,本人以为狭义的渔业行政许可主要是指渔政部门以及接受其委托的其他行政机关应个人(实际上多为渔民家庭)、法人以及其他组织的申请,对其提供的申请材料依法进行审查,确认真实有效后,向申请人颁发各种渔业证照、法律文件,从而确认其具有从事特定渔业活动的资格、权利,或者确认其拥有的渔业船舶等渔业生产工具符合法定技术要求的行为。

广义讲,渔业行政许可还可以包括其他行政机关根据有关法律法规对从事渔业活动的单位、个人实施行政许可的行为。例如,公安边防机关依法向渔业船舶所有人以及渔业船员颁发出海船舶户口簿、出海船舶边防登记簿、出海船民证的行为[①];海事机构依法向国际渔业船员颁发船员职务适任证书、海员证的行为。

---

① 参见:《国务院确需保留的行政审批项目设定行政许可的决定》第43项至第45项;《沿海船舶边防治安管理规定》。

二、渔业行政许可的特征

渔业行政许可制度是建立和维护渔业活动秩序的重要措施之一,具有以下特征。

第一,渔业行政许可主要是应相对人的申请由渔政部门采取的一种行政行为。没有相对人的积极申请,自然就没有渔政部门的受理、审查、确认、发证等后续的行政活动。因此,在实施渔业行政许可活动的过程中,渔政部门处于相对消极的地位。

第二,渔业行政许可是渔政部门对外实施的一种具体的行政行为,不包括上下级渔业行政管理部门之间以及渔政部门与其他行政机关之间的请示、同意、许可、批准、批复等活动,也不包括渔政部门对其直接管理的事业单位实施的审批活动。

第三,渔业行政许可是一种要式行政行为。渔政部门应在规定时限内作出许可决定,对于符合法定条件的申请,应向申请人颁发加盖渔政部门印章的渔业证照或其他法律文书。

第四,渔政部门可以依照法律、法规、规章的规定委托其他行政机关实施渔业行政许可。但是,渔政部门应将受委托行政机关和受委托实施行政许可的内容予以公告,对受委托行政机关实施渔业行政许可的行为负责监督,并对该行为的后果承担法律责任。受委托的行政机关在委托范围内,以委托行政机关名义实施行政许可;不得再委托其他组织或者个人实施行政许可。例如,根据《水生野生动物保护实施条例》第十七条,渔业行政主管部门可以委托同级建设行政主管部门核发国家重点保护的水生野生动物驯养繁殖许可证。

第五,与渔业行政处罚行为相反,渔业行政许可行为是一种授益性的行政行为。持有渔政部门颁发的渔业证照通常意味着相对人获得了能够合法从事特定活动,进而获得经济利益的权利或资格、资质。

第六,根据《行政许可法》第九条的规定,通过渔业行政许可而获得的权利、资质、资格通常是不能够转让的,除非渔业法规或其他相关法律、法规明确规定可以依法转让。

三、渔业行政许可的意义

渔业行政许可是各级政府和渔政部门依法对单位、个人所从事的渔业活动实施事前管理的有效手段,对于渔业行政管理各项目标的实现,渔业经济的健康有序发展发挥着重要作用。

第一,公平有效地配置渔业资源。渔业是人类从事的最古老的生产事业之一,但是这并不意味着今天每个人都有权利利用渔业资源,从事渔业生产活动。渔业行政许可是政府和渔政部门根据申请人的具体情况,公平配置渔业资源,分配渔业权的有效手段。

第二,建立和维护渔业活动秩序。设定和实施渔业行政许可,意味着政府和渔政部门为渔业生产者建立了一套行为规则,目的不是阻碍、限制持证人依法行使其权利,而是保证核准的渔业活动能够以符合渔业行业整体利益、社会公共利益的方式进行。这些规则不但有利于解决在渔业活动中可能发生的各种纠纷矛盾,保障单位、个人的合法权益,而且也有利于保证水产品质量,维护消费者健康,保障渔业的健康有序发展。

第三,保护渔业生物资源和渔业环境。渔业生物资源是有限的可再生的自然资源,渔业环境的承载力也是有限的。设立和实施渔业行政许可,对于保护渔业生物资源和渔业环境,促进渔业经济、渔区社会和生态环境的协调发展是非常重要的。

第四,获取渔业经济运行信息。在市场经济条件下,政府和渔政部门需要实时把握渔业经济运行状况、生物资源利用状况和渔区社会状况等,以便及时作出宏观调控决策,保障渔业经济的健康发展和渔区社会的和谐。通过设定和实施渔业行政许可,政府和渔政部门可以有效地获得所需要的渔业经济运行信息。

第五,保证渔业生产安全。渔业活动通常是在内陆水域和海洋上进行,属于高危险行业,而安全生产是渔业行政管理的重要目标。通过对渔业船员以及渔业船舶等设定和实施渔业行政许可,可以有效地避免或减少渔业生产事故。

最后,设定和实施渔业行政许可也是维护国家渔业权益,履行国际法义务,参与国际渔业管理的客观要求和必须采取的管理措施。

第二节　设定和实施渔业行政许可的基本原则

在有关国家机关设定渔业行政许可、渔政部门实施渔业行政许可的过程中,应遵守一些普适性的原则,这些原则体现了依法治国的宪政思想,反映了《行政许可法》的立法宗旨。

一、法定原则

依法立法、依法行政是国家机关的行为准则。《行政许可法》第四条规定,设定和实施行政许可,应当依照法定的权限、范围、条件和程序。这意味着无论是专职立法机关还是享有立法权的行政机关都应依照法定的权限,法定的程序、方式,在法定的范围内设立行政许可,意味着渔业行政管理主体应依照法定的权限、范围、条件和程序实施渔业行政许可行为。否则,设定和实施的行政许可无效。

二、公开、公平和公正原则

《行政许可法》第五条规定，设定和实施行政许可，应当遵循公开、公平、公正的原则。因此，所有有关渔业行政许可的规定都应当以法定的方式公布；未公布的，不得作为实施行政许可的依据。实施的程序和结果，除涉及国家秘密、商业秘密或者个人隐私的外，都应予以公开。渔政部门在实施行政许可的过程中，应办事公道，平等对待所有的申请人，不得歧视。

三、便民和效率原则

渔业行政许可是政府和渔政部门提供的一种公共物品。在实施渔业行政许可的过程中，渔政部门应遵循便民和效率原则。主要有以下几点要求：一是应采取灵活方便的方式受理单位、个人的申请，除了依法必须亲自到行政机关办公场所递交申请材料的，可由代理人代为申请，也可通过信函、电报、电传、传真、电子数据交换和电子邮件等方式提出申请；二是应一次性地公开、公示办事程序；三是应明确渔政公务人员、各级渔政各部门的职责分工，严格办事流程，在规定的时限内办结；四是可以推行集中受理、统一受理；五是渔政公务人员应努力提高业务水平、加强职业道德修养，提供优质服务。

四、权利保障原则

渔政部门在实施渔业行政许可的过程中，可能侵害相对人的合法权利。权利保障原则，意味着法律赋予了相对人多项权利，以防止渔政部门恣意行使公权力、错误地实施行政许可行为，维护相对人的合法权益。这些权利主要包括参与权、平等权、知情权、救济权以及补偿、赔偿权等。《行政许可法》第七条规定，公民、法人或者其他组织对行政机关实施行政许可，享有陈述权、申辩权；有权依法申请行政复议或者提起行政诉讼；其合法权益因行政机关违法实施行政许可受到损害的，有权依法要求赔偿。

五、信赖保护原则

信赖保护原则，是指行政决定一旦作出，就被推定为合法有效；法律要求相对人对此予以信任和依赖，相对人基于对行政决定的信任和依赖而产生利益，受法律保护①。这意味着渔政部门与相对人之间应互相信任，但政府和渔政部门首先诚

① 张春生，李飞：《中华人民共和国行政许可法释义》，法律出版社 2003 年版，第 36 – 37 页。

实守信，不能随意收回或变更、撤销已经作出的渔业行政许可。《行政许可法》第八条规定，“公民、法人或者其他组织依法取得的行政许可受法律保护，行政机关不得擅自改变已经生效的行政许可。行政许可所依据的法律、法规、规章修改或者废止，或者准予行政许可所依据的客观情况发生重大变化的，为了公共利益的需要，行政机关可以依法变更或者撤回已经生效的行政许可。由此给公民、法人或者其他组织造成财产损失的，行政机关应当依法给予补偿。”

六、有利于维护公共秩序、促进经济、社会和生态环境协调发展原则

行政许可是一种具有双刃剑效应的行政管理行为，即能对社会经济活动产生积极影响，也能带来消极影响。一方面，行政许可制度可以规范公民、法人的行为，建立良好的社会经济秩序，保护相对人的合法权益，调控经济发展，维护公共利益；另一方面，行政许可制度也可能不合理地限制公民、法人的权利，限制其公平参与权和自由竞争权，导致垄断，限制公民、法人创新能力等。因此，有权机关在依法设定渔业行政许可时，应遵循经济和社会发展规律，考虑是否有利于维护公共利益和社会秩序，是否有利于促进渔业经济、渔区社会和渔业生态环境的协调发展。

第三节 渔业行政许可的种类

一、行政许可的设定

根据《行政许可法》第十二条至第十七条，只有法律、国务院制定的行政法规、国务院发布的行政决定、地方性法规和省级人民政府规章能够针对下列六类事项设定行政许可：(1)直接涉及国家安全、公共安全、经济宏观调控、生态环境保护以及直接关系人身健康、生命财产安全等特定活动，需要按照法定条件予以批准的事项；(2)有限自然资源开发利用、公共资源配置以及直接关系公共利益的特定行业的市场准入等，需要赋予特定权利的事项；(3)提供公众服务并且直接关系公共利益的职业、行业，需要确定具备特殊信誉、特殊条件或者特殊技能等资格、资质的事项；(4)直接关系公共安全、人身健康、生命财产安全的重要设备、设施、产品、物品，需要按照技术标准、技术规范，通过检验、检测、检疫等方式进行审定的事项；(5)企业或者其他组织的设立等，需要确定主体资格的事项；(6)法律、行政法规规定可以设定行政许可的其他事项。

有权机关在立法中拟设定行政许可的，应采取听证会、论证会等形式听取各方面的意见。地方性法规和省级人民政府规章不得设定应当由国家统一确定的公

民、法人或者其他组织的资格、资质的行政许可(如,渔船船员任职资格、渔船设计建造修理资质等),不得设定企业或者其他组织的设立登记及其前置性行政许可,并且设定的行政许可不得限制其他地区的个人或者企业到本地区从事生产经营和提供服务,不得限制其他地区的商品进入本地区市场。另外,行政许可的设定机关应定期对其设定的行政许可进行评价;对不适宜的行政许可,应及时修改或者废止。行政许可的实施机关、公民、法人或者其他组织有权就行政许可的设定实施问题向行政许可的设定机关提出意见和建议。

由渔政部门实施的渔业行政许可事项,属于《行政许可法》第十二条列举的前四类事项。有权机关应依照法定的权限、法定的程序、法定的形式设定渔业行政许可。

二、渔业行政许可的种类

目前,渔政部门负责实施的渔业行政许可,主要是由渔业法规以及渔政部门也是行政管理主体之一的海事行政法规及环保法规等设定的,种类繁多,设定的目的意义各有侧重。参照《行政许可法》第十二条的分类标准,并结合渔政管理实践,这些渔业行政许可可以被简略地分为七大类。

(一)依法确认单位、个人享有捕捞渔业权和养殖渔业权的许可

根据《渔业法》第十一条、第二十三条,从事水产养殖、捕捞活动的单位、个人必须依法申请养殖证、捕捞许可证。设定此类许可的目的,一是公平有效地配置有限的土地、滩涂、水、渔业生物等自然资源,防止对资源无序利用,掠夺式开发,二是确认持证人享有的民事权利,为依法保护单位、个人享有的渔业权提供法律依据。

(二)准许单位、个人从事特定渔业活动的许可

为了调控渔业经济、保证生态安全,保证公共安全以及人民的生命和财产安全,渔业法规和海事行政法规设定了此类行政许可。

1. 捕捞活动许可

《渔业法》第二十三条设定了捕捞许可。根据《渔业捕捞许可管理规定》第十七条,渔业捕捞许可证又被分为七种。尽管它们适用的情形各不相同,但是海洋捕捞许可证和内陆捕捞许可证更侧重于确认持证人享有的捕捞渔业权,而其余的五种捕捞许可证主要是准许持证人从事特定的捕捞活动,建立和维护捕捞生产秩序,调控渔业经济发展,保护渔业生物资源。(1)准许我国渔船在公海从事捕捞作业的公海捕捞许可证,主要是为了行使受《联合国海洋法公约》保护的公海捕鱼自由权,履行该《公约》规定的国际法义务,参与国际渔业管理而设定的;(2)准许持证

人在特定水域、特定时间或对特定品种捕捞作业的专项(特许)捕捞许可证,需要与海洋渔业捕捞许可证或内陆渔业捕捞许可证同时使用,维护特定水域捕捞生产秩序、保护特定渔业资源的功能尤为明显;(3)临时渔业捕捞许可证,适用于许可临时从事捕捞作业和非专业渔船从事捕捞作业,主要功能也是维护渔业活动秩序;(4)外国渔船捕捞许可证,主要是为了执行《中日渔业协定》、《中韩渔业协定》、《中越北部湾渔业合作协定》而区隔出来的,目的是体现我国根据国际法而享有的渔政管理权,建立和维护我国管辖水域的渔业生产秩序;(5)捕捞辅助船许可证,适用于为渔业捕捞生产提供服务的渔业捕捞辅助船,目的是更好地对辅助船实施管理。

2. 水产苗种生产、进出口以及转基因水产苗种经营许可

为了保证和提高水产苗种的质量,对外来物种实施管制,预防鱼病传播,从事水产苗种生产的单位、个人应当向县级以上地方人民政府渔政管理部门申请许可证,除非是自育、自用的水产苗种;从事水产苗种进出口的,则应由农业部或省级渔政部门审批;从事转基因水产苗种经营活动,应事先向农业部申请经营许可证。

3. 渔港工程施工建设以及划拨、征用渔港水域、用地和设施许可

为了保证渔港工程的建设质量,保护渔业行业的公共利益,保护渔港经营者的合法权益等原因,一些地方性法规设定了此类许可。例如,《辽宁省渔港管理条例》第十条规定,新建渔港的设计、论证和验收必须有渔港监督机构的有关人员参加。建设施工前,必须将有关部门批准的文件、设计图纸、环境影响报告书报送市以上渔港监督机构,经渔港监督机构审核同意,并发布航行通告后方可施工。新建渔港应将防污染设施、安全导航设施、渔港配套工程的后勤用地、监督管理设施等同时列入规划。没有上述设施的,不准投入运行。现有渔港也须完善上述设施。第十六条规定,凡划拨和征用渔港水域、岸线、渔港后勤用地、设施,围垦渔港水域内的浅海、滩涂或者改变渔港性质的,按规定报批前,必须经市以上渔港监督机构审核同意。改变渔港性质的,由占用者负责筹建同等规模和功能的渔港;影响渔港整体功能的,须予以相应补偿。

4. 渔港经营许可

为了规范渔业港口的经营秩序,保护渔港经营者和使用者的合法权益,渔港经营者应向渔港监督机关申请办理渔港经营许可①。

5. 保证渔港设施、船舶、公共安全以及防止水污染的许可

为了保证渔港设施、船舶、公共安全以及防止水污染,海事行政法规设定了此

① 参见:《港口法》第二十二条;《福建省渔港和渔业船舶管理条例》第十三条。

类行政许可，计划在渔港内施工、举办大型活动、装卸危险货物作业、可能造成水污染的作业；专业或施工单位设置、移动、拆除渔业航标；以及在渔港内的航道、港池、锚地和停泊区，从事捕捞、养殖等生产活动的，必须事先得到渔港监督机关的批准①。

6. 船舶进出港签证制度

进出渔港签证，是渔港监督机关对进出渔港或在港内航行、作业的我国船舶进行查验，并审核有关船舶状况和船方报告，而后对处于适航或适拖状态、且符合规定条件的船舶，签发准许其进出渔港或在港内航行、作业法律文书的一种行政许可行为。设立此类行政许可的目的是维护渔港水域的交通秩序，保障船舶、港口设施和船员的安全，防止船舶事故的发生，防止污染水域环境。根据《海上交通安全法》第十二条、《内河交通安全管理条例》第十八条和《渔港水域交通安全管理条例》第六条，船舶进出渔港必须办理签证。因此，渔船必须持有渔港监督机关核发的航行签证簿。

7. 捕捞渔船更新、建造、进口许可

为了控制捕捞强度，保护渔业生物资源，欲更新、建造或进口捕捞渔船的单位、个人应事先得到渔政部门的确认、同意，否则无法申请到渔业捕捞许可证。但是，此类许可的设定很不规范，有权机关应尽快修改相关渔业法规，规范此类许可的设定与实施；使之与《行政许可法》的有关规定相一致。

8. 外国人、外国渔业船舶进入我国管辖水域，从事渔业资源调查许可

为了维护国家安全，建立和维护渔业科学研究秩序，外国人、外国渔业船舶进入我国管辖水域，从事渔业资源调查必须事先得到渔业行政机关的许可，并按照相关法律法规的规定和许可的方式进行②。

9. 外国籍船员在中国籍渔船工作许可

参照《船舶登记条例》第七条的规定，中国籍渔业船舶上的船员应当由中国公民担任，确需雇用外国籍船员的，应当报渔港监督机关批准。农业部规章《渔业船舶登记办法》第九条规定，中国籍渔业船舶的船员应当由中国籍公民担任。如确有需要，应报经主管机关批准，除船长、驾驶员和报务员外，可以由外国籍公民担任，

---

① 参见：《海上交通安全法》第三十三条；《内河交通安全管理条例》第二十五条、第三十二条；《港口法》第三十四条、第三十五条、第三十七条；《海洋环境保护法》第七十条；《水污染防治法》第五十五条；《防止拆船污染环境管理条例》第十三条；《航标条例》第六条、第十二条；《渔港水域交通安全管理条例》第八条、第九条、第十条。

② 参见：《领海及毗连区法》第十一条；《专属经济区和大陆架法》第五条、第九条；《渔业法》第八条。

但外国籍公民人数最多不得超过全船船员总数的30%①。

（三）有关濒危水生野生动物保护与利用的许可

为了保护和繁育珍贵、濒危水生野生动物资源，预防其灭绝，建立和维护珍贵、濒危水生野生动物保护和利用活动秩序，履行国际法义务以及保护相对人的合法权益等目的，野生动物保护法规设立了多项行政许可制度，由各级渔政部门负责实施。

1. 水生野生动物特许捕捉许可

根据《野生动物保护法》第十六条和《水生野生动物保护实施条例》第十二条，捕捉、杀害国家重点保护的水生野生动物是被普遍禁止的违法行为；因为科学考察、资源调查、驯养繁殖、科学研究、医药生产、宣传普及水生野生动物知识、教学、展览等理由需要捕捉的，必须向农业部或者省级渔业行政主管部门申请特许捕捉证。

2. 水生野生动物驯养繁殖许可

人工驯养繁殖，是保护和增加珍贵、濒危水生野生动物资源的有效手段。为了鼓励驯养繁殖濒危的水生野生动物，规范此类行为，保护当事人的合法权益，驯养繁殖国家重点保护水生野生动物的单位、个人依法应当持有农业部或省级渔政部门核发的驯养繁殖证②。

事实上，以持有驯养繁殖证为表征的水生野生动物驯养繁殖权在一定程度上是带有物权属性的，持证人有权以合法的方式利用、处分其驯养繁殖的水生野生动物，从而获得经济利益。持证人的合法权益受法律保护。

3. 水生野生动物携带、运输许可

为了建立和维护珍贵、濒危水生野生动物运输秩序，行为人欲携带、运输国家重点保护的水生野生动物或者其产品出县境的，必须事先向省级渔政部门或者其授权的单位申请行政许可。交通、铁路、民航和邮政企业不得承运、收寄没有运输许可文件的水生野生动物或者其产品③。

4. 水生野生动物经营利用许可

根据《野生动物保护法》第二十二条和《水生野生动物保护实施条例》第十八

① 由于只有法律、国务院制定的行政法规、国务院发布的行政决定、地方性法规和省级人民政府规章能够设定行政许可，因此有权机关应修改相关法规，完善此项行政许可的设定。

② 参见：《野生动物保护法》第十七条；《水生野生动物保护实施条例》第十七条。

③ 参见：《野生动物保护法》第二十三条；《水生野生动物保护实施条例》第二十条、第二十一条。

条,出售、收购、利用国家重点保护水生野生动物或者其产品是被普遍禁止的违法行为;因科学研究、驯养繁殖、展览等特殊情况,需要出售、收购、利用国家重点保护水生野生动物或者其产品的,必须经农业部、省级渔业行政主管部门或其授权单位批准。

5. 水生野生动物进出口许可

为了保护水生野生动物,履行《濒危野生动植物种国际贸易公约》规定的国际法义务,维护濒危水生野生动物进出口秩序,行为人在出口国家重点保护的水生野生动物或产品前,在进出口《濒危野生动植物种国际贸易公约》所限制进出口的野生动物或者其产品前,必须经农业部批准;若是动物园因交换动物需要进出口的,在农业部批准前,还应经国务院建设行政主管部门的审核同意。水生野生动物进出口许可还是国家林业局濒危物种进出口管理办公室依法核发允许进出口证明书的前置性许可①。

6. 外国人在中国境内进行有关水生野生动物科学考察、标本采集、拍摄电影、录像等活动许可

根据《野生动物保护法》第二十六条和《水生野生动物保护实施条例》第十六条,从事上述活动的外国人必须向活动属地的省级渔政部门提出申请,报农业部或者其"授权的单位"批准②。

7. 外国人进入水生野生动植物自然保护区许可

根据《自然保护区条例》第三十一条,外国人进入地方级水生野生动植物自然保护区的,事先应经省级渔业行政主管部门批准;进入国家级水生野生动植物自然保护区的,应事先经农业部批准。

8. 进入水生野生动植物自然保护区从事其他活动的许可

根据《自然保护区条例》第二十七条、第二十八条,计划进入水生野生动植物自然保护区核心区从事科学研究观测、调查活动许可以及进入水生野生动植物自然保护区缓冲区从事非破坏性的科学研究、教学实习和标本采集活动的单位、个人事先应向水生野生动植物自然保护区管理机构提出申请,办理许可。

(四)配置渔业无线电有限公共资源的许可

由行政机关依法对有限公共资源的利用实施行政许可,可以优化资源配置,提

① 参见:《野生动物保护法》第二十四条;《水生野生动物保护实施条例》第二十二条、第二十三条;《濒危野生动植物进出口管理条例》第四条、第六条、第七条。

② 笔者以为,《条例》第十六条采用"授权"一词,不是很恰当,应为"委托"。

高利用效率，建立和维护资源利用秩序，为解决可能的纠纷提供法律依据。根据《无线电管理条例》和《渔业无线电管理规定》，渔政部门应在国家无线电管理部门的统一领导、统一规划下，核发渔业船舶制式电台执照，公平有效地配置有限的无线电资源。鉴于电台执照同时加盖了国家无线电管理部门的公章，笔者以为这是由两个行政机关共同实施的行政许可行为，应共同承担由此可能引起的法律责任。

（五）从事渔业活动资格、资质的许可

此类行政许可又可进一步分为两类，一是通过培训考试、发证，从而确认公民具有从事特定渔业活动资格能力的许可，二是通过考察、考核等方式确认个体户、法人或者其他组织具有从事特定渔业活动资质的许可。

关于公民资格能力的许可，主要是指渔业船员必须通过法定的航海知识和专业技能考试，并持有渔港监督机关核发的渔业船员服务簿和技能培训证书，担任船长、轮机长、驾驶员、轮机员、无线电报务员、话务员职务的船员还必须通过法定的航海知识考试，持有渔港监督机关核发的职务船员适任证书①。

关于允许从事特定渔业活动的资质资格许可，一是由国务院行政决定设定的渔船设计单位、建造单位、修理单位的资质许可②；二是渔港监督机构参照《船员条例》第三十七条、第四十条、第七十一条的规定，对培训机构从事渔业船员培训业务以及从事渔业船员服务业务的机构实施的行政审批行为；三是渔政部门根据《社会团体登记管理条例》以及其他法规和规范性文件对渔业行业协会实施的各种审批行为，这类许可的设定目前很不规范，妨碍了公民自由结社权的实现。例如，《农业部社会团体管理暂行办法》（农人发〔2000〕13号）规定的“发起人中有违法、违纪行为（含正在调查之中）不予通过资格审查，协会内设办事机构的设立与变更应经农业部人事劳动司审核同意，对协会主要负责人的实质审核同意权以及年龄和任期限制，会费标准的审核批准权，挂靠单位制度，撤换法定代表人”等都不符合《行政许可法》的有关规定。又如，一些地方性法规、规章或规范性文件规定的一个行政区域内一业一会制度③，妨碍了公民的自由结社权，只会导致地区垄断，降低协会的活力。

此外，笔者认为农业部规章《远洋渔业管理规定》第四条设定的远洋渔业项目审批制度、远洋渔业企业资格认定制度，也属于渔业行政许可行为，对于规范远洋渔业生产秩序，保护远洋渔业企业的合法权益，实现远洋渔业的健康发展发挥着积

---

① 参见：《海上交通安全法》第七条；《内河交通安全管理条例》第九条；《渔港水域交通安全管理条例》第十四条；《船员条例》第九条；《海商法》第三十二条。

② 参见：《国务院对确需保留的行政审批项目设定行政许可的决定》第174项。

③ 参见：《大连市行业协会管理办法》第六条；《上海市行业协会暂行办法》第五条；《湖北省发展和规范行业协会暂行办法》第六条。

极的作用。但是,这两项许可与《行政许可法》中有关行政许可设定权的规定不一致,应提请国务院发布新的行政许可决定或者修改《渔业法实施细则》增加这两项许可制度。

(六)对渔船、浮动设施、设备、水产苗种、水产品等实施的检测、检验、认证认可、检疫行为

这类许可主要是为了保证公共安全、保障人体健康、生命和财产安全而针对特定物品设定的,其实质是许可该物的所有权人使用、销售或出租该物品,且多为其他行政许可的前置性许可。其特征有三,一是渔政机关没有自由裁量权,也没有许可数量限制,决定许可的依据是检验、检测或检疫报告;二是应采用法定方法依据法定技术标准、技术规范进行检测、检验或检疫;三是此许可紧密地依存于特定的物品,在物品的所有权发生变更时,许可依然有效,但某些许可通常需要进行变更登记。

现行渔业法规、农业法规对渔船及其设备的检测检验①、对水产品质量的检测②、对水产苗种的检疫许可、转基因水产苗种生物安全许可③作出了明确的规定。其中,对渔船及其设备设定的检测检验是强制性的,也是捕捞许可的前置性许可④;转基因水产苗种生物安全许可也是强制的,是获得转基因水产苗种经营许可的前置性许可;对水产品质量的检测属于行政抽查性质的或自愿的;一些地方性法规或省级人民政府规章,对水产苗种设定了由渔政部门强制实施的产地检疫制度⑤。

对进出口的水产苗种的检疫行为,依照《渔业法》第十七条和《进出境动植物检疫法》属于由国家动植物检疫机关实施的广义的渔业行政许可。

(七)渔业船舶及浮动设施登记

为了维护渔业船舶航行生产秩序,保证渔业生产安全,保护水域环境渔业船舶所有人必须向渔港监督机关申请核准船名、船籍港、渔船国籍证书或渔船登记证书

---

① 参见:《海上交通安全法》第四条;《渔业法》第二十六条;《内河交通安全管理条例》第六条;《渔港水域交通安全管理条例》第十三条;《渔业船舶检验条例》第四条。

② 参见:《农产品质量安全法》第二十六条。

③ 参见:《农业转基因生物安全管理条例》第十七条。

④ 参见:《渔业法》第二十四条。

⑤ 例如,《湖北省水产苗种管理办法》第二十条、《辽宁省水产苗种管理条例》第十九条。笔者认为,农业部规章《水产苗种管理办法》第十八条设定的水产苗种产地检疫制度与《行政许可法》有关行政许可设定权的规定不一致,已无法成为各级渔政部门对水产苗种检疫的合法依据,应尽快提请国务院发布决定或修订《渔业法实施细则》或《渔业法》,增加此项许可。

或渔船执照，一些渔船还应申请防止水域环境污染证书与文书①。

第四节 渔业行政许可的实施机关与管辖

一、渔业行政许可的实施机关

行政许可实施机关，是指依法享有行政许可职权，在其法定职权范围内对行政相对人申请的行政许可事项依法进行审查，作出行政许可（或不许可）决定，颁发行政许可证照或文件，并应进行事后监督的行政机关或法律法规授权的组织。根据《行政许可法》第二十二条至第二十四条以及相关的渔业法规，渔业行政许可的实施机关主要包括三类。

（一）县级以上人民政府及其渔业行政主管部门和所属机构

如本书第二章所述，我国县级以上人民政府根据有关法律法规设置了渔业行政主管部门和各类具有独立法人地位的渔业行政管理机构，如（小）渔政、渔港监督、渔船检验、水生野生动植物自然保护区管理机构、水产苗种管理机构等。县级以上人民政府及其渔业行政主管部门和所属机构，应在其法定职权范围内实施本章第三节所述的六大类渔业行政许可。例如，《渔业法》第十一条规定，单位和个人使用国家规划确定用于养殖业的全民所有的水域、滩涂的，使用者应当向县级以上地方人民政府渔业行政主管部门提出申请，由本级人民政府核发养殖证。这意味着，只能由县级以上人民政府核发养殖证，而不能由其工作部门或所属的渔政管理机构核发。又如，根据《渔港水域交通安全管理条例》和《渔业船舶检验条例》，渔业职务船员证书只能由渔港监督机关核发，渔船及其设备的各种检验证书只能由渔船检验机构核发。因此，作为县级以上人民政府工作部门的渔业行政管理部门及其所属的各类渔政管理机构，应依照职权法定的要求，在法定的职权范围内依法实施行政许可，核发各类渔业行政许可文件，而不能越权实施渔业行政许可，也不能互相推诿，不作为。

（二）渔业或相关法律法规授权的组织

根据《行政许可法》第二十三条，经渔业或相关法律、法规授权的具有管理公共事务职能的组织，可以在法定授权范围内，以自己的名义实施行政许可。例如，依法设立的农业部水产品质量监督检验测试中心根据《农产品质量安全法》以及

---

① 参见：《海上交通安全法》第五条；《渔港水域交通安全管理条例》第十二条；《内河交通安全管理条例》第六条；《水污染防治法》第五十三条；《海洋环境保护法》第六十三条。

《无公害农产品管理办法》等开展的无公害水产品认可认证活动。

（三）受县级以上渔业行政主管部门或所属机构委托的其他行政机关

根据《行政许可法》第二十四条，县级以上人民政府及其渔业行政主管部门和所属机构可以在其法定职权范围内，依照法律、法规、规章的规定，委托其他行政机关实施渔业行政许可，并且应将受委托行政机关和受委托实施行政许可的内容予以公告。委托行政机关对受委托行政机关实施行政许可的行为应当负责监督，并对该行为的后果承担法律责任。受委托行政机关在委托范围内，以委托行政机关名义实施行政许可；不得再委托其他组织或者个人实施行政许可。例如，根据《水生野生动物保护实施条例》第十七条，动物园驯养繁殖国家重点保护的水生野生动物的，渔业行政主管部门可以委托同级建设行政主管部门核发驯养繁殖许可证。

另外，渔业行政许可也可由依法设立的湖泊事务综合管理机构负责实施。例如，根据《云南省抚仙湖管理条例》，抚仙湖管理局是抚仙湖水域渔业捕捞许可的实施机关；根据《云南省阳宗海保护条例》，阳宗海管理处是阳宗海水域渔业捕捞许可的实施机关。根据《行政许可法》第二十五条，经国务院批准，省、自治区、直辖市人民政府根据精简、统一、效能的原则，也可以决定其他行政机关负责实施渔业行政许可。根据《行政许可法》第二十六条、第二十八条，若渔业行政许可需要渔业行政主管部门或所属机构内设的多个处（科）室办理的，应当确定一个处（科）室统一受理行政许可申请，统一送达行政许可决定；对某些设备、设施、产品、物品的检验、检测、检疫，除法律、行政法规规定必须由渔业行政主管部门或所属机构实施外，应积极创造条件，逐步由符合法定条件的专业技术组织实施。

二、渔业行政许可的管辖

所谓渔业行政许可的管辖，主要是指不同行政区、不同级别的县级以上人民政府、渔业行政主管部门以及所属的渔政管理机构在实施各类渔业行政许可行为时的分工和权限。根据《宪法》、《地方各级人民代表大会和地方各级人民政府组织法》以及设定渔业行政许可的法律法规，渔业行政许可的管辖权原则是地域管辖与级别管辖相结合。

地域管辖，意味着渔业行政许可主要由申请人户籍所在地、法人组织注册地、渔业船舶船籍港所在地或被许可的渔业活动发生地的县级人民政府、渔业行政主管部门或所属机构负责实施。级别管辖，意味着某些渔业行政许可必须由上级人民政府、上级渔业行政主管部门或所属机构负责实施。

在渔政管理实践中，某一渔业行政许可具体应由哪一行政区、哪一级别的人民政府、渔业行政主管部门或所属机构负责实施，通常是由《渔业法》及其他相关法律、行政法规、地方性法规、农业部规章、地方政府规章，甚至各种规范性文件明确的。

(一)养殖证的管辖

根据《渔业法》第十一条,养殖证应由县(县级市、区、自治县)、地级市、省级人民政府核发。进一步地划分各级地方政府管辖权,通常由地方性法规、规章或规范性文件明确。

(二)渔业捕捞、远洋渔业和外国人在我国管辖水域进行渔业资源调查许可以及渔业无线电台执照、捕捞渔船的更新改造和进口许可的管辖

根据《渔业法》和《渔业捕捞许可管理规定》、《远洋渔业管理规定》及《中华人民共和国管辖海域外国人、外国船舶渔业活动管理暂行规定》,大于等于441千瓦之海洋捕捞许可、公海渔业捕捞许可以及在中日、中韩和中越共同管理区的专项捕捞许可、水产种质资源保护区的捕捞许可、外国渔船的捕捞许可、远洋渔业项目审批、远洋渔业企业资格认定、外国人在我国管辖水域进行渔业资源调查许可由农业部所属的渔政管理机构批准;因养殖或者其他特殊需要,捕捞有重要经济价值的苗种或者禁捕的怀卵亲体的,由农业部所属渔政管理机构或省级渔业行政主管部门及所属渔政机构批准;其他种类的渔业捕捞许可则由县级以上地方人民政府渔业行政主管部门或其所属的渔政管理机构实施,具体的管辖权划分还要看地方渔业法规、规章或规范性文件的进一步规定。

渔业船舶制式电台执照,通常由省级渔政部门或其所属的渔政管理机构核发。

至于捕捞渔船的更新、改造和进口许可,通常是由县级以上人民政府的渔政行政管理部门或其所属的渔政管理机构管辖。但是,现行渔业法规对此许可的设定和实施缺乏细致的规定,迫切需要修改相关渔业法规,进一步完善此项许可。

(三)水产苗种生产许可、水产苗种产地检疫、对水产品质量的检测及认证认可、进出口许可和转基因水产苗种生物安全及经营许可的管辖

根据《渔业法》、《农产品质量安全法》、《水产苗种管理办法》、《无公害农产品管理办法》及《农业转基因生物安全管理条例》等法律法规的有关规定,水产苗种繁育生产许可和产地检疫以及水产品质量的检测和认证认可由县级以上地方人民政府渔政部门或所属的苗种管理机构、水产品质量检测机构管辖,管辖权的进一步划分,通常由地方性法规、规章或规范性文件明确,水产原良种场的苗种生产许可通常由省级渔政部门审批;列入水产苗种进出口名录Ⅱ的水产苗种以及未列入名录的水产苗种的进口、出口许可由农业部审批,列入名录Ⅲ的水产苗种的进口、出口许可由省级渔业行政主管部门审批,但是由于水产苗种进出口名录至今没有公布,此项许可的管辖权划分依然很不清晰;转基因水产苗种生物安全证书及经营许可,由农业部负责实施。

（四）有关濒危水生野生动物保护与利用及自然保护区许可的管辖

此类许可的管辖权主要是依据濒危水生野生动物的保护等级和自然保护区的级别划分的。涉及国家一级保护动物和国家级自然区的许可事项由农业部负责审批；涉及国家二级保护动物和省级自然保护区的许可事项，由省级渔政部门审批。

（五）渔船设计、修造资质和渔船以及设备、部件和材料等检验许可的管辖

根据《农业部渔业船舶设计单位资格认可管理暂行办法》和《渔业船舶检验条例》第十二条，渔船设计修造资质由农业部审批；进口渔业船舶和远洋渔业船舶的初次检验，由农业部渔业船舶检验机构统一组织实施；其他渔业船舶的初次检验，由船籍港渔业船舶检验机构负责实施；渔业船舶的制造地或者改造地与船籍港不一致的，初次检验由制造地或者改造地渔业船舶检验机构实施。

（六）渔业船员培训机构和服务机构资质、渔业船员注册和任职资格、雇佣外国籍船员在中国籍渔船工作许可、渔业船舶登记的管辖

这类许可通常由培训机构和服务机构所在地、船员户籍地、法人登记地或船籍港所在地的县级以上渔业行政主管部门或其所属的渔港机关管辖。也有依据船舶大小或证书等级划分管辖权的情形。

（七）有关渔港建设、经营、征收征用、交通安全、进出港签证等许可的管辖

有关渔港建设、水域交通安全、助航设施方面的许可管辖权通常取决于渔港的等级和各级渔港监督机关的设置情况，一般由地方性法规、地方政府规章或规范性文件明确。

《行政许可法》第十八条规定，设定行政许可应当规定行政许可的实施机关。然而，从上述粗略的梳理可以看出，目前有关渔业行政许可实施机关的规定非常不严谨，不细致。各级各类渔业行政主管部门、机构应对现行的渔业行政许可管理实践进行总结，尽快修订设定渔业行政许可的法律法规，依照《行政许可法》的要求，明确规定每一种渔业行政许可的具体实施机关。

第五节　渔业行政许可的实施程序

简单讲，行政许可的实施程序是指相对人在申请行政许可、行政机关在实施行政许可行为的过程中应当遵循的方式、方法、步骤、时限和顺序。行政许可实施程序设置得是否正当、合理，对于保护相对人的合法权益，保障行政许可权的公正和

有效行使，降低社会成本，提高行政效率，预防腐败等都是十分重要的。为此，作为规范行政许可行为的普通法、上位法的《行政许可法》以及渔业法规和其他相关法规对渔业行政许可的事实程序作出了规定，确立了公开公示、一次性告知、申请人陈述和申辩、说明理由、公开查询、期限和听证、变更与延续等项制度。

一、渔业行政许可受理机关的公开公示说明义务

公开是设定和实施渔业行政许可的一项基本原则。因此，渔业行政许可受理机关应在其办公场所将法律、法规、规章规定的渔业行政许可事项、依据、条件、数量、程序、期限、需要提交的材料目录和申请材料示范文本等公示；若申请人对公示内容有疑问，渔政公务人员则应予以说明、解释，进一步提供准确信息[①]。若有条件，还应在渔政部门的网站上公示。

《行政许可法》为行政许可受理机关设定此项义务，有利于提高行政机关的工作效率，有利于建设服务型、责任型政府。对于未履行公示义务的渔政部门，其上级渔政部门或监察机关有权责令其改正；情节严重的，可对直接负责的主管人员和其他直接责任人员予以行政处分[②]。

二、渔业行政许可申请与受理

渔业行政许可是渔政部门依相对人的申请而实施的具体的行政行为，相对人的主动申请是启动渔业行政许可程序的第一步。因此，欲从事特定渔业活动的相对人应按照渔业行政许可受理机关公示的要求，认真填写、准备申请书和各种材料，并在规定的时限内向受理机关递交申请书和材料。申请人可以亲自申请，也可委托代理人申请；可以到渔政部门的办公场所申请，也可通过邮寄方式申请；有条件的，还可以通过电报、电传、传真、电子数据交换和电子邮件等方式提出申请。

在填写和准备申请材料时，申请人应当向渔政部门提供真实的信息。根据《行政许可法》第七十八条，申请人隐瞒有关情况或者提供虚假材料的，渔政机关有权不予受理或者不予行政许可，并给予警告；申请属于直接关系公共安全、人身健康、生命财产安全事项的，申请人在一年内不得再次申请该行政许可。笔者认为，渔业船舶、设备及部件的技术证书；渔船设计修造资质；有关水产品质量认证认可等都属于此类许可，若申请人隐瞒有关情况或提供虚假材料，应禁止其在一年内再次申请。根据《行政许可法》第六十九条、第七十九条，通过欺骗、贿赂等不正当手段获得的行政许可，应予以撤销，并且渔政部门应给予当事人行政

① 参见:《行政许可法》第三十条。
② 参见:《行政许可法》第七十二条。

处罚；构成犯罪的，由司法机关依法追究刑事责任；取得的行政许可属于直接关系公共安全、人身健康、生命财产安全事项的，申请人在三年内不得再次申请该项行政许可。至于应给予何种行政处罚，则取决于渔业法规或相关法规的具体规定。例如，对通过欺骗、贿赂等不正当手段取得渔业船员服务簿、船员适任证书、船员培训合格证书的行为人，渔港监督机关可依据《船员条例》第五十三条处以 2 000 元以上 2 万元以下罚款。

渔政部门收到申请人提交的申请材料后，应当及时处理：(1) 依法不需要取得行政许可的，应当即时告知申请人不受理；(2) 依法不属于其职权范围的，应当即时作出不予受理的决定，并告知申请人向有关行政机关申请；(3) 申请材料存在可以当场更正的错误的，应当允许申请人当场更正；(4) 申请材料不齐全或者不符合法定形式的，应当当场或者在五日内一次告知申请人需要补正的全部内容，逾期不告知的，自收到申请材料之日起即为受理；(5) 申请材料齐全，并符合法定形式，或者申请人按照本行政机关的要求提交全部补正申请材料的，应当受理行政许可申请①。可见，渔政部门收到申请材料的日期，即为受理日期，除非是有需要补正的情形；若需要补正，渔政部门也必须在收到申请材料后的 5 日内一次性告知当事人需要补正的内容。

无论渔政部门受理或者不受理，都应当出具加盖专用印章和注明日期的书面凭证。

三、渔业行政许可的审查

受理行政许可申请的渔政部门在收到申请材料后，应及时进行审查，以确保在规定的时限内做出许可或不许可决定，或者依法将其初步审查意见和申请材料再报送上级机关，由具有许可管辖权的机关作出是否许可的决定。审查有形式审查与实质审查之分②。

形式审查，通常意味着渔政部门仅对申请材料是否齐全、是否符合法定形式进行审查，而对材料内容的真实性、合法性一般不做审查。例如，渔港监督机关在依法核发渔船船员适任证书时，通常不用对渔船船员培训考试机构出具之考试成绩、医院出具之体检表等内容的真实性、合法性进行核实，因为考试机构、医院应对其出具材料的真实性、合法性独立承担责任。然而，这并不意味着渔政公务人员可以恣意放松审查，而应认真地审核每一份材料，对于含有明显错误、疏漏或有涂改、伪造痕迹的材料，应要求当事人予以说明或要求其进一步提交证明材料，要求有关机

① 参见：《行政许可法》第三十二条。

② 张春生，李飞：《中华人民共和国行政许可法释义》，法律出版社 2003 年版，第 131 - 133 页。

构补正有关材料等。对于通过形式审查,并且符合规定条件、能够当场作出决定的渔业行政许可,渔政部门应当场作出决定,以方便当事人,提高行政效率。

实质审查,通常意味着渔政部门不但要对申请材料的要件是否具备进行审查,还要对申请材料的实质内容是否符合条件进行审查;在某些情况下,还必须进行实地核查、现场查看、监督等。例如,为了保证水上交通安全,保证人身和财产安全,渔港监督机关在对渔港内的施工活动、大型群众活动、装卸危险货物作业等许可申请进行实质审查时,除了应严格审查、核实提交的各项申请材料外,还应到现场查看、核实,并预测许可后可能发生的各种情况。依照《行政许可法》第三十四条,渔政部门至少应指派两人对有关申请材料进行核实,进行现场核查。

四、行政许可听证程序

为了使申请人以及利害关系人能够有机会参与行政许可的实施过程,充分保障其陈述和申辩权利,保证行政机关充分地听取各方意见,正确地作出行政许可决定,《行政许可法》第四十六条、第四十七条规定了三种应采用听证程序的情形:

第一,法律、法规、规章规定实施行政许可应当听证的事项;

第二,行政机关认为需要听证的其他涉及公共利益的重大行政许可事项;

第三,行政许可直接涉及申请人与他人之间重大利益关系,且申请人、利害关系人在规定时限内提出听证申请的。

《行政许可法》第四十八条规定,行政机关应提前七日将举行听证的时间、地点通知申请人、利害关系人,听证主持人应由审查该行政许可申请的公务人员以外的人员担任,除非涉及国家秘密、商业秘密或个人隐私,应公开举行听证。在举行听证过程中,审查该行政许可申请的工作人员应当提供审查意见的证据、理由,申请人、利害关系人可以提出证据,并进行申辩和质证。行政机关应当根据听证笔录,作出行政许可决定。

目前,设定和实施渔业行政许可的法律、法规和规章没有关于许可听证程序的规定,也未见渔政部门针对后两种情形而举行许可听证的相关报道。事实上,许可听证程序是保障单位、个人平等申请从事特定渔业活动权利,平衡国家、集体、个人之间可能的利益冲突,调节渔业与其他行业健康协调发展的有效措施,渔政部门在实施一些行政许可过程中应适度采用,以便事先化解潜在的利益冲突、矛盾。例如,在有潜在利益冲突的水域核发养殖证。同样,其他行政机关在依法决定涉及渔业行业重大利益的行政许可前,也应适度采用听证程序,听取渔业界的意见。

五、渔业行政许可决定

(一)许可的标准、条件

渔政部门应在《行政许可法》以及渔业法规或其他相关法规规定的时限内完成对申请材料的形式审查、实质审查,并依据一定的标准、条件等作出许可或不予许可的决定。这些标准、条件主要是通过以下方式明确的。

(1)由渔业或相关的法律、法规和规范性文件明确规定。例如,《水生野生动物利用特许办法》第十六条规定,申请驯养繁殖证,应当具备三个条件,即有适宜驯养繁殖水生野生动物的固定场所和必要的设施;具备与驯养繁殖水生野生动物种类、数量相适应的资金、技术和人员;具有充足的驯养繁殖水生野生动物的饲料来源。对于符合上述条件的申请,渔政部门应予以批准,核发水生野生动物驯养繁殖证。

(2)由国家标准、行业标准、检验规则、检疫规则、技术规范等明确规定。这主要适用于对渔船、浮动设施、主要设备部件材料、水产苗种、水产品等实施的检测、检验、认证认可、检疫许可。

(3)对于涉外的渔业行政许可,批准条件通常由双边协定、议定书、达成的共识、合作协议、谅解等明确。例如,我国向外国渔船核发捕捞许可证的条件,主要是由双边渔业协定、中外渔业联合委员会达成的共识明确的。

(4)对于一次性有效、短期有效的行政许可,法律法规往往很难细致地列举所有许可条件,渔政部门主要是依据相关法律法规的原则、精神作出决定。例如,渔港内施工、举办大型活动、装卸危险货物作业、可能造成水污染的作业以及专业或施工单位设置、移动、拆除渔业航标的许可等,都属于一次性有效、短期有效的许可,有关海事法规、渔业法规无法规定出十分具体的许可条件,渔港监督机关应依据相关法规的原则和精神,作出许可或不许可决定。

(5)由于资源的稀缺、维持生计以及其他现实或历史的特殊原因,法律法规或规范性文件明确规定应优先核准某些特殊申请者的申请。例如,《渔业法》第十二条规定,县级以上地方人民政府在核发养殖证时,应当优先安排当地的渔业生产者。又如,《河北省渔业管理条例》第十八条规定,确定养殖水面使用权,应当对转产的专业捕捞单位和个人、洼淀所在地的村民和水库移民,予以优先照顾;该《条例》第二十三条规定,水库和洼淀所在地的村民,有取得该水域捕捞许可证的优先权。在这种情况下,渔政部门应遵从相关法规、规范性文件及渔业政策的规定,审慎地行使其自由裁量权,排出顺序,公平地做出许可决定。

(6)鉴于某些渔业行政许可是有数量限制的,渔政部门在决定是否许可时,除了考虑有关法规规定的条件外,还应考虑数量限制。例如,县级以上渔业行政主管部门或渔政管理机构在批准捕捞许可时，必须与上级人民政府渔业行政主管部门下达的捕捞限额指标相适应。在这种情况下，渔政部门一般可依照“先申请先得、帮助渔民转产转业、抽签、与有关利益方协商”等办法，公平地核准许可。

此外，渔政部门在对渔业行政许可申请进行审查时，发现行政许可事项直接关系他人重大利益的，应当告知该利害关系人，并应听取申请人、利害关系人的陈述和申辩[①]。

(二)说明不予许可理由的义务

根据《行政许可法》第三十八条，渔政部门作出不予许可决定的，必须说明理由，并告知当事人享有依法申请行政复议以及提起行政诉讼的权利。说明不予许可的理由是一项重要的行政程序制度，主要具有四项功能。一是沟通说服功能。详细的说明有助于增加申请者对相关事实和法律规定的理解，提高渔政部门的公信力。二是自律功能，设定此项义务可促使渔政部门充分考虑行政许可决定的事实依据和法律依据，审慎地作出决定，保证行政决定的正确性，提高渔政管理水平。三是保护功能，设定此项义务有利于保护申请人的合法权益，为当事人申请行政复议或提起行政诉讼权提供了依据。四是指引功能。说明理由，可以为渔政部门以后处理同类申请提供参考依据，促成平等保护，对以后的申请者具有很好的指引作用。

渔政部门主要应从事实、相关法律法规的规定以及自由裁量权的行使三个方面说明不予许可的理由。

另外，《行政许可法》第四十条进一步创设了一项与说明理由相辅相成的法律制度，即行政许可决定公开查询制度。因此，渔政部门依法核准的渔业行政许可应允许公众查询，除非是涉及了国家秘密、商业秘密或个人隐私的许可。

(三)许可决定和许可证件

申请人的申请符合法定条件、标准的，渔政部门应依法作出准予许可的决定，并应向申请人颁发加盖其公章的渔业行政许可证件。这些证件主要包括证照式的许可证、证照式的资格或资质证；依附于特定物的技术证书、非证照式的批准书、同意书以及检测检疫报告书、证明书等。一般讲，这些许可证件的样式在全国或在省级行政区内是统一的，通常由农业部或省级渔政部门规定。例如，《渔业捕捞许可规定》第四十一条规定，《渔业捕捞许可证》的样式由农业部规定，并统一印制。又如，《海洋渔业船员发证规定》第四十七条规定，甲类适任证书由中华人民共和国渔政局统一印制，省级渔港监督机构签发；乙类证书由省级渔港监督机构按照中华

① 参见：《行政许可法》第三十六条。

人民共和国渔政局规定的样式印制和签发。

六、渔业行政许可收费

根据《行政许可法》第五十八条、第五十九条，行政机关在实施行政许可时原则上不得收取任何费用。依照法律、行政法规可以收费的，则应按照法定项目和标准收费，所收取的费用必须全部上缴国库，任何机关或者个人不得以任何形式截留、挪用、私分或者变相私分，财政部门也不得以任何形式向行政机关返还或者变相返还实施行政许可所收取的费用。

目前，与实施渔业行政许可直接相关的收费主要有考试费、行政许可证件工本费、检验检疫费等。例如，《渔业船舶检验条例》第二十八条规定，渔业船舶的检验收费，按照国务院价格主管部门、财政部门规定的收费标准执行；《船员条例》第六十九条，申请参加取得船员服务簿、船员适任证书考试，应当按照国家有关规定交纳考试费用。

此外，取得渔业行政许可的单位、个人还应依法缴纳资源利用费（或称生态补偿费、资源增殖费、资源保护费等）。例如，《野生动物保护法》第二十七条规定，经营利用野生动物或者其产品的，应当缴纳野生动物资源保护管理费。《渔业法》第二十八条规定，渔政部门可以向受益的单位和个人征收渔业资源增殖保护费，专门用于增殖和保护渔业资源。

这些收费都属于行政事业性收费①，具有提供特定服务、强制性、垄断性、成本补偿、非盈利等特征，收费的标准应由国务院或省级人民政府及其财政、发展改革委员会、价格主管部门批准。渔政部门应在其收费场所公示收费文件依据、收费主体、收费项目、收费范围、收费标准、收费对象等，接受社会监督，使用财政部或省级财政部门统一监制的票据。

七、渔业行政许可期限

渔业行政许可期限，一般是指渔政部门从受理许可申请，经过审查直至作出行政许可决定的时间限制。根据《行政许可法》第四十二条、第四十三条、第四十五条，除可以当场作出行政许可决定的外，渔政部门应当自受理行政许可申请之日起二十日内作出行政许可决定。二十日内不能作出决定的，经渔政部门负责人批准，可以延长十日，并应当将延长期限的理由告知申请人。依法采取统一办理或联合

① 《行政事业性收费项目审批管理暂行办法》第三条规定，行政事业性收费是指国家机关、事业单位、代行政府职能的社会团体及其他组织根据法律、行政法规、地方性法规等有关规定，依照国务院规定程序批准，在向公民、法人提供特定服务的过程中，按照成本补偿和非盈利原则向特定服务对象收取的费用。

办理、集中办理的,办理的时间不得超过四十五日;四十五日内不能办结的,经本级人民政府负责人批准,可以延长十五日,并应当将延长期限的理由告知申请人。依法应先经下级渔政部门审查后报送上级渔业行政机关决定的,应在二十日内审查完毕报送。但是,渔业及其他相关法律法规另有规定的,则应从其规定;依法需要听证、招标、拍卖、检验、检测、检疫、鉴定和专家评审的,应当将所需时间书面告知申请人,所需时间不计算在上述期限内。

此外,《行政许可法》第四十四条还对行政许可证件的颁发送达期限作了规定,即渔政部门应自作出决定之日起十日内向申请人颁发、送达行政许可证件,或者加贴标签、加盖检验、检测、检疫印章。并且,应按照《民事诉讼法》第七十七条至第八十四条规定的送达方式之一送达,即直接送达、留置送达、邮寄送达、委托送达、转交送达、公告送达。无论采用何种送达方式,都必须有送达回证,由受送达人在送达回证上记明收到日期,签名或者盖章。

八、渔业行政许可的变更、延续

行政许可的变更,主要是指行政机关应被许可人的申请对已经准予之行政许可事项的具体内容依法进行更改的行为。对于符合法定条件、标准的,行政机关应当依法及时办理变更手续。例如,《渔业船舶登记办法》第二十九条规定,(1)船名、船号;(2)船籍港;(3)船舶尺度、吨位或作业方式;(4)船舶主机类型、数目或功率;(5)船舶所有人名称或住址(船舶所有权没有转移);(6)船舶共有情况;(7)船舶抵押合同(不含解除合同)发生变更的,船舶所有人应当向船籍港登记机关申请办理变更登记。

行政许可的延续,也称展期,主要是指行政许可期满后,行政机关应被许可人的申请依法延长行政许可有效期限的行为。《行政许可法》第五十条规定,被许可人应在行政许可有效期届满三十日前向作出行政许可决定的行政机关申请延续,行政机关应在行政许可有效期届满前作出是否准予延续的决定;逾期未作决定的,视为准予延续。但是,法律、法规、规章另有规定的,依照其规定。例如,《渔业捕捞许可管理规定》第二十七条规定,渔业捕捞许可证使用期满的,持证人应持《渔业船舶所有权证书》和《渔业船舶国籍(登记)证书》向原发证机关申请换发渔业捕捞许可证。实际上,此规定中的"换发",即为延续。

在渔业行政管理实践中,也可以通过在原证书上加注或换发新证照的方式实现行政许可的变更、延续。

此外,根据有关渔业法规的规定,若许可证件丢失或损毁无法使用的,被许可人应及时申请补发有关的渔业许可证件[①]。一般讲，被许可人应提交证件丢失或损毁的说明、证明材料，在媒体上公告丢失证件作废。

值得注意的，行政许可的变更、延续与重新申请是有本质区别的。重新申请，意味着申请人应依照相关的法律法规重新提交申请材料，行政机关应依据相关法律法规对申请材料进行审查，并作出许可或不许可决定，行政机关决定的依据与曾取得许可这一事实之间没有必然的关联。当渔业行政许可的具体内容、条件等发生变化时，被许可人应申请变更、延续还是重新申请，取决于设定和实施该项许可之法律、法规、规章的具体规定。例如，《渔业捕捞许可管理规定》第二十八条规定，在渔业捕捞许可证有效期内，渔船作业方式变更；渔船主机、主尺度、总吨位变更以及因渔船买卖发生渔船所有人变更的，必须向原发证机关重新申请渔业捕捞许可证。

第六节　渔业行政许可的监督检查

《行政许可法》第十条规定，县级以上人民政府应当建立健全对行政机关实施行政许可的监督制度，加强对行政机关实施行政许可的监督检查；行政机关应当对公民、法人或者其他组织从事行政许可事项的活动实施有效监督。由此可见，渔业行政许可的监督检查主要包括两个方面，一是上级渔政部门对下级渔政部门实施渔业行政许可情况的监督检查，二是渔政部门对被许可人从事渔业活动情况的监督检查。

一、上级渔政部门对下级渔政部门的监督检查

在我国，虽然各级人民政府、各级人民政府的组成部门及其所属机构自身都是独立的行政管理主体，但是根据《宪法》和《地方各级人民代表大会和地方各级人民政府组织法》的有关规定，上下级人民政府之间、人民政府与其工作部门之间以及上下级人民政府之对口工作部门之间存在着领导与被领导、指导与被指导的工作关系。

根据《行政许可法》第六十条，上级渔政部门应对下级渔政部门实施渔业行政许可的情况进行监督检查，并有权纠正行政许可实施中的违法行为。因此，上级人

① 例如，《渔业捕捞许可管理规定》第二十九条规定，“在渔业捕捞许可证有效期内发生以下情况的，须向渔业捕捞许可证原发证机关申请补发渔业捕捞许可证：（一）渔业捕捞许可证损毁无法使用；（二）渔业捕捞许可证丢失。渔业捕捞许可证丢失的，持证人须在一个月内向原发证机关报告遗失的时间、地点和原因，由发证机关在有关媒体公告原渔业捕捞许可证作废后，方可补发新证。媒体公告费由持证人承担。”

民政府有权对下级人民政府、人民政府对其渔业行政主管部门、渔业行政主管部门对其所属的各类渔政管理机构、上级渔政管理机构对下级渔政管理机构实施渔业行政许可的情况进行监督检查,有权撤销通过不合法的方式取得的行政许可。通过欺骗、贿赂等不正当手段取得之行政许可被撤销的,被许可人基于行政许可取得的利益不受法律保护①。

上级渔政部门可以采取定期检查、抽查,听取工作汇报,受理和调查人民投诉举报等多种方式对下级渔政部门实施渔业行政许可的情况进行监督检查。监督检查的内容,包括实施行政许可的主体资格是否合法、是否存在越权许可、决定许可的程序是否合法正当、是否存在滥用自由裁量权、是否存在乱收费以及谋取部门或个人私利等多个方面。

二、渔政部门对被许可人的监督检查

如果说渔业行政许可的实施属于事前监督,那么渔业行政机关对被许可人所从事渔业活动的监督检查则是事后监督。目的在于核查被许可人是否按照许可的条件、范围等合法地从事特定的渔业活动。事实上,这也是渔政部门对经核准从事渔业活动的行为人依法进行行政指导、技术推广、行政劝诫,以至于实施行政处罚所必需的。

渔政部门应建立健全监督制度,核查有关的渔业活动资料(如有关渔业法规规定相对人必须填写的水产养殖生产记录、水产养殖用药记录、渔捞日志、航海日志、轮机日志、油类记录簿等),履行监督责任,并制作监督检查记录。公众有权查阅渔政部门的监督检查记录,除非涉及国家秘密、商业秘密或个人隐私情况。对关系公共安全、人身健康、生命财产安全的重要设备、设施等应定期检验,并督促设计、建造、安装和使用单位建立自检制度。渔政部门应当及时核实、处理有关违法从事渔业行政许可事项活动的群众举报。

此外,渔政部门还应依法建立抄报制度,即违法行为发生地的渔政部门应当依法将被许可人的违法事实、处理结果抄告作出渔业行政许可决定的渔政部门。

三、渔业行政许可的撤销、撤回、吊销及注销

渔业行政许可的撤销,主要是指作出许可决定的渔政部门或其上级渔政部门根据利害关系人的请求或依据其法定职权对有瑕疵的渔业行政许可依法予以收回、取消的行政行为。根据《行政许可法》第六十九条,(1)渔政部门公务人员滥用职权、玩忽职守决定的行政许可;(2)渔政部门超越法定职权准予的行政许可;

---

① 参见:《行政许可法》第六十九条。

(3)渔政部门违反法定程序决定的行政许可;(4)对不具备申请资格或者不符合法定条件的申请人准予的行政许可;以及(5)被许可人以欺骗、贿赂等不正当手段取得的行政许可,应当予以撤销。在前四种情形下,如果被许可人的合法权益受到损害,渔政部门应依法予以赔偿。在第五种情况下,被许可法许可人基于行政许可取得的利益不受保护,并且应依法给予行政处罚;取得的行政许可属于直接关系公共安全、人身健康、生命财产安全事项的,申请人在三年内不得再次申请该行政许可;构成犯罪的,依法追究刑事责任①。

撤回,是指行政许可的实施程序、被许可人从事许可的特定活动都不存在违法行为,但是客观情况发生了较大变化,导致了被许可的活动无法进行而需要撤回行政许可。例如,因国家建设需要而导致水产养殖场被征收、征用而撤回养殖证的情形。因依法撤回渔业行政许可而给被许可人的合法权益造成损失,有关单位、部门应依法予以补偿。

吊销,是因被许可人违反法律法规的规定或行政许可证件规定的范围、条件、标准、要求等而由行政机关给予的一种行政处罚②。

渔业行政许可的注销,是渔政部门注明取消渔业行政许可,依法办理行政许可结束的手续,通常也应收缴许可证件或公告作废。根据《行政许可法》第七十条,依法需要办理注销手续的情形包括:(1)行政许可有效期届满未延续的;(3)赋予公民特定资格的行政许可,该公民死亡或者丧失行为能力的;(3)法人或者其他组织依法终止的;(4)行政许可依法被撤销、撤回,或者行政许可证件依法被吊销的;(5)因不可抗力导致行政许可事项无法实施的;以及(6)渔业和相关法律、法规规定应注销的其他情形。例如,根据《渔业捕捞许可管理规定》第三十条,在渔船报废或损毁不再继续从事许可的捕捞作业以及自行终止许可的捕捞作业之情形下,持证人应将渔业捕捞许可证交回发证机关,办理渔业捕捞许可证注销手续。

可见,无论什么原因造成的渔业行政许可结束,都应办理注销手续。在渔政管理实践中,渔政部门通常应收缴已经颁发的渔业行政许可证件;无法收回的,则应公告作废。此外,一些渔业法规还规定了由渔政部门收回许可证件代为保管、封存的情形。例如,《渔业船舶登记办法》第二十六条规定,船东以光船条件出租给外国籍法人或公民的中国籍渔船,应将其该船的渔业船舶国籍证书或渔业船舶登记证书、渔业船舶航行签证簿、捕捞许可证交发证机关保存。又如,《渔业捕捞许可管理规定》第四十四条规定,非专业远洋渔船须将海洋渔业捕捞许可证交回原发证机关暂存,回国后可继续使用。从理论上讲,这意味着行政许可证件的法律效力暂时中止,待造成中止的原因消失后,有关的渔业行政机关应将许可证件交还给原持有

---

① 参见:《行政许可法》第七十九条。

② 另见:本书第九章第三节。

人，其法律效力则自动恢复。

值得一提的是，现行有关的法律、法规、规章在行文中并没有严格地区隔使用撤销、撤回、吊销、注销这几个术语。例如，《船员条例》第五十三条规定，违反本条例的规定，以欺骗、贿赂等不正当手段取得船员服务簿、船员适任证书、船员培训合格证书、中华人民共和国海员证的，由海事管理机构吊销有关证件，并处2 000元以上2万元以下罚款。事实上，此条款中“吊销”一词，依照《行政许可法》第六十九条应为“撤销”。从法理上分析，通过欺骗、贿赂等不正当手段取得的行政许可证件自始至终都是无效的，自然无法吊销，而只能撤销。

第九章　渔业行政处罚行为

第一节　渔业行政处罚的概念

一、渔业行政处罚的概念

渔业行政处罚是享有行政处罚权的一些渔业行政管理主体经常实施的一类渔业行政管理行为，通常会对渔政管理相对人的行为能力、财产权利以及预期的经济利益等直接产生重大影响。因此，准确地理解渔业行政处罚的概念和特点、明了渔业行政处罚行为的实施程序和后果，对渔政公务人员依法行政、维护渔业生产秩序、保障渔业生产者的合法权利等是非常重要的。

简单讲，渔业行政处罚主要指县级以上人民政府渔业行政主管部门及其所属的渔业行政管理机构依照行政处罚法规、渔业法规以及海事行政法规、环境保护法规等规定的程序、设定的行政处罚种类对违反法律法规规定的单位或个人实施惩戒，以期纠正违法行为、维护渔业公共管理秩序的一类具体的行政行为①。例如，根据《自然保护区条例》第三十四、第三十五条和《水生动植物自然保护区管理办法》第十五条、第二十五条，县级以上人民政府渔业行政主管部门所属的水生动植物自然保护区管理机构有权对违反《水生动植物自然保护区管理办法》的单位或个人实施罚款、没收违法所得等行政处罚行为。

二、渔业行政处罚的特点

渔业行政处罚是渔政部门为实现渔业行政管理目标而依法有权采取的若干种渔业行政管理行为之一，具有以下特征。

第一，根据现行的渔业法规，渔业行政处罚的实施机关只能是县级以上人民政府及其渔业行政主管部门、所属的渔政管理机构、渔政渔港监督管理机构、渔港监

① 刘新山，梁志军，柳岩："试析渔业行政处罚的种类"，载《中国海洋大学学报（社会科学版）》2009 年第 4 期。

督机构、渔船检验机构[①]、渔业无线电管理机构[②]、水生动植物自然保护区管理机构[③]、水产苗种管理机构[④]以及依法设立的湖泊事务综合管理机构[⑤]等。其他组织，除非通过法律法规明确授权或者渔政部门明确依法委托，都无权实施渔业行政处罚，而只能向渔政部门举报。

第二，由于渔业公共事务与其他行业公共管理事务之间的紧密关系、现行的政府部门职责分工安排，以及渔业法规所调整的社会关系与其他部门法规（如环境保护法规、海事行政法规）所调整的社会关系存在交叉和重叠现象，渔业行政管理主体同时也是环境和野生动植物资源保护及利用、食品质量安全、海事交通安全等事务的行政管理主体之一，海事行政法规、环境资源法规也为渔政部门实施行政处罚提供了直接的法律依据。

第三，与抽象的渔业行政立法行为以及政策制定行为等相对，渔业行政处罚是一种具体的行政行为。因此，渔业行政处罚的实施必须基于确凿的违法事实，必须有特定的适用对象，即违反渔业法规的行为人，并能够产生教育违法者遵守渔业法规的预期效果。

第四，与应渔政管理相对人的申请而被动采用的渔政管理行为（如核发《珍贵、濒危水生野生动物捕捉证》的行为）相对，渔业行政处罚是渔业行政管理部门依固有职权而采取的一类渔业行政管理行为，是一类积极的具体的行政行为。因此，渔政管理部门应积极主动地调查处理或受理群众举报的渔业违法案件，收集违法证据，对应承担行政法律责任的相对人及时给予行政处罚，以达到教育违法者、维护渔业公共秩序的目的，对涉嫌刑事犯罪的，则应移交公安机关、司法机关处理。否则，渔政部门将构成行政不作为；情节严重的，渔政公务人员可能因此受到行政处分，甚至受到刑事制裁。

第五，从实施渔业行政处罚效果看，渔业行政处罚具有强制性和惩戒性，是违法者应当承担的行政法律责任。由此，渔业行政管理部门可以剥夺渔政管理相对人的财产、限制其行为能力或课以某种法律义务等。若违法者拒绝承担法律责任，渔政部门有权依法强制执行或向人民法院申请强制执行。

---

① 参见：《渔业法》第四十八条；《渔港水域交通安全管理条例》第二十三条；《渔业港航监督行政处罚规定》第三条；《渔业船舶检验条例》第三十八条；《渔业船舶监督检验管理规定》第十七条；《水生野生动物保护实施条例》第二十六条以及其他相关法律法规的相关条款。

② 参见：《无线电管理条例》和《渔业无线电管理规定》。

③ 参见：《水生动植物自然保护区管理办法》第十五条、第二十五条和《自然保护区条例》第三十四条、第三十五条。

④ 参见：《辽宁省水产苗种管理条例》第二十五条。

⑤ 例如，根据《云南省抚仙湖管理条例》，抚仙湖管理局是抚仙湖水域的渔业行政处罚实施机关；根据《云南省阳宗海保护条例》，阳宗海管理机构是阳宗海水域的渔业行政处罚实施机关。

第六，渔业行政处罚虽然具有强制性，但却不是终局性的。为了确保渔政管理相对人能够得到行政救济和司法救济，保证同级人民政府以及上级渔政部门对渔政部门的领导或指导，实现人民法院对行政机关的司法监督权，受到渔业行政处罚的相对人有权依据《行政复议法》申请行政复议或依据《行政诉讼法》提起行政诉讼，借以纠正错误的渔业行政处罚决定，保护其合法权利。另外，为了最大限度地保护渔政管理相对人的权利，维护社会公共利益和秩序，一些情形下的渔业行政处罚在行政复议或行政诉讼期间还可以依法停止执行[①]；若因渔政部门违法实施渔业行政处罚而侵害了渔政管理相对人的民事权利，则应依法承担赔偿责任[②]。

第七，许多渔业行政违法案件常常发生在江、河、湖泊、水库和海洋等水域，时常涉及外国人和外国渔船，渔业行政执法环境比较复杂，渔业行政处罚案件的调查、取证、决定、执行等相对困难。为了提高渔政办案效率、保障渔政部门的行政执法权，《渔业法》第四十八条作出了特殊规定，“在海上执法时，对违反禁渔区、禁渔期的规定或者使用禁用的渔具、捕捞方法进行捕捞，以及未取得捕捞许可证进行捕捞的，事实清楚、证据充分，但是当场不能按照法定程序作出和执行行政处罚决定的，可以先暂时扣押捕捞许可证、渔具或者渔船，回港后依法作出和执行行政处罚决定。”另外，根据《行政处罚法》第四十八条，在边远、水上、交通不便地区，渔政部门及其执法人员在依法作出罚款决定后，可以当场收缴罚款。

第二节　实施渔业行政处罚的原则

为了实现渔政管理的各项目标，渔政部门在实施渔业行政处罚的过程中必须遵守《行政处罚法》、《渔业法》以及其他相关法律所确立的法律原则。这些原则反映了创设渔业行政处罚的价值取向，体现了行政法律的灵魂和国家长期的渔业发展政策，可以弥补现行渔业法规的缺陷和不足，对渔政部门正确地实施渔业行政处罚、正确地行使其自由裁量权发挥着指引和约束作用。

一、渔业行政处罚法定原则

渔业行政处罚法定原则，简单讲就是“法无明文规定，不得处罚”原则。这是实施渔业行政处罚最基本的法律原则，主要包括渔业行政处罚的实施主体和权限法定、被处罚的对象法定、实施处罚所依据的违法事实法定、给予渔业行政处罚的种类法定、实施处罚所遵守的程序法定、处罚决定的送达方式和执行方式法定等。

① 参见：《行政复议法》第二十一条；《行政诉讼法》第四十四条。

② 参见：《行政处罚法》第六条；《国家赔偿法》第二条。

《行政处罚法》第三条规定,没有法定依据或者不遵守法定程序的行政处罚无效。

二、以事实为根据的处罚原则

渔政公务人员和渔政部门在查处渔业违法案件,作出行政处罚决定时,必须查明违法事实(如违法行为人的身份、时间、地点、原因、违法行为的内容、损害后果等),收集的违法证据必须充分、确凿,这是决定予以行政处罚的最基本要求。《行政处罚法》第三十条规定,违法事实不清的,不得给予行政处罚。《行政复议法》第二十八条规定,主要事实不清、证据不足的行政处罚,由行政复议机关决定撤销;《行政诉讼法》第五十四条规定,主要证据不足的,由人民法院判决撤销或部分撤销,并可以判决被告渔政部门重新作出具体行政行为。

三、渔业行政处罚公正、公开原则

处罚公正原则,意味着渔政部门做出的渔业行政处罚决定必须合理,必须基于违反渔业法规或环保法规、海事法规这一客观事实,以上述法规和行政处罚法为处罚依据,处罚的内容应当与渔业违法行为的事实、性质、情节以及社会危害程度相当,考虑处罚的效果,保证处罚的合法性和适当性,而不能徇私情,滥用其自由裁量权,恣意增加渔业行政处罚的不确定性。行政处罚法创设的回避制度、听证程序、当事人的陈述权和申辩权、行政救济和司法救济制度等都为保证处罚的公正性发挥着十分重要的作用。

处罚公开原则,意味着渔政部门在实施渔业行政处罚的过程中对当事人以及对社会始终承担着告知义务,这是实现公正处罚的必要条件。渔政部门应当告知的信息主要包括执法主体的名称、渔政公务人员的身份、违法的事实及证据、处罚的法律依据、履行处罚的方式、可申请的救济方式等。未经公开的规定,不能作为行政处罚的依据。因此,渔政公务人员应认真填写、制作、归档和保管渔业行政处罚相关的法律文书,并依法履行送达义务。

四、渔业行政处罚与教育相结合、重在教育原则

《行政处罚法》第五条规定,实施行政处罚,纠正违法行为,应当坚持处罚与教育相结合,教育公民、法人或者其他组织自觉守法。因此,渔政部门在实施渔业行政处罚的过程中,应坚持处罚与教育相结合、重在教育的原则。这一原则一方面体现了行政法与刑法、民法之间的本质区别,即刑事法律责任强调惩治犯罪者,民事法律责任强调救济受害者,而行政法律责任则强调教育违法者,另一方面也体现了协调平衡社会各阶层的利益、维护社会公共秩序、最大限度地实现社会整体利益的

行政立法目的。

从对国民生产总值的贡献率看，渔业一个小行业，但是却牵涉到社会各阶层的利益。这些阶层的利益在某种程度上往往是冲突的、矛盾的。例如，不同地区和规模的渔业生产者、水产品销售商、水产品消费者、利用渔业水域及水生生物资源的竞争者、环保主义者等。渔业法规及相关的法律法规一方面要保护各阶层在渔业领域的利益，同时也要限制某些阶层过于膨胀的利益需求，实质上是各阶层利益的平衡器。通过实施渔业行政处罚而剥夺渔政管理相对人的财产、资格不是创设此项法律制度的目的，更不是渔政部门增加收入的途径，而是提醒、教育公民和法人遵守渔业法律规范，尊重社会整体利益的重要手段之一。因此，《行政处罚法》和相关渔业法规都规定了对当事人依法应从轻或者减轻处罚的情形①。

五、保障当事人合法权利原则

渔业行政处罚的实质是通过采取剥夺当事人的财产权利或限制其从事渔业活动的权利等措施，以实现教育其自觉遵守渔业法规的目的。渔业行政处罚的实施是渔政部门单方的意志表示，一般讲渔政管理相对人即使对处罚不认可、不接受，也必须先执行②。由此，因渔政公务人员业务不精通、甚至徇私等原因错误地实施行政处罚，从而造成当事人合法权利受到不法侵害的风险是存在的。

保护公民、法人或者其他组织的合法权益是《行政处罚法》的立法目的之一。为了保证行政处罚的正确实施，尽可能地保护当事人的合法权利，《行政处罚法》规定当事人享有多项权利。

第一，知情权。当事人有权要求渔政部门告知其实施渔业行政处罚所依据的事实、证据、理由、法律依据以及申请听证的权利、履行处罚的方式和时限、申请行政复议或提起行政诉讼的权利等。未告知的，处罚不能成立。

第二，陈述权和申辩权。在渔业行政处罚的实施过程中，当事人享有充分的陈述权和申辩权。渔政部门和执法人员必须听取当事人的意见，对当事人提出的事实、理由和证据，应当进行复核；当事人提出的事实、理由或者证据成立的，应当采纳，而不得因当事人申辩加重处罚。在听证程序中，还有权委托代理人代为陈述、申辩。拒绝听取当事人的陈述、申辩的，行政处罚决定不能成立。

---

① 《行政处罚法》第二十七条规定，“当事人有下列情形之一的，应当依法从轻或者减轻行政处罚：(一)主动消除或者减轻违法行为危害后果的；(二)受他人胁迫有违法行为的；(三)配合行政机关查处违法行为有立功表现的；(四)其他依法从轻或者减轻行政处罚的。违法行为轻微并及时纠正，没有造成危害后果的，不予行政处罚。”农业部于1998年发布的《渔业行政处罚规定》第三条基本上重述了《行政处罚法》第二十七条的规定。

② 参见：《行政处罚法》第四十五条。

第三,对未成年人和精神病患者的权利予以特殊保护。《行政处罚法》第二十五条和二十六条的规定,不满十四周岁的人有违法行为以及精神病人在不能辨认或者不能控制自己行为时有违法行为的,免于行政处罚,已满十四周岁不满十八周岁的人有违法行为的,从轻或者减轻行政处罚。另外,若违法行为在两年内未被发现的,一般也不再给予行政处罚[①]。

第四,获得行政救济和司法救济的权利。若当事人对渔业行政处罚决定不认可,有权根据《行政复议法》申请行政复议,根据《行政诉讼法》提起行政诉讼。

第五,申请改变缴纳罚款的方式或因行政机关违法执行处罚而拒绝履行处罚以及申请暂停执行处罚的权利[②]。若当事人经济困难,有权向处罚机关申请延期或分期缴纳罚款;渔政部门应基于客观事实,充分考虑当事人更迫切的需要,变更渔业行政处罚的执行方式,以便更好地执行处罚。若渔政部门及其执法人员不出具法定的罚款收据、没收财物单据,当事人有权拒绝缴纳罚款,有权拒绝处罚,并有权予以检举。在申请行政复议或提起行政诉讼时,当事人有权向行政复议机关或人民法院申请暂停执行行政处罚,以保护其合法权益;行政复议机关或人民法院应充分考虑客观事实、当事人的利益和社会公共利益,依法作出合理决定。

第六,行政赔偿请求权。根据《行政处罚法》第六条,公民、法人或者其他组织因渔政管理部门违法给予渔业行政处罚受到损害的,有权依法提出赔偿请求。

六、一事不重复罚款原则

在“同级人民政府领导、上级渔政部门业务领导或指导、下级渔政部门独立负责、其他相关行政机关配合协作”的现行公共权力配置体制下,以及在渔业法规、环境保护法规和海事行政法规等存在交叉重叠现象和水上行政边界不十分清晰的情形下,同一当事人因从事同一违法活动而被几个行政机关调查、实施罚款处罚的可能性是存在的。例如,当事人违反渔业法规,县级、市级、省级的渔政部门以及农业部所属的海区局原则上都有权予以罚款处罚,由于水上各级行政区边界的模糊性,相邻行政区的各级渔政部门也可能有权处以罚款。再如,渔政部门有权根据《渔业法》第三十九条,对偷捕、抢夺他人养殖的水产品的,或者破坏他人养殖水体、养殖设施的当事人处以二万元以下罚款,公安机关也有权依据《治安管理处罚法》第四十九条有关盗窃、哄抢、抢夺或者故意损毁公私财物的规定,对当事人处以一千元以下罚款;渔政部门可以依据《渔业法》第四十条,对未依法取得养殖证或者超越

---

① 参见:《行政处罚法》第二十九条。

② 参见:《行政处罚法》第五十二条、第四十五条、第四十九条、第五十六条;《行政复议法》第二十一条;《行政诉讼法》第四十四条。

养殖证许可范围在全民所有的水域从事养殖生产，妨碍航运、行洪的当事人处以一万元以下的罚款，海事部门、水利部门也有权依据海事法规、防洪法规对此违法行为处以罚款。

为了避免上述情况的发生，避免罚款处罚偏离纠正违法、教育当事人自觉守法、维护社会秩序的目标，保护当事人的财产权利，《行政处罚法》第二十四条明确禁止对当事人的同一个违法行为，实施两次以上罚款的行政处罚。一般讲，认定同一违法行为主要考虑四个要素：同一当事人、同一违法时间、同一违法地点以及相同的违法行为。

七、渔业行政处罚与民事责任以及刑事责任竞合适用原则

在当事人因违反渔业法规而承担行政责任、受到渔业行政处罚的同时，也有可能因侵害私人或公共利益、违反民事法律规范而需要承担民事责任，若情节严重涉嫌犯罪，也有可能被移送到司法机关追究刑事责任。这就产生了因同一违法活动而触犯不同部门法律规范，需要承担不同法律责任的竞合适用问题。

行政责任和民事责任是两种独立的法律责任。因此，当事人履行行政处罚并不能够免除其因侵权或违约而应依法应承担的民事责任①，受害方依法有权请求当事人承担停止侵害、排除妨碍、消除危险、返还财产、恢复原状、赔偿损失等相应的民事责任②。例如，《渔业法》第三十九条规定，偷捕、抢夺他人养殖的水产品的，或者破坏他人养殖水体、养殖设施的当事人，除了应当接受渔政部门实施的罚款处罚外，造成他人损失的，还应依法承担民事赔偿责任。再如，根据《渔业法》、《水污染防治法》、《海洋环境保护法》、《民法通则》、《渔业法实施细则》、《渔业水域污染事故调查处理程序规定》等法律法规的有关规定，因为污染事故、爆破、勘探、工程建设等造成他人养殖生产损失或造成天然渔业资源损失的，当事人除了承担行政责任外，还应承担民事赔偿责任；造成人工增殖和天然渔业资源损失的，由渔政部门代表国家责令赔偿渔业资源损失③。

一般讲，若渔政管理相对人违反渔业法规的情节很严重，将涉嫌违反刑法，构成犯罪，当事人将变成犯罪嫌疑人，渔政部门应依法将案件移交司法机关处理，而

---

① 参见：《行政处罚法》第七条。

② 根据《民法通则》第一百三十四条，承担民事责任的方式主要有：（一）停止侵害；（二）排除妨碍；（三）消除危险；（四）返还财产；（五）恢复原状；（六）修理、重作、更换；（七）赔偿损失；（八）支付违约金；（九）消除影响、恢复名誉；（十）赔礼道歉。这些承担民事责任的方式可以单独适用，也可以合并适用。另外，人民法院还可以予以训诫、责令具结悔过、收缴进行非法活动的财物和非法所得，并可以依照法律规定处以罚款、拘留。

③ 现行的一些渔业法规采用了“责令赔偿”这一行政法语词。笔者以为，此为民事责任，应修订为“由渔政部门代表国家向责任者提出损害赔偿请求”。

不得以行政处罚代替刑事处罚[1]。相对于民事责任,刑事责任与行政责任之间的联系更密切。这是由刑事立法目的与行政立法目的、违法行为与犯罪行为之间较为密切的关系决定的。从立法侧重的目的看,刑事法律和行政法律都有维护社会公共秩序、保护公私财产权利的功能,都有惩罚或惩戒行为人、教育人自觉守法的作用,区别在于刑罚更强调制裁、行政处罚则重在教育。现行《渔业法》第三十八条、第三十九条、第四十三条、第四十六条规定了四种渔政管理相对人可能构成犯罪的情形。另外,可以作为渔政部门实施渔业行政处罚法律依据的《野生动物保护法》、《水污染防治法》、《海洋环境保护法》、《海上交通安全法》、《农产品质量安全法》等法律也包含了一些可以被追究刑事责任的规定。可见,违反行政法律规范和刑事法律规范行为的基本内容是相同的,区别在于由人民法院最终认定的"情节"。鉴于行政法与刑法之间的密切联系,在行政责任与刑事责任竞合适用时,当事人(罪犯)已经履行的行政处罚应折抵刑罚。根据《行政处罚法》第二十八条,违反渔业法规行为构成犯罪,人民法院判处罚金时,若渔政部门已经给予当事人罚款的,应当折抵相应罚金。

第三节 渔业行政处罚的种类

一、渔业行政处罚的设定

行政处罚的种类,即当事人承担行政责任的具体方式。根据《行政处罚法》第九条至第十四条的规定,只有全国人大或其常委会通过的法律;国务院制定的行政法规;有地方立法权的地方人大或其常委会制定的地方性法规[2];国务院各部、委员会和具有行政处罚权的直属机构制定的部门规章;有行政立法权的地方人民政府制定的地方政府规章可以设定行政处罚[3],并且法律位阶低的规范性文件所设定行政处罚的种类和内容,应受法律位阶高的规范性文件所设定行政处罚的种类和内容的限制,即规范性文件的法律位阶越低,所能够设定的行政处罚种类对行政相对人的权益的影响应当越轻。

---

① 参见:《行政处罚法》第七条。

② 根据《地方各级人民代表大会和地方各级人民政府组织法》第七条和《立法法》第六十三条,省、自治区、直辖市和较大的市的人大及其常委会有权制定地方性法规。较大的市,是指省、自治区人民政府所在地的市、经济特区所在地的市和经国务院批准的较大的市。

③ 根据《地方各级人民代表大会和地方各级人民政府组织法》第六十条和《立法法》第七十三条,省、自治区、直辖市和较大的市人民政府为了执行法律、行政法规、地方性法规可以制定地方政府规章,适用于各自的行政管辖区。

因此,只有上述立法机关和行政机关通过或制定的规范性文件,才可以作为渔政部门实施渔业行政处罚的法律依据。

二、渔业行政处罚的种类

《行政处罚法》第八条列举了六种行政处罚,即警告;罚款;没收违法所得、没收非法财物;责令停产停业;暂扣或者吊销许可证、暂扣或者吊销执照和行政拘留,同时规定法律、行政法规可以创设新的行政处罚种类。因为行政拘留的处罚权力专属于公安机关[①],所以渔业行政处罚种类包括上述五类以及《渔业法》、《农业法》、《环境保护法》、《水污染防治法》、《海洋环境保护法》、《野生动物保护法》、《海上交通安全法》、《农产品质量安全法》、《港口法》和《水产资源繁殖保护条例》、《渔业法实施细则》、《无线电管理条例》、《水污染防治法实施细则》、《渔港水域交通安全管理条例》、《自然保护区条例》、《濒危野生动植物进出口管理条例》、《渔业船舶检验条例》、《水生野生动物保护实施条例》、《内河交通安全管理条例》、《兽药管理条例》、《防止拆船污染环境管理条例》、《航标条例》、《海上交通事故调查处理条例》、《防治船舶污染海洋环境管理条例》等规定县级以上人民政府渔业行政主管部门和所属机构为行政管理主体或主体之一的法律、行政法规所设立的行政处罚种类。

(一)警告

警告属于申戒罚、精神罚,是处罚实施机关向违法者发出警戒,申明其违法行为,通过对其名誉、荣誉、信誉等施加影响,引起其精神上的警惕,使其不再违法的处罚形式[②]。警告,一般适用于当事人虽然从事了违法行为,但是具有依法能够从轻处罚的情形。例如,当事人已满十四周岁不满十八周岁的情形;主动消除或者减轻违法行为危害后果的情形;受他人胁迫有违法行为的;配合行政机关查处违法行为有立功表现的情形等[③]。

虽然现行《渔业法》未将警告规定为一类行政处罚,但是一些渔业法规以及环境保护法规、海事行政法规对此作了规定。因此,渔政处罚实施机关可以根据这些法规的规定,决定对当事人实施警告处罚。例如,渔港、码头、装卸站及渔船未配备防污设施、器材的;渔业船舶未持有防污证书、防污文书,或者不按照规定记载排污记录的,渔港监督机关可依据《海洋环境保护法》第八十八条对当事人予以警告处罚。再如,外国人、外国船舶对我国渔港及渔港水域造成污染的,渔政渔港监督管

① 参见:《行政处罚法》第十六条。

② 孟鸿志:《行政法学》,北京大学出版社 2007 年版,第 239 页。

③ 参见:《行政处罚法》第二十五条、第二十七条。

理机构可根据《中华人民共和国管辖海域外国人、外国船舶渔业活动管理暂行规定》第十七条处以警告处罚；相对人隐瞒有关情况或提供虚假材料申请渔业行政许可证照的，渔政部门可依据《行政许可法》第七十八条予以警告处罚。

值得注意的是，警告虽然是最轻微的行政处罚种类，但也应以书面的形式作出。另外，虽然个别法律、法规、规章在行文上规定了"予以警告，并处……罚款"①，但是笔者认为警告以外的行政处罚种类已经发挥了警告处罚所产生的精神制裁效果，没有必要与警告并处。

（二）罚款

罚款，是通过依法剥夺当事人一定数量的金钱，以期实现制裁违法者、教育违法者自觉守法的一种处罚方式，属于财产罚，是渔政管理部门最常用的一类行政处罚。通常，作为实施渔业行政处罚依据的法律、行政法规、地方性法规、规章都对适用罚款的违法行为、情节、罚款数额的确定方式等作出指引性和约束性的规定，主要有以下五种情况。

1. 仅规定罚款数额的上限

这种情况又分为直接规定罚款上限和依据法定方式计算罚款上限两种情况，现行《渔业法》规定的十二种罚款处罚，都只规定了罚款数额的上限；而《渔业港航监督行政处罚规定》第十六条规定，对无有效的渔业船舶船名、船号、船舶登记证书（或船舶国籍证书）、检验证书的船舶，对船舶所有者或经营者的罚款上限，是船价的两倍；《水污染防治法》第八十三条第1款规定，对造成水污染事故的企业事业单位之直接负责的主管人员和其他直接责任人员的罚款处罚上限，是其上一年度从本单位取得收入的50%；根据《水生野生动物保护实施条例》第二十七条，违反野生动物保护法律、法规，在水生野生动物自然保护区破坏国家重点保护的或者地方重点保护的水生野生动物主要生息繁衍场所处以罚款的，罚款上限为恢复原状所需费用的三倍；《水生野生动物保护实施条例》第二十八条规定，违反野生动物保护法律、法规，出售、收购、运输、携带国家重点保护的或者地方重点保护的水生野生动物或者其产品的，可处实物价值十倍以下的罚款②。

通常，法律位阶低的行政法规、地方性法规和规章还应在此罚款上限下作出进一步的规定，以便指导渔政部门公平合理地确定罚款数额，正确实施罚款处罚。

---

① 参见：《海洋环境保护法》第七十五条。

② 鉴于国际法和国内法都禁止或严格限制珍稀、濒危野生动植物及其制品的交易行为以及野生动物驯养繁殖权制度的不完善性，农业部2002年发布了《关于确定野生动物案件中水生野生动物及其产品价值有关问题的通知》（农渔发〔2002〕22号），规定此"实物价值"是以野生动植物资源保护费为依据计算而来的数值。

2. 规定罚款的幅度

这种情况又有直接规定和间接计算之分。

(1)依据船舶吨位规定罚款幅度。例如,《船舶进出渔港签证办法》第十三条规定,未办理进出渔港签证的,或者在渔港内不服从渔政渔港监督管理机关对水域交通安全秩序管理的,对500总吨以上机动船舶处500元至1 000元;500总吨及以下机动船舶处100元至500元;对非机动船舶处50元以下罚款。

(2)有关捕捞生产的渔业法规多依据违法行为发生的水域、违法渔船的动力来源及主机功率、作业方式、作业单位等规定罚款幅度。例如,《辽宁省实施〈中华人民共和国渔业法〉办法》第二十五条规定,违反禁渔区、禁渔期规定捕捞的,内陆非机动渔船,处以50元至3 000元罚款;内陆机动渔船,处以100元至5 000元罚款;海洋非机动渔船,处以500元至2 000元罚款;海洋机动渔船,主机58千瓦(79马力)以下的,处以500元至5 000元罚款;59千瓦(80马力)至183千瓦(249马力)的,处以1 000元至1万元罚款;184千瓦(250马力)至440千瓦(599马力)的,处以2 000元至2万元罚款;441千瓦(600马力)以上的,处以3 000元至5万元罚款。

(3)根据渔船检验费计算罚款的幅度。例如,根据《渔业船舶监督检验管理规定》第十七条,伪造、擅自涂改检验证书和变更船舶载重线或以欺骗手段获取检验证书的,渔船检验机构有权撤销其相应证书,且令其重新检验,并可处以相应检验费一至五倍的罚款。

规定罚款幅度是最常用的立法模式。通常,位阶低的法规、规章应当视不同的违法情形,在上位法规定的罚款幅度内进一步规定出相对较多的罚款幅度,以指导渔政部门公正合理地决定罚款数额,增加法律的确定性,减少渔政公务人员滥用职权的可能性。

3. 根据法定的公式计算具体的罚款数额

例如,《水污染防治法》第八十三条第2款规定,对造成一般或者较大水污染事故的企业事业单位,按照水污染事故造成的直接损失的百分之二十计算罚款;对造成重大或者特大水污染事故的企业事业单位,按照水污染事故造成的直接损失的百分之三十计算罚款。又如,《海洋环境保护法》第九十一条第2款规定,罚款数额按照直接损失的百分之三十计算,但最高不得超过三十万元。

4. 规定固定统一的罚款数额

例如,《浙江省违反渔港水域安全管理法规处罚办法》第十四条规定,伪造或涂改船舶证书、谎报事实取得船舶证书的,处以500元罚款并吊销其证书;第十六条规定,船舶未按规定配齐四等以下职务船员的,每缺少一名处以100元罚款。固定罚款数额的方式，在渔业立法中采用得比较少。

5. 对罚款的数额不做规定

例如，《野生动物保护法》规定了的五种罚款处罚情形，但是都未对罚款数额如何确定作出规定。此情形下，通常法律位阶低的行政法规、地方性法规和规章将做出进一步的规定，以指导渔政部门公平地确定罚款数额，正确地实施罚款处罚。

罚款是渔政部门运用最多的行政处罚方式。虽然法律、法规、规章对罚款数额如何确定问题作出了指导性、约束性的规定，但无论是在立法理论上还是在执法实践中都存在诸多问题。从立法理论上讲，哪些渔业违法行为应处以高（或低）额罚款、罚款幅度规定多大合适、应与哪些要素关联、如何计算、由哪一位阶的规范性文件规定等都是颇有争议、非常值得探讨的问题。从渔政执法实践看，确定具体罚款数额也是令渔政公务人员经常感到困惑、令当事人不满意的问题。

笔者认为，在立法时至少应把握三点：一是把握社会整体价值观，考虑社会公众对某种渔业违法行为的容忍程度、对渔业公共秩序的危害程度以及对社会公共利益的损害程度；公众的容忍程度低、危害主要的渔业行政管理制度、危害公共秩序明显、损害公共利益大的行为，罚款的数额应规定得高，因为法在很大程度上是公共意志的一种表现形式。例如，与其他渔业违法行为相比，未依法取得捕捞许可证而从事捕捞生产的行为对捕捞生产秩序的危害非常大，渔民们对此行为的容忍程度低，现行《渔业法》规定了很高的罚款上限，为十万元。二是应体现行政处罚的根本目的，即惩戒与教育，因此违法获利越多、经济承受能力越强的当事人，罚款数额应规定得越高。例如，前述的渔业法规和环保法规将罚款幅度（或上限）与船舰的吨位（或造价）联系起来、与责任人上一年的收入关联起来，基本上体现这一点。原因在于罚款数额、经济承受能力、获利与惩戒效果之间存在着内在的逻辑联系①。因此，地方性渔业行政法规、规章应基于本地区的经济状况合理地规定罚款幅度。三是应考虑渔政管理实践的需要，立法规定的罚款幅度不应过大、计算罚款参考的依据应易于核实且稳定、方法应简单。

最后，渔政部门应在法律、法规、规章规定的罚款范围幅度内，定期总结本辖区的渔业行政罚款案件，适时制定修改处罚指导意见，满足渔政执法的客观需求，以指导和约束渔政公务人员正确地确定罚款数额。这对于最大限度地保证法律的稳定性，减少处罚争议，提高渔政人员的执法水平，预防渔政公务人员滥用职权等都是非常有意义的。

---

① 现行的一些渔业法规和环境保护法规对在内陆水域发生的违法行为，规定的罚款数额较低；对在海洋上发生的违法行为，规定的罚款数额较高。笔者认为，这种差别规定很难从法理上得到合理解释，应当统一。

（三）没收违法所得、没收非法财物

没收违法所得、没收非法财物，是指行政机关依法将当事人从事违法活动所获得的经济收入和所使用的工具以及非法生产、加工、保管、运输、销售的物品等收归国有的一种处罚方式。

现行《渔业法》规定了七种可处以没收违法所得的情况：使用被禁止或限制的方法以及在禁渔区从事捕捞生产所得；销售禁止使用的渔具所得；没有捕捞许可证而擅自捕捞所得；未依照捕捞许可证的规定非法捕捞所得；涂改、买卖、出租或者以其他形式转让捕捞许可证的非法所得；非法生产、进口、出口水产苗种的所得；经营未经审定的水产苗种所得[1]。另外，其他的渔业法规、规章以及农业法规、野生动植物保护法规、环保法规、海事法规等也规定了多种可处以没收违法所得的违法行为。

非法财物，主要包括当事人从事非法活动所使用的工具以及保管的不法物品，一般讲应是与非法活动直接密切相关的物品，而不包括间接物品。现行渔业法规规定的非法财物主要包括涂改伪造的各种渔业证照；非法使用的渔具；非法使用的渔船；非法捕捉水生野生动物的工具；被法律法规禁止的渔具；电鱼、毒鱼、炸鱼所用工具和材料；运输、保管的非法野生水生动植物和水产品等。

同罚款处罚类似，没收违法所得、没收非法财物也属于财产罚，但是二者间存在明显区别，即罚款处罚剥夺的完全是当事人所有的合法财产，而没收处罚则可能是当事人所有或与他人共有的财产、当事人使用的他人财产或当事人控制的不法财产及物品。因此，没收违法所得、没收非法财物虽然被规定为一类处罚，但是具体的适用情形、情节等通常是不同的。例如，根据《渔业法》的相关规定，只有在违法情节严重或特别严重时，才可处以没收渔具、渔船的处罚。这种适用情形、情节上的区别规定体现了维护公共利益和社会秩序与保护公民、法人或者其他组织合法权益之间的平衡。为此，渔政部门应审慎地依法决定没收渔具、渔船处罚，以保护当事人的合法财产权利和劳动生存的权利。事实上，一些地方性法规已从管辖权方面对扣押、没收渔船问题作出了限制性规定，以更好地保护当事人的合法权利，预防发生滥用职权的现象。例如，《辽宁省实施〈中华人民共和国渔业法〉办法》第三十一条规定，扣押渔船超过10天或者没收渔船的，由渔业行政主管部门批准。这意味着渔业行政主管部门所属的各类渔政机构将不能独立实施没收渔船的行政处罚。

（四）责令停产停业

责令停产停业，是指行政机关依法禁止当事人在一定时期内从事某种生产、经

---

① 参见：《渔业法》第三十八条、第四十一条至第四十六条。

营、作业或职业的一种处罚形式。责令停产停业属于行为能力罚,与吊销执照、许可证处罚的区别在于当事人改正违法行为、消除违法状态后,就可以继续生产、作业、工作,而不必重新申请执照、许可证。

目前,渔业法律、法规、规章设定的责令停产停业处罚主要适用以下几种情况:(1)渔业船舶不符合法定的技术要求或未经法定检验、未办理有关登记手续、航行作业违反海事行政法规等而被处以停航、禁止离港、停止作业处罚[①];(2)渔业船舶及设备制造、修理单位违法制造、修理渔船及设备的[②];(3)经营未经审定批准的水产苗种的[③];(4)未经批准在水产种质资源保护区内从事捕捞活动的[④]等。从处罚的结果看,责令停产停业处罚与下面将讨论的暂扣渔业证照处罚相同。由于各种证照功能不一、有效期长短不一、违法行为类别不一等原因,效力高的法律、行政法规等很难对责令停产停业的时间作出统一规定,多由行政机关自由裁量或由效力低的地方性法规、规章及其他规范性文件作出限制性的规定。例如,浙江省水产局于1999年2月发布的《浙江省渔船修造质量监督管理办法》第二十二条规定,渔船修造企业的整改期最长为六个月。

(五)暂扣或者吊销许可证、暂扣或者吊销执照

暂扣或者吊销许可证、暂扣或者吊销执照,主要是指渔业行政部门依法暂时扣留或吊销违反渔业法规之相对人持有的渔业证照,从而剥夺其从事某种渔业活动的权利或资格的一类处罚方式。这里,许可证、执照是广义的证照,是渔业行政机关依据相对人的申请而实施行政审查、行政许可、行政确认、行政登记等行为后而颁发给相对人的各种法律证明文件。

暂扣或吊销渔业证照是比较严厉的行政处罚形式,只有法律、行政法规、地方性法规可以设定[⑤],并且仅适用于情节严重的违法行为。现行《渔业法》规定了四种可以吊销捕捞许可证的情形、一种可以吊销养殖证的情形。此外,《野生动物保护法》、《海上交通安全法》、《渔业法实施细则》、《渔业船舶检验条例》、《渔港水域交通安全管理条例》、《水生野生动物保护实施条例》、《内河交通安全管理条例》、《船员条例》、《无线电管理条例》等法律和行政法规以及一些地方性渔业法规[⑥]也

① 《水污染防治法》第七十九条;《渔业船舶检验条例》第三十二条、第三十三条;《内河交通安全管理条例》第六十三条、第六十四条、第六十五条、第六十七条、第六十八条、第七十一条、第七十三条、第八十条;《渔业港航监督行政处罚规定》第十条、第十六条、第十七条;《中华人民共和国管辖海域外国人、外国船舶渔业活动管理暂行规定》第十六条。

② 《渔业船舶检验条例》第三十四条。

③ 《渔业法》第四十四条。

④ 《渔业法》第四十五条。

⑤ 《行政处罚法》第九条、第十条、第十一条。

⑥ 例如,《辽宁省水产苗种管理条例》第二十四条规定的吊销水产苗种生产许可证处罚。

为渔政部门依法实施暂扣或吊销有关渔业证照提供了法律依据。

从处罚的结果看,暂扣证照与前述的责令停产停业相同,两者都是暂时限制当事人通过持有许可证、执照而获得的权能。之所以区别规定了这两种效果相同的处罚形式,主要是考虑某些证照持有人的生产活动场所具有流动性的问题,需要通过暂扣其证照保证处罚的有效实施;若没有流动性,一般讲应给予责令停产停业处罚,而不必实施暂扣证照处罚。

除了船员适任证书外,关于暂扣其他渔业证照的时限、吊销后可否重新申请、是否必须间隔一定时间才可重新申请等问题,现行渔业法律、法规多未做明确规定。根据《渔业水域交通安全管理条例》第二十条以及《渔业港航监督行政处罚规定》第九条、第三十一条,暂扣船长或职务船员的证书时限为1~3个月或3~6个月①;根据《船员条例》第五十九条和《内河交通安全管理条例》第八十三条,船员适任证书被吊销的,2年内不得重新申请船员适任证书,若是因内河交通事故后逃逸而被吊销的,则5年内不得重新申请②。在决定暂扣渔业证照时限和处理吊销后重新申请问题时,笔者认为应当综合考虑以下六点。

(1)法律、法规的明确规定。例如,前述的有关职务船员证书的法律规定。

(2)暂扣时限不应超过渔业证照的失效日期。各种证照的有效期长短不一、失效日期不一大概是《行政处罚法》以及相关法律、法规、规章无法作出统一规定的重要原因之一。

(3)渔业证照年审、年检的法律规定。年审、年检制度是行政机关依法对所有持证人在过去一年履行法律义务情况实施统一检查的一种手段;若行政违法案件未结案,通常认为年审不合格,证照则被认为无效证照③。因此,笔者认为暂扣渔业证照的时限应与年审、年检安排的时间相协调,以提高渔业行政管理效率,保护当事人的合法权利。

(4)鉴于《行政处罚法》第二十九条规定,违法行为在二年内未被发现的,不再给予行政处罚,暂扣渔业证照的时限最长不应当超过二年。

(5)决定具体的暂扣时限,应考虑当事人的违法情节以及行政处罚的基本原

---

① 依据《船员条例》第五十七、五十八条,暂扣时限应为6个月以上2年以下;依据《内河交通安全管理条例》第六十八条、第七十一条、第七十六条、第七十七条、第七十八条、第八十一条、第八十二条、第八十四条,暂扣时限有3~6个月、6个月以上、12个月以上三种情况。笔者以为,应按照特别法优于普通法的原则处理三部《条例》之间的关系,即处罚渔业船舶职务船员优先适用《渔业水域交通安全管理条例》的相关规定。

② 参见:《内河交通安全管理条例》第八十三条规规定,“证书或者证件吊销后,5年内不得重新从业”。笔者认为,“不得重新从业”应当狭义地解释为不得重新申请被吊销的同类证书,而不能广义解释为禁止从事船员职业。

③ 参见:《渔业捕捞许可管理规定》第三十三条至第三十五条。

则和适用原则。

(6)鉴于吊销渔业证照的处罚只能由法律、行政法规和地方性法规设定,行政许可主要由法律、行政法规及地方性法规设定①,笔者认为只要法律、行政法规及地方性法规没有明文的禁止性规定,渔业证照被吊销后,应允许当事人依据行政许可法规和渔业法规规定的程序重新申请;若渔业行政机关拒绝,则构成违法。

最后,值得注意的是暂扣证照既是一类行政处罚形式,也是渔政部门为调查渔业违法案件、收集违法证据、避免当事人逃避调查、保证渔业行政处罚决定顺利执行而有权采取的一种行政强制措施。若是前者,渔政机关应当依据《行政处罚法》及相关法规规定的程序作出处罚决定,并向当事人送达处罚决定书;若是后者,渔政执法人员也应依据渔业法规的相关规定实施,并向当事人出具暂扣证明,暂扣时限应尽可能地短,原则上不应超过三个月②。渔政公务人员依据《渔业法》第四十八条采取暂时扣押捕捞许可证的行为③,属于行政强制措施,而非行政处罚。

(六)驱逐

驱逐是《渔业法》第四十六条规定的一种渔业行政处罚形式,适用于外国人、外国渔船在我国管辖水域非法从事渔业生产或渔业资源调查活动的情形,可以与没收渔获物、渔具,罚款、渔船处罚形式并处。但应注意的是,与前述的暂扣捕捞许可证一样,驱逐也可以仅作为一种渔业行政强制措施来实施。

三、渔业行政处罚制度与相关法律制度的区别

(一)渔业行政处罚与行政处分

渔业行政处罚与行政处分都属于行政制裁,但是二者之间有着本质区别。

第一,实施的目的不同。前者主要是维护渔业活动公共秩序、保护渔业环境和水生生物资源;后者主要是保证政令畅通,提高渔政管理效能,促进廉政、勤政,维护政府和渔政部门的信誉、威信。

第二,实施的主体不同。前者是有渔业行政处罚实施权力的渔业行政主管部门、法律法规授权的组织部门及其接受委托的组织;后者除了渔业行政主管部门、

---

① 参见:《行政许可法》第十四条、第十五条。

② 《农业行政处罚程序规定》第四十一条规定,“农业行政处罚案件自立案之日起,应当在三个月内作出处理决定;特殊情况下三个月内不能作出处理的,报经上一级农业行政处罚机关批准可以延长至一年。对专门性问题需要鉴定的,所需时间不计算在办案期限内”。

③ 《渔业法》第四十八条第2款规定,“在海上执法时,对违反禁渔区、禁渔期的规定或者使用禁用的渔具、捕捞方法进行捕捞,以及未取得捕捞许可证进行捕捞的,事实清楚、证据充分,但是当场不能按照法定程序作出和执行行政处罚决定的,可以先暂时扣押捕捞许可证、渔具或者渔船,回港后依法作出和执行行政处罚决定”。

法律法规授权的组织外，还包括行政监察机关和公务员管理机关。

第三，适用的对象不同。渔业行政处罚的适用对象是违反渔业法规且应承担行政责任的单位或个人，而行政处分的适用对象主要是违反了渔业法规、行政监察法规、公务员管理法规以及渔政部门的决定、命令和行政纪律的渔政公务人员和参照公务员管理的渔业公共事务管理人员。

第四，对行政责任承担者的救济方式不同。对受到渔业行政处罚的单位、个人实施救济的方式主要是行政复议和行政诉讼，而对受到行政处分之渔政公务人员的救济方式则是复核和申诉①。

此外，渔业行政处罚和行政处分的种类、适用程序等也不同。行政处罚的种类相对繁多，而行政处分只有六种，即警告、记过、记大过、降级、撤职、开除②。但是，由于我国公务员法制建设滞后、渔业立法质量不高以及许多渔业行政执法机关的人员是参照公务员管理，甚至没有行政或事业编制，没有实现完全由公共财政供养等问题，个别渔业法规的规定与此不一致。例如，《渔业船舶检验条例》第三十五条规定，渔业船舶检验机构的工作人员未经考核合格从事渔业船舶检验工作的，责令其立即停止检验工作，处1 000元以上5 000元以下的罚款。笔者以为，这种规定是无效的法律规定，尽管渔船检验人员很多不是纳入国家行政编制、由国家财政负担工资福利的公务员。另外，笔者认为因行政机关或有行政管理职能的机构违法而被上级机关处以罚款，也是非常不合适的。例如，《广东省罚没财物管理条例》第三十二条规定，有下列情形之一者，由各级检查监督机关并处以违法所得总额两倍以上的罚款，但最高罚款额不得超过3万元。又如，《自然保护区条例》第三十六条规定，自然保护区管理机构违反本条例规定，拒绝环境保护行政主管部门或者有关自然保护区行政主管部门监督检查，或者在被检查时弄虚作假的，由县级以上人民政府环境保护行政主管部门或者有关自然保护区行政主管部门给予300元以上3 000元以下的罚款。简单讲，行政机关或有行政管理职能的机构违法，应依照《公务员法》和《行政机关公务员处分条例》等相关法律规定，由有权机关追究直接责任人及其负责人的行政责任，甚至刑事责任，同时依照预算和财经法规纠正违法行为，对当事人造成损害的，则应依据《行政处罚法》以及《国家赔偿法》等法律法规予以救济，而不应对涉案的行政机关或机构处以罚款。

(二)渔业行政处罚与行政强制措施

渔业行政处罚，是违反渔业法规的当事人应承担的一种行政法律责任，目的是

---

① 参见:《行政处罚法》第六条;《行政复议法》第六条、第八条;《公务员法》第九十条;《行政监察法》第三十七条;《行政诉讼法》第十一条、第十二条。

② 参见:《公务员法》第五十六条;《行政机关公务员处分条例》第六条。

惩戒、教育当事人;渔业行政强制措施,则是对涉嫌违反渔业法规的单位或个人采取的临时性强制措施,主要指渔政部门对非法使用的渔船、渔具、网具、水产品、设备、工具、物品、水生动植物以及有关的渔业证照采取的短期查封、扣押行为。实施强制措施的目的,主要是阻止违法行为的进一步发展、预防危害后果的扩大、收集违法证据、保证渔业行政处罚决定的顺利执行等。因此,渔政部门有义务对临时查封、扣押的渔船、网具、渔具、水产品、设备、工具、物品、水生动植物、渔业证照等妥善保管,并应迅速展开调查,及时作出渔业行政处罚决定。施行行政强制措施的期限越短越好,一般讲不应超过三个月①。在此期间内,渔政部门无权使用或损毁被查封扣押的渔船、设备、网具、工具等他人财物;若由此给当事人造成了损失,渔政部门应承担赔偿责任。

(三)渔业行政处罚与执行罚

执行罚是行政机关为教育、敦促当事人及时履行行政处罚决定而采取的一类强制措施,是以其承担行政处罚责任为前提的。例如,根据《行政处罚法》第五十一条,若当事人逾期不缴纳罚款,作出渔业行政处罚的渔政部门可以每日按罚款数额的百分之三加以处罚款。

(四)渔业行政处罚与责令(限期)改正行为

渔业法规在设定罚款、没收违法所得、没收非法财物、暂扣或吊销渔业证照等行政处罚规定的同时,通常还会作出责令(限期)改正的规定,包括未使用责令(限期)改正这一短语,但实质含义依然是责令改正的规定。例如,《渔业法》第四十条规定的"责令限期开发利用、责令补办养殖证、责令限期拆除养殖设施";第四十四条规定的"责令停止经营";第四十五条规定的"责令停止捕捞";第四十六条规定的"责令离开"。又如《野生动物保护法》第三十四条规定的"限期恢复原状";《水污染防治法》第八十条规定的"责令限期采取治理措施,消除污染";《渔港水域交通安全管理条例》第二十一条规定的"责令停止违法行为"等。

在渔政管理实践中,责令改正行为时常与责令停产停业处罚、查封扣押相对人财物等行政强制措施等混淆。事实上,责令(限期)改正行为,即责令相对人作为或不作为,并不是一类行政处罚,也不是一类行政强制措施。理由有二:(1)从其功能看,责令改正行为不具有行政处罚的本质属性——行政制裁,也不具有采取行政强制措施所带来的临时控制他人财物、临时保管相对人渔业证照,限制相对人的财产使用权及其行为能力的功能;(2)从通知当事人的方式看,责令(限期)改正比较随意,可以口头责令,也可以书面责令,也可以通过电话、无线电、电子邮件以及

① 参见:《农业行政处罚程序规定》第四十一条。

其他能够被当事人理解、知晓的方式;而行政处罚决定,则必须严格遵守《行政处罚法》以及相关法规规定的程序作出,并依据法定的方式送达处罚决定书和执行;行政强制措施虽然目前不是很规范,但是同样需要有明确的法律法规授权,出具证明书,并且应及时作出最终决定。

简单讲,责令(限期)改正的适用情况主要有两种:一是发现相对人涉嫌违反渔业法规后,渔政公务人员向其发出行政劝诫,正式地提醒其注意或责令其及时停止违法行为或消除违法状态,基本上属于行政指导、宣传教育、技术推广、行政许可、行政调解、行政裁决行为的部分内容。在此情形下,相对人通常没有明显的违法意识或者具有渔政部门可以理解的理由,对渔业生产秩序的危害也不明显。例如,相对人因为不熟悉渔政工作程序或其他可以理解的原因而未在规定的截止日期前申请或年审渔业证照。二是与渔业行政处罚决定或行政强制措施同时实施的责令改正行为。《行政处罚法》第二十三条规定,行政机关实施行政处罚时,应当责令当事人改正或者限期改正违法行为。此类责令改正是渔政机关必须依法采取的功能补救措施,因为警告、罚款、暂扣或吊销渔业证照处罚都无法直接纠正渔业违法行为,只有通过责令改正措施才能够实现阻止违法、消除违法状态,恢复被侵害的公共秩序之行政处罚的目的。

此外,渔业行政处罚与行政检查、行政监督等也有紧密联系,但是性质不同。渔业行政检查主要是指渔政部门依法对渔政管理相对人从事的各种渔业活动以及持有的各类证书、档案材料等进行查看、了解、记录的过程,属于外部行政行为,其目的是多种多样的。渔业行政监督,主要是指上级渔政部门或其他有权机关(如县级以上人民政府的行政监察机关、法制工作部门或机构)对下级渔政部门的工作实施领导、指导、检查、督促的过程,属于渔政部门的内部行为,其目的也是多种多样的。

第四节 渔业行政处罚的实施机关与管辖

一、渔业行政处罚的实施机关和组织

本书第二章探讨了目前我国设立的各类渔业行政管理主体。每一个渔政管理主体都承担着渔业行政管理职责,行使着内容不一的渔政管理权。但是,这并不意味着所有的渔政管理主体都是渔业行政处罚实施机关,都有权决定渔业行政处罚。只有通过法律、行政法规、地方性法规、行政规章明确授权的渔政管理主体,才具有渔业行政处罚实施机关的主体资格。目前,主要包括以下几类:

(1)法律、行政法规、地方性法规、规章规定授权的县级以上人民政府工作(组

成)部门的渔业行政主管部门或其所属渔政管理机构、渔政渔港监督管理机构、渔港监督机关、渔业船舶检验机构①。

(3)法规、规章授权的水生动植物自然保护区管理机构②。

(4)法规、规章授权的渔业无线电管理机构③。

(5)一些地方性法规授权的水产苗种管理机构④。

(6)一些地方性法规授权的湖泊事务综合管理机构。例如,根据《云南省抚仙湖管理条例》,抚仙湖管理局是抚仙湖水域的渔业行政处罚实施机关;根据《云南省阳宗海保护条例》,阳宗海管理机构是阳宗海水域的渔业行政处罚实施机关。

(7)农业综合执法机构。为了降低行政管理成本,提高农业行政执法效率,一些地方政府根据《农业法》的要求设立了具有独立法人地位的农业综合执法机构,依法有权实施包括渔业行政处罚在内的农业行政处罚⑤。

(8)接受渔业行政处罚实施机关委托的组织。根据《行政处罚法》第十八条、第十九条,具有渔业行政处罚权的渔政部门可以委托符合条件的组织在委托范围内以该渔政部门的名义实施渔业行政处罚。能够接受委托组织应当符合三个条件,即依法成立的管理公共事务的事业组织;具有熟悉有关法律、法规、规章和业务的工作人员;对违法行为需要进行技术检查或者技术鉴定的,应当有条件组织进行相应的技术检查或者技术鉴定。进行委托的渔政部门对受委托的组织实施行政处罚的行为应当负责监督,并对该行为的后果承担法律责任,受委托组织不得再委托其他任何组织或者个人实施行政处罚。

实际上,上述八类渔业行政处罚实施机关可以简单地分为三类,即作为县级以上人民政府组成(工作)部门的渔业行政主管部门、法律法规授权的组织、因接受有权部门的委托而获得渔业行政处罚权的组织。

二、渔业行政处罚的管辖

根据《宪法》、《地方各级人民代表大会和地方各级人民政府组织法》、《渔业法》以及其他有关法律法规的规定,上下级人民政府之间、人民政府与其渔业行政主管部门之间、渔业行政主管部门与其所属的各渔业行政管理机构之间是领导与

① 参见:《渔业法》第四十八条;《渔港水域交通安全管理条例》第二十三条;《渔业港航监督行政处罚规定》第三条;《渔业船舶检验条例》第三十八条;《渔业船舶监督检验管理规定》第十七条;《水生野生动物保护实施条例》第二十六条以及其他相关法律法规的相关条款。

② 参见:《水生动植物自然保护区管理办法》第二十五条。

③ 参见:《渔业无线电管理规定》第三十六条。

④ 参见:《辽宁省水产苗种管理条例》第二十五条。

⑤ 参见:《行政处罚法》第十六条;《农业法》第八十七条;《农业行政处罚程序规定》第四条。

被领导的关系;上下级人民政府的渔业行政主管部门之间、上下级渔政管理机构之间则是指导被指导的关系。尽管各行政机关都是独立开展渔业行政管理工作的,但是领导关系通常意味着上级行政机关可以直接撤销或变更下级行政机关的行政决定[①],指导关系则意味着只有通过行政复议程序才可实现之。

鉴于行政机关之间的领导或指导关系,特别是渔业违法案件经常发生在行政区边界不明或没有边界的水域以及渔业违法的流动性特点,依法规定渔业行政处罚管辖原则,明确各个渔政部门的管辖权对于避免"有利可图争着管,无利可图无人管"的现象、有效配置渔业行政资源、提高渔政管理效率、维护当事人的合法权利等都是非常重要的。这主要包括地域管辖、职能管辖、指定管辖和移送管辖。

(一)地域管辖

地域管辖,即渔业行政处罚由违法行为发生地的县级以上地方人民政府渔政部门管辖[②],是确定渔政处罚实施主体最根本的原则。若违法行为发生在没有地方行政区边界的海上,且位于"机动渔船底拖网禁渔区线"外侧的,则由农业部及其所属的渔政管理机构管辖;而位于"机动渔船底拖网禁渔区线"内侧海域的,由毗邻的县级以上地方人民政府渔业行政主管部门和所属的渔政管理机构管辖[③]。

如果因为地方行政边界不清晰以及海洋上习惯管辖线不明而造成管辖权异议,则适用谁先查获,谁处理的原则[④]。

在实行地域管辖基础上,渔政处罚案件又适用级别管辖和共同管辖。级别管辖是明确不同级别渔业行政处罚实施机关在管辖和处理渔政违法案件时的分工和权限时应当遵守的原则;共同管辖,则意味着下级渔政机关作出的处罚决定需要得到上级渔政机关的批准。一般讲,影响重大、案情复杂的案件通常由上级渔政机关处理或者下级渔政部门作出的处罚决定需要得到其批准[⑤]。

从现行的渔业立法看,"重大、复杂案件"通常是指跨行政区的案件、因行政区边界不清或海上习惯管辖线不明而导致管辖权异议的案件、违法行为造成较大经济损失的案件、行政处罚对当事人的财产权利和行为能力等影响较大的案件以及

---

① 许多省级人大常委会制定的"行政执法监督条例"或省级人民政府制定的"行政执法监督办法",对此都做了明确的规定。例如,《内蒙古自治区行政执法监督条例》第十二条、《广东省各级人民政府行政执法监督条例》第十三条、《浙江省县级以上人民政府行政执法监督条例》第十五条等。

② 参见:《行政处罚法》第二十条;《农业行政程序处罚规定》第八条。

③ 根据《渔业法实施细则》第三条,"机动渔船底拖网禁渔区线"内侧海域的渔业,除国家另有规定者外,由毗邻海域的省、自治区、直辖市人民政府渔业行政主管部门监督管理。笔者以为,此规定与渔政管理实践不符,应理解为"由毗邻海域的县级以上地方人民政府渔业行政主管部门及其所属的渔政管理机构监督管理"。

④ 参见:《农业行政处罚程序规定》第九条。

⑤ 参见:《农业行政处罚程序规定》第八条。

涉外案件等。例如,各级渔政机关对渔业污染事故的行政管辖权就是根据污染造成的损失大小来划分的,涉外渔业水域污染事故由中华人民共和国渔政局或省级渔政机关管辖①;《中华人民共和国管辖海域外国人、外国船舶渔业活动管理暂行规定》规定,依据罚款数额的多寡划分中华人民共和国渔政局和各海区渔政局、省级渔政渔港监督管理机构、市、县渔政渔港监督管理机构的处罚决定权,并规定作出超过本级机构权限的行政处罚决定的,事先应报经具有相应处罚权的上级渔政渔港监督管理机构批准②。又如,《辽宁省实施〈中华人民共和国渔业法〉办法》第三十一条规定,没收渔船的处罚决定,应当由渔业行政主管部门批准;《四川省乡镇船舶和渡口安全管理处罚细则》第二十八条规定,"罚款50元以上500元以下、扣留船员证书或者船舶证书2个月以下的,由县以上港监机构或渔政机构批准;罚款500元以上、扣留船员证书或者船舶证书2个月以上6个月以下的,由地(市、州)以上港监机构或者渔政机构批准;吊销船员证书的,由省港监机构或者渔政机构批准"。可见,在不同的地方行政区或对不同的违法行为,"重大、复杂案件"的认定标准可以不同。

另外,由于上下级行政机关间存在"领导或指导关系",上级渔政机关依然有权管辖依法应由下级渔政机关管辖的渔政违法案件③。在共同管辖的情形下,我认为上下级渔政机关应共同承担由此可能引起的法律责任,同为行政复议中的被复议机关,是行政诉讼的共同被告,是共同赔偿义务机关。

(二)职能管辖

职能管辖,指行政机关依据各自的法定职能对行政违法行为在实施行政处罚上的权限和分工。广义讲,包括县级以上人民政府渔业行政主管部门及其所属的各类渔政管理机构与其他行政机关(如公安机关、环境保护部门、海洋管理部门、农业行政管理部门等)在处理渔业行政违法案件时的权限和分工;狭义上,仅指县级以上人民政府渔业行政主管部门、所属的各类渔业行政管理机构(如渔政管理机构、渔政渔港监督机关、渔港监督管理机关、渔业船舶检验机构、水生动植物自然保护区管理机构等)之间的权限和分工。

在现行的行政管理分工体制下,渔政部门之外的一些行政机关事实上也有权对某些渔业违法行为依据相关法律法规实施行政处罚。例如,对偷捕、抢夺他人养

① 参见:《渔业水域污染事故调查处理程序规定》第五条。

② 参见:《中华人民共和国管辖海域外国人、外国船舶渔业活动管理暂行规定》第十八条规定,中华人民共和国渔政渔港监督管理局和各海区渔政渔港监督管理局可决定50万元以下罚款的处罚;省(自治区、直辖市)渔政渔港监督管理机构可决定20万元以下罚款的处罚;市、县渔政渔港监督管理机构可决定5万元以下罚款的处罚。

③ 参见:《农业行政处罚程序规定》第十一条。

殖的水产品或破坏他人养殖水体、养殖设施的行为，伪造渔业证照的行为，公安机关可以依据《治安管理处罚法》实施处罚；对造成渔业水域污染的行为，环境保护部门或海洋管理部门可以依据《水污染防治法》或《海洋环境保护法》实施处罚。笔者认为，在这种情形下，应按照特别法优于普通法的原则，渔政部门享有优先管辖权，同时在同一人民政府的领导下，从行政效率、服务便民等原则出发，也不应完全排斥其他行政机关的管辖权，但应遵守一事不重复罚款的行政处罚原则，至于其他的处罚种类，则可以向有权处罚的行政机关提出建议。

在现行的渔业行政管理体制下，同为渔业行政处罚实施机关的渔业行政主管部门和其所属的各类渔政管理机构之间也存在行政处罚管辖权重叠交叉的问题，尽管因不同地区设置的管理机构不同，问题多少不一。例如，渔港监督机关和渔业船舶检验机构对违反渔船安全、证书、防污等规定的行为都有权实施处罚。我以为，在此情况下，应按照"谁查获，谁处理"的原则解决可能的管辖权异议，同时在同一渔业行政管理部门的领导下，考虑行政效率、便民服务及处罚效果等因素，也不应完全排斥移交给另一渔业行政管理部门处理。

（三）指定管辖

根据《行政处罚法》第二十一条，若两个或两个以上的行政机关就渔业违法案件的管辖权发生争议，可由共同上一级行政机关以行政决定的方式指定其中的一个行政机关管辖。这里，共同上一级行政机关可以是争议机关共同的人民政府、渔业行政管理部门、上级渔业行政管理部门以及渔业行政管理机构。渔业行政主管部门与非渔业行政主管部门之间的争议，通常应由共同的人民政府指定管辖；渔业行政管理部门所属的渔政管理机构之间的争议，应由该渔业行政管理部门指定管辖；不同行政区的渔业行政管理部门之间、渔政管理机构之间发生争议，应由共同上一级人民政府、共同上一级渔业行政管理部门或渔政管理机构指定管辖。上级渔政部门在收到指定管辖的请示后，应当在十日内作出书面决定①。

（四）移送管辖

广义讲，移送管辖包括三种情况。一是渔政部门认为渔业行政违法行为涉嫌犯罪的，应当依法移交司法机关处理。二是渔政部门认为受理的行政处罚案件不属于自己管辖的，应当移送有管辖权的行政处罚机关处理；接受移送的渔政部门若认为移送不当，应当报请共同上一级渔业行政处罚机关指定管辖，不得再自行移送②。三是因上级机关行政决定而指定管辖的，有移送义务的渔政部门应当及时

① 参见：《农业行政处罚程序规定》第十四条。

② 参见：《农业行政处罚程序规定》第十三条。

移送。

另外,鉴于渔业生产流动性大,部分渔业违法案件涉及的地域广等特点,渔政部门在渔政管理实践中还依法建立了渔业行政执法协作办案制度①,以期提高行政管理效率。由此,在查处跨海区、跨行政区的渔业行政违法案件时,有管辖权的主办单位可以向协办单位发出《渔业违法案件协查函》,请求协助提供各类证书或资料,查找当事人和渔业船舶,扣押涉嫌违规渔船或物品,协助调查取证;代为送达《行政处罚决定书》;或协助执行行政处罚决定等。协办单位应当予以协助,及时向主办单位函复协查结果。

第五节 渔业行政处罚的决定程序

渔业行政处罚是对当事人的一种行政制裁,是违法者应当承担的行政责任。为了保护当事人的合法权利,减少、避免错误地适用渔业行政处罚,提高渔政管理效率,渔政公务人员和渔政部门应依照本章第二节探讨的原则和本节将讨论的决定程序作出处罚决定。《行政处罚法》依据处罚内容规定了三种决定程序,即简易程序、一般程序和听证程序。决定行政处罚的常用程序是一般程序,简易程序是一般程序的简约化,而听证程序则是一般程序的复杂化。

一、简易程序

简易程序,又称当场处罚程序。根据《行政处罚法》第三十三条的规定,采用简易程序决定渔业行政处罚需要同时满足两个条件:一是违法事实确凿并有法定依据;二是处罚种类仅限于警告或对公民五十元以下、对法人或者其他组织一千元以下的罚款。这里,公民通常包括违法从事渔业活动的个人、渔户、养殖户、个体工商户、职务船员和非职务船员、企业事业单位主管人员及直接责任人等;法人,通常包括企业法人、农民专业合作社、机关、事业单位和社会团体法人;其他组织,是指没有法人资格但可以自己的名义从事活动的组织体,如合伙企业、乡村集体企业等。

简易程序至少应包括以下几个步骤:(1)渔政公务人员按规定统一着装,使用的执法船、艇、车辆等按规定刷制统一的徽标,向当事人表明身份,出示执法证件;(2)当场查清违法事实,收集和保存主要证据;(3)告知当事人违法事实、处罚理由和依据,并听取当事人陈述和申辩;(4)填写《当场处罚决定书》,当场交付当事人;

① 参见:《农业行政处罚程序规定》第十五条;《渔业行政执法协作办案工作制度》(国渔指〔2007〕46号)。

(5)告知当事人,不服行政处罚决定,有权在规定时限内依法申请行政复议或者提起行政诉讼;(6)在陆地上执法的渔政公务人员应当在作出处罚决定之日起、在水上执法应当自抵岸之日起二日内,将《当场处罚决定书》报所属渔业行政管理部门备案。

与一般程序相比,简易程序省略了许多步骤,有利于及时迅速地处理比较轻微的渔业行政违法案件,提高了行政效率,也方便了当事人。

二、一般程序

一般程序,是渔政部门作出渔业行政处罚决定应遵守的常规程序,主要包括以下六个环节。

(一)立案

立案是渔业行政处罚决定程序的第一步。渔政公务人员在进行渔政检查、指导、许可、巡航等例行工作中或者在接到群众投诉、举报后,经初步调查,认为单位或个人从事了违反渔业法规的活动应予以行政处罚的,应当填写《行政处罚立案审批表》,报所在渔政机关负责人或者渔政船的行政执法官员批准立案[①]。之后,渔政机关负责人或者渔政船的行政执法官员应指派渔政公务人员承办此案。

(二)调查取证

立案后,负责承办的渔政公务人员必须全面、客观、公正地调查,收集有关证据。值得注意的是,渔政公务人员应以符合法律法规规定的手段、方法展开调查、收集相关证据,通过非法的方式获得的证据通常不能作为处罚的依据;当事人及有关人员,则有配合协助渔政公务人员执法的义务,拒绝、妨碍渔政公务人员履行公务的,由公安机关依据《治安管理处罚法》予以处罚,构成犯罪的,依法追究刑事责任[②]。

调查取证的方法,主要包括询问当事人、受害人及其他相关人员;现场检查、勘验、拍照、录像;要求当事人提供相关的证照、档案、文件、资料,并可查阅、复制;对涉案的物品抽样取证;将涉案物品等送交有关单位检测、鉴定;登记保存相关证据;查封、扣押涉案的工具、设备、器材、证照、文件、资料及其他物品;请求其他渔政部门或行政机关协助调查,发送协查函等。在调查取证时,渔政公务人员应在合法的时间内,依据合法的程序,采取合法的手段、措施获得法律法规认可的证据[③]。

---

① 参见:《农业行政处罚程序规定》第二十六条;《渔业行政执法船舶管理办法》第十五条。

② 参见:《渔业法实施细则》第三十九条。

③ 参见:《行政处罚法》第三十七条;《农业行政处罚程序规定》第二十七条至第三十六条。

(1)调查取证的时间必须合法,即所有的证据必须在作出渔业行政处罚决定之前收集完成,并且某些证据必须在规定的时限内获得。

(2)一同调查取证的渔政公务人员不得少于两人,并应向当事人或者有关人员出示执法证件;与当事人有直接利害关系的,应当回避。

(3)询问当事人或相关人员时,应制作《询问笔录》,并应由被询问人阅核后,签名或者盖章;被询问人拒绝的,询问人应在询问笔录上注明情况。

(4)在对涉案物品或者场所进行现场检查或者勘验检查时,应通知当事人及相关人员到场,制作《现场检查(勘验)笔录》,由当事人及相关人员签名盖章;当事人拒不到场或拒绝签名盖章的,应当在笔录中注明,并可以请在场的其他人员见证。

(5)在抽样取证、登记保存证据或者采取查封、扣押等强制措施时,应有当事人在场,制作《抽样取证凭证》、《证据登记保存清单》、《查封(扣押)通知书》,并要求其签名盖章确认;当事人不在场或拒绝到场的,执法人员可以邀请其他人员到场见证;当事人拒绝签名盖章的,应在笔录中注明;非从生产单位直接抽样的,渔政机关可以向产品标注生产单位发送《产品确认通知书》。

(6)登记保存、查封、扣押物品时,由当事人就地保存的,应告知当事人不得使用、销售、转移、损毁或者隐匿;就地保存可能妨害公共秩序、公共安全或者不适宜就地保存的,可以异地保存,渔政部门应对异地保存的物品妥善保管。对登记保存的证据,应在七日内作出处理决定,并告知当事人。

(7)对需要鉴定的,应交由法定鉴定部门进行鉴定,没有法定鉴定部门的,应提交有资质的专业机构进行鉴定,并应将检测结果及时告知当事人。

(8)需要其他部门协查的,应按照《渔业行政执法协作办案工作制度》的规定制作、发送协查函。

(9)调查获得的证据种类必须合法。根据《行政诉讼法》第三十一条及《农业行政处罚程序规定》第二十七条,渔业行政处罚证据包括书证、物证、视听资料、证人证言、当事人陈述、鉴定结论、勘验笔录和现场笔录。

在调查取证结束后,认为案件事实清楚,证据充分,负责承办的渔政公务人员应当制作《案件处理意见书》,报渔政部门负责人审批;案情复杂或者有重大违法行为需要给予较重行政处罚的,可由负责人召集相关人员集体讨论决定①。

(三)告知当事人

为了保护当事人的合法权利,减少、避免错案的发生,根据《行政处罚法》第四十一条和《农业行政处罚程序规定》第三十八条的规定,渔政机关在作出行政处罚

---

① 参见:《农业行政处罚程序规定》第三十七条。

决定之前，应当制作《行政处罚事先告知书》，送达当事人，告知拟给予的行政处罚内容及其事实、理由和依据，并告知当事人可以在收到告知书之日起三日内，进行陈述、申辩。符合听证条件的，应告知其有权要求组织听证。

未依法告知的，行政处罚决定不能成立。若当事人无正当理由逾期未提出陈述、申辩或者要求听证的，则视为放弃了上述权利。

（四）听取当事人的陈述和申辩

听取当事人的陈述和申辩是渔业行政处罚决定成立的要件之一。《行政处罚法》第三十二条明确禁止因申辩而加重处罚当事人，以期充分保障当事人的权利。

一般讲，当事人在收到《行政处罚事先告知书》之后的三日内，应就渔政部门声称的违法事实、内容、情节、证据的合法性、处罚理由、法律依据等行使其陈述权和申辩权。渔政部门必须充分听取当事人的意见，对当事人提出的事实、理由和证据，应当进行复核；当事人提出的事实、理由或者证据成立的，行政机关应当采纳。当事人既可以采取面对面的口头方式、也可以采取书面方式行使其陈述权、申辩权。渔政部门若拒绝听取当事人的陈述、申辩，则行政处罚决定不能成立；若当事人放弃陈述或者申辩权利，则不影响渔政部门依法作出行政处罚决定。

（五）作出渔业行政处罚决定

渔业行政违法案件立案后，一般情况下渔政部门应当在三个月内作出处理决定；特殊情况下，经上一级渔业行政处罚机关批准可以延长至一年。对专门性问题进行鉴定所花费的时间，不予计算①。

行政机关的决策体制是首长负责制。因此，是渔政处罚实施机关的行政负责人在听取承办人员的处理意见，且考虑当事人的陈述和申辩意见后，根据调查取证的结果和相关法律法规的规定对渔业行政违法案件作出最终的处理决定：确应处罚的，视情节轻重及具体情况，作出行政处罚决定；违法行为轻微，依法可以不予行政处罚的，不予行政处罚；违法事实不能成立的，撤销案件；违法行为涉嫌犯罪的，移送司法机关处理。但是，对情节复杂或者重大违法行为应给予较重行政处罚的，渔政机关的负责人应组织集体讨论，然后再独立作出最终的处理决定。一般讲，情节复杂或者重大违法案件，通常是指跨行政区跨海区的案件、造成较大经济损失的案件、涉案人员较多的案件、违反多项法律法规之规定的案件、处罚对当事人的财产权利和行为能力影响较大的案件、直接证据不充分的案件、法律条款具体适用争议较大的案件、社会影响大的案件以及涉外案件等。参加集体讨论的人员，既可以是渔政公务人员，也可以是其他国家机关的工作人员以及专业技术人员和有关的

① 参见：《农业行政处罚程序规定》第四十一条。

专家学者等。

决定给予行政处罚的，承办人员应当依法制作渔业行政处罚决定书。

(六)送达渔业行政处罚决定书

渔业行政处罚决定书的送达是处罚决定程序的最后一个环节。未依法定方式送达的，处罚决定不能生效；送达日期也是行政复议和行政诉讼时效的起算日期。

根据《行政处罚法》第四十条，渔政部门应将行政处罚决定书在宣告后当场交付当事人；若当事人不在场的，应在七日内依照《民事诉讼法》的有关规定送达当事人。针对不同情况，《民事诉讼法》第七十七条至第八十四条规定了六种送达方式。无论采用何种送达方式，都必须有送达回证，由受送达人在送达回证上记明收到日期，签名或者盖章，此日期为送达日期。

(1)代收送达。代收人可以是与当事人同住的成年家属；法人的法定代表人、其他组织的主要负责人；法人、其他组织负责收件的人；诉讼代理人；当事人指定的代收人。

(2)留置送达。适用于当事人或与其同住的成年家属拒收的情况。送达人应当邀请有关基层组织或者所在单位的代表到场，说明情况，在送达回证上记明拒收事由和日期，由送达人、见证人签名或者盖章，把处罚决定书留在受送达人的住所，即视为留置送达。

(3)邮寄送达。直接送达有困难的，渔政部门可以邮寄送达处罚决定书，并以回执上注明的收件日期为送达日期。

(4)委托送达。直接送达有困难的，作出处罚决定的渔政部门可以依照《渔业行政执法协作办案工作制度》委托其他渔政部门送达。

(5)转交送达。当事人是军人的，应通过其所在部队团以上单位的政治机关转交；当事人被监禁的，应通过其所在监所或者劳动改造单位转交。

(6)公告送达。当事人下落不明，或者采用其他方式都无法送达的，可以公告送达，即在适当的新闻媒体上公示行政处罚决定书，60日后即视为送达。公告送达，应当在案卷中记明原因和经过。

三、听证程序

(一)听证程序的概念

如前所述，听证程序实际上是复杂化了的一般程序，是行政机关在作出相对严厉的行政处罚种类之前，以类似法庭调查的程式化方式听取当事人以及其他利益相关者的陈述、申辩，并允许他们与该案的具体承办人员当场进行质证、辩论的调查程序。听证程序的采用，有利于公开而全面地收集证据、评估各项证据的证明力，厘清争议的事实依据和法律依据，以便行政处罚机关负责人作出合法、合理的处罚决定，保护当事人及其他利益相关者的重大权益，减少、避免错案的发生。

（二）听证程序适用条件

根据《行政处罚法》第四十二条，适用听证程序需要同时满足两个条件。一是行政机关拟给予责令停产停业、吊销许可证或者执照、较大数额罚款等处罚决定的；二是当事人的要求。

目前，渔业行政处罚的较大数额罚款标准是由农业部规章以及地方法规、规章或规范性文件规定的。根据《农业行政处罚程序规定》第四十二条规定，地方渔业行政处罚机关应按省级人大常委会或者人民政府规定的标准执行；农业部及其所属的经法律、法规授权的渔业行政管理机构对公民罚款超过三千元、对法人或其他组织罚款超过三万元属较大数额罚款。地方性法规、规章等在明确较大数额罚款标准时，也考虑了公民、法人或其他组织区别对待的问题，有些地方性法规还区分了经营活动、非经营活动以及有无非法所得的情形。

例如，《辽宁省行政处罚听证程序暂行规定》第三条规定，对公民罚款1 000元以上、对个体经营业者罚款2 000元以上、对法人和其他组织罚款10 000元以上的行政处罚决定，当事人要求听证的，应当组织听证；根据《湖北省行政处罚听证规则》第二条，较大数额罚款具体标准是对非经营活动中的违法行为处以1 000元以上的罚款；对经营活动中的违法行为，有非法所得的处以30 000元以上、没有违法所得的处以10 000元以上的罚款。又如，依照《江苏省行政处罚听证程序规则（试行）》第二条，较大数额罚款是指对非经营活动中公民违法行为处以500元以上、法人或者其他组织的违法行为处以1 000元以上、对经营活动中的违法行为处以20 000元以上的罚款。行政机关确需拟定高于或者低于上述规定的较大数额罚款标准的，应当报江苏省人民政府法制局批准并公布后方可实施。

对符合听证条件的案件依法组织听证，是行政机关的法律义务。因此，渔政部门不能以任何理由拒绝当事人提出的听证要求，并且不能向当事人收取任何形式的费用。

（三）行政处罚听证的组织和程序

渔业行政处罚听证的组织要求和程序内容主要是由《行政处罚法》第四十二条以及《农业行政处罚程序规定》第四十三条至第五十一条以及地方性法规、规章等规定的。

（1）在拟给予符合听证程序适用条件的处罚种类时，渔政部门在送达《行政处罚事先告知书》时，应一同送达听证告知书。

(2)收到听证告知书后,当事人应在三日内向渔政机关书面提出听证要求,并直接送达或邮寄送达其书面要求;未在规定的时间内提出的,一般视为放弃了听证权利。

(3)收到听证要求后,渔政机关应在规定的时间内作出听证安排决定①,并于举行听证七日前送达《行政处罚听证会通知书》,通知当事人举行听证的时间、地点、听证主持人名单及可以申请回避和可以委托代理人等事项;当事人有正当理由要求延期的,经听证机关批准可以延期一次,当事人未按期参加听证并且未事先说明理由的,视为放弃听证权利②。

(4)除涉及国家秘密、商业秘密或者个人隐私外,听证应公开举行,并且保证当事人及其代理人与案件承办人员的地位平等,充分保证当事人的陈述权利、申辩权利。此外,组织听证还应注意简便效率的原则,除非有十分特别的原因(如当事人的健康原因、关键证据需要重新鉴定等),不可以随意延期、中止。

(5)听证会通常由渔政机关的法制工作部门(如政策法规处)具体组织实施,参加人员通常包括听证主持人、听证员、书记员、承办此案的渔政公务人员、当事人及其一或两名代理人、与案件处理结果有直接利害关系的第三人及其代理人、证人、鉴定人员、勘验人员、翻译人员、旁听的公众及新闻媒体人士等。其中,听证主持人、听证员、书记员一般应接受培训,获得资格,且不应是该案的承办人员。当事人申请有关人员应回避的,由听证主持人决定,申请听证主持人回避的,则由渔政机关负责人决定。

(6)听证会过程通常包括核实出席人员;宣布纪律和程序;承办人员宣读拟给予的处罚决定、陈述调查的违法事实和处罚的法律依据、出示有关证据;当事人及其代理人陈述、申辩、质证、提交证据;听证主持人和听证员对双方以及其他人员进行询问;承办人员、当事人及委托代理人相互辩论;当事人或其委托代理人作最后陈述;听证主持人宣布听证结束,书记员将听证笔录交当事人和案件承办人员审核签字或者盖章等。

(7)听证主持人制作《行政处罚听证会报告书》,并与听证笔录一起,报渔政处罚机关负责人审查。

(8)渔政机关负责人根据《行政处罚听证会报告书》、听证笔录、案件事实和相关法律法规的规定,对案件作出最终处理决定,确应受行政处罚的,视情节轻重及具体情况,作出行政处罚决定。

① 例如,根据《辽宁省行政处罚听证程序暂行规定》第十四条,渔政机关应在15日内作出安排决定;《湖北省行政处罚听证规则》第十六条规定,听证主持人应当在收到当事人听证申请之日起两日内确定举行听证的时间、地点和方式。

② 参见:《农业行政处罚程序规定》第四十五条。

(9)承办此案的渔政人员制作《行政处罚决定书》,并以规定的方式送达当事人。

四、渔业行政处罚文书

根据《农业行政处罚程序规定》第六十七条,同样适用于渔业行政处罚的农业行政处罚基本文书格式由农业部统一制定,省级渔业行政主管部门可以根据地方性法规、规章和工作需要,调整有关内容或补充相应文书,报农业部备案。该《规定》附录了20种适用渔业行政处罚的法律文书:(1)当场处罚决定书;(2)行政处罚立案审批表;(3)询问笔录;(4)现场检查(勘验)笔录;(5)抽样取证凭证;(6)产品确认通知书;(7)证据登记保存清单;(8)登记保存物品处理通知书;(9)查封(扣押)通知书;(10)解除查封(扣押)通知书;(11)案件处理意见书;(12)责令改正通知书;(13)行政处罚事先告知书(适用一般案件)及行政处罚事先告知书(适用听证案件);(14)行政处罚听证会通知书;(15)听证笔录;(16)行政处罚听证会报告书;(17)行政处罚决定书;(18)送达回证;(19)罚没物品处理记录;(20)行政处罚结案报告。对于农业部未制定统一格式的文书,一般可由省级人民政府的法制工作机构[①]或渔业行政主管部门规定统一格式。

鉴于附录的行政处罚决定书的格式只适用于罚款处罚,渔政处罚实施机关在渔政管理实践中应根据不同的渔政处罚种类调整其格式、内容,也可由省级人民政府的法制工作机构或省级渔政机关制定新的渔业行政处罚决定书格式,以适用其他处罚种类。另外,笔者认为所有的法律文书都应以页眉或页脚的方式增加渔业行政处罚实施机关的准确名称、办公地点、通信地址、联系电话、传真、电子邮箱、统一编号等内容,行政处罚决定书,则应依照《行政处罚法》第二十三条的规定增加责令当事人在规定的时限内改正违法行为的内容,以及行政机关有权采取的具体的行政强制执行措施。

渔政公务人员应按照有关法律、法规、规章以及每种法律文书的具体要求认真填写渔业行政处罚文书,并依照有关规定和程序保管、收发各类文书。在渔业行政处罚案件终结后,承办人员应填写《行政处罚结案报告》,经渔政机关负责人批准后结案,并按照一案一卷、文书齐全、手续完备、案卷顺序装订等要求将案件材料立卷归档。案件立卷归档后,任何单位和个人不得私自增加或者抽取案卷材料,不得修改案卷内容[②]。

---

① 例如,《黑龙江省行政处罚监督办法》第七条规定,国务院有关主管部门对本系统使用的行政处罚决定书和其他执法文书的预定格式已有合法规定的,从其规定;没有规定的,由省政府法制局统一制发。

② 参见:《农业行政处罚程序规定》第六十四条、第六十五条。

第六节　渔业行政处罚决定的执行

行政处罚决定书是具有拘束力、执行力的法律文书，一经送达即发生法律效力。渔业行政处罚决定的执行，就是将行政处罚决定书载明的处罚内容付诸实施的过程。履行行政处罚决定是当事人的法律义务。《行政处罚法》第四十四条规定，行政处罚决定依法作出后，当事人应当在行政处罚决定的期限内，予以履行。

一、罚款处罚的执行

现行《行政处罚法》规定了两种执行罚款处罚的方式，即由办案人员当场收缴和由当事人自行到银行缴纳。这既考虑了当事人应自觉履行法律义务、缴纳罚款方便问题，同时也考虑了降低行政执法成本、抑制乱罚款、建立收支分离的公共财政体制、预防和减少腐败现象等问题。另外，经济困难的当事人还可以延期或者分期缴纳罚款。

根据《行政处罚法》第四十七条、第四十八条，渔政公务人员在三种情形下可以当场收缴罚款：(1)依照简易程序作出罚款处罚决定，且罚款额在二十元以下的；(2)依照简易程序作出罚款决定，且不当场收缴事后难以执行的；(3)在边远、水上、交通不便地区，渔业行政机关及其执法人员作出罚款决定后，当事人向指定的银行缴纳罚款确有困难的。“不当场收缴事后难以执行”，通常指的是当事人流动性较大，与渔政处罚机关所在地不属于同一地区以及长期居住地不确切的情形。由于渔船的流动大，笔者认为对绝大部分涉及捕捞渔船之违法行为的罚款处罚，都可以采用当场收缴的方式。

渔政机关及其执法人员当场收缴罚款的，必须向当事人出具省级财政部门统一制发的罚款收据①。渔政办案人员应自收缴罚款之日起二日内交至渔政机关；在水上当场收缴的罚款，应当自抵岸之日起二日内交至渔政机关；渔政机关应当在二日内将罚款缴交至指定的银行②。

除了上述三种适用当场收缴罚款的情况外，当事人应当自收到行政处罚决定书之日起15日内到指定的银行缴纳罚款，由银行出具罚款收据，并将罚款直接上缴国库③。

---

① 参见：《行政处罚法》第四十九条；《农业行政处罚程序规定》第五十六条。

② 参见：《行政处罚法》第五十条；《农业行政处罚程序规定》第五十七条。

③ 参见：《行政处罚法》第四十六条。

二、其他处罚种类的执行

如本章第三节所述，渔业以及其他相关法律、法规、规章规定了六类渔业行政处罚，即警告；罚款；没收违法所得、没收非法财物；责令停产停业；暂扣或者吊销渔业证照以及驱逐。《行政处罚法》以及《罚款决定与罚款收缴分离实施办法》、《农业行政处罚程序规定》等法规对如何执行罚款处罚作出了比较明确的规定，但是对其他处罚种类的执行问题却规定得不很明晰。这里，仅做简要探讨。

（一）警告

作为一种最轻的行政处罚种类，只要渔政处罚机关依照《行政处罚法》以及《农业行政处罚程序规定》等法律、法规规定的方式将"当场处罚决定书"或"行政处罚决定书"送达当事人，即执行完毕。

（二）没收违法所得

鉴于没收违法所得处罚的内容与罚款类似，渔政处罚机关、当事人可参照执行罚款处罚的方式执行。

（三）没收非法财物

在渔业行政管理实践中，因行政处罚而没收的非法财物种类繁多，如价值很高的渔船、非法渔具、数量有限的渔获物、有生命的珍稀水生动植物等，但是农业部、有立法权的地方立法机关和地方人民政府都没有制定专门适用没收渔业非法财物的部门规章、地方性法规或地方政府规章对如何执行此类处罚作出细致的规定。这给没收非法财物处罚的有效执行带来了许多问题。

事实上，没收非法财物处罚的执行涉及了两个环节，一是当事人将非法财物的占有、支配权利移交给渔政处罚实施机关，从而丧失了所有权或使用权，渔政机关则代表国家获得了非法财物的所有权、支配权利；二是渔政机关对没收的非法财物进行合法、合理的处分。根据《行政处罚法》第五十三条、《行政事业性收费和罚没收入实行"收支两条线"管理的若干规定》①以及其他相关法律法规的规定，渔政处罚没收非法财物的收入属于财政性资金，任何行政机关或者个人不得以任何形式截留、私分或者变相私分，应全额上缴国库或预算外资金财政专户，实行财政"收支两条线"管理，支出按财政部门批准的计划统筹安排，从国库或预算外资金财政专户中核拨给处罚机关使用。

本人以为省级渔政部门应依据《行政处罚法》第五十三条以及国务院财政部

---

① 《行政事业性收费和罚没收入实行"收支两条线"管理的若干规定》（财综字〔1999〕87 号），财政部、监察部、国家计委、审计署、中国人民银行于 1999 年 6 月 14 日发布。

门、地方立法机关、地方人民政府、地方财政部门等制定的普适性法规、规范性文件①,针对渔政处罚没收非法财物的不同特点制定指导性的规范性文件,规定不同的执行程序、方式。

(1)对于没收的非法渔获物、水产苗种、水产品,可以弃之于海洋、湖泊、河流或掩埋的方式销毁,或以拍卖、作价的方式变现上缴国库,或经有权机关批准由渔政执法船舶留做食用。

(2)对于没收的珍稀、濒危野生动植物及其标本和制品,可无偿移交水生野生动植物保护机构、水族管、自然博物馆、教学科研机构等,接收单位应按相关法律规定办理驯养繁殖手续,也可以视情况放归自然。

(3)对于没收的违禁渔具、猎捕工具以及其他设备、物品,首先应进行去功能化处理,然后拍卖、作价处理变现,上缴国库,或者移交给专门机关处理(如猎枪、炸药等应移交给公安机关处理);对于其他渔具、网具、猎捕工具、设备、物品,可以直接拍卖、作价处理变现上缴国库。

(4)对于没收的渔船,应同时收缴、注销各类船舶证书,然后拍卖、作价或者拆毁后拍卖、作价处理变现上缴国库,也可以经过有权机关批准后,注册为渔政执法船舶。值得注意的是,渔船仅包括船体、主机和附属设备,不包括渔船上生活物品、渔具、网具、渔获物、水产品以及其他渔需物资、货物等。

(5)对于没收的伪造、变造之各类渔业证照,可以适当的方式销毁。

尽管目前对于如何执行没收非法财物的渔政处罚缺乏详尽的规定,但是有两点是清楚的。一是履行处罚决定,放弃对非法财物的所有权或使用权是当事人的法律义务;拒绝履行,将涉嫌构成妨碍公务,可由公安机关予以治安处罚,情节严重涉嫌犯罪的,由司法机关追究其刑事责任;渔政机关可依法行使其行政强制执行权或向人民法院申请强制执行。因此,当事人在收到行政处罚决定书后,应配合渔政机关执法移交非法财物,或将船只开到指定的港口,清点移交所有船舶证书,取走生活用品,卸载不构成渔船之一部分的其他物品。二是渔政机关应依照有关规定将非法财物移交给财政部门处理或者在财政部门的监督、参与之下直接处理。为此,渔政部门应和财政部门建立、健全没收非法财物的交接、验收、登记、保管、拍卖、作价处理、结算、清仓、对账等项工作制度。

(四)责令停产停业

在收到责令停产停业处罚决定书后,当事人应停止指定的渔业生产经营活动,并在渔政处罚机关的指导、监督下纠正违法行为,消除违法状态。在停产停业期满

① 例如,《罚没财物和追回赃款赃物管理办法》、《黑龙江省罚没和扣押财物管理条例》、《江苏省罚没财物、追回赃款赃物和无主财物管理规定》、《广东省罚款管理暂行条例》等。

前，渔政处罚机关应对当事人的改正情况实施检查；整改合格的，重新开始生产、作业。

（五）暂扣或者吊销渔业证照

对于暂扣渔业证照处罚，当事人应将其证照交给渔政处罚机关保存，并停止需要持有渔业证照才有权从事的渔业活动，自行纠正其违法行为或消除违法状态；渔政机关应妥善保管当事人的渔业证照，并对当事人改正违法行为的情况实施指导、监督、检查，在暂扣期满后，将证照归还给当事人。对于吊销渔业证照的处罚，当事人应将其证照交给渔业行政机关注销；无法收缴的，渔政机关应公告予以注销。值得注意的是，对于需要继续行驶的渔业船舶实施暂扣或者吊销证照的行政处罚时，渔业行政处罚机关在实施行政处罚的同时，应当发给当事人相应的证明，允许渔业船舶驶往预定或指定的地点[①]。

（六）驱逐

作为仅适用于违反我国法律法规的外国人、外国渔船的一类渔业行政处罚，驱逐通常与罚款、没收非法渔获物和水产品、非法获得的调查资料、非法使用的渔具网具及渔船等并处。一般讲，渔政机关应在当事人依法履行完毕其他种类的处罚后，将违法的外国人及其非法渔船押解出我国管辖水域，或将违法的外国人从指定的口岸押解出境。在必要时，可以请求公安边防机关、进出境管理机关协助执行。

三、渔业行政处罚的强制执行

及时履行渔业行政处罚决定是当事人的法律义务[②]。因此，当事人在接到渔业行政处罚决定书后认为合法，且没有执行困难，应当在规定的期限内积极配合渔政部门履行其执行处罚的法律义务；若认为在规定的时限内履行有困难，可以依法向处罚机关申请变更履行的时限、方式，如因生活困难，可申请分期缴纳罚款[③]；若认为处罚不合法，且不想履行处罚，则应在规定的时限内向渔业行政复议机关申请行政复议或向人民法院提起行政诉讼，由复议机关或人民法院裁决是否可以暂停履行处罚[④]；若当事人没有合法的理由和法律依据，又拒绝在规定时限内履行处罚，渔业行政处罚实施机关可以依法行使其享有的强制执行的权力或者向人民法院申请强制执行。

根据相关法律法规的规定，渔业行政机关依法可以行使强制执行权力的情形

① 参见：《农业行政处罚程序规定》第五十九条。
② 参见：《行政处罚法》第四十四条。
③ 参见：《行政处罚法》第五十二条。
④ 参见：《行政复议法》第二十一条；《行政诉讼法》第四十四条。

主要有以下几种：

(1)依法拍卖查封、扣押的当事人财产，折抵罚款[1]。

(2)强制拆除违法设置的养殖设施、养殖物、渔具、网具等[2]。

(3)强行指定有治理能力的单位代替当事人排除危害、清除污染物、治理污染等，发生的费用由当事人承担[3]。

(4)收取保证金、要求提供担保等[4]。

(5)禁止离港；强制拖离、停航、改航；暂扣船舶；强制清除打捞危害航行安全的沉没物、漂流物、搁浅物；强制卸载等，产生的费用由当事人承担[5]。

(6)未及时履行行政处罚决定的，渔业捕捞许可证将被认定为年审不合格，为无效的渔业捕捞许可证[6]。

① 参见：《行政处罚法》第五十一条。

② 参见：《港口法》第五十四条；《内河交通安全管理条例》第七十四条；《江苏省渔业管理条例》第三十八条。

③ 参见：《水污染防治法》第八十条；《渔业港航监督行政处罚规定》第十一条。

④ 参见：《中华人民共和国管辖海域外国人、外国船舶渔业活动管理暂行规定》第十九条。

⑤ 参见：《渔业港航监督行政处罚规定》第十七条、第二十一条；《内河交通安全管理条例》第六十四条、第六十八条、第六十九条、第七十五条、第八十二条。

⑥ 参见：《渔业捕捞许可管理规定》第三十四条、第三十五条。笔者认为，此项规定令人质疑，非常值得探讨，因为未在年检日期前履行处罚决定这一事实，直接导致了与吊销捕捞许可证相同的法律后果。这实际上等同于规定了应处以吊销捕捞许可证处罚的一种违法行为，与《行政处罚法》关于行政处罚种类设定的规定不一致。

第十章　渔业行政复议行为

第一节　渔业行政复议概述

一、渔业行政复议的概念

行政复议，是指公民、法人或其他组织认为行政机关的具体行政行为侵犯其合法权益，按照法定的程序和条件向做出该具体行政行为的上一级行政机关或法定机关提出申请，由受理申请的行政机关对该具体行政行为进行复查、审理，并做出复议决定的活动①。

由此，渔业行政复议主要是指渔政管理相对人认为某渔业行政管理主体实施的具体渔政管理行为侵犯了其合法权益而依法向享有行政复议管辖权的人民政府、渔业行政主管部门提出申请，由复议机关对此具体的渔政管理行为依法实施审理，并依法做出行政复议决定的行为。

渔业行政复议行为，是以解决渔政管理相对人与渔政管理主体之间的行政争议为目的而由农业部、县级以上地方人民政府或其所属的渔业行政主管部门实施的具体行政行为，具有以下特征。

第一，渔业行政复议是应渔政管理相对人的申请而由政府或渔业行政主管部门采取的行政行为，渔政管理相对人处于相对积极的地位。行政复议救济制度特别注重尊重行政相对人的意志自由，只要渔政管理相对人认为其合法权益受到了渔政部门的侵害，就可以申请行政复议，且一般都会被受理，而不考虑这种“认为”是否合法、合理，也不考虑申请行政复议是否是出于寻求行政救济以外的其他动机，因为申请行政复议是渔政管理相对人享有的程序性权利，任何个人或组织都不能剥夺，是受《宪法》保护的一项公民基本权利②。反过来，申请人也享有撤回行政

---

① 张树义:《行政法与行政诉讼法》，高等教育出版社 2002 年版，第 139 页。

② 《宪法》第四十一条规定，中华人民共和国公民对于任何国家机关和国家工作人员，有提出批评和建议的权利；对于任何国家机关和国家工作人员的违法失职行为，有向有关国家机关提出申诉、控告或者检举的权利，但是不得捏造或者歪曲事实进行诬告陷害。对于公民的申诉、控告或者检举，有关国家机关必须查清事实，负责处理。任何人不得压制和打击报复。由于国家机关和国家工作人员侵犯公民权利而受到损失的人，有依照法律规定取得赔偿的权利。

复议申请的自由。

第二,渔业行政复议权只能由法定的行政机关行使,即做出具体渔政管理行为之渔业行政或机构所隶属的县级以上地方人民政府或其所属的渔业行政主管部门以及农业部,二者之间必须存在领导与被领导或指导与被指导的工作关系,因为行政复议在本质上是上级行政机关依法纠正下级行政机关违法或不当行政的一种手段。

第三,渔业行政复议行为主要是以具体的渔政管理行为为审查对象,必须依照法定的程序实施。只有程序合法,才可能保证行政争议得到公平合理的解决。审查的标准是该具体的渔政管理行为是否合法、是否合理。

第四,渔业行政复议本身也是一种具体的行政行为,因此复议决定一般不是终局性的。若对行政复议决定不服,当事人一般有权依法向人民法院提起行政诉讼,寻求司法救济。

各级人民政府、各级渔业行政主管部门及其所属的各类渔业行政管理机构,在对渔业公共事务实施行政管理的过程中,由于各种各样的原因难免会发生侵犯渔政管理相对人合法权益的现象。为此,应准确地理解行政复议制度,正确地实施渔业行政复议行为,以便对相关的渔政管理相对人实施及时有效的行政救济,实现渔政管理系统内部的自我纠错,化解渔业行政争议,也是渔业行政管理学研究的重要课题。

二、渔业行政复议的意义

若没有救济途径,自然谈不上享有权利。行政复议制度,主要是为了保护公民、法人以及其他组织的合法权益,基于上下级行政管理主体之间领导、被领导或指导、被指导的工作关系而创设的行政救济制度。1990 年 12 月,国务院颁布了《行政复议条例》,标志着行政复议制度的全面建立;1999 年 4 月,全国人大通过了《行政复议法》,对行政复议行为进行了更深入、更全面的革新和规范,行政复议程序更加公正、合理、便民;2007 年 5 月,为了把行政复议法规定的各项制度具体化,增强行政复议制度的可操作性,尽可能地将行政争议化解在基层、化解在初发阶段、化解在行政系统内部,密切政府同人民群众的关系,发挥行政复议制度在构建和谐社会中的重要作用,国务院又制定了《行政复议法实施条例》。

行政复议制度的建立、完善与发展,是依法保障公民权利,建设社会主义法治国家的重要举措。各级人民政府和渔业行政主管部门应积极履行其法律义务,依法受理渔业行政复议申请,公平合理地作出复议决定。渔业行政复议的意义主要有三个方面。

第一,保护渔民、渔户、渔业集体经济组织、渔业企业以及其他渔政管理相对人的合法权益,促进渔区的社会和谐。一般讲,在渔政管理相对人认为其合法权益受到渔业行政管理主体的侵害时,只有行政诉讼和行政复议两条正式的救助途径。但是,行政复议相对具有受案范围广、程序简单、便于沟通、成本低、方便等优点。因此,行政复议是渔政管理相对人保护其合法权益的有力武器,应是解决渔业行政争议的主要手段。正确地实施渔业行政复议行为能够有效地预防和解决渔政管理主体与相对人之间的矛盾,对于渔区的和谐社会建设意义重大。

第二,通过行政复议,可以预防和纠正违法或不当的渔政管理行为,从而保障县级以上人民政府对其所属的渔业行政主管部门、上级渔业行政主管部门对下级渔业行政部门及所属机构实施有效的监督、领导和业务指导,保证渔业法规和渔业政策的正确贯彻和实施。

第三,保障渔政部门依法行使职权。根据《行政复议法》第二十一条,具体行政行为在行政复议期间一般不停止执行,行政复议机关应对认定事实清楚,证据确凿,适用依据正确,程序合法,内容适当的具体行政行为决定予以维持。可见,行政复议制度也是渔政管理主体依法行使其法定职权的重要保障。通过行政复议,有关的渔政管理主体可以获得所隶属的人民政府或上级渔业行政主管部门的有力支持,提高其所做出之渔业行政决定的权威性。

此外,行政复议制度对于加强渔政公务人员队伍建设,提高渔政业务水平也具有重要意义。对违反《行政复议法》相关规定的渔政公务人员,有权机关应给予行政处分,构成犯罪的,则应追究刑事责任。

三、渔业行政复议原则

渔业行政复议原则,是指对渔业行政复议机关正确地实施行政复议行为始终发挥着指导和约束作用的法律原则。这些原则反映了行政复议法的立法宗旨,对于弥补可能存在的法律漏洞,维护相关法律体系的协调一致具有重要意义。

(一)合法原则

合法原则是渔业行政复议机关在履行行政复议职责时必须遵守的首要原则,主要包括三个方面的内容。第一,渔业行政复议机关应根据《行政复议法》、《行政复议法实施条例》、渔业法规和其他相关法规的规定,依法受理渔政管理相对人提出的复议申请,并及时依法审查,及时做出复议决定。第二,渔业行政复议机关应依法审查渔政管理主体做出的具体行政行为,审查其是否具有做出该具体行政行为的主体资格、认定的事实是否清楚、证据是否确凿、执行程序是否合法、行政决定的内容是否适当、是否存在超越职权或滥用职权的现象、是否存在行政不作为的现象等。第三,渔业行政复议机关应审查渔政部门做出具体行政行为的依据是否合法。一方面,可以审查渔政部门引用的法律法规依据是否正确;另一方面还可以对规章以下的规范性文件之合法性进行审查。

（二）公正、公开原则

公正原则，同样是渔业行政复议机关在实施行政复议行为过程中应当遵守的重要法律原则，主要包括三点内容。一是适用法律依据正确。行政复议实际上是由上级行政机关针对同一事件作出二次行政决定，复议决定可以对原具体行政行为予以维持、变更、确认违法或撤销；可以责令被申请人履行其法定职责或责令其重新作出具体行政行为。因此，复议机关必须正确地适用法律，作出正确的复议决定，才能够体现法律的公正。二是裁量适当。渔业行政复议行为本身也是一种具体的行政行为，复议机关依法享有一定的自由裁量权，实际上是对渔政部门做出的具体行政行为进行二次自由裁量。因此，渔业行政复议机关应依据有关的渔业法规、渔业政策审慎地作出复议决定，保证裁量适当，实现法律的公正。三是有错必纠，不得回避矛盾和争议，不得不作为。

公开原则是实现行政复议公正的重要程序性原则。这意味着渔业行政复议机关应将行政复议的过程向申请人、第三人以及社会公开，必须听取申请人以及第三人的陈述、申辩，必要时还可以采用论证会、听证会等复议形式，而不能够暗箱操作。除了涉及国家秘密、商业秘密或者个人隐私外，申请人、第三人有权查阅被申请人提出的书面答复、作出具体行政行为的证据、依据和其他有关材料①。

（三）及时便民原则

及时原则，意味着渔业行政复议机关应积极地提高工作效率，必须在法律规定的时限内作出复议决定。因此，受理、转送、行政复议申请书副本或者行政复议申请笔录复印件的发送、调查、审理、被申请人的答复、决定、送达等各个环节都应在规定的时限内完成；若需要延长复议期限，则必须严格依据法律规定由行政复议机关的负责人批准。

便民原则，意味着渔业行政复议机关在实施行政复议的过程中应当尽量为申请人着想，方便当事人，尽量减少渔政管理相对人因申请行政复议而承受的各种损失。例如，《行政复议法》规定县级地方人民政府负有行政复议申请转送义务、渔政管理相对人既可以口头申请也可以书面申请、既可以向本级人民政府申请也可以向上一级渔业行政主管部门申请、禁止收费等都体现了便民原则。

（四）行政复议期间不停止执行具体行政行为原则

一般讲，具体行政行为不应当由于行政复议程序的启动而停止执行。这是行政复议制度的一项基本原则，是由具体行政行为公定力、先定力、确定力、拘束力和

① 参见：《行政复议法》第二十三条；《行政复议法实施条例》第三十五条。

执行力决定的[1]。任何具体的行政行为,在未被依法撤销、变更前,都应被推定为合法有效;只有经过法定程序,才可以被撤销、撤回或更改。

但是,为了实现维护社会秩序与保护行政相对人私利益之间的平衡,更好地维护公共利益,《行政复议法》第二十一条也规定了四种可以停止执行的情形:(1)被申请人认为需要停止执行的;(2)行政复议机关认为需要停止执行的;(3)申请人申请停止执行,行政复议机关认为其要求合理,决定停止执行的;(4)法律规定停止执行的。

(五)行政复议不利变更禁止原则

为了更加充分地保障渔政管理相对人的复议权利,鼓励其通过行政复议的方式依法解决行政争议,渔业行政复议机关在作出行政复议决定时,必须遵守行政复议不利变更禁止原则,即在申请人的行政复议请求范围内,不得作出对申请人更为不利的行政复议决定[2]。

此外,在实施行政复议的过程中,还应遵守一次复议原则。这意味着申请人无权就同一事实和理由多次申请行政复议,也不可以针对行政复议决定再次申请行政复议,而只能寻求其他的救助途径,如向人民法院提起行政诉讼、向权力机关、行政监察机关、新闻媒体等投诉。

第二节　渔业行政复议参加人

渔业行政复议参加人,是指渔业行政争议的当事人以及与争议有利害关系的人,包括复议申请人、被申请人和第三人。他们参加行政复议的原因不同,在行政复议过程中享有的权利和承担的义务也各不相同。

一、渔业行政复议申请人

渔业行政复议申请人,是指认为渔政管理主体实施的渔政管理行为侵害其合法权益而以自己的名义向渔业行政复议机关提出申请,要求对该具体渔政管理行为进行审理,并作出复议决定的渔政管理相对人,包括个人、法人以及不具备法人资格的其他组织。例如,对渔政处罚不服的渔民、渔业集体企业、渔业公司;认为应对其所有的渔船予以登记而渔港监督机关拒绝予以登记之渔船的船东。

根据《行政复议法》第十条,渔业行政复议申请人的资格在以下三种情况下可

① 叶必丰:《行政行为的效力研究》,中国人民大学出版社 2002 年版,第 18－150 页。
② 参见:《行政复议法实施条例》第五十一条。

以转移。

第一,有权申请行政复议的公民死亡的,其近亲属可以申请行政复议,即去世公民的配偶、父母、成年子女、兄弟姐妹等都有权以自己的名义申请行政复议以维护该公民以及本人和其他家庭成员的合法权益。

第二,有权申请行政复议的公民为无民事行为能力人或者限制民事行为能力人的,其法定代理人可以代为申请行政复议,依法行使代理权,依法承担代理义务,但无民事行为能力人或者限制民事行为能力人依然是复议申请人。根据《民法通则》第十一条至第十七条,不满十周岁的未成年人和不能辨认自己行为的精神病人是无民事行为能力人,十周岁以上的未成年人是限制民事行为能力人和不能完全辨认自己行为的精神病人是限制民事行为能力人,他们的监护人是其法定代理人。未成年人的监护人主要是其父母,若父母已去世或无监护能力,其祖父母、外祖父母、兄、姐等则为监护人;精神病人的监护人主要是指其配偶、父母、成年子女以及其他近亲属。

第三,有权申请行政复议的法人或者其他组织终止的,承受其权利的法人或者其他组织可以申请行政复议。在因合并而导致原法人或其他组织终止的情况下,行政复议权由新合并而成的法人或其他组织继承;在因分立而导致原法人或其他组织终止的情况下,行政复议权的继承则应具体问题具体分析,原法人或组织认为受侵害的合法权益与分立后的哪个法人或组织有关,就由哪个法人或组织继承其申请行政复议的权利①。

二、渔业行政复议被申请人

渔业行政复议被申请人,是指渔业行政复议申请人向行政复议机关申请行政复议时,由复议机关通知其参加行政复议,并且依法应提交当初作出该具体渔政管理行为的证据、依据和其他有关材料,应依法作出书面答复的渔业行政管理主体。

渔业行政复议被申请人必须具备两个条件,一是具有独立法人地位的渔业行政管理主体,能够独立承担行政法律责任,二是实施了被渔政管理相对人认为侵犯了其合法权益的具体行政管理行为。在渔业行政复议实践中,主要有以下八种情况:

第一,乡(民族乡、镇)级以上地方人民政府。根据《宪法》、《国务院组织法》、《地方各级人民代表大会和地方各级人民政府组织法》、《渔业法》以及其他相关法律法规,各级地方人民政府是本行政区的渔业公共事务管理部门,有权作出可能侵害渔政管理相对人合法权益的具体行政行为。例如,乡级人民政府在管理本乡渔

① 张春生:《中华人民共和国行政复议法释义》,法律出版社 1999 年版,第 74－77 页。

业活动时而实施的具体行政行为(如管理渔业承包合同、决定渔业行业补贴救济等)、县级以上地方人民政府依据《渔业法》决定核发养殖证的行为等。

第二,人民政府依法设立的派出机关。根据《地方各级人民代表大会和地方各级人民政府组织法》第六十八条,省、自治区的人民政府在必要的时候,经国务院批准,可以设立若干派出机关(即地区行署和盟)。县、自治县的人民政府在必要的时候,经省、自治区、直辖市的人民政府批准,可以设立若干区公所,作为它的派出机关。市辖区、不设区的市人民政府,经上一级人民政府批准,可以设立若干街道办事处,作为它的派出机关。如果渔政管理相对人认为这些派出机关实施的渔政管理行为侵害了其合法权益而申请行政复议,这些派出机关是渔业行政复议被申请人。

第三,国务院渔业行政主管部门(即农业部)和县级以上地方人民政府的渔业行政主管部门。依照《国务院组织法》、《地方各级人民代表大会和地方各级人民政府组织法》和《渔业法》,农业部和县级以上地方人民政府的渔业行政主管部门是最主要的渔业公共事务管理部门,有权做出可能侵害渔政管理相对人合法权益的具体行政行为,是最常见的渔业行政复议被申请人。

第四,农业部和县级以上地方人民政府的渔业行政主管部门所属的各类渔业行政管理机构。但值得注意的是,这些机构必须经由渔业法律、法规明确授权,使之能够以自己的名义独立地实施具体的渔政管理行为,能够独立地承担行政法律责任。这包括农业部所属的中华人民共和国渔政局、三个海区渔政局和渔业船舶检验局以及一些县级以上地方人民政府的渔业行政主管部门所属的渔港监督局、渔政管理局、渔船检验局等,主要是经由《渔业法》第六条、第八条;《渔业法实施细则》第六条;《渔港水域交通安全管理条例》;《渔业船舶检验条例》以及其他相关法律、行政法规、农业部规章和地方性法规、地方政府规章的授权而获得了渔业行政复议被申请人的资格。

第五,由专门的法规授权管理包括渔业公共事务在内的综合管理机构。例如,根据《云南省抚仙湖管理条例》,抚仙湖管理局是管理包括渔业公共事务在内的抚仙湖综合管理机构;根据《云南省阳宗海保护条例》,阳宗海管理处是管理包括渔业公共事务在内的阳宗海综合管理机构。这些综合管理机构依照专门的法规有权实施具体的渔政管理行为,有资格成为渔业行政复议被申请人。

第六,若具体的渔政管理行为是由两个或两个以上的渔业行政管理主体共同决定的,则共同决定该具体行政行为的两个或两个以上渔业行政管理主体为共同行政复议被申请人。例如,《辽宁省实施〈中华人民共和国渔业法〉办法》第三十一条规定,扣押渔船超过10天或者没收渔船的,由渔业行政主管部门批准。据此,在因"扣押渔船超过10天或者没收渔船"所引起的渔业行政复议中,渔业行政主管部门和其所属的渔政管理机构应是共同行政复议被申请人。又如,《中华人民共和国管辖海域外国人、外国船舶渔业活动管理暂行规定》第十八条规定,中华人民共和国渔政局和各海区渔政局可决定50万元以下的罚款处罚,省级渔政渔港监督管理机构可决定20万元以下的罚款处罚,市、县渔政渔港监督管理机构可决定5万元以下的罚款处罚。作出超过本级机构权限的行政处罚决定的,必须事先报经具有相应处罚权的上级渔政渔港监督管理机构批准。可见,在对外国人、外国渔船实施罚款处罚时,理论上存在着由上下级渔政管理机构共同决定的情形,由此引起的行政复议,自然存在共同行政复议被申请人的问题。

第七,渔政管理主体委托特定组织和个人实施具体管理行为的,作出委托决定的渔政管理主体是渔业行政复议被申请人。根据《行政处罚法》第十八条、第十九条,渔业行政主管部门可以在其法定权限内委托符合条件的组织实施行政处罚;根据《行政许可法》第二十四条,渔业行政主管部门在其法定职权范围内,依照法律、法规、规章的规定,可以委托其他行政机关实施行政许可。但是,作出委托决定的渔业行政主管部门对行政处罚行为、行政许可行为的后果承担法律责任,是渔业行政复议被申请人。

第八,做出具体渔政管理行为之渔政管理主体被撤销、合并、分立的,继续行使其渔政管理职权的行政机关为渔业行政复议被申请人。

三、渔业行政复议第三人

《行政复议法》第十条第3款规定,同申请行政复议的具体行政行为有利害关系的其他公民、法人或者其他组织,可以作为第三人参加行政复议。在行政复议过程中,第三人具有独立的法律地位,既不依附于行政复议机关,也不依附于行政复议被申请人或申请人,参加复议的目的是维护自己的合法权益。

允许行政复议申请人和被申请人之外的第三人参加行政复议主要有三个方面的意义。一是由于第三人的利益与行政复议决定有直接关系,允许其参加行政复议有助于行政复议机关从多个角度对该具体行政行为进行审查,提高行政复议决定的正确性;二是可以通过一次行政复议活动解决密切相关的若干争议问题,有利于节省物力、财力等;三是有利于保障公民、法人和其他组织的合法权益,保障行政管理的有效实施,维护行政行为的公正性、合理性,因为不合法的行政行为都应予以纠正,不论是复议申请人还是第三人,他们的合法权益都应得到保护。

为了防止对行政复议活动的干扰,提高行政效率,一般讲申请成为第三人一般需要得到行政复议机关的批准。在渔业行政复议实践中,主要有以下三种情况:(1)在渔业行政处罚案件中,若有具体的受害人,则被处罚人和受害人通常可以互为渔业行政复议第三人;(2)在因渔业行政规划、行政仲裁、行政许可、行政确认等具体行政行为引起的渔业行政复议案件中，纠纷当事人双方（或多方）、有相邻关系的当事人等可以互为第三人；（3）若渔政管理相对人认为两个或两个以上的渔业行政管理主体就同一事实作出了互相矛盾的具体行政行为而申请复议，这两个或两个以上的渔业行政管理主体则可以互为行政复议第三人。

四、渔业行政复议代理人

行政复议代理人，是指根据相关法律的规定、行政复议机关的指定或接受当事人（或其法定代理人）的委托，在行政复议活动中以被代理人的名义在代理权限范围内参加行政复议活动的人①。根据《行政复议法》第十条第5款，申请人、第三人可以委托代理人代为参加行政复议。

从代理权产生的原由看，复议代理人包括法定代理人、指定代理人或委托代理人三种。法定代理人，是指据相关法律的规定代表没有复议行为能力的公民参加复议的代理人；指定代理人，是指由行政复议机关指定代表无复议行为能力的当事人参加复议活动的代理人；委托代理人，是指由当事人、法定代表人及法定代理人委托而代替其参加行政复议活动的代理人。

在行政复议过程中，行政复议代理人自己与被复议的行政行为无利害关系，并且只能代理一方，必须在代理权限内实施代理行为，参加行政复议的法律后果由被代理人承担。

最后，值得注意的是行政复议被申请人不应委托或指定代理人参加行政复议。

第三节　渔业行政复议的范围与管辖

一、渔业行政复议的范围

渔业行政复议的范围，是指渔政管理相对人能够依法申请行政复议的具体行政行为的范围、类别，也是行政复议机关依法应当受理、审查的案件范围。此范围的大小、宽窄，反映了行政救济、行政监督的广度和深度。

与行政诉讼的受案范围比较，行政复议的范围是非常广泛的。根据《行政复议法》第六条，渔政部门作为或不作为都属于渔业行政复议的范围，可以构成相对人申请复议的理由，主要包括以下九大类。

---

① 周梁云：《行政法与行政诉讼法学》，云南大学出版社2004年版，第251页。

（一）渔业行政处罚行为

根据《行政处罚法》、《渔业法》以及其他的法律、法规，渔业行政处罚机关有权对违法者处以六类处罚：警告；罚款；没收违法所得、没收非法财物；责令停产停业；暂扣或者吊销许可证、暂扣或者吊销执照；驱逐。但是，渔政管理部门必须根据行政处罚的基本和适用原则，以事实为依据，依照法定的程序和权限，考虑违法行为的性质、情节以及社会危害程度等，作出合法、合理的处罚决定，并依法定程序执行。如果渔政管理相对人认为处罚不合法或不合理，都有权申请复议，行政复议机关应当受理。

（二）渔政强制措施和渔政处罚强制执行行为

渔政强制措施，主要是指渔政部门对非法使用的渔船、渔具、网具、水产品、设备、工具、物品、水生动植物以及有关的渔业证照采取的短期查封、扣押行为。目的是阻止违法行为的进一步发展、预防危害后果的扩大、收集违法证据、保证渔业行政处罚决定的顺利执行等。如果相对人认为渔政部门采取强制措施的行为不合法、不合理，侵犯了其合法权益，可以通过申请行政复议，寻求行政救济。

根据《行政处罚法》和相关的法律法规，渔业行政处罚机关享有一定程度的渔政处罚强制执行权。例如，(1)依法拍卖查封、扣押的当事人财产，折抵罚款①；(2)强制拆除违法设置的养殖设施、养殖物、渔具、网具，拆除费用由违法行为人承担，可并处罚款②；(3)强行指定有治理能力的单位代替当事人排除危害、清除污染物、治理污染等，发生的费用由当事人承担③；(4)禁止离港；强制拖离、停航、改航；暂扣船舶；强制清除打捞危害航行安全的沉没物、漂流物、搁浅物；强制卸载等；产生的费用由当事人承担④。如果相对人认为渔政部门实施的强制执行行为不合法、不合理，侵犯了其合法权益，也可以通过行政复议的途径，寻求行政救济。

（三）有关申请、发放、登记、变更、中止、撤销渔业许可证件、执照、资质证书、资格证书的行为

为了建立和维护渔业活动秩序，保护渔业生产者的合法权益，维护社会公共利益等原因，渔业法规以及海事行政法规和环境资源法规设定了种类繁多的渔业行政许可，由渔业行政管理主体负责实施，受理申请，决定是否应予许可，是否应颁发

---

① 参见：《行政处罚法》第五十一条。

② 参见：《港口法》第五十四条；《内河交通安全管理条例》第七十四条；《江苏省渔业管理条例》第三十八条。

③ 参见：《水污染防治法》第八十条；《渔业港航监督行政处罚规定》第十一条。

④ 参见：《渔业港航监督行政处罚规定》第十七第、第二十一条；《内河交通安全管理条例》第六十四条、第六十八条、第六十九条、第七十五条、第八十二条。

渔业行政许可证件。

在申请办理渔业行政许可证件的过程中，如果相对人认为存在应当受理而没有受理、应当许可而没有许可等侵害其合法权益的“不作为或乱作为”情况，均有权申请行政复议，得到行政救济。

（四）渔业行政确权行为

《渔业法》第十一条、第二十三条创设了养殖证和捕捞许可证制度。通过颁发养殖证和捕捞许可证确认持有人占有使用国有水域、滩涂、荒地等自然资源从事水产养殖生产的权利和从事捕获渔业生物资源的权利，是县级以上地方人民政府及其渔业行政主管部门和所属渔政管理机构、农业部及其所属渔政管理机构的法定职责。

根据《物权法》用益物权编第一百二十三条以及第一百二十一条，依法取得的从事养殖和捕捞的权利受法律保护，因征收、征用而致使养殖和捕捞权利人无法从事养殖和捕捞生产或影响其正常行使养殖和捕捞的权利，应当给予相应的经济补偿。合法从事养殖和捕捞活动的权利属于独立的用益物权类型，涉及到了江河湖海沿岸地区人民的生存权、发展权问题。如果养殖证和捕捞证申请人认为渔业行政机关的确权发证行为不合法、不合理，侵犯了其合法权益，可以申请行政复议，获得行政救济。

（五）侵犯生产经营自主权的行为

作为独立的市场经济主体，公民、法人以及其他组织依法享有内容丰富的生产经营自主权，如对拥有财产的占有、使用、收益、处分权利，生产经营计划权，产品销售权，财务管理权，经营方式选择权，劳动用工权利等等。渔政部门在行使其渔业行政管理权的过程中（如行政检查、行政指导和技术推广等），应平等地尊重和保护各类市场主体的生产经营自主权。若公民、法人以及其他组织认为渔政管理主体干预其正常的生产经营活动，侵犯了其合法权益，有权申请行政复议。

（六）干涉渔业承包合同的行为

目前，包括渔业在内的农业生产承包责任制是实现农用土地、水域等自然资源使用权公平有效配置的基本法律制度。根据《渔业法》、《农村土地承包法》、《土地管理法》、《农业法》以及其他有关法律法规的相关规定，单位、集体、个人可以通过与农民集体签订渔业承包合同而使用农民集体所有或者国家所有但由农业集体经济组织使用的水域、滩涂、荒地等自然资源从事水产养殖生产，获得养殖渔业权。单位、集体、个人获得的渔业承包经营权受法律保护，只要渔业承包合同签订和履行符合相关法律、法规的规定，任何部门都无权干涉。如果当事人认为渔业行政管理部门有非法干涉渔业承包合同的行为，有权申请行政复议。

（七）要求履行非法定义务案件

一般讲，渔政管理相对人的法律义务都是依法明确规定，应当积极地自觉履行。但是，在渔业行政管理实践中也时常发生渔政部门出于各种理由、原因向相对人集资、征收财物、摊派费用、要求出劳务、强迫捐赠等随意增加相对人义务的现象。如果相对人认为渔政部门要求其履行某些义务的行为不合法、不合理，可以依法申请行政复议。

（八）未依法履行职责保护渔业生产者合法权益的案件

渔政部门依照渔业法规的规定，承担着保护渔业生产者合法权益的义务，对侵害渔业生产者合法权益的行为人有权给予行政处罚或移交有关机关处理。例如，对偷捕、抢夺他人养殖的水产品的或者破坏他人养殖水体、养殖设施的，渔政部门应责令改正，可以处二万元以下的罚款；构成犯罪的，应移交司法机关依法追究刑事责任①。如果渔政管理相对人认为渔政部门不作为，没有履行保护其合法权益的法律职责，有权申请行政复议，由渔业行政复议机关审查、决定。

（九）有关行政给付的案件

在渔政管理实践中，渔政部门还承担着一部分涉及行政给付的职责，如向渔业生产者发放各种补贴或减免各种规费等。对于由此引起的行政争议，相对人也可通过申请行政复议，维护自己的合法权益。

此外，《行政复议法》第六条还作出了一项兜底性的规定，“认为行政机关的其他具体行政行为侵犯其合法权益的。”这意味着渔业行政复议的范围是非常广泛的。从理论上讲，只要相对人认为渔政部门作出的具体行政行为侵害其合法权益，就有权申请复议。

二、对某些抽象行政行为的复议

根据《行政复议法》第七条，如果公民、法人或者其他组织认为行政机关的具体行政行为所依据的某些规定不合法，在对具体行政行为申请行政复议时，可以一并向行政复议机关提出对该规定的审查申请。这意味着行政机关作出的某些抽象行政行为也属于行政复议的范围。

实际上，根据《宪法》、《地方各级人民代表大会和地方各级人民政府组织法》、《立法法》以及其他有关法律法规的规定，各级权力机关（即各级人民代表大会及其常委会）和行政机关（即各级人民政府及其组成或工作部门、派出机构、所属机

① 参见：《渔业法》第三十九条。

构等)都有权通过、制定、发布具有普遍拘束力规范性文件。这些规范性文件构成了行政机关作出具体行政行为的依据,包括可以直接引用的法律法规依据,也包括指导其如何实施行政管理以及合理行使自由裁量权的督导性、政策性的依据。能够被申请行政复议的"规定",是指那些由行政机关制定的具有普遍拘束力、但是不具有法规性质的规范性文件,主要包括国务院部门的规定、县级以上地方人民政府及其工作部门的规定、乡(镇)人民政府的规定。这些规范性文件必须和法律、行政法规、地方性法规、规章等法规性质的规范性文件保持一致。

根据《行政复议法》第二十六条,如果行政复议机关对申请人申请审查的抽象行政行为具有处理权,应当在三十日内处理;若没有处理权,则应在七日内转送有处理权的行政机关处理,有权处理的行政机关应当在六十日内依法作出处理决定。是否有权处理,则取决于行政复议机关与制定此类规范性文件的行政机关之间的关系。

值得注意的是,行政复议申请人只能在对具体的行政行为申请复议的同时,一并对行政机关作出具体行政行为所依据的规定提出审查申请,而不能单独地对此类规范性文件申请复议。

三、渔业行政复议管辖

渔业行政复议管辖,是指渔业行政复议机关在受理、审理行政复议案件时的权限和分工。明确渔业行政复议案件的管辖权是启动行政复议程序的前提条件,其意义在于解决渔政管理相对人应当向哪个行政机关申请行政复议的问题。根据《行政复议法》第十二条至第十五条,渔业行政复议案件的管辖权主要应按照以下六项原则明确。

第一,对农业部和省级人民政府实施的具体行政行为不服的,分别向农业部和作出该具体行政行为的省级人民政府申请行政复议;若该具体行政行为是由农业部与国务院其他部门共同作出的,既可以向农业部,也可以向国务院其他部门申请行政复议,由农业部和国务院其他部门共同作出行政复议决定[①]。

第二,对地方各级人民政府的具体行政行为不服的,向上一级地方人民政府申请行政复议;对省、自治区人民政府依法设立的派出机关(即地区(盟)行政公署)所属的县级地方人民政府的具体行政行为不服的,向该派出机关申请行政复议;对县级以上地方人民政府依法设立的派出机关的具体行政行为不服的,向设立该派出机关的人民政府申请行政复议,如对街道办事处作出的具体行政行为不服的,应向设立该办事处的市辖区人民政府申请。

① 参见:《行政复议法实施条例》第二十三条。

第三,对县级以上地方各级人民政府渔业行政主管部门作出的具体行政行为不服的,申请人既可以向该部门的本级人民政府申请行政复议,也可以向上一级渔业行政主管部门申请行政复议。

第四,对县级以上地方各级人民政府渔业行政主管部门所属的各类渔业行政管理机构依照法律、法规或者规章的规定以自己的名义作出的具体行政行为不服的,向设立该机构的渔业行政主管部门或该部门的本级地方人民政府申请行政复议;对农业部所属机构(即中华人民共和国渔政局、渔业船舶检验局和三个海区渔政局)作出具体行政行为不服的,向农业部申请行政复议。

第五,对法律、法规授权的组织的具体行政行为不服的,分别向直接管理该组织的地方人民政府、地方人民政府工作部门或者国务院部门申请行政复议。例如,对渔业技术推广机构作出的具体行政行为不服的,可以向直接管理该渔业技术推广机构的渔业行政主管部门申请复议。

第六,对两个或者两个以上行政机关以共同的名义作出的具体行政行为不服的,向其共同上一级行政机关申请行政复议。

第七,对被撤销的行政机关在撤销前所作出的具体行政行为不服的,向继续行使其职权的行政机关的上一级行政机关申请行政复议。

此外,《行政复议法》第十五条第2款还为县级人民政府规定了复议申请转送义务,即申请人可以向具体行为发生地的县级人民政府提交其申请,由该县级人民政府负责转送给有行政复议管辖权部门。根据《行政复议法》第二十条,行政复议机关的上级行政机关有权督促其受理应当受理的行政复议申请,必要时也可以直接受理。

可见,这些原则充分保证了渔业行政复议渠道的畅通,体现了行政复议制度的便民原则,体现了上下级行政机关之间的领导被领导、指导被指导的工作关系。

四、渔业行政复议机关和机构

渔业行政复议机关是指依法履行渔业行政复议职责的行政机关,主要包括县级以上地方人民政府及其渔业行政主管部门、省级人民政府的派出机关(即地区(盟)行政公署)和农业部。渔业行政复议机构,则是渔业行政复议机关的内设机构,不具有独立法人地位,通常是其负责法制工作的机构,即县级以上地方人民政府的法制办公室、县级以上地方人民政府渔业行政主管部门的政策法规处、农业部的产业政策与法规司①。

---

① 农业部产业政策与法规司的主要职责,见农业部网站:http://www.agri.gov.cn/nyb/jgzz/t20040528_207584.htm

在办理渔业行政复议案件的过程中，渔业行政复议机构只能以复议机关的名义活动。根据《行政复议法》第三条以及《行政复议法实施条例》第三条，渔业行政复议机构承担着复议申请受理、调查取证，查阅文件和资料、审查申请行政复议的具体行政行为是否合法与适当、拟订行政复议决定、转送复议申请、办理行政赔偿、行政应诉等多项职责。

按照《行政复议法实施条例》第二条、第四条的要求，各级行政复议机关应认真履行复议职责，领导、支持本机关的行政复议机构依法办理行政复议事项，并依照有关规定配备专职行政复议人员，保证行政复议机构的办案能力与工作任务相适应。行政复议人员应具备与履行行政复议职责相适应的品行、专业知识和业务能力，并取得相应资格。

第四节 渔业行政复议程序

一、渔业行政复议的申请

如果渔政管理相对人决定申请渔业行政复议，应在规定的时限内以口头方式或者书面方式提出。口头申请的，渔业行政复议机构应当场制作行政复议申请笔录，并交申请人核对或者向其宣读，由申请人签字确认。书面申请的，申请人应填写行政复议申请书，通过当面递交、邮寄或传真的方式提出，有条件的行政复议机构，也应接受以电子邮件方式提出的复议申请①。

行政复议申请笔录或行政复议申请书应当载明以下主要事项：(1)申请人的基本情况，包括公民的姓名、性别、年龄、身份证号码、工作单位、住所、邮政编码；法人或者其他组织的名称、住所、邮政编码和法定代表人或者主要负责人的姓名、职务；(2)被申请人的名称；(3)行政复议请求、申请行政复议的主要事实和理由；(4)申请人的签名或者盖章；(5)申请行政复议的日期。如果是认为被申请人不履行法定职责的，还应提供曾经要求被申请人履行法定职责而被申请人未履行的证明材料；申请行政复议时一并提出行政赔偿请求的，还应提供受具体行政行为侵害而造成损害的证明材料②。

根据《行政复议法实施条例》第十七条，行政机关作出的具体行政行为对公民、法人或者其他组织的权利、义务可能产生不利影响的，应当告知其申请行政复议的权利、行政复议机关和行政复议申请期限。根据《行政复议法》第九条，渔业

① 参见：《行政复议法》第十一条；《行政复议法实施条例》第十八条。

② 参见：《行政复议法实施条例》第十九条至第二十一条。

行政复议的申请时效通常为六十日，即申请人应自知道具体行政行为之日起六十日内提出申请。因不可抗力或者其他正当理由耽误法定申请期限的，申请期限自障碍消除之日起继续计算。

二、渔业行政复议的受理

收到复议申请后，渔业行政复议机关应当在五日内依法对申请材料进行审查，对复议申请材料不齐全或者表述不清楚的，应书面通知申请人补正。补正通知应当载明需要补正的事项和合理的补正期限，无正当理由逾期不补正的，视为申请人放弃行政复议申请。对于不符合条件的，应予以驳回，并书面告知申请人；对于符合法定条件的复议申请，必须受理立案。因此，如果申请人五日内没有收到补正或驳回复议申请的通知，行政复议机构收到复议申请之日即为受理。

依据《行政复议法实施条例》第二十八条，合格的行政复议需满足七项条件：(1)有明确的申请人和符合规定的被申请人；(2)申请人与具体行政行为有利害关系；(3)有具体的行政复议请求和理由；(4)在法定申请期限内提出；(5)属于行政复议法规定的行政复议范围；(6)属于收到行政复议申请的行政复议机构的职责范围；(7)其他行政复议机关尚未受理同一行政复议申请，人民法院尚未受理同一主体就同一事实提起的行政诉讼。根据《行政复议法实施条例》第四十八条，有以下情形之一的，可以驳回申请：(1)申请人认为行政机关不履行法定职责申请行政复议，行政复议机关受理后发现该行政机关没有相应法定职责或者在受理前已经履行法定职责的；(2)受理行政复议申请后，发现该行政复议申请不符合行政复议法和本条例规定的受理条件的。但是，如果上级行政机关认为行政复议机关驳回行政复议申请的理由不成立的，应当责令其恢复审理。

另外，申请人要求县级地方人民政府转送行政复议申请的，应七日内转送，并告知申请人；接受转送的行政复议机关则应在五日内完成审查，决定是否需要补正、立案或者驳回。如果申请人就同一事项向两个或者两个以上有权受理的行政机关申请行政复议的，由最先收到行政复议申请的行政机关受理；同时收到行政复议申请的，由收到行政复议申请的行政机关在十日内协商确定；协商不成的，由其共同上一级行政机关在十日内指定受理机关。协商确定或者指定受理机关所用时间不计入行政复议审理期限。

最后，渔业行政复议机关受理行政复议申请，不得向申请人收取任何费用。

三、渔业行政复议的审理

渔业行政复议机构在受理复议申请后，应及时依法审理，以确保在法定的时限内结案。最为常用的审理方式是书面审查。这意味着行政复议决定主要是通过阅读、审查申请人、被申请人以及第三人提交的申请书、答辩书、陈述材料、证据材料、相关的法律法规以及其他规范性文件等而作出的。但是,申请人提出要求或行政复议机构认为有必要时,也可以实地调查核实证据,向有关组织和人员调查情况,听取申请人、被申请人和第三人的意见,对重大、复杂的案件,还可以采取听证的方式审理①。可见,渔业行政复议案件的审理方式是书面审查为主,面对面调查、辩论为辅。这是由行政复议制度的自我纠错、上下级监督属性以及效率、便民等特征所决定的。

渔业行政复议人员以及申请人、被申请人和第三人在复议案件的审理过程中,应依照相关法律法规的规定积极行使各自的权利、履行各自的义务,保证复议案件审理的正常进行。这主要包括以下八个方面。

(一)对行政复议人员的基本要求

审理行政复议案件,至少应由两名以上取得相应资格的行政复议人员参加。

(二)行政复议申请书或者行政复议申请笔录的发送以及被申请人的答复义务

行政复议人员应当自行政复议申请受理之日起七日内,将行政复议申请书副本或者行政复议申请笔录复印件发送被申请人;被申请人应当自收到申请书副本或者申请笔录复印件之日起十日内,提出书面答复。对于省级人民政府、农业部实行自我复议的,则由原承办具体行政行为有关事项的部门或者机构提出书面答复。

(三)举证责任和证据收集

在行政复议案件的审理过程中,被申请人对其实施的具体行政行为承担着举证责任。因此,被申请人在提交书面答复的同时,应提交当初作出具体行政行为的证据、依据和其他有关材料;对于省级人民政府、农业部自我复议的,则由原承办具体行政行为有关事项的部门或者机构提交。另外,被申请人应遵从"先取证、后裁决"的法律程序,在行政复议过程中不得自行向申请人和其他有关组织或者个人收集证据②。

行政复议人员在调查取证时,不得少于两人,并应向当事人或者有关人员出示证件,可以查阅、复制、调取有关文件和资料,向有关人员进行询问。被调查单位和人员应当配合行政复议人员的工作,不得拒绝或者阻挠。需要现场勘验的,现场勘验所用时间不计入行政复议审理期限③。

① 参见:《行政复议法》第二十二条;《行政复议法实施条例》第三十三条。
② 参见:《行政复议法》第二十四条。
③ 参见:《行政复议法实施条例》第三十四条。

行政复议期间涉及专门事项需要鉴定的,当事人可以自行委托鉴定机构进行鉴定,也可以申请行政复议机构委托鉴定机构进行鉴定。鉴定费用由当事人承担。鉴定所用时间不计入行政复议审理期限①。

(四)申请人、第三人查阅被申请人答复和有关证据的权利

申请人、第三人可以查阅被申请人提出的书面答复、作出具体行政行为的证据、依据和其他有关材料,行政复议机关应当为申请人、第三人查阅有关材料提供必要条件,除涉及国家秘密、商业秘密或者个人隐私外,行政复议机关不得拒绝。

(五)行政复议审理的依据

审理依据是行政复议机构、机关审查、判断被申请人实施的具体行政行为是否合法、是否合理的标准和尺度,包括全国人大及其常委会通过的法律、国务院制定的行政法规和决定及发布的命令、地方性法规、自治条例和单行条例、规章、上级和本级行政机关制定的规范性文件等。可见,行政复议案件的审理依据是很广泛的。

在复议案件的审理过程中,如果行政复议机关认为某些规范性文件不合法或者法律、法规、规章之间存在冲突问题,应区分两种情况予以处理。

第一,申请人在申请行政复议时,同时申请对规章以下的规范性文件进行审查的,行政复议机关对该规定有权处理的,应当在30日内依法处理;无权处理的,应当在7日内按照法定程序转送有权处理的行政机关依法处理,有权处理的行政机关应当在60日内依法处理。处理期间,行政复议审理中止。

第二,行政复议机关在对被申请人作出的具体行政行为进行审查时,认为其依据不合法,本机关有权处理的,应当在30日内依法处理;无权处理的,应当在7日内按照法定程序转送有权处理的国家机关依法处理。处理期间,行政复议审理中止。

(六)行政复议期限和拟订行政复议决定

根据《行政复议法》第三十一条,行政复议机关应当自受理申请之日起六十日内作出行政复议决定;但是法律规定的行政复议期限少于六十日的除外。情况复杂的案件,经行政复议机关负责人批准,最多可以延长三十日,但必须告知申请人和被申请人。

因此,行政复议机构在对复议案件审理完毕后,应依法及时拟订行政复议决定,报送行政复议机关负责人决定或集体讨论,保证行政复议机关在法定的时限内作出复议决定。

① 参见:《行政复议法实施条例》第三十七条。

(七)审理的中止

根据《行政复议法实施条例》第四十一条,在行政复议期间若发生下列影响行政复议案件审理的,行政复议的审理应中止:(1)作为申请人的自然人死亡,其近亲属尚未确定是否参加行政复议的;(2)作为申请人的自然人丧失参加行政复议的能力,尚未确定法定代理人参加行政复议的;(3)作为申请人的法人或者其他组织终止,尚未确定权利义务承受人的;(4)作为申请人的自然人下落不明或者被宣告失踪的;(5)申请人、被申请人因不可抗力,不能参加行政复议的;(6)案件涉及法律适用问题,需要有权机关作出解释或者确认的;(7)案件审理需要以其他案件的审理结果为依据,而其他案件尚未审结的;(8)其他需要中止行政复议的情形。

待中止的原因消除后,渔业行政复议机构应当及时恢复行政复议案件的审理,中止期间不计入行政复议期限。行政复议机构中止、恢复行政复议案件的审理,应当告知有关当事人。

(八)审理的终止

在行政复议审理期间如果发生下列情形,渔业行政复议审理应终止结案①:(1)申请人要求撤回行政复议申请,行政复议机构准予撤回的;(2)作为申请人的自然人死亡,没有近亲属或者其近亲属放弃行政复议权利以及在60日内没有决定是否参加行政复议的;(3)作为申请人的法人或者其他组织终止,其权利义务的承受人放弃行政复议权利以及在60日内没有确定权利义务承受人的;(4)作为申请人的自然人丧失参加行政复议的能力,在60日内未确定法定代理人参加行政复议的;(5)申请人与被申请人依法达成和解的。

第五节　渔业行政复议决定与执行

一、渔业行政复议决定

行政复议机构拟订的行政复议决定必须经行政复议机关负责人同意或者集体讨论通过,并制作加盖复议机关印章的行政复议决定书。复议决定主要包括三种结果②。

(一)决定维持被申请人作出的具体行政行为

行政复议机关审理认为原具体行政行为认定事实清楚,证据确凿,适用依据正

① 参见:《行政复议法实施条例》第四十二条。

② 参见:《行政复议法》第二十八条。

确,程序合法,内容适当的,应当予以维持。

(二)决定被申请人应在规定的时限内履行其法定职责

如果行政复议机关认定被申请人承担着某项法定职责,并且申请人提供的证据能够充分证明被申请人没有在法定时限内履行法定职责,应作出此类复议决定。例如,因渔政渔港监督部门没有为符合法定条件、资质的单位或个人颁发有关渔业证照而引起的复议案件;水产养殖生产者因遭受污染报案,渔政部门依法应立案处理而拒绝立案引起的复议案件等。

(三)决定撤销、变更或者确认具体行政行为违法

此类决定适用于:(1)主要事实不清、证据不足;(2)适用依据错误;(3)违反法定程序;(4)被申请人超越或者滥用职权;或者(5)具体行政行为明显不当的行政复议案件。另外,如果被申请人不依本法提出书面答复、提交当初作出具体行政行为的证据、依据和其他有关材料,行政复议机关将视为没有证据、依据而撤销其作出的具体行政行为。

决定撤销或者确认该具体行政行为违法的,行政复议机关通常应责令被申请人在规定的期限内重新作出具体行政行为。

最后,申请人在申请行政复议时可以一并提出行政赔偿请求,行政复议机关对符合国家赔偿法的有关规定应当给予赔偿的,在决定撤销、变更具体行政行为或者确认具体行政行为违法时,应当同时决定被申请人依法给予赔偿。申请人在申请行政复议时没有提出行政赔偿请求的,行政复议机关在依法决定撤销或者变更罚款,撤销违法集资、没收财物、征收财物、摊派费用以及对财产的查封、扣押、冻结等具体行政行为时,应当同时责令被申请人返还财产,解除对财产的查封、扣押、冻结措施,或者赔偿相应的价款①。

二、渔业行政复议和解制度与调解制度

为了更加充分地体现复议制度的行政救济属性,最大限度地消弭行政争议双方的对立,提高行政效率,实现定纷止争、案结事了的行政复议目的,国务院于2007年5月制定的《行政复议法实施条例》创设了行政复议和解与调解制度。因此,渔业行政复议案件可以由申请人与被申请人自愿达成和解协议的方式结案,也可以在渔业行政复议机关的主持下,达成调解协议而结案。

根据《行政复议法实施条例》第四十条,行政复议和解只适用于对行政机关行使法律、法规规定的自由裁量权作出的具体行政行为不服而申请的行政复议案件。

---

① 参见:《行政复议法》第二十九条。

如果申请人与被申请人在行政复议决定作出前能够自愿达成和解协议,并且不损害社会公共利益和他人的合法权益,行政复议机关应当准许。

根据《行政复议法实施条例》第五十条,行政复议机关可以按照自愿、合法的原则对以下两类复议案件进行调解:(1)公民、法人或者其他组织对行政机关行使法律、法规规定的自由裁量权作出的具体行政行为不服申请行政复议的;(2)当事人之间的行政赔偿或者行政补偿纠纷。

当事人经调解达成协议的,行政复议机关应当制作行政复议调解书。调解书应当载明行政复议请求、事实、理由和调解结果,并加盖行政复议机关印章。行政复议调解书经双方当事人签字,即具有法律效力。如果调解未达成协议或者调解书生效前一方反悔的,行政复议机关应当及时作出行政复议决定。

三、渔业行政复议决定的送达与执行

渔业行政复议机关在作出复议决定后,应按照《民事诉讼法》第七十七条至第八十四条规定的送达方式之一送达行政复议决定书,即直接送达、留置送达、邮寄送达、委托送达、转交送达、公告送达。无论采用何种送达方式,都必须有送达回证,由受送达人在送达回证上记明收到日期,签名或者盖章。

行政复议决定书一经送达,即发生法律效力,申请人和被申请人都应积极应履行行政复议决定。需要重新作出具体行政行为的,被申请人应在有关法律、法规规定的期限内重新作出;若相关法律法规没有规定,则应在60日内重新作出。但是,被申请人不得以同一的事实和理由作出与原具体行政行为相同或者基本相同的具体行政行为。

如果被申请人不履行或者无正当理由拖延履行行政复议决定,行政复议机构和机关有权向人事部门、行政监察机关提出建议,对直接负责的主管人员和其他直接责任人员依法给予行政处分。

如果申请人、第三人逾期不起诉又不履行行政复议决定,或者不履行最终裁决的行政复议决定,维持具体行政行为的,由作出具体行政行为的行政机关依法强制执行,或者申请人民法院强制执行;变更具体行政行为的行政复议决定,由行政复议机关依法强制执行,或者申请人民法院强制执行。

四、对行政复议决定的诉讼和终局行政裁决

司法救济通常是权利救济的最终途径。因此,如果申请人对行政复议决定不服,有权根据《行政诉讼法》在规定的时限内向人民法院提起行政诉讼,但是法律

规定行政复议决定为最终裁决的除外①。

《行政复议法》第三十条第2款对行政复议决定为最终裁决的情形进行了规定,"根据国务院或者省、自治区、直辖市人民政府对行政区划的勘定、调整或者征用土地的决定,省、自治区、直辖市人民政府确认土地、矿藏、水流、森林、山岭、草原、荒地、滩涂、海域等自然资源的所有权或者使用权的行政复议决定为最终裁决。"因此,对此类复议决定,申请人无权再提起行政诉讼。

另外,如果申请人对国务院组成部门或省级人民政府实施自我复议行为而作出的复议决定不服,即可以向人民法院提起行政诉讼,也可以向国务院申请最终裁决。但应注意,此种选择是非此即彼的,向国务院申请最终裁决的,无权再就裁决结果提起行政诉讼;向法院提起行政诉讼的,则无权再向国务院申请终局裁决。

① 参见:《行政复议法》第五条;《行政诉讼法》第三十八条。

第十一章　渔业行政诉讼与应诉行为

一般讲，行政诉讼是解决渔业行政争议的最后途径，向人民法院提起行政诉讼是渔政管理相对人以及其他与渔政管理行为有法律上利害关系的人的法定权利，而积极应诉则是渔政部门的义务。本章将主要探讨渔业行政诉讼的概念、受案范围、管辖、诉讼程序、诉讼证据、涉外渔业行政诉讼、渔政部门的应诉行为以及判决和执行等。渔政管理相对人以及其他与渔政管理行为有法律上利害关系的人和渔政部门都应正确地行使各自的诉讼权利，积极履行各自的诉讼义务，主动地配合人民法院依法审理渔业行政案件，以便及时通过司法途径公平有效地化解彼此间的渔业行政争议。

第一节　渔业行政诉讼概述

一、渔业行政诉讼的概念

在我国，行政诉讼是指公民、法人或者其他组织在认为行政机关及其工作人员的具体行政行为侵犯自己的合法权益，依法向国家审判机关即法院请求司法保护，并由法院对该具体行政行为进行审查裁判的一种诉讼活动[①]。1989 年 4 月 4 日，第七届全国人大常委会第二次会议通过了《行政诉讼法》。该法于 1990 年 10 月 1 日起施行。这标志着我国的行政诉讼制度正式建立，“民告官”从此有了明确的法律依据[②]。为了正确理解和适用《行政诉讼法》，准确认定案件事实，公正、及时地审理行政诉讼案件，最高人民法院又发布了《关于执行〈中华人民共和国行政诉讼法〉若干问题的解释》（法释〔2000〕8 号）和《关于行政诉讼证据若干问题的规定》（法释〔2002〕21 号）。这些规范性文件是行政诉讼法最主要的法律渊源。

在对渔业公共事务实施行政管理的过程中，农业部及其所属的渔业行政管理机构、地方各级人民政府及其渔业行政主管部门和所属的各类渔业行政管理机构，由于主客观原因难免会与渔政管理相对人发生行政争议，被相对人认为侵犯了其合法权益而起诉到人民法院。参照行政诉讼的定义，本章所探讨的渔业行政诉讼

① 应松年，杨小君，方世荣：《行政诉讼法学》，中国政法大学出版社 2002 年版，第 1 页。

② 姜明安：《行政诉讼法》，法律出版社 2007 年版，第 41－49 页。

主要是指渔政管理相对人认为农业部、农业部所属的渔业行政管理机构、地方各级人民政府及其渔业行政主管部门和所属的各类渔业行政管理机构实施的具体渔政管理行为侵犯了其合法权益而依法向人民法院提起的行政诉讼。渔业行政诉讼主要具有以下几点特征。

第一,渔业行政诉讼的目的是解决渔政管理相对人与地方政府或各级渔政部门之间的行政争议。因此,被告只能是特定的地方政府或特定的渔政管理部门,原告只能是特定的渔政管理相对人。从这一视角看,渔业行政诉讼与渔业行政复议制度具有很大的相似性。

第二,渔业行政诉讼是由人民法院依法行使职权和履行职责,运用其独享的司法审判权,独立主持的司法诉讼活动。任何个人以及机关、事业、企业、团体等组织都有义务支持、配合法院依法公平公正地尽速解决行政争议,而不能干涉法院独立行使审判权。这一特征揭示了渔业行政诉讼与渔业行政复议制度之间的巨大区别。

第三,行政诉讼和民事诉讼、刑事诉讼在我国被称为三大诉讼制度。三者之间有许多共同特点,都是由法官依照法定职权和程序对案件进行审理,适用法律,以期实现立法目的,但也有着一些本质差别。这些差别主要体现在诉讼目的、依据的法律法规、诉讼主体、当事人的诉权、举证原则、提起诉讼的前置条件、诉讼标的、诉讼程序、结案方式、审判结果、执行方式等多个方面。行政诉讼目的在于解决行政争议,它既是司法权对行政权实施控制或支持的措施,也是对行政管理相对人实施救济或促使其积极履行法律义务的手段,民事诉讼的主要目的在于对受害方实施救济,解决平等民事主体之间的民事纠纷,而刑事诉讼的目的则更多地意味着对罪犯实施制裁。但是,相对而言行政诉讼更接近民事诉讼,人民法院可以参照民事诉讼的有关规定审理行政案件①。

二、渔业行政诉讼的种类

渔业行政诉讼,主要是指人民法院应渔政管理相对人的请求,依法定程序对地方政府或渔政部门实施的渔政管理行为进行合法性审查,并依法做出判决的司法活动。依据不同的标准,对这些诉讼活动进行分类将有助于人们更好地认识渔业行政诉讼的特点,了解渔业行政诉讼活动的程序、规律。参照行政诉讼法学理论②,对渔业行政诉讼活动也可依据以下几个标准进行分类。

① 参见:《最高人民法院关于执行〈中华人民共和国行政诉讼法〉若干问题的解释》(法释〔2000〕8号)第九十七条。

② 徐静琳:《行政法与行政诉讼法学》,上海大学出版社2005年版,第296－297页。

第一，根据渔业行政案件的审理程序，可分为一审案件、二审上诉案件、再审（即审判监督）案件。根据《行政诉讼法》第六条，人民法院审理行政案件，依法实行两审终审制度。根据第六十三条，若人民法院院长认为本院已经发生法律效力的判决违反法律、法规的规定需要再审的，应当提交审判委员会决定是否再审；若上级人民法院发现下级人民法院已经发生法律效力的判决违反法律、法规的规定，有权提审或者指令下级人民法院再审。

第二，依照是否应有前置性的行政复议，可分为有前置性行政复议的渔业行政诉讼和无前置性行政复议的渔业行政诉讼。《行政复议法》第三十条规定，“公民、法人或者其他组织认为行政机关的具体行政行为侵犯其已经依法取得的土地、矿藏、水流、森林、山岭、草原、荒地、滩涂、海域等自然资源的所有权或者使用权的，应当先申请行政复议；对行政复议决定不服的，可以依法向人民法院提起行政诉讼”。因此，若渔政管理相对人认为地方政府或渔政部门实施的具体行政行为侵犯了其依法取得的捕捞渔业权、养殖渔业权以及其他有关自然资源所有权、使用权的，应当先申请行政复议；对行政复议决定不服、行政复议机关不予受理或在法定的时限内未做出复议决定的，才可以向人民法院提起行政诉讼。

第三，按照原告的国籍，可分为非涉外渔业行政诉讼和涉外渔业行政诉讼。渔业行政管理是一项国际性很强的公共管理活动。外国人、企业、组织在我国领土、内海、领海以及专属经济区等从事渔业活动应遵守我国的法律法规，接受渔政部门的管理。由此，我国政府、渔政部门与外国人、企业、组织之间也可能会发生行政争议，进而引起渔业行政诉讼。

第四，按照原告提出的诉讼请求，可分为撤销或部分撤销行政决定之诉、变更行政决定之诉、履行法定职责之诉、给予行政赔偿之诉等①。

此外，根据渔政管理行为的具体内容可分为因对捕捞活动实施行政管理引起的行政诉讼、对水产养殖活动实施行政管理引起的诉讼、对渔业环境实施行政管理引起的诉讼、对渔业船舶和渔业港口及水上交通安全等实施行政管理引起的诉讼。根据诉讼的被告，可分为对农业部或其所属的渔业行政管理机构提起的诉讼、对地方政府提起的诉讼、对地方政府的渔业行政主管部门或其所属的渔业行政管理机构提起的诉讼等。

三、渔业行政诉讼参加人及其权利和义务

行政诉讼参加人是指依法参加行政诉讼活动的当事人以及诉讼代理人。诉讼当事人与行政争议或诉讼结果有着直接的利害关系，包括原告、被告和第三人；行

① 参见：《行政诉讼法》第五十四条；《国家赔偿法》第九条。

政诉讼代理人自身与行政争议没有直接的利害关系，但是有权代表当事人实施行政诉讼行为，其地位与当事人地位相似。

（一）原告

渔业行政诉讼活动中的原告，主要是指认为渔政部门实施的具体渔政管理行为、行政复议行为或不作为侵犯了其合法权益，而依法向人民法院提起行政诉讼的渔政管理相对人，包括自然人、法人、非法人组织。如果有权提起诉讼的自然人死亡，其近亲属可以提起诉讼；有权提起诉讼的法人或者其他组织终止，承受其权利的法人或者其他组织可以提起诉讼。原告的近亲属包括其配偶、父母、子女、兄弟姐妹、祖父母、外祖父母、孙子女、外孙子女和其他具有扶养、赡养关系的亲属①。另外，根据《关于执行〈中华人民共和国行政诉讼法〉若干问题的解释》（法释〔2000〕8 号）第十二条，与具体渔政管理行为有法律上利害关系的公民、法人或者其他组织对该行为不服的，也有权依法提起行政诉讼而成为原告。这实际上意味着行政诉讼中的原告和第三人的认定标准是相同的②。

原告享有的诉讼权利主要有十三项，即（1）提起行政诉讼的权利；（2）委托诉讼代理人的权利；（3）提供证据和申请保全证据的权利；（4）申请停止执行具体行政行为的权利；（5）申请法官及其他与本案有利害关系的人员回避的权利；（6）辩论的权利；（7）补充及变更诉讼请求的权利；（8）撤诉的权利；（9）申请财产保全的权利；（10）申请查阅补正庭审笔录的权利；（11）对一审判决或裁定不服提起上诉的权利；（12）申请强制执行的权利；（13）对生效的判决或裁定提出申诉的权利③。原告的主要义务包括依法行使诉权，履行法定的举证义务，遵守诉讼规则，履行发生法律效力的裁定、判决等。

（二）被告

渔业行政诉讼中的被告，主要包括农业部及其所属的渔业行政管理机构、地方政府及其渔业行政主管部门和其所属的渔业行政管理机构。若上述渔业行政机关被撤销、分立或合并，则由继续行使其职权的行政机关作为被告继续参加渔业行政诉讼。

原告享有的诉讼权利主要有九项，即（1）委托诉讼代理人的权利；（2）提供证据和申请保全证据的权利；（3）申请法官及其他与本案有利害关系的人员回避的权利；（4）辩论的权利；（5）申请财产保全的权利；（6）申请查阅补正庭审笔录的权

---

① 参见：《行政诉讼法》第二十四条；《最高人民法院关于执行〈中华人民共和国行政诉讼法〉若干问题的解释》第十一条。

② 姜明安：《行政法与行政诉讼法》，北京大学出版社 2007 年版，第 505 – 508 页。

③ 姜明安：《行政诉讼法》，法律出版社 2007 年版，第 119 – 121 页。

利;(7)对一审判决或裁定不服提起上诉的权利;(8)申请强制执行的权利;(9)对生效的判决或裁定提出申诉的权利[①]。被告的主要义务包括依法应诉;履行法定的举证义务,提供作出具体行政行为的证据和所依据的规范性文件;依法行使诉权,遵守诉讼规则;履行发生法律效力的裁定(如根据法官的裁定,停止执行被审查的具体行政行为)、判决等。

与民事诉讼不同,行政诉讼的被告没有反诉权,即原告、被告的当事人地位不能转换。

(三)第三人

第三人,主要是指与被诉的渔政管理行为有利害关系,并经向法院申请而被同意参加或由法院通知参加行政诉讼的自然人、法人或其他组织。这里,利害关系应是直接的、实质性的,即具体的渔政管理行为直接地影响了第三人的实质权利或义务。由于原告与第三人的资格标准相同,两者实际上可以互为原告或第三人。另外,在有两个或两个以上适格被告时,适格的被告之间可互为第三人。在行政诉讼过程中,第三人作为独立的一方当事人,享有与原告或被告基本相同的权利和义务,有权提出自己的诉讼主张,对人民法院的一审判决不服,有权提起上诉[②]。

(四)诉讼代理人

依据代理权的来源,行政诉讼代理人包括三类,即法定代理人、委托代理人和指定代理人。诉讼代理人必须在代理范围内代表被代理的当事人行使诉讼权利,履行诉讼义务。

法定代理人是依法代理未成年人、精神病人等无诉讼行为能力的人参加行政诉讼的人,通常是指被代理人的父母、配偶、子女或其他近亲属及其他监护人。如果法定代理人互相推诿,法院可指定一法定代理人参加诉讼。

根据《行政诉讼法》第二十九条,当事人或其法定代理人可以委托一至二人代为参加诉讼,委托代理人可以是律师、社会团体、原告的近亲属、所在单位推荐的人以及经法院许可的其他公民。委托代理人只能在授权委托书载明的事项和权限范围内从事代理诉讼活动。在特殊情况下,也可以口头委托,但是法院应当核实并记录在卷。

在原告无诉讼行为能力,且无法定代理人或法定代理人不能行使代理权的情形下,法院为了使诉讼得以顺利进行可以指定代理人代为诉讼。指定代理人处分

---

① 姜明安:《行政诉讼法》,法律出版社 2007 年版,第 124-125 页。

② 参见:《最高人民法院关于执行〈中华人民共和国行政诉讼法〉若干问题的解释》第二十三条、第二十四条。

被代理人的实体权利，一般应经过人民法院同意[1]。

此外，应人民法院以及案件当事人的要求，证人、勘验人员、鉴定人员、翻译人员等也可能参与行政诉讼活动。这些人员自身与诉讼结果没有直接的利害关系，参与诉讼的目的主要是协助法院查明客观事实，以便及时地做出正确的裁定和判决。

第二节　渔业行政诉讼的受案范围与管辖

一、渔业行政诉讼的受案范围

行政诉讼的受案范围，即人民法院有权受理之行政诉讼案件、裁决之行政争议的范围，同时也是行政行为之利害关系人的诉权范围、行政机关实施之行政行为应接受司法监督的范围。

一般讲，如果公民、法人或者其他组织认为行政机关和行政机关工作人员的具体行政行为侵犯了其合法权益，都有权向人民法院提起行政诉讼。根据《行政诉讼法》第十一条，并考虑渔业行政管理的基本内容，渔业行政诉讼的受案范围主要包括以下七种情形：

(1)对渔政部门实施的渔业行政处罚行为不服的；

(2)对渔政部门实施查封、扣押财产等行政强制措施不服的；

(3)认为渔政部门侵犯其生产经营自主权的；

(4)认为符合法定条件应予颁发所申请的渔业许可证或执照，但渔政部门拒绝颁发或者不予答复的；

(5)要求渔政部门履行法定职责，保护其财产权，而渔政部门拒绝履行或者不予答复的；

(6)认为渔政部门侵犯其他财产权的；

(7)按照法律、法规的规定，可以提起渔业行政诉讼的其他情形。例如，根据《国家赔偿法》第九条、第十四条，渔政管理相对人及利害关系人可以就行政赔偿争议，向人民法院提起诉讼。

根据《最高人民法院关于执行〈中华人民共和国行政诉讼法〉若干问题的解释》第二十七条，在起诉渔政部门不作为的诉讼案件中，原告应证明其提出申请的事实；在提起行政赔偿诉讼时，应证明因受被诉行为侵害而造成损失的事实。

另外，为了进一步明晰行政诉讼的受案范围，《行政诉讼法》第十二条和《最高

---

① 姜明安：《行政诉讼法》，法律出版社2007年版，第130－131页。

人民法院关于执行〈中华人民共和国行政诉讼法〉若干问题的解释》第一条至第五条还规定了若干不予受理的情形。考虑渔政管理工作的基本内容，下列八种行为不属于渔业行政诉讼的受案范围：

(1)国家渔业行政主管部门代表国家与外国政府渔业行政管理部门达成渔业协议的行为；

(2)农业部、地方政府以及其他渔政管理部门制定规章、发布具有普遍约束力之规定的行为；

(3)渔政部门实施的调解行为以及法律规定的仲裁行为；

(4)渔政部门对渔政公务人员实施的奖惩、任免行为；

(5)渔政部门实施的不具有强制力的渔业行政指导行为；

(6)驳回当事人对渔政管理行为提起申诉的重复处理行为；

(7)对公民、法人或者其他组织权利义务不产生实际影响的渔政管理行为；

(8)法律规定由行政机关最终裁决的具体行政行为。

目前，只有《行政复议法》规定了两种与渔业行政管理有关的终局裁决行政行为。该法第十四条规定，对国务院部门或者省、自治区、直辖市人民政府的具体行政行为不服的，可向作出该具体行政行为的国务院部门或者省、自治区、直辖市人民政府申请行政复议。对行政复议决定不服的，可以向人民法院提起行政诉讼；也可以向国务院申请裁决，国务院依照本法的规定作出最终裁决。第三十条规定，公民、法人或者其他组织认为行政机关的具体行政行为侵犯其已经依法取得的土地、矿藏、水流、森林、山岭、草原、荒地、滩涂、海域等自然资源的所有权或者使用权的，应当先申请行政复议；对行政复议决定不服的，可以依法向人民法院提起行政诉讼。根据国务院或者省、自治区、直辖市人民政府对行政区划的勘定、调整或者征用土地的决定，省、自治区、直辖市人民政府确认土地、矿藏、水流、森林、山岭、草原、荒地、滩涂、海域等自然资源的所有权或者使用权的行政复议决定为最终裁决。

二、渔业行政诉讼的管辖

行政诉讼管辖是指人民法院在受理第一审行政案件时的分工和权限，主要包括级别管辖、地域管辖和裁定管辖，而明确级别管辖是明确地域管辖的前提。

(一)级别管辖

级别管辖，是指我国设置的四级人民法院在受理第一审行政案件时的分工和权限。根据《行政诉讼法》第十三条至第十六条，并考虑渔业行政诉讼的内容，最高人民法院管辖全国范围内重大、复杂的第一审行政案件；高级人民法院管辖本辖区内重大、复杂的第一审行政案件；中级人民法院管辖对农业部或者省、自治区、直辖市人民政府所作的具体行政行为提起诉讼的案件以及本辖区内重大、复杂的案件;其余的案件,则由基层人民法院受理。

重大、复杂的案件主要包括了四类:(1)被告为县级或县级以上人民政府,且基层法院不适宜审理的案件;(2)社会影响重大的共同诉讼、集团诉讼案件;(3)重大涉外或涉及香港、澳门和台湾地区的案件;(4)其他重大、复杂案件①。

(二)地域管辖

地域管辖是指同级人民法院在受理行政案件时的分工和权限,其基本原则是原告就被告,即行政案件主要由最初作出具体行政行为的行政机关所在地人民法院管辖;经复议的案件,复议机关改变原具体行政行为的,也可以由复议机关所在地人民法院管辖②。这里,复议机关改变原具体行政行为包括三种情况:(1)改变原具体行政行为所认定的主要事实和证据;(2)改变原具体行政行为所适用的规范依据且对定性产生影响;(3)撤销、部分撤销或者变更原具体行政行为处理结果③。

另外,地域管辖还涉及两种特殊情况:(1)《行政诉讼法》第十九条规定,"因不动产提起的行政诉讼,由不动产所在地的人民法院受理"。例如,养殖渔业权行政争议案件因涉及到了土地、水域、滩涂等不动产应由水产养殖场所在地的人民法院受理。(2)根据《行政诉讼法》第二十条,如果两个以上人民法院对同一案件都有管辖权,原告可以选择一个法院起诉。

(三)裁定管辖

裁定管辖是人民法院根据裁定而非法律直接规定而决定的管辖。它是对级别管辖和地域管辖的补充,包括移送管辖、指定管辖和管辖权转移。《行政诉讼法》第二十一条至第二十三条,对这些制度作了规定。

移送管辖,是指人民法院对已受理的案件经审查发现不属于其管辖而将案件移送有管辖权的人民法院管辖的法律制度。指定管辖,是指上级人民法院用裁定的方式将一案件交由某一下级人民法院受理审判的法律制度。在有管辖权的人民法院由于特殊原因不能行使管辖权以及人民法院对管辖权发生争议的情况下,都可通过上级法院的裁定而实行指定管辖。管辖权的转移,是指经由上级人民法院决定或同意把案件的管辖权由上级人民法院移交给下级人民法院或者由下级人民法院移交给上级人民法院的法律制度④。

---

① 参见:《最高人民法院关于执行〈中华人民共和国行政诉讼法〉若干问题的解释》第八条。

② 参见:《行政诉讼法》第十七条。

③ 参见:《最高人民法院关于执行〈中华人民共和国行政诉讼法〉若干问题的解释》第七条。

④ 姜明安:《行政法与行政诉讼法》,北京大学出版社 2007 年版,第 499 - 500 页。

(四)管辖权异议

管辖权异议,是指当事人认为人民法院对已经受理的行政案件没有管辖权而提出不服从该法院管辖的意见。这里,当事人主要是被告,也可以是第三人和原告。

根据《最高人民法院关于执行〈中华人民共和国行政诉讼法〉若干问题的解释》第十条、第六十三条,当事人应当在接到人民法院的应诉通知之日起十日内以书面形式提出管辖异议,经审查异议成立的,裁定将案件移送有管辖权的人民法院,异议不成立的,裁定驳回;对于裁定驳回的,当事人还可以上诉,上诉法院的裁定为终审裁定。

第三节　渔业行政诉讼程序和证据

一、渔业行政诉讼的基本原则

渔业行政诉讼主要是一类以渔业行政管理部门为被告的行政诉讼活动。在诉讼活动过程中,各行政诉讼法律关系主体,特别是人民法院,应遵守《行政诉讼法》规定的基本原则①。这些原则包括:

(1)人民法院对行政案件独立行使审判权原则;

(2)人民法院以事实为根据,以法律为准绳审理行政案件原则;

(3)人民法院审理行政案件,依法实行合议、回避、公开审判和两审终审原则;

(4)当事人在行政诉讼中法律地位平等原则;

(5)各民族公民有权使用本民族语言、文字进行诉讼的原则;

(6)当事人在行政诉讼中有权辩论原则;

(7)人民检察院有权对行政诉讼实行法律监督原则;

(8)人民法院对行政机关的具体行政行为之合法性进行审查原则。

其中,前七项原则是行政诉讼与民事诉讼和刑事诉讼共有的原则,而第八项原则是行政诉讼所特有的原则。

《行政诉讼法》第五条规定,“人民法院审理行政案件,对具体行政行为是否合法进行审查。”这意味着行政诉讼法律关系的客体仅限于行政机关实施的具体行政行为,而不包括抽象行政行为,意味着法院通常只对具体行政行为的合法性进行审查,而对其合理性不予审查。只有一种法定的例外情形,即行政处罚明显不合理,

① 参见:《行政诉讼法》第三条至第十条。

显失公正的，法院可以判决变更①。

在行政诉讼活动中，这些基本原则的功能主要表现在三个方面，一是保证法律的公正施行；二是指导约束各诉讼主体实施的行政诉讼行为；三是可以弥补具体法律规定的遗漏②。

二、起诉与受理

行政诉讼起诉权是《宪法》第四十一条赋予人民的一项重要公民权利③，各级人民法院应充分保护公民、法人和非法人组织享有的起诉权，对符合条件的起诉依法立案受理。

（一）行政诉讼案件的起诉条件

起诉虽然是原告行使其起诉权利的单方行为，但是必须符合一些基本条件，才能够被法院受理。

1. 原告具有法律规定的主体资格

原告应是直接承受具体行政行为之法律后果或与具体行政行为有法律上利害关系的公民、法人或者其他组织。若有权提起诉讼的自然人已经死亡，则可由其近亲属作为原告提起诉讼；有权提起诉讼的法人或者其他组织终止，则可由承受其权利的法人或者其他组织作为原告提起诉讼。

2. 原告认为被告的具体行政行为侵犯了其合法权益

此项条件是非常宽泛的，即“合法权益”是否真的合法，是否真的被侵犯基本上是由行政相对人单方认为的。但是，如果法院审查后认为对其权利、义务没有产生实际影响，则裁定不予受理。

3. 被告明确、适格

这要求原告在提起渔业行政诉讼时，应给出实施具体行政行为的地方政府、渔业行政主管部门或机构的名称、所在地、法定代表人等方面的明确信息。如果原告所起诉的被告不适格，人民法院有义务告知原告变更被告④。

4. 有具体的诉讼请求和事实根据

诉讼请求，是指原告通过法院对被告提出的、并希望获得法院支持的实体权益

---

① 应松年：《依法行政教程》，国家行政学院出版社 2004 年版，第 236－237 页。

② 姜明安：《行政法与行政诉讼法》，北京大学出版社 2007 年版，第 460－461 页。

③ 参见：《宪法》第四十一条规定。

④ 参见：《最高人民法院关于执行〈中华人民共和国行政诉讼法〉若干问题的解释》第二十三条。

要求。按照原告提出的诉讼请求不同，行政诉讼可分为撤销或部分撤销行政决定之诉、变更行政决定之诉、履行法定职责之诉、给予行政赔偿之诉。事实根据，是原告向法院起诉所依据的事实和根据，即原告和被告之间行政法律关系发生、变更和消灭以及原告的合法权益由此受到侵害的事实和根据。要求原告提供事实根据的意义在于证明原告和被告之间存在行政争议，而不是证明被告实施之具体行政行为不合法①。

5. 属于法院的受案范围和受案法院管辖

此项条件是非常明了的。公民、法人或者其他组织提起的行政诉讼必须属于法院的受案范围，并向有管辖权的法院递交起诉状，才能被受理。

6. 符合行政诉讼时效的规定

行政诉讼时效，是指原告有权行使其诉权的法定时限。《行政诉讼法》第三十八至第四十条和《最高人民法院关于执行〈中华人民共和国行政诉讼法〉若干问题的解释》第三十九条至第四十三条对此问题作出了明确的规定。

(1)未经申请行政复议、直接向人民法院提起诉讼的，应在知道作出具体行政行为之日起三个月内提出，但是法律另有规定的，则从其规定。由于现行《环境保护法》、《水污染防治法》、《野生动物保护法》、《海上交通安全法》针对行政处罚行为规定的行政诉讼时效为十五日②，因此原告若对渔政部门在上述领域实施的渔业行政处罚行为不服而直接起诉应在十五日内提出。

(2)对行政复议决定不服的，应在收到复议决定书之日起十五日内提起诉讼；复议机关逾期不作决定的，应在复议期满之日起十五日内向人民法院提起诉讼。法律另有规定的除外。

(3)渔政部门不履行法定职责的，原告应在渔政部门接到申请之日起六十日内向人民法院提起诉讼。但是，法律、法规、规章和其他规范性文件对渔政部门履行职责的期限另有规定的，应从其规定。此外，公民、法人或者其他组织在紧急情况下请求渔政部门履行保护其财产权的法定职责，而渔政部门不履行的，则起诉期限不受此限制。

(4)渔政部门实施具体行政行为时未告知原告享有诉权或者起诉期限的，起诉期限从原告应当知道诉权或者起诉期限之日起计算，但从知道或者应当知道具体行政行为内容之日起最长不得超过两年。

(5)原告不知道渔政部门实施之具体行政行为内容的，其起诉期限从知道或

---

① 应松年，杨小君，方世荣：《行政诉讼法学》，中国政法大学出版社 2002 年版，第 159－160 页。

② 参见：《环境保护法》第四十条；《水污染防治法》第八十四条；《野生动物保护法》第三十九条；《海上交通安全法》第四十五条。

者应当知道该具体行政行为内容之日起计算。对涉及不动产的具体行政行为从作出之日起超过二十年，其他具体行政行为从作出之日起超过五年，人民法院不予受理。

此外，因不可抗力或者其他特殊情况耽误法定期限的，在障碍消除后的十日内，原告可以申请延长期限，由人民法院决定。由于不属于起诉人自身的原因超过起诉期限的，被耽误的时间不计算在起诉期间内。因人身自由受到限制而不能提起诉讼的，被限制人身自由的时间不计算在起诉期间内。

7. *以符合规定的方式提起诉讼*

除了符合前述的六项条件外，原告还应以符合规定的方式提起行政诉讼，向法院递交符合规定的起诉状和起诉状副本。起诉状主要包括三个方面的内容：原告和被告的基本情况；诉讼请求和所依据的事实及理由；证据和证据来源。此外，原告一般还应向法院交纳诉讼费用。

（二）行政诉讼案件的受理

受理，是指人民法院对公民、法人或其他组织的起诉行为进行审查，进而对符合起诉条件的案件决定予以立案，对不符合起诉条件的案件决定不予立案的行为。根据《行政诉讼法》第四十二条以及《最高人民法院关于执行〈中华人民共和国行政诉讼法〉若干问题的解释》第三十二条，受诉法院应在七日内作出受理与否的决定；起诉人对不予受理不服的，可以向上一级法院申诉或提起诉讼。上一级法院认为符合受理条件的，应予受理；受理后可以移交或者指定下级人民法院审理，也可以自行审理。

为了对各级人民法院的审查行为实施指导，在法定期限内及时作出受理与否的决定，充分保证起诉人的诉讼权利，《最高人民法院关于执行〈中华人民共和国行政诉讼法〉若干问题的解释》第四十四条明确规定了十一种不予受理的情形：(1)请求事项不属于行政审判权限范围的；(2)起诉人无原告诉讼主体资格的；(3)起诉人错列被告且拒绝变更的；(4)法律规定必须由法定或者指定代理人、代表人为诉讼行为，未由法定或者指定代理人、代表人为诉讼行为的；(5)由诉讼代理人代为起诉，其代理不符合法定要求的；(6)起诉超过法定期限且无正当理由的；(7)法律、法规规定行政复议为提起诉讼必经程序而未申请复议的；(8)起诉人重复起诉的；(9)已撤回起诉，无正当理由再行起诉的；(10)诉讼标的为生效判决的效力所羁束的；(11)起诉不具备其他法定要件的。同时，也规定，上述情形可以补正或者更正的，人民法院应当指定期间责令补正或者更正；在指定期间已经补正或者更正的，应当依法受理。

另外，该《解释》第三十七条和第四十条规定，因未在规定的期限内预交案件受理费而被按自动撤诉处理的,若原告或者上诉人在法定期限内再次起诉或者上诉,并依法解决诉讼费预交问题的,人民法院应予受理;行政机关作出具体行政行为时,没有制作或者没有送达法律文书,公民、法人或者其他组织不服向人民法院起诉的,只要能证明具体行政行为存在,人民法院应当依法受理。

三、审判程序以及裁定和诉讼的中止、终结

根据《行政诉讼法》第六条,“人民法院审理行政案件,依法实行合议、回避、公开审判和两审终审制度”。另外,人民法院在特殊情况下还可以启动审判监督程序,以便对已经发生法律效力的错误判决或裁定予以纠正。

(一)一审程序

简单讲,一审程序主要包括开庭前的准备和开庭审理两个环节。

在开庭前的准备环节,法院的工作内容主要包括:(1)由三人以上单数法官或人民陪审员组成合议庭;(2)自立案之日起五日内,将应诉通知书、举证通知书和起诉状副本发送被告,被告则应在收到上述文书之日起十日内提交答辩状以及作出具体行政行为时所依据的证据;(3)法院在收到被告答辩状之日起五日内将其副本发送原告;(4)合议庭审查诉讼文书,并调查收集证据,全面了解原告的诉讼请求和依据以及被告的答辩理由;(5)审查处理有关合并审理、管辖权异议、更换和增加当事人、停止执行具体行政行为、公开或不公开审理及诉讼保全措施等问题;(6)确定开庭时间、地点,并于开庭审理三日前通知当事人和其他诉讼参与人。

开庭审理是由合议庭依照法定程序对当事人之间的行政争议进行审理,听取当事人以及其他诉讼参与人的陈述,查明案件事实,适用相应法律、法规,并作出判决的过程。除了涉及国家秘密和个人隐私的案件,行政诉讼案件的开庭审理都应公开进行,即允许公众和媒体记者旁听。开庭审理通常主要包括庭审预备、法庭调查、法庭辩论、合议庭评议、公开宣判五个阶段。宣判可以是当庭宣判,也可以择期宣判①。宣判后,还应告知当事人享有上诉权利以及上诉期限和上诉法院。

根据《行政诉讼法》第五十七条,人民法院应当在立案之日起三个月内作出第一审判决;有特殊情况需要延长的,由高级人民法院批准;高级人民法院审理第一审案件需要延长的,由最高人民法院批准。

(二)二审程序

二审程序,即上诉程序,是指当事人因对一审法院的判决、裁定不服而在规定的期限内提请一审法院的上一级法院重新审理,重新作出判决、裁定的程序。

---

① 姜明安:《行政法与行政诉讼法》,北京大学出版社 2007 年版,第 556 - 559 页。

根据《行政诉讼法》第五十八条，当事人若对一审判决不服，应在收到判决书之日起十五日内提起上诉，若是对裁定不服，则应在十日内提起上诉。当事人既可以向一审法院递交上诉状，也可以直接向上诉法院递交，再由其发送给一审法院。经审查受理后，一审法院应在五日内把上诉状副本送达对方当事人，并通知其在十日内提交答辩状；在收到答辩状之日起五日内，将答辩状副本送其他当事人，将上诉状、答辩状以及一审的全部案卷和证据材料等全部报送二审法院[①]。

二审程序一方面适用一审程序的普遍性规定，另一方面也适用一些特别的规定。第一，二审人民法院应对一审人民法院的裁判和被诉具体行政行为是否合法进行全面审查。第二，当事人对一审人民法院认定的事实有争议或者二审法院认为一审法院认定事实不清楚的，二审法院应当开庭审理。如果认为事实清楚，则可以实行书面审理。第三，上诉法院应在收到上诉状之日起两个月内作出终审判决；有特殊情况需要延长的，由高级人民法院批准；高级人民法院审理上诉案件需要延长的，由最高人民法院批准[②]。

（三）审判监督程序

审判监督程序，是指人民法院发现已经发生法律效力的判决、裁定违反法律、法规的规定，依法再次审理的程序。提起审判监督程序的方式包括三种，即法院院长提交本院审判委员会决定、上级人民法院的提审或指令下级法院再审以及人民检察院的抗诉。虽然当事人不能直接向法院提起审判监督程序，但是可以在判决、裁定发生法律效力后2年内向人民法院提出申诉，进而启动审判监督程序；对已经发生法律效力的行政赔偿调解书，提出证据证明调解违反自愿原则或者调解协议的内容违反法律规定的，可以在2年内申请再审[③]。

启动审判监督程序再审的案件，应裁定中止原判决的执行。如果发生法律效力的判决、裁定是由一审法院作出的，则按照第一审程序审理，当事人对所作的判决、裁定不服可以上诉；如果发生法律效力的判决、裁定是由二审法院作出的，则按照二审程序审理，所作的判决、裁定是发生法律效力的判决、裁定；上级人民法院按照审判监督程序提审的，按照第二审程序审理，所作的判决、裁定是发生法律效力的判决、裁定。审理再审案件，人民法院应当另行组成合议庭[④]。

---

① 参见：《最高人民法院关于执行〈中华人民共和国行政诉讼法〉若干问题的解释》第六十六条。

② 参见：《行政诉讼法》第五十九条、第六十条；《最高人民法院关于执行〈中华人民共和国行政诉讼法〉若干问题的解释》第六十七条。

③ 参见：《行政诉讼法》第六十三条、第六十四条；《最高人民法院关于执行〈中华人民共和国行政诉讼法〉若干问题的解释》第七十三条。

④ 参见：《最高人民法院关于执行〈中华人民共和国行政诉讼法〉若干问题的解释》第七十六条、第七十七条。

四、行政诉讼中的裁定、中止与终结

行政诉讼中的裁定,是指人民法院在案件审理过程中或在判决的执行过程中,就程序问题所作的处理。裁定既可以口头方式作出,也可以书面形式作出。但是,口头裁定应由书记员记入笔录。

根据《最高人民法院关于执行〈中华人民共和国行政诉讼法〉若干问题的解释》第六十三条,裁定适用以下十五种情形:(1)不予受理;(2)驳回起诉;(3)管辖异议;(4)终结诉讼;(5)中止诉讼;(6)移送或者指定管辖;(7)诉讼期间停止具体行政行为的执行或者驳回停止执行的申请;(8)财产保全;(9)先予执行;(10)准许或者不准许撤诉;(11)补正裁判文书中的笔误;(12)中止或者终结执行;(13)提审、指令再审或者发回重审;(14)准许或者不准许执行行政机关的具体行政行为;(15)其他需要裁定的事项。其中,对不予受理、驳回起诉和管辖异议的裁定,当事人可以上诉。

行政诉讼中止,是指因发生了某些法定情形而暂时停止诉讼程序,待所发生的情形消除后,再恢复诉讼程序的法律制度。《最高人民法院关于执行〈中华人民共和国行政诉讼法〉若干问题的解释》第五十一条规定了七种可以中止诉讼的情形:(1)原告死亡,须等待其近亲属表明是否参加诉讼的;(2)原告丧失诉讼行为能力,尚未确定法定代理人的;(3)作为一方当事人的行政机关、法人或者其他组织终止,尚未确定权利义务承受人的;(4)一方当事人因不可抗力的事由不能参加诉讼的;(5)案件涉及法律适用问题,需要送请有权机关作出解释或者确认的;(6)案件的审判须以相关民事、刑事或者其他行政案件的审理结果为依据,而相关案件尚未审结的;(7)其他应当中止诉讼的情形。

行政诉讼终结,是指因发生了某些法定情形而使诉讼活动无法进行或者继续进行已无任何意义,从而结束正在进行之诉讼程序的法律制度。《最高人民法院关于执行〈中华人民共和国行政诉讼法〉若干问题的解释》第五十二条规定了三种导致诉讼终结的情形:(1)原告死亡,没有近亲属或者近亲属放弃诉讼权利;(2)作为原告的法人或者其他组织终止后,其权利义务的承受人放弃诉讼权利;(3)由于原告死亡或丧失诉讼能力以及作为一方当事人的行政机关、法人或者其他组织终止,尚未确定权利义务承受人而导致中止诉讼,满90日,仍无人继续诉讼。

五、行政诉讼证据

证据,是指一切用于证明案件事实情况的材料。行政诉讼证据包括七类:(1)书证;(2)物证;(3)视听资料;(4)证人证言;(5)当事人的陈述;(6)鉴定结论;(7)勘验笔录、现场笔录。其中,现场笔录是行政诉讼特有的法定证据种类,是指行政机关工作人员在实施行政行为的现场对现场情况所做的书面记录①。

根据《行政诉讼法》第三十二条及《最高人民法院关于执行〈中华人民共和国行政诉讼法〉若干问题的解释》第二十六条,被告对做出的具体行政行为负有举证责任,应当提供做出该具体行政行为的证据和所依据的规范性文件;若不提供或者无正当理由逾期提供,法院应认定其实施的具体行政行为没有证据、依据,进而判决其败诉。

人民法院在向当事人送达受理案件通知书或者应诉通知书时,应当告知其举证范围、举证期限和逾期提供证据的法律后果,并告知因正当事由不能按期提供证据时应当提出延期提供证据的申请。当事人则应在规定时限内向人民法院提供符合法律规定的证据;如果证据涉及国家秘密、商业秘密或者个人隐私的,提供人应当作出明确标注,并向法庭说明,法庭予以审查确认②。

只有经过法庭审查属实的证据,才能作为定案的根据。这些证据通常应符合三项条件:(1)具有客观性,是不以任何人的意志为转移的客观存在的事实;(2)具有相关性,即应与引发争议的具体行政行为以及与这一行为所依据的事实存在一定的联系;(3)具有合法性,即必须是经过合法程序、运用合法手段取得的,而且符合法定形式。《行政诉讼法》第三十三条、三十四条规定,被告不得在诉讼程序中自行向原告和证人收集证据,除非得到法院的准许。其中的原因在于"先取证、后裁决"是行政机关实施具体行政行为应遵循的基本程序原则。

另外,人民法院也可应当事人的申请或者自行主动收集证据、调取证据、将专门问题交由有资质的部门进行鉴定、采取证据保全措施等,以便查明案件事实。

第四节 涉外渔业行政诉讼

一、涉外渔业行政诉讼的概念

我国既是一个陆地大国,也是一个海洋大国,与朝鲜、越南山水相连,与韩国、日本、菲律宾、马来西亚等国隔海相望。由于互相尊重历史性渔业权利的需要等原因,这些海洋相邻国家的渔民一般讲可以在我国管辖海域从事渔业活动。这意味着我国渔政部门的管理对象不但包括我国国民,还包括大量的外国渔民、渔业企业、渔业组织,难免会发生涉外的渔业行政争议。另外,渔政部门在根据《野生动物保护法》等法律法规对珍贵、濒危水生野生动植物以及自然保护区的保护、利用、科

① 应松年,杨小君,方世荣:《行政诉讼法学》,中国政法大学出版社 2002 年版,第 122 - 124 页。
② 参见:《最高人民法院关于行政诉讼证据若干问题的规定》(法释〔2002〕21 号)第八条至第十八条。

学研究、考察活动等实施行政管理的过程中，也有可能与外国人、外国组织发生行政争议。例如，《野生动物保护法》第二十六条规定，外国人在中国境内对国家重点保护野生动物进行野外考察或者在野外拍摄电影、录像，必须经国务院野生动物行政主管部门或者其授权的单位批准。

根据《行政诉讼法》第七十条，外国人、无国籍人、外国组织也可依法向我国人民法院提起行政诉讼，以便解决这些涉外行政争议。由此，涉外渔业行政诉讼主要是指外国人、无国籍人或外国组织因对我国地方人民政府及其渔业行政主管部门和所属机构或农业部及其所属机构实施的具体的渔业行政管理行为不服而向我国法院提起的行政诉讼。

涉外行政诉讼除了具有普通行政诉讼案件的所有特征外，还有一些独有的特征，主要表现在诉讼原则、诉讼证据、适用的法律、诉讼代理和期间及送达的几个方面。

二、涉外渔业行政诉讼特有的原则

人民法院在审理涉外行政诉讼的过程中，除了应遵守行政诉讼的普适性原则外，还应遵守涉外行政诉讼特有的原则。这些特有原则反映了涉外行政诉讼的特征，满足了涉外行政诉讼的特殊要求，主要包括同等诉讼权利原则、对等限制原则、适用国际条约原则以及使用我国通用语言文字原则等。

（一）同等诉讼权利和义务原则

此项原则意味着人民法院在审理涉外行政诉讼的过程中应保证外国公民、组织享有与我国公民、组织同等诉讼权利，履行同样的义务。这一原则实际上是国际法上的“国民待遇”原则在行政诉讼中的反映，体现了国家之间的平等、友好关系。

（二）对等限制原则

对等限制原则，是指如果外国法院对我国公民、组织的行政诉讼权利实施了限制，我国法院也将对外国公民、组织的行政诉讼权利采取限制措施，以便使我国公民、组织在外国的行政诉讼权利与外国公民、组织在我国的行政诉讼权利对等。

值得注意的是，对等原则仅适用于对权利的限制，而不适用于对权利的赋予。另外，对等原则并不意味着歧视，而是国家关系平等的一种具体体现①。

（三）优先适用国际条约原则

《行政诉讼法》第七十二条规定，“中华人民共和国缔结或者参加的国际条约

① 徐静琳：《行政法与行政诉讼法》，上海大学出版社 2005 年版，第 406 页。

同本法有不同规定的,适用该国际条约的规定。中华人民共和国声明保留的条款除外”。因此,人民法院在审理涉外渔业行政诉讼案件时,应优先适用我国与有关国家缔结的双边渔业协定以及与渔业有关的双边或多边国际条约,除了那些我国声明保留的条款。目前,我国已经缔结了多个双边渔业协定以及与渔业有关的多边国际条约。例如,《中日渔业协定》、《中韩渔业协定》、《中越北部湾渔业合作协定》、1982年《联合国海洋法公约》、《濒危野生动植物种国际贸易公约》等。

(四)使用我国通用语言文字原则

参照《民事诉讼法》第二百三十八条的规定,人民法院在审理涉外渔业行政案件时,应当使用中华人民共和国通用的语言、文字;当事人要求提供翻译的,可以提供,费用由当事人承担。

三、涉外渔业行政诉讼的证据

涉外渔业行政诉讼中的证据,除了应符合有关行政诉讼的普适性规定外,还应满足两点特殊要求①。

第一,当事人向人民法院提供在中华人民共和国领域外形成的证据,应当说明来源,经所在国公证机关证明,并经中华人民共和国驻该国使领馆认证,或者履行中华人民共和国与证据所在国订立的有关条约中规定的证明手续。

第二,当事人向人民法院提供外文书证或者外国语视听资料的,应当附有由具有翻译资质的机构翻译的或者其他翻译准确的中文译本,由翻译机构盖章或者翻译人员签名。

四、涉外渔业行政诉讼的代理、期间和送达

一般讲,禁止外国律师在本国开展律师业务、从事诉讼代理是世界各国的通行作法,目的在于体现国家主权,保证国家司法管辖权的统一行使。因此,外国人、无国籍人、外国组织因向我国法院提起行政诉讼而需要委托律师代理诉讼的,应当委托我国律师机构的律师②。

送达,是指人民法院依照法定程序将诉讼文书交付涉外行政诉讼当事人以及其他诉讼参与人的行为。期间,是指人民法院、诉讼当事人及其他诉讼参与人进行诉讼活动的期限和日期要求。由于涉外渔业行政诉讼的原告、第三人为外国人、无国籍人或外国组织,其长期居住地可能在我国境外,通讯交通等不方便,因此需要

---

① 参见:《最高人民法院关于行政诉讼证据若干问题的规定》(法释〔2002〕21号)第十六条、第十七条。
② 参见:《行政诉讼法》第七十三条。

采用一些特殊的送达方式，期间一般也需要适当延长。由于《行政诉讼法》对涉外行政诉讼的送达和期间问题未做规定，因此人民法院应依照《最高人民法院关于执行〈中华人民共和国行政诉讼法〉若干问题的解释》第九十七条之规定，参照《民事诉讼法》第二十五章有关涉外民事诉讼送达、期间的条款处理。

根据《民事诉讼法》第二百四十五条，人民法院对在中华人民共和国领域内没有住所的外国当事人送达诉讼文书，可以采用下列方式：(1)依照受送达人所在国与中华人民共和国缔结或者共同参加的国际条约中规定的方式送达；(2)由人民法院将诉讼文书送达外交部，再由外交部通过外交途径送达外国当事人；(3)向受送达人委托的有权代其接受送达的诉讼代理人送达；(4)向受送达人在中华人民共和国领域内设立的代表机构或者有权接受送达的分支机构、业务代办人送达；(5)受送达人所在国的法律允许邮寄送达的，可以邮寄送达，自邮寄之日起满六个月，送达回证没有退回，但根据各种情况足以认定已经送达的，期间届满之日视为送达；(6)不能用上述方式送达的，公告送达，自公告之日起满六个月，即视为送达。

需要适当延长的涉外行政诉讼期间，主要涉及上诉期间和审判期间。根据《民事诉讼法》第二百四十七条，在中华人民共和国领域内没有住所的当事人，不服第一审人民法院判决、裁定的，有权在判决书、裁定书送达之日起三十日内提起上诉。被上诉人在收到上诉状副本后，应当在三十日内提出答辩状。当事人不能在法定期间提起上诉或者提出答辩状，申请延期的，是否准许，由人民法院决定。在非涉外行政诉讼中，不服第一审人民法院判决或裁定的上诉期间一般为十五日或十日。参照《民事诉讼法》第二百四十八条，涉外行政诉讼案件的审理期间，也可以适当延长。对于非涉外行政诉讼案件，一审的期间一般为三个月，二审一般为两个月。

第五节　渔业行政应诉行为

一、渔业行政应诉行为的概念和意义

渔业行政应诉行为，主要是指渔业行政管理部门接到人民法院的应诉通知书后，依法行使其诉讼权利、履行其诉讼义务，以被告身份参加渔业行政诉讼的行为，是渔政管理部门在法院的主持下针对原告的诉讼请求就其实施的具体行为的合法性而采取的对应性公开说明行为，目的在于帮助和支持法院查明案件事实，以便通过司法裁决的途径解决与原告之间的行政争议。

对于渔政部门来讲，积极应诉不但具有重要的理论意义，也具有重大的实践意义，而消极应诉或者不应诉，一方面将会承担由此导致的不利的判决结果，另一方面也会对渔业行政管理工作的有效开展带来不利影响。

第一,应诉是渔政部门应尽的义务,积极应讼是国家政治文明进步的表现。行政应诉虽然不是一种行政行为,不应诉自然不构成行政不作为,《行政诉讼法》也未规定行政机关必须应诉,但是不积极应诉却有背行政权应接受司法权监督的现代政治文明理念,不符合依法治国的宪法原则。为了实施依法治国的方略,国务院于1999年11月8日发布了《国务院关于全面推进依法行政的决定》(国发〔1999〕23号),2004年3月22日又发布的《全面推进依法行政实施纲要》(国发〔2004〕10号)。该《纲要》第二十八条要求,行政机关应自觉接受人民法院依照行政诉讼法的规定实施的监督;对人民法院受理的行政案件,行政机关应当积极出庭应诉、答辩;对人民法院依法作出的生效的行政判决和裁定,行政机关应当自觉履行。

第二,行政诉讼除了具有保护公民、法人和其他组织的合法权益的重要功能外,同样具有维护行政机关依法行使行政职权的功能,合法的渔业行政管理行为可以得到人民法院强有力的支持,进而可向人民法院申请强制执行。因此,积极应诉也是渔政部门有效地贯彻和实施渔业法规以及其他有关法律法规的重要保证。

第三,行政诉讼将对渔政部门的整个执法过程以及所依据的一些规范性文件进行全面、细致的审查,肯定正确的执法程序、行政处理结果和规范性文件,否定错误的或者说有瑕疵的具体行政行为以及某些规范性文件。因此,积极应诉是提高渔政部门依法行政水平、提高渔业行政立法和规范性文件质量的有效途径。

最后,人民法院主持的行政诉讼活动一般情况下是高度公开、有序、透明的,原告、被告双方的地位是平等的,处于行政争议或者说对立状态的渔政部门和渔政管理相对人应当耐心、平和地倾听对方的声音,以便法院查明事实,正确适用法律,作出公正判决。因此,积极应诉有利于普及渔业法规和政策知识,密切渔政部门与渔政管理相对人的关系,提高渔政管理效率,促进渔区的社会和谐。

二、渔业行政应诉工作的内容

渔业行政应诉是一项时限性很强的工作。因此,收发人员在签收人民法院的应诉通知书和起诉状副本后,一般应将其作为急件送交渔业行政管理部门负责法制与政策工作的部门处理,再由该部门交由其主管领导以及渔政部门的法定代表人决定如何处理,如何应诉。应诉工作主要包括庭审前的应诉准备、一审出庭应诉、可能的二审及再审程序启动和应诉、司法判决的执行等内容。

(一)庭审前的应诉准备

通常,行政应诉的具体工作应由渔业行政管理部门负责法制工作以及具体实施被诉具体行政的内设机构承担。庭审前的准备工作主要包括审查诉讼成立条件、确定诉讼参加人、复查被诉的具体行政行为、撰写答辩状、向法院移送案件材料等。

1. 审查诉讼成立条件

在接到应诉通知书和起诉状副本后，应诉工作的具体承办人员首先应仔细阅读材料，审查原告的诉讼资格、诉讼时限、提起诉讼所依据的事实和理由、诉讼请求以及受理法院的管辖权等，以确定渔业行政诉讼能否成立。若对上述问题存有疑义，影响诉讼的成立，应立即向主管领导汇报，并积极与人民法院沟通，以便人民法院及时地作出正确的裁决。

2. 确定诉讼参加人

从理论上讲，渔政部门的法定代表人亲自出庭应诉比较适当，但是也可委托本部门的副职领导、内设机构负责人、普通渔政工作人员以及律师等诉讼代理人参加诉讼。在实践中，这往往取决于案件的社会影响、专业性和复杂性以及渔政部门的内部分工、对行政诉讼程序的熟悉情况和工作日程安排等。若决定委托诉讼代理人应诉，渔政部门应为其办理授权委托书，载明委托权限，并由法定代表人署名，加盖公章。

3. 复查被诉的具体行政行为

复查是应诉人员在收集、整理相关证据以及规范性文件的基础上，对被诉的具体行政行为进行审查，以判断其是否合法、合理的过程。若复查发现被诉的具体行政行为不合法或不当，应及时依法作出停止执行被诉具体行政行为的决定，改变具体行政行为，并应及时告知原告和人民法院，以便原告考虑撤诉，法院裁定终结诉讼。根据《行政诉讼法》第四十四条，在诉讼过程中，人民法院和被告都有权做出停止执行被诉具体行政行为的决定。

4. 撰写答辩状

答辩状是被告针对原告提起诉讼所依据的事实和理由以及诉讼请求等进行说明和辩解的文书。通过撰写答辩状，被告可以向法院提出所认定的事实和证据，证实自己的观点，阐明实施被诉具体行政行为的依据和理由，为自己实施的具体行政行为进行有的放矢的辩解、辩驳，并进一步提出自己的诉讼请求。

答辩状一般应包括：(1)标题；(2)答辩人的名称、地址，联系方式；(3)法定代表人的姓名、性别、职务，联系方式；(4)诉讼代理人的姓名、性别、职务及工作单位，联系方式；(5)答辩案由理由、答辩请求；(6)致送人民法院的名称、答辩状副本的份数、答辩人签章、被告法定代表人签章、答辩日期；(7)附项(如各种证据材料、依据的法律法规)等。

5. 向法院移送案件材料

根据《行政诉讼法》第四十三条，作为被告的渔政部门应在收到起诉状副本之日起10日内向受诉的人民法院提交作出具体行政行为的有关材料和答辩状。这些“有关材料”是用于证明被诉具体行政行为之合法性的，主要包括三类：(1)具体行政行为的决定书，如渔政处罚决定书、行政复议决定书等；(2)具体行政行为所认定的事实和所依据的证据；(3)具体行政行为所依据的法律、法规和规范性文件。另外，应移送的材料还应包括法定代表人的身份证明、授权委托书等。

如果渔政部门不提供这些相关材料或者无正当理由逾期提供，将会被法院认定没有证据、依据，进而判决其败诉。不提供答辩状的，也不影响法院的审理。另外，被告不得在诉讼过程中自行向原告和证人收集证据；只有经人民法院准许在以下两种情况下才可补充相关证据：(1)在作出具体行政行为时已经收集证据，但因不可抗力等正当事由不能提供的；(2)原告或者第三人在诉讼过程中，提出了其在被告实施行政行为过程中没有提出的反驳理由或者证据的①。

(二)一审出庭应诉

参照《民事诉讼法》第一百二十二条，人民法院应常提前三天通知当事人和其他诉讼参加人到庭参加诉讼。因此，决定出庭的渔政部门法定代表人或其他诉讼代理人应通过阅读有关材料、申请到法院阅卷等方式尽早熟悉案情，了解庭审的基本程序和秩序要求，在规定时间和地点出庭应诉。若当事人经第一次合法传唤而未到庭的以及经两次合法传唤而未到庭但有正当理由的，应决定延期审理；如果被告经过两次合法传唤，且无正当理由不出庭或中途退庭，法院可以做缺席判决，若是原告，则视为自动撤诉②。

在庭审过程中，诉讼参加人应遵守法庭秩序，在法庭的指导下行使自己的权利、履行义务。人民法院可以根据情节轻重，对扰乱、破坏法庭秩序的人予以训诫、责令具结悔过或者处一千元以下的罚款、十五日以下的拘留，甚至追究刑事责任③。一般讲，行政诉讼的庭审按照下列程序进行。

(1)由书记员查明当事人和其他诉讼参加人是否到庭，请审判长、审判员入座，由审判长宣布开庭，并核对当事人身份。

(2)审判长宣布案由，宣读合议庭组成人员和书记员名单，告知当事人的诉讼权利和义务，询问当事人是否申请审判人员、书记员以及翻译人员、鉴定人、勘验人回避。法院院长担任审判长时的回避，由审判委员会决定；审判人员的回避，由院长决定；其他人员的回避，由审判长决定。当事人对决定不服的，可以申请复议一

---

① 参见：《行政诉讼法》第三十三条；《最高人民法院关于执行〈中华人民共和国行政诉讼法〉若干问题的解释》第二十八条。

② 参见：《行政诉讼法》第四十八条。

③ 参见：《行政诉讼法》第四十九条。

次。是否回避和复议决定,应在三日内作出[①]。

(3)询问当事人和当事人陈述,原告宣读起诉状,被告宣读答辩状,第三人陈述,厘清争议的问题。

(4)询问证人或宣读证人证言,同时应告知证人应如实做证以及做伪证可能承担的法律责任。另外,当事人也可以向证人发问。

(5)询问鉴定人、勘验人或宣读鉴定结论、勘验笔录、现场笔录,出示证据等。另外,当事人也可向鉴定人、勘验人发问,也可要求重新鉴定、勘验。

(6)法庭辩论,即在法官的控制下由原告、被告和代理人对经过法庭调查的事实、证据等提出各自的看法,陈述各自的意见。

(7)评议和宣判。在听取当事人的最后意见后,若法庭认为争议的问题已经调查、辩论清楚,将宣布休庭,由合议庭对案件事实、证据、性质及适用法律等进行评议,然后依法宣判。

(三)二审、再审程序的启动和应诉

在一审宣判后,渔政部门应正确对待法院判决,若对一审判决不服,应在收到判决书之日起十五日内提起上诉,提交上诉状。若是原告对一审判决不服而提起上诉,则应积极应诉,在规定的时限内提交答辩状。

如果当事人对于生效的一审判决或者二审判决依然不服,可依法向人民法院申诉或申请人民检察院抗诉,从而启动再审监督程序。

最后,应诉人员在诉讼终结后还应依规定对诉讼材料进行整理、存档,撰写总结报告,向上级行政机关汇报等。

第六节　渔业行政诉讼的判决与执行

一、渔业行政诉讼的判决

行政诉讼判决,是人民法院在审理后对被诉具体行政行为的合法性所做出的具有法律约束力的判定,是对被诉具体行政行为的效力所做的权威性处理。根据审判适用的程序,行政诉讼判决分为一审判决和二审判决。

(一)一审判决结果

根据《行政诉讼法》第五十四条以及《最高人民法院关于执行〈中华人民共和

① 参见:《行政诉讼法》第四十七条;《最高人民法院关于执行〈中华人民共和国行政诉讼法〉若干问题的解释》第四十七条。

国行政诉讼法〉若干问题的解释》第五十六条至五十九条的规定,一审行政诉讼判决有六种结果。

(1)具体行政行为证据确凿,适用法律、法规正确,符合法定程序的,判决维持。

(2)具体行政行为依据主要证据不足的、适用法律法规错误的、违反法定程序的、超越职权的或者滥用职权的,判决撤销或者部分撤销,并可以判决被告重新作出具体行政行为。另外,判决撤销违法的被诉具体行政行为,将会给国家利益、公共利益或者他人合法权益造成损失的,人民法院在判决撤销的同时,还可判决被告重新作出具体行政行为;责令被诉行政机关采取相应的补救措施;向被告和有关机关提出司法建议;发现违法犯罪行为的,建议有权机关依法处理。

(3)被告不履行或者拖延履行法定职责的,判决其在一定期限内履行。

(4)行政处罚显失公正的,可以判决变更。

(5)判决驳回原告的诉讼请求,适用于起诉被告不作为的理由不能成立;被诉具体行政行为合法但存在合理性问题;被诉具体行政行为合法,但因法律、政策变化需要变更或者废止以及其他应判决驳回诉讼请求的情形。

(6)确认合法或有效以及确认违法或无效的判决。

确认合法或有效的判决适用于人民法院认为被诉具体行政行为合法,但不适宜判决维持或者驳回诉讼请求的情形。确认违法或无效的判决,适用于被告不履行法定职责,但判决责令其履行法定职责已无实际意义;被诉具体行政行为违法,但不具有可撤销内容;被诉具体行政行为依法不成立或者无效以及被诉具体行政行为违法,但撤销该具体行政行为将会给国家利益或者公共利益造成重大损失的情形。

(二)二审判决结果

根据《行政诉讼法》第六十一条,上诉法院作出的二审判决结果有三种:

(1)原判决认定事实清楚,适用法律、法规正确的,判决驳回上诉,维持原判;

(2)原判决认定事实清楚,但是适用法律、法规错误的,依法改判;

(3)原判决认定事实不清,证据不足,或者由于违反法定程序可能影响案件正确判决的,裁定撤销原判,发回原审人民法院重审,也可以查清事实后改判。对于发回重审的,一审法院应当另行组成合议庭审理;当事人若对重审后而作出判决不服,依然有权上诉。

二、行政诉讼的执行

履行人民法院作出的生效判决、裁定是当事人的法律义务。因此,无论是作为原告的公民、法人或其他组织,还是作为被告的行政机关都应积极主动地及时履行已经生效的司法文书。

行政诉讼执行，是指行政诉讼案件当事人逾期拒不履行人民法院生效的司法文书，人民法院或者依法享有行政强制执行权的行政机关利用法律赋予的国家强制力量，依法采取强制措施，促使当事人履行义务，从而使生效法律文书的内容得以实现的活动。行政诉讼执行所依据的司法文书包括行政诉讼判决书、行政裁定书、行政赔偿判决书和行政调解书。

行政执行涉及四类执行主体，一是执行机关，即人民法院和依法享有行政强制执行权的行政机关；二是执行申请人与被申请人或者说执行人和被执行人，即因行政诉讼判决或裁定而享有权利的当事人和负有履行义务的当事人，但是在由行政机关依法自行执行情形时，没有申请人和被申请人；三是执行参与人，即除了执行当事人以外的其他参与执行过程的单位和个人，如执行标的物的占有者（银行）等；四是执行异议人，即执行当事人以外，对执行标的提出自己的主张，主张自己权利的主体，若异议合理，法院应停止执行，进而调整执行标的①。

根据《最高人民法院关于执行〈中华人民共和国行政诉讼法〉若干问题的解释》第八十四、八十五条，申请人是公民的，申请执行生效的行政判决书、行政裁定书、行政赔偿判决书和行政赔偿调解书的期限为一年，申请人是行政机关、法人或者其他组织的为180日。逾期申请的，除非有正当理由，否则人民法院不予受理。强制执行通常由一审人民法院执行，必要时也可由二审法院执行。

在行政诉讼执行过程中，人民法院或行政机关有权采取的执行措施必须根据明确的法律规定，而不能自由选择和实施。如果被执行人是行政机关，人民法院可以采取以下强制措施②：(1)对应当归还的罚款或者应当给付的赔偿金，通知银行从该行政机关的账户内划拨；(2)在规定期限内不执行的，从期满之日起，对该行政机关按日处50元至100元的罚款；(3)对主要负责人或者直接责任人员予以罚款处罚；(4)向该行政机关的上一级行政机关或者监察、人事机关提出司法建议。接受司法建议的机关，根据有关规定进行处理，并将处理情况告知人民法院；(5)拒不执行判决、裁定，情节严重构成犯罪的，依法追究主管人员和直接责任人员的刑事责任。如果被执行人是公民、法人或其他组织，人民法院可以采取的措施主要是由《民事诉讼法》规定的，包括扣留、提取被执行人收入；冻结、划拨被执行人存款；查封、扣押、拍卖、变卖被执行人财产；强制拆除、强制退出、强制迁出、强制办理财产证照转移、强制代为履行或委托履行、限制出境、强制被执行人支付延迟履行期间的债务利息或延迟履行金、司法拘留等③。

---

① 应松年，杨小君，方世荣：《行政诉讼法学》，中国政法大学出版社2002年版，第242－244页。

② 参见：《行政诉讼法》第六十五条；《最高人民法院关于执行〈中华人民共和国行政诉讼法〉若干问题的解释》第九十六条。

③ 参见：《民事诉讼法》第二百一十七条至第二百三十一条。

三、非诉行政案件的执行

非诉行政案件的执行，主要是指公民、法人或者其他组织既不向人民法院提起行政诉讼，也不履行行政机关作出的具体行政行为，行政机关向人民法院提出执行申请，由人民法院采取强制措施，使具体行政行为得以实现的制度。另外，行政机关依法对平等主体之间的民事争议作出行政裁决后，当事人在法定期限内不起诉又不履行，行政机关在申请执行的期限内也未申请人民法院强制执行的，生效的具体行政行为确定的权利人或者其继承人、权利承受人在90日内也可以申请人民法院强制执行①。

根据《最高人民法院关于执行〈中华人民共和国行政诉讼法〉若干问题的解释》第八十八条至九十五条，行政机关应当自被执行人的法定起诉期限届满之日起180日内向其所在地或者被执行的不动产所在地的基层人民法院提出强制执行申请，提交申请执行书、据以执行的行政法律文书、证明该具体行政行为合法的材料和被执行人财产状况以及其他必须提交的材料；逾期申请的，除有正当理由外，人民法院不予受理。基层人民法院认为执行确有困难的，可以报请上级人民法院执行；上级人民法院可以决定由其执行，也可以决定由下级人民法院执行。受理后，人民法院应在30日内组成合议庭对具体行政行为的合法性进行审查，并就是否准予强制执行作出裁定。对于明显缺乏事实根据、明显缺乏法律依据以及其他明显违法，并损害被执行人合法权益的行政行为，应裁定不准予执行。对于需要采取强制执行措施的，由受理法院负责强制执行非诉行政行为的机构执行。

---

① 参见:《最高人民法院关于执行〈中华人民共和国行政诉讼法〉若干问题的解释》第九十条。

第十二章　国外海洋渔业行政管理

考察、研究其他国家的渔业行政管理理论、渔政管理法律制度和政策措施是借鉴他国渔政管理经验、开展国际间渔政管理交流与合作的当然选择，因而也是渔业行政管理学研究的重要内容。鉴于笔者学识所限和本书篇幅所限，这里只探讨冰岛、英国以及日本的海洋渔业行政管理情况。

第一节　冰岛海洋渔业行政管理

冰岛位于北大西洋中部，素有欧洲大陆到北美洲的"踏脚石"之称，陆地面积只有10.3万平方千米，总人口约31.3万（2008年统计数据），平均每平方千米约3人，人口稀少，并且大多居住在沿海地区。冰岛是世界上高福利国家之一，2007年的国内生产总值为146亿欧元，在医疗、教育、社会保障、福利和其他社会事务方面的支出超过了GDP的30%（2006年统计数据），2007年人均国民生产总值3.37万欧元①，这主要受益于冰岛丰富的地热资源和海洋渔业资源。这里，主要探讨其可以转让的捕捞配额制度。

一、冰岛的渔业经济

冰岛的海岸线长4970千米，根据1982年《联合国海洋法公约》，享有相对广阔的专属经济区，面积约75.8万平方千米，而且是世界上渔业资源最丰富的渔区之一，由此冰岛也被称为是鱼类包围的礁石。

冰岛属于微型经济体，渔业是其最重要的产业，95%以上的水产品都出口。2007年有渔船1 084艘，上岸渔获量近140万吨，出口价值约15亿欧元，约占出口商品收入的42%，海洋捕捞和水产品加工业雇佣了4.1%的劳动力，近7 500人，对GDP的直接贡献率约4.4%。冰岛海域的渔业资源可分为三类：底层鱼类、中上层鱼类和甲壳类。底层鱼类主要包括鳕鱼类（codfishes）、红鱼类（redfishes）和鲆鲽类（flatfishes），中上层鱼类主要包括大西洋鲱（Atlantic herring）、毛鳞鱼（capelin）、蓝鳕（blue whiting）、大西洋鲭鱼（Atlantic mackere1）等，甲壳类主要包括虾（shrimp）、扇贝（scallop），挪威龙虾（nephrops/Norway lobster），海螺（whelk）、园蛤（ocean

---

① The Central Bank of Iceland. The Economy of Iceland. August 2008.

quahog)等。底层鱼类是最重要的渔业资源,2007 年占到了渔获总价值的 81%,而其中的鳕鱼又最为重要,约占 37%①。

目前,冰岛的渔业资源基本上处于健康的开发状态,渔业行业的经济效益不断提高。这与其成功地实施可转让的捕捞配额体制,确立类似物权的捕捞渔业权制度有着直接关系。

二、可转让捕捞配额制度

冰岛于 1944 年脱离丹麦而独立,1952 年宣布将其渔区扩大至 4 海里(此前为 1901 年声明的 3 海里),1972 年又扩大至 50 海里,1975 年扩大至 200 海里。这期间经历了多次与英国以及联邦德国两国之间的"鳕鱼之战",最终完全取得对其周围 200 海里水域的管辖权②。1985 年,冰岛批准了 1982 年《联合国海洋法公约》,是第一个批准该《公约》的欧洲国家。

在获得 200 海里水域渔业资源的完全控制权后,冰岛于 20 世纪 70 年代末开始尝试采用各种管理措施调整其捕捞强度,使之与可捕资源量相适应,逐步建立了可以转让的捕捞配额制度③,见图 12 - 1。

这种体制主要包括五个要点:(1)由海洋研究所对渔业资源进行评估,向渔业与农业部(2008 年 1 月,由原渔业部和农业部合并组建而成)部长建议每种渔业在每个捕捞年度总的可捕量;(2)渔业与农业部部长综合考虑经济和就业因素后,决定每种渔业年度总的可捕量;(3)根据每艘渔船过去三年的历史渔获情况,永久性地分配给每艘渔船一个捕捞份额,该船每个捕捞年度或季节的渔获配额就是所分得的捕捞份额乘以部长决定的总可捕量;(4)船东可以像处理其私有财产一样,任意分割其拥有的捕捞份额和年度渔获配额,在配额交易所买卖、出租;(5)所有渔船都应填写渔捞日志,渔政局的渔政检查员和海岸警备队负责海上监管,与港口当局负责上岸渔获物的统计监管,每个港口都和渔政局信息中心联网,核查每艘渔船完成其渔获配额情况。

此外,冰岛的渔业行政管理制度还包括捕捞许可证制度、水产品加工许可证、禁渔区制度(近岸拖网禁渔区、产卵群体保护区、幼鱼保护区、临时性禁渔等)、渔具鱼法管制(最小网目、幼鱼释放装置等)、幼鱼比例限制、征收捕鱼费制度(2004 年引入)等。

---

① 见冰岛渔业与农业部信息中心网站:http://www.fisheries.is/

② Hannes Jonsson. Friends in Conflict: The Anglo - Icelandic Cod Wars and the Law of the Sea. London: C. Hurst and Co. (Publishers) Ltd. 1982.

③ Ragnar Arnason. The Icelandic Fisheries: evolution and management of a fishing industry. Oxford: Blackwell Science Ltd. 1995. pp103 - 111.

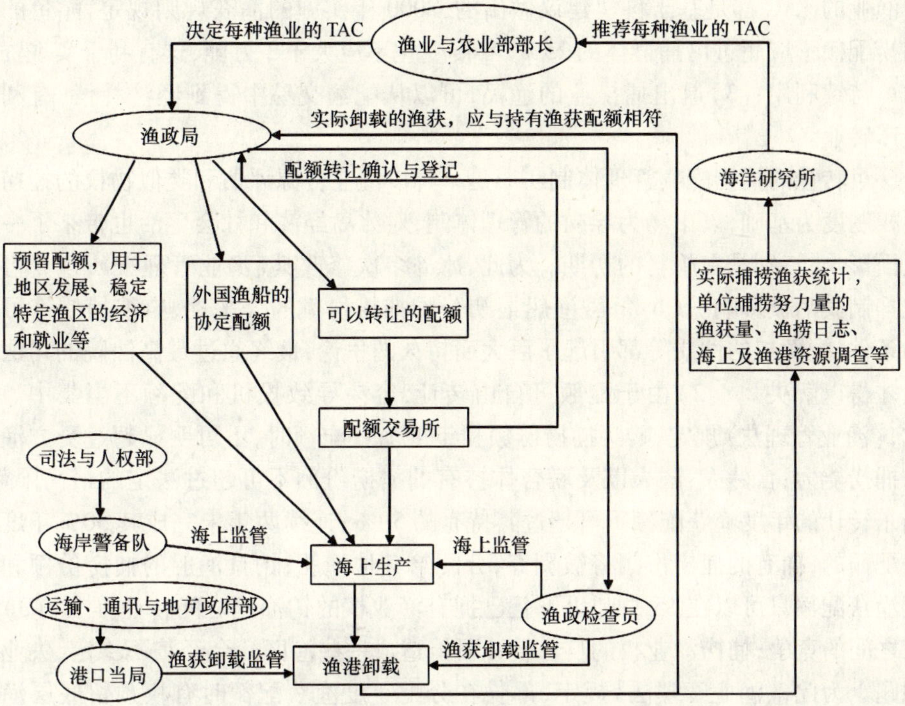

图 12－1　冰岛的“可转让捕捞配额管理体制”示意图

三、可转让捕捞配额制度的影响

在此管理体制下，尽管渔业资源被《渔业管理法》规定为冰岛人民的共同财产①，但是捕捞配额却类似于公民或者法人的私有财产，可自由转让，而捕捞许可证则演变成了纯粹的行政管理工具。任何冰岛公民，只要拥有适航的船舶，证书齐全，都可以申请到捕捞许可证，但是必须拥有配额才可以出海捕鱼。

由于冰岛经济严重依赖渔业，可转让的配额制自 1990 年全面实施以来，对冰岛整个社会都产生了深刻的影响。其积极影响主要是：(1)由于每艘渔船的最高渔获量是法定的，分得的永久性捕捞份额和年度渔获配额都可以自由转让，渔业行业内的竞争就由过去的渔获数量竞争变成了捕捞技术、能源节约、加工技术、水产品质量、经营管理和营销等有益的竞争，促进了捕捞业与水产品加工业的融合，形成较多的企业集团，极大地提高了渔业行业的整体经济效益和国际竞争力；(2)每

① 参见：冰岛《渔业管理法》(2006)第一条。

种渔业的TAC都是基于科学建议做出的,2000年实施的渔获规则规定,鳕鱼的年捕捞配额不应超过可捕群体的25%,年度变化不应大于3万吨,这有利于实现资源的可持续利用;(3)退出捕捞业的渔民,可以从配额交易中得到经济补偿,有利于转产转业。

可转让的捕捞配额管理体制实质是一种以渔业资源评估和类似物权的捕捞渔业权制度为基础,以市场为导向的管理体制,对冰岛经济和社会生活也带来了一些负面影响,特别是在施行的初期。为此,冰岛多次修改其《渔业管理法》,以尽可能地抑制其消极影响。(1)每艘渔船最初分配捕捞份额的公平性、申请捕捞许可证的条件、配额权的性质等都引起了巨大而持久的争论,最终通过最高法院的司法判决才得以解决①。(2)由于配额可自由转让,容易导致投机和配额不当集中。为此,《渔业管理法》规定:购买捕捞份额和年度渔获配额时,不可明显超过受方渔船的捕捞能力;自然人、法人以及联合体持有的捕捞份额不可超过法定的最高限额;船东转让的年度渔获配额不可超过其持有的50%;连续两年未完成其50%年度渔获配额的,拥有的捕捞份额将被剥夺,分配给其他渔船;钓具渔船的捕捞份额和年度渔获配额只可以在15总吨以下且已拥有渔业权的钓渔船之间转让等②。(3)船东之间的竞争,捕捞渔业权的自由转让可能造成一些渔区社会经济不稳定、失业等问题。为此,《渔业管理法》规定,部长在分配年度渔获配额时有权预留底层渔业一定数量的配额,用于应对某些渔业配额大的波动和支持特定渔区的经济发展,由此得到的配额一般不可转让;若不同城镇之间买卖渔船,卖方所在地的城镇当局有优先购买权,行使后再卖给本城镇的居民,但是不适用公开拍卖的渔船以及无甲板的渔船③。(4)为了解决渔获物兼捕、抛弃小规格渔获和低值渔获问题,《渔业管理法》也做了一些灵活性的规定:不同鱼种的底层渔获可在一定限度内按一定比例互相抵扣;本年度与下年度的渔获配额可在一定限度内转移;小规格的渔获物可按一定比例折算;可将少量超过法定配额的渔获单独储藏、卸载、称重、在经批准的市场拍卖,经营者和船员可从中分得20%的收益④。

冰岛于1979年尝试运用配额管理体制以来的实践证明,任何渔业行政管理理论和制度都需要在实践中不断地完善和发展,可转让的捕捞配额管理制度是一整套综合的、科学的、利远大于弊的渔业行政管理制度,是适合冰岛国情的,对推动冰岛经济的持续增长始终发挥着积极作用。

---

① Eyjolfur Gudmundsson, et al. Development of effort and fishing fleet capacity in the Icelandic cod fishery. IIFET 2004 Japan Proceedings.

② 参见:冰岛《渔业管理法》(2006)第十二条、第十三条、第十五条。

③ 参见:冰岛《渔业管理法》(2006)第八条、第十条、第十二条。

④ 参见;冰岛《渔业管理法》(2006)第十一条。

第二节　英国海洋渔业行政管理

英国是世界上主要的海洋水产品生产国和净进口国,2008 年有海洋捕捞渔船 6 573 艘(船长 10 米以上的为 1 496 艘,10 米及 10 米以下的为 5 077 艘),总吨位 207 423 总吨,总功率 836 485 千瓦,雇佣渔民约 12 761 人,捕捞水产品 58. 8 万吨,价值约 6. 29 亿英镑,进口水产品 78. 1 万吨,出口 41. 6 万吨①。这里,主要探讨英国的渔业行政管理机构、渔业法规、捕捞执照和特许捕捞权制度、捕捞配额制度、水产品一手交易登记制度、渔区与渔船经济联系证明制度、捕捞渔船退役赎买制度以及欧盟共同渔业政策。

一、英国的渔业行政管理机构

在目前的宪政体制下,英国政府和议会在负责全英国的宪法性事务以及重要的社会经济事务的同时,直接管理英格兰以及威尔士的主要事务,苏格兰议会和政府根据《苏格兰法》(1998)自行制定和实施法律、法规,独立管理分权事务(devolved matters),威尔士国民大会政府和北爱尔兰国民大会政府也有权分别根据《威尔士管制法》(1998)、《北爱尔兰法》(1998)和英国议会通过的法律制定法规,独立管理分权事务。海洋渔业属于分权事务,因此英国有四个海洋渔业行政管理部门:在英格兰为英国政府的环境食品和乡村事务部(Defra, Department for Environment, Food and Rural Affairs),在苏格兰为乡村事务与环境部(Rural Affairs and Environment Department),在威尔士为乡村部(Department for Rural Affairs),在北爱尔兰为农业和乡村发展部(Department of Agriculture and Rural Development),见图 12 - 2。四个部门之间是伙伴关系,非领导、被领导或指导、被指导的工作关系。但是,只有英国政府的环境食品和乡村事务部有权在国际渔业事务中代表英国,一个例外的安排是苏格兰政府有时可在欧盟共同渔业政策事务中代表英国,因为绝大多数的渔获是由苏格兰渔船捕捞的。以重量计,2008 年苏格兰渔船捕捞渔获占 63%,英格兰占 28%,威尔士占 3%,北爱尔兰占 5%。

根据 1966 年《海洋渔业调整法》(Sea Fisheries Regulation Act)和若干执行性的法规,英国设立了 12 个海洋渔业委员会(Sea Fisheries Committees),成员分别来自环境食品和乡村事务部、地方市政会和环境署,负责管理在英格兰和威尔士沿岸 6 海里水域 12 个渔区内的渔业活动及环境保护工作,委员会有权制定适用各自渔区

① Marine and Fisheries Agency. The UK Sea Fisheries Statistics 2008. Published by the Department of Environment Food and Rural Affairs of the UK, September 2009.

的渔业法规，任命渔业官员。苏格兰水域以外之英国外海水域的渔业执法活动①，由英国皇家海军渔业保护大队（RNFPS，Royal Navy's Fishery Protection Squadron）负责，根据1968年《海洋渔业法》（Sea Fisheries Act）的规定，英国渔业官员包括皇家海军及空军军官。在苏格兰，乡村事务与环境部下的苏格兰渔业保护局（SFPA，Scottish Fisheries Protection Agency）独立负责苏格兰水域的海政管理工作，设有海上监管部和沿岸监管部，拥有两架飞机和四艘渔政船，在主要渔港设立了18个办事机构。

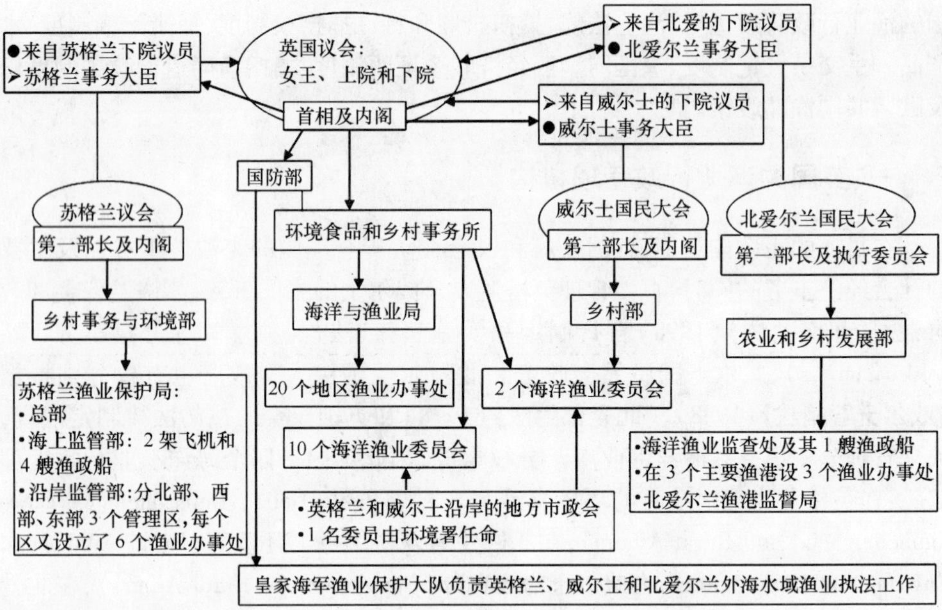

图12-2　英国海洋渔业行政管理机构示意图

除政府部门外，英国的一些非官方公共机构（如海洋渔业促进会Seafish，Sea Fish Industry Authority②、一些渔港监督机构）、渔业合作组织（如渔业生产者组织FPOs，Fish Producer Organizations）、渔业协会以及渔业联合会等也可以管理一些渔业公共事务。

海洋渔业促进会是根据1981年《渔业法》（Fisheries Act）由原来的白鱼渔业促进会（the White Fish Authority）和鲱鱼渔业促进会（the Herring Industry Board）合并

① 1999年，英国议会根据《苏格兰法》（1998）通过了《苏格兰毗邻水域界线令》（Scottish Adjacent Waters Boundaries Order），明确划分了苏格兰渔政部门与英国政府之环境食品和乡村事务部各自管辖海域。

② 见英国海洋渔业促进会网站：http://www.seafish.org/

组建的，是唯一覆盖全英国所有海洋食品行业的非政府部门公共机构（NDPB，Non Departmental Public Body），具有独立法人地位。促进会的根本任务是支持海洋食品行业的可持续发展，保证其具有可赢利的未来，主要工作是从事水产科学技术研究、开发、推广、培训以及水产经济和水产品市场拓展，为英国海洋渔业产业提供财政帮助，为企业界、媒体和大众提供信息，与海洋捕捞业者、水产养殖业者、海洋食品加工业者、批发商及零售商、餐饮业、进出口商一同努力，提升产品质量，提高海洋渔业产业效率，促进海洋水产品的市场营销和消费。促进会的决策机构是一个由至多不超过12人组成的理事会，其成员由英国四位渔业部长共同任命，设主席1位、副主席1位，但包括主席和副主席在内的4位成员应由与海洋渔业产业没有金融或商业利益关系、不影响其履行职责的独立人士担任，其他成员则来自海洋渔业产业界，代表海洋食品行业的利益。目前，海洋渔业促进会的年预算约1 100万英镑。其中，近80%来自对捕捞（含海上扒载转运）、养殖和进口的海洋水产品收费（包括贝类、甲壳类等所有海洋水产动物以及用于生产鱼粉的鱼，但鲑鳟鱼类以及罐头水产品除外），其余则来自英国政府的财政支持、欧盟渔业基金以及开展有偿服务所得①。

渔业生产者组织，主要是按照欧盟共同渔业政策的要求，在成员国政府的扶持下，由渔民自愿组建的组织。主要目的是协调生产，保证市场供求平衡和价格稳定，提高产品质量，促进市场营销标准化，保证生产者获得公平的收益等。经渔政部门认定的渔业生产者组织，可接受委托管理某些渔政事务，可向欧盟和成员国政府申请财政援助。1983年，欧盟全面实施了共同渔业政策，引入了捕捞配额制度，英国的渔业生产者组织自1985年获得了管理分配其国内捕捞配额的许多权利。目前，英国有21个渔业生产者组织（苏格兰和英格兰各有9个，在北爱尔兰有2个，威尔士有1个），大约95%的渔业配额都是通过这些渔业生产者组织分配、管理的。

二、英国渔业法规的渊源

英国是普通法系的代表性国家，其四个地区（英文称为 nations 或 countries）之间是独立性较强的分权式政治安排，其海洋渔业基本上是由欧盟共同渔业政策调整的。因此，英国的渔业法规根据立法机构可分为三大类：英国立法机构制定的渔业法规、欧盟机构制定的渔业法规以及经欧盟法院（ECJ，European Court of Justice）和英国法院裁决的有关渔业的判例法（case law）。

---

① 刘新山："把握战略层面，促进产业发展——介绍英国海洋渔业促进会"，载《中国渔业报》2009年6月8日第7版。

(一)英国立法机构制定的渔业法规

依据立法机构的不同,英国立法机构制定的渔业法规包括八类。

(1)英国议会制定的渔业法律。

这些法律被称为基本法(primary legislation),一般需要英国上院和下院参加会议的过半数议员支持以及女王在形式上的赞同(Royal Assent)。与海洋渔业密切相关的主要有十部:①1976 年《渔区法》(Fishery Limits Acts),主要是贯彻 1976 年欧共体海牙协定(The Hague Agreement),将英国管辖的渔区扩展到 200 海里,并对进入英国管辖渔区捕鱼做了原则性规定;②1966 年《海洋渔业调整法》(Sea Fisheries Regulations Act),主要是合并了 1888—1930 年间的海洋渔业调整法,为在英格兰和威尔士沿岸设立海洋渔业委员会和相应的海洋渔区而制定的;③1967 年《海洋鱼类(养护)法》(Sea Fish (Conservation) Act),是涉及海洋捕捞活动最重要的法律,包括二十六节。该法对鱼类资源利用规格限制、捕捞网具、捕捞执照、海上作业时间限制、违法证据、禁渔区和禁渔期、海洋环境保护、捕捞渔获物的申报和上岸、因科学研究或其他目的的义务免除、资源增殖、违法处罚、法人违法、诉讼机构、渔业官员的执法权限和方式、有关大马哈鱼和鲑鱼的管理、财政支出、委托立法形式等诸多问题都作了广泛的授权性规定;④1967 年《海洋渔业(甲壳类)法》(Sea Fisheries (Shellfish) Act),主要是对甲壳类(指牡蛎、龙虾、贻贝、鸟蛤、蟹、软体动物等)渔业的渔区划定、捕捞执照、资源保护、诉讼证据、渔业补贴和贷款、进口禁止问题、病害问题、销售问题、行政执法和司法管辖等诸多方面做出了广泛的授权性规定;⑤1968 年《海洋渔业法》(Sea Fisheries Act),废除了一些过时的法律,并对海洋捕捞活动、渔船、网具的丢失或遗弃、对白鱼和鲱鱼捕捞业的补贴和收费问题等作出了原则规定;⑥1981 年《渔业法》(Fisheries Act),主要是设立了海洋渔业促进会,并对 1967 年《海洋鱼类(养护)法》进行了修订;⑦1983 年《英国捕捞渔船法》(British Fishing Boats Act),主要是授权部长规定英国渔船的认定条件,确保英国的捕捞配额为英国利用,并对英国渔业官员的权力和执法方式等作进一步的规定;⑧1992 年《海洋渔业(野生生物养护)法》(Sea Fisheries 〈Wildlife Conservation〉 Act),主要是要求部长们在贯彻和执行海洋渔业法时要考虑保护海洋生物和环境;⑨1992 年《海洋鱼类(养护)法》(Sea Fish (Conservation) Act 1992),主要是对 1967 年海洋鱼类(养护)法中有关捕捞许可证的规定作了修订;⑩1995 年《商业船舶运输法》(Merchant Shipping Act) 以及依据此法制定的若干法规,对捕捞渔船的建造、丈量、登记和航行安全等事项作出了规定。

(2)女王枢密院令(Orders in Council)。

这些院令主要有关渔区界限的法令。其中,依据女王保留权力制定的属基本法,依据英国议会基本法明确授权而制定的属委托立法(delegated legislation)。命令完全是政府部门拟定的,女王和枢密院的介入仅仅是形式。

(3)环境食品和乡村事务部根据英国议会法律的授权而制定的渔业法规。

英国议会通过的法律多是授权性的,详细的规定则需要由环境食品和乡村事务部制定渔业法规(SIs,Statutory Instruments)。这些法规数量众多,其立法程序主要是依据1946年的《法规制定法》(Statutory Instruments Act)和具体的议会法律。其中,许多法规需要通过议会审查程序,是否需要则看授权法律的规定,并且英国法院对这些法规是否符合立法程序、符合议会法律享有司法审查权。此外,根据1972年《欧洲共同体法》(European Communities Act)第二节之规定,英国政府部门也可直接依据欧盟法律制定执行性质的法规。实际上,英国绝大多数的渔业法规都是为了执行欧盟共同渔业政策而制定的。从名称看,这些法规可分为三类:条例(Regulations)、命令(Orders)和办法(Schemes)。其中,办法的目的比较单一,主要是为了明晰捕捞渔船拆解补偿问题而制定的;命令主要是宣布渔业部长的行政决定,数量众多;条例相对比较复杂,主要是调整某些渔业活动。例如,宣布议会渔业法律(或其中的某些条款)生效的法规(与我国对比,是很独特的法律生效方式)、有关捕捞许可的法规、执行欧盟管制措施的法规、禁渔的法规等多是以命令的形式发布的;有关水产品销售、渔业产业结构基金申请、船舶登记及安全、环境保护的法规等多以条例形式发布。

(4)在英格兰和威尔士沿岸水域设立的12个海洋渔业委员会制定的仅适用各自渔区的渔业法规。

根据1966年《海洋渔业调整法》(Sea Fisheries Regulation Act)第七节以及1985年《海洋渔业(区域性法规)条例》(Sea Fisheries (Byelaws) Regulations)的规定,这些区域性渔业法规(Byelaws)应得到食品环境和乡村事务部和威尔士国民大会的确认才可生效,主要是对捕捞方法、捕捞渔具、捕捞季节、鱼体规格、甲壳类生物海床保护、海洋环境保护等作出了细致的规定。与渔业部门法规相同,法院对区域性渔业法规有司法审查权力。

(5)根据《苏格兰法》(1998),海洋渔业属于分权事务,苏格兰议会可自行制定渔业法律(ASP,Acts of Scottish Parliament),适用苏格兰。

(6)苏格兰部长根据苏格兰议会法律的授权而制定的渔业法规(SSIs,Scottish Statutory Instruments)。

(7)威尔士国民大会制定的有关渔业的法规(Welsh Statutory Instruments)。

(8)北爱尔兰国民大会制定的有关渔业的法律规则(Statutory Rules of Northern Ireland)。

(二)欧盟机构制定的渔业法规

欧盟渔业法规包括两类,即欧盟基本法(primary law)中有关渔业的条款、次级渔业法(secondary laws of fisheries)。

欧盟基本法包括创立欧盟的条约、修正性条约和新成员国的入盟条约等。例如,《建立欧共体条约》(Treaty Establishing the European Community)的第三十二条至第三十八条为欧盟共同渔业政策提供了最直接的法律基础。新成员国的入盟条约一般都会对其适用共同渔业政策问题作出特别规定。例如,英国、丹麦和爱尔兰加入欧共体的条约(Act of Accession of the Kingdom of Denmark, Ireland and the United Kingdom of Great Britain and Northern Ireland and the adjustments to the Treaties 1972)规定了平等入渔和配额制度推迟到1983年才正式施行。

根据欧盟法律的适用性和内容,欧盟条约规定了三种次级立法形式:条例(Regulation)、决定(Decision) 和指令(Directive)。条例,其综合性相对较强,可以直接适用于各成员国,自动构成成员国法律之一部分,不需要成员国采取进一步的立法行动;决定,通常只处理个别成员国(甚至个别人、组织)事务,因此只适用于个别成员国,也是可以直接适用的,不需要成员国采取进一步的立法行动;指令,既可以用于处理全体成员国事务,也可以用于处理一个或多个成员国事务,但是需要成员国在规定时间内采取立法措施,实现共同体的政策目标。因此,欧盟条约中有关渔业的条款、欧盟渔业条例和决定是英国渔业法规的一部分,可为英国渔业执法部门和法院直接引用,而欧盟渔业指令则要求英国在规定时间内制定国内渔业法规贯彻之。

(三)欧盟法院和英国法院裁决的有关渔业的判例法

英国是普通法系的代表性国家,判例拘束理论(Doctrine of Binding Precedent)在英国法院系统处于核心地位。简单地讲,就是高级法院的判决可以被低级法院作为法律直接引用,审理裁决相同的案件,即判例也是英国法律的表现形式,高级法官享有“立法权”。

从理论上讲,判例法包括两类,即纯判例(Pure Precedents)和法律解释性判例(Statutory Interpretation)。前者是因为没有相关成文法,必须由法官依据习惯和法理作出裁决,从而创造了法律。后者,是法官运用特定案件对不清晰的成文法律条款作出进一步解释,从而创造了一些可以普遍适用的法律原则。纯判例,是最早的渔业法律形式,大多涉及滩涂和海床的所有权以及私人捕捞权利等,许多纯判例支持大众有权在河流的潮汐段、河口、海湾和英国领海自由捕鱼,除非国王(或他人)已经获得了排他性产权或者议会已经限制了大众普通法下的捕鱼权。19世纪以来,特别是英国于1973年加入欧共体以来,成文法越来越多,现代渔业法规基本都是以成文法为表现形式的,纯判例对海洋渔业已基本没有重大影响。因此,渔业判例法大多是法律解释性判例。鉴于英国海洋渔业主要是由欧盟共同渔业政策调整的,而英国法院在涉及欧盟法律问题时,应当向欧盟法院申请初裁,并且必须遵从欧盟法院的裁决,因此有关渔业的重要的判例法多是由欧盟法院和英国法院先后做出的。例如,持续了十多年之久的"捕捞配额蹦跳"(Cases of Quota - hopping)系列案,最终经过欧盟法院引用《欧共体条约》中禁止国籍歧视的条款裁定是合法的,英国法院又进一步根据欧盟法院明确的国家赔偿责任原则裁定受害方有获得国家赔偿的权利,尽管侵权是因英国议会立法行为造成的。该系列案在英国司法史和欧盟司法史上都是非常经典的判例,对这些案件的裁决不但涉及到了英国国内法与欧盟法律关系问题,而且涉及到了英国法院是否有权终止英国议会法律效力的宪法理论问题,涉及到了因错误立法而造成公民损失是否应当给予国家赔偿的问题,涉及到了捕捞渔业权的物权性质问题①。

三、英国海洋渔业主要的管理制度

英国海洋渔业主要是由欧盟共同渔业政策调整的,相关的法律制度、政策、管理措施众多。这里,只探讨捕捞执照与特许捕捞权、捕捞配额、水产品一手交易登记、渔船与渔区经济联系证明、捕捞渔船退役赎买五项制度②。

(一)捕捞执照与特许捕捞权制度

为了管理海洋渔业,英国 1967 年《海洋鱼类(养护)法》(Sea Fish〈Conservation〉Act)即授权渔业部长可对其实行捕捞执照制,但是直到 20 世纪 70 年代末才在部分渔业实施,并且没有严格的数量限制。由于渔业资源不断衰退,特别是欧共体于 1983 年全面实施共同渔业政策,英国的捕捞执照制度日趋严格,逐步过渡到只发给历史上曾从事捕捞活动的人。根据 1992 年《海洋鱼类捕捞执照令》(The Sea Fish Licensing Order)以及其他渔业法规,下列渔船以外的其他捕捞渔船都必须持有捕捞执照:①捕捞大麻哈鱼或者洄游性鲑鱼的小渔船(由 Defra 下的环境署管理);②娱乐捕鱼;③在马恩岛和海峡群岛 12 海里以内捕鱼的船(属于其自治范围内的事务);④总长等于小于 10 米、仅捕捞欧洲鳗鲡(common eel)的渔船;⑤总长等于小于 10 米的非机动渔船。

目前,在英国申请捕捞执照必须符合两项基本条件,而实际上这并不是"申请新捕捞执照"。第一,渔船已在海事与海岸警卫局(Maritime and Coastguard Agency)之船舶运输与海员登记处(RSS, Registry of Shipping and Seamen)登记,并且应每五年重新登记一次,否则将被注销;若超过 6 个月没有捕捞执照,登记也将被注销。第二,从已持有捕捞执照的渔船获得特许捕捞权(Licence Entitlement),这只有在渔船买卖、沉没、报废以及因其他合法理由而注销等情形下才会产生,并且船东必须在 5 年内主张其享有的特许捕捞权(自 2009 年 1 月延长为 5 年,此前为 3

① 刘新山,阎铁毅:"英国'捕捞配额蹦跳案'判例评述",载《广东海洋大学学报》2007 年第 5 期。

② 见英国环境食品和乡村事务部网站:http://www.defra.gov.uk/foodfarm/fisheries/index.htm

年)，否则视为永久放弃①。特许捕捞权的价值，主要是由渔船的吨位和主机功率这两个也反映渔船捕捞能力的参数来衡量的。

英国捕捞执照的类型有A、B、C三类以及一些专项捕捞执照。A类执照又包括了四种：(1)适用10米以上渔船，可捕捞实行配额管理的所有资源以及数量上有限制的中上层资源；(2)适用10米及10米以下的小船，可捕捞所有渔业资源；(3)适用在海峡群岛登记的渔船，可在第7渔区捕捞所有资源；(4)适用中上层拖网船、围网船和冷藏船，可捕捞实行配额管理的所有资源和不受限制地捕捞中上层渔业资源。B类执照，适用10米以上的渔船，可有限捕捞实行配额管理的资源，有限捕捞中上层资源。C类执照，适用10米以上的渔船，可捕捞实行配额管理以外的其他资源以及有限的中上层资源。专项捕捞执照主要适用一些特殊安排的渔业，且在某些情形下还需要交回国内的主捕捞执照，如大西洋－斯堪的纳维亚鲱鱼渔业、克莱德海湾鲱鱼渔业、蓝鳕渔业、长鳍金枪鱼渔业、大西洋鲭鱼钓渔业、捕捞贻贝苗、欧盟水域外的渔业等。捕捞执照的有效期为两年，总长10米以上的渔船为4月1日至两年后的3月31日，总长10米以下的小船为7月1日至两年后的6月30日。在英格兰、威尔士和北爱尔兰，捕捞执照到期后自动更新，而在苏格兰，则需要履行重新申请程序。

在英国，捕捞渔船和特许捕捞权(Licence Entitlement)可以依照规定的条件分开，独立转让，也可继承，若捕捞渔船的吨位、功率增加，则需要从其他持有执照的渔船获得特许捕捞权。这些条件包括：(1)总长10米以上的渔船与总长等于以及小于10米的渔船之间不可转让，总长8米以下的渔船也不可聚集、转让给8～10米之间的渔船；(2)多个特许捕捞权聚集、转让后，总长8米以下的渔船最多不能超过100千瓦，8～10米之间的渔船不能超过150千瓦；(3)多个捕捞执照赋予的特许捕捞权可聚集为一艘渔船的执照特许捕捞权，反之亦然；(4)除了少数例外的情形，多个执照的特许捕捞权聚集、转让所产生的特许捕捞权，一般将自动丧失5%的吨位和主机功率，以减轻捕捞强度；(5)由A、B、C不同类别的捕捞执照特许捕捞权聚集、转让而产生的捕捞执照，将是其中最低级别的捕捞执照；(6)对于桁拖网、扇贝渔业、甲壳类渔业等，只有相同的捕捞执照之间的捕捞权才可聚集或分裂转让，所产生的新捕捞执照类别不变；(7)多个特许捕捞权聚集、转让后，北海(第四渔区)的桁拖网渔船最多为1 500千瓦，超过1 500千瓦的，只能是一对一转让，而不能由多个特许捕捞权聚集转让。

为了解决捕捞渔船与特许捕捞许权(实为吨位和主机功率两个指标)匹配困难问题，便利捕捞权的流转，英国渔业部门也规定了一定范围内的灵活性。对于总长等于或小于10米的渔船，偏差可以是1吨或5千瓦；对于船长大于10米的渔

① 从控制捕捞强度的角度看，英国的执照特许捕捞权很类似我国的船网工具控制指标。

船，偏差可为2吨或10千瓦，但至少应有一个参数相符。

(二)捕捞配额制度

捕捞配额制度是欧盟共同渔业政策之资源养护政策的主要内容之一，目前已有130多种渔业被纳入配额管理制度。为此，欧盟委员会应在征求生物学家、经济学家、渔业界以及其他利益相关者建议的基础上向欧盟渔业部长理事会推荐每种渔业的年度(或两年)总可捕量(TACs)，由欧盟理事会在每年的12月做出最终决定，并依照"相对稳定"原则(主要是尊重历史渔获情况)在成员国之间分配，然后再由各成员国自行分配其获得的TACs。

1999年以前，英国主要是根据每艘渔船前三年的渔获记录(Track Record)分配捕捞配额。为了提高渔业生产的稳定性，简化分配方法，提高效率，便利配额的交换、赠与、出租和转让，英国于1999年引入了"固定不变的配额分配"(FQAs, Fixed Quota Allocations)方法，即把1994—1996年的渔获记录(Track Records)全部转换为配额单位(unit)，渔船持有的配额单位数自此保持不变，以后每年则根据渔船持有的固定不变的配额单位数分配年度渔获配额，而不再每年都追踪该渔船前三年的渔获情况。在实践中，配额分配包括三个群体：渔业生产者组织(FPOs)的渔船、船长超过10米但未加入生产者组织的渔船、船长等于小于10米的渔船(沿岸渔业)。在初期，为了便利渔业生产者组织内部协调，英国渔业部门还给予了相当于该生产组织所享有配额单位总数2.5%的所谓公共配额单位数(central pool of quota units)。船东若改变其渔船所属的生产者组织，其享有的配额单位数也随之转移。每个渔业生产者组织在得到各自的集体配额后，有权决定如何分配管理其集体配额，但应保证其成员生产的总渔获不超过所分得的集体配额，渔政部门仅监视渔业生产者组织集体配额的完成情况。对于未加入渔业生产者组织的渔船和10米以下的渔船，则通常在其捕捞执照上注明月度渔获上限。为了及时监视配额的完成情况，英国规定公开透明的渔获周报、月报制度。

(三)水产品一手交易登记制度

为了根治非法捕捞问题，更好地实施捕捞配额制度，更好地保护渔业资源，欧盟要求成员国对水产品一手交易活动实行严格管制①。为此，英国于2005年对一手水产品的卖方、买方、拍卖场所和交易行为实施了登记制度。根据《水产品买方和卖方登记以及拍卖点指定条例》(The Registration of Fish Buyers and Sellers and Designation of Fish Auction Sites Regulations)，一手水产品的卖方、买方和拍卖场应

① Article 22(2) of the Council Regulation (EC) No 2371/2002 of 20 December 2002 on the conservation and sustainable exploitation of fisheries resources under the Common Fisheries Policy

符合一定条件,经渔业行政管理部门核准,并以适当方式公告;从未持有捕捞许可证的渔船购买一手水产品,是违法行为;经登记的卖方和买方应保存其每笔交易记录一年以上,供渔政检查人员核查;未登记的水产品购买者,若每天购买的一手水产品不超过25千克,并能证明只供自己消费,则不受此限。

交易记录的信息,主要包括销售(或购买)的日期和地点;销售(或购买)的每种水产品的数量;销售(或购买)的每种水产品的价格;卸载水产品之渔船的名称以及在其船籍港的编号;买方(或卖方)的姓名、地址和登记号;销售合同或凭证的编号等。为了便利交易各方,提高渔政管理效率,2008年欧盟又对一手水产品交易行为做出了新的规定①,要求年营业额超过40万欧元的买方和卖方,应提供电子销售凭证,以取代纸制的凭证,年交易额不满40万欧元也可自愿选择此方式。

(四)渔船与渔区经济联系证明制度

为了解决由外国人(主要为西班牙人及荷兰人)实际控制的英国籍捕捞渔船与英国沿海渔区没有多少经济联系的问题,经过与欧盟委员会协商,英国于1999年1月1日实施了捕捞渔船与渔区经济联系证明制度,作为合法使用捕捞执照的一项条件。为此,所有在英国登记、总长超过10米、每年利用英国配额两吨以上的渔船,都必须证明其与英国渔区保持着经济联系。

船东可以下列四种方式之一证明:(1)以重量计,在英国渔港卸载至少50%的渔获(若未完成的数量不超过10%,可在下一捕捞年度卸载弥补,以增加制度的灵活性);(2)雇佣的船员至少50%为英国沿海渔区的居民;(3)在英国沿海地区购买商品、服务等业务开支达到一定水平;(4)通过其他方式(含混合的上述方法)使依赖渔业的沿海渔区人口和相关产业充分受益。所有的船东应在每年七月底前提交合法证明材料,否则将无权再利用英国的捕捞配额,因违反捕捞执照条件被起诉。

(五)捕捞渔船退役赎买制度

在英国,利用政府公共财政基金和欧盟渔业基金赎买渔船,使过多的捕捞渔船退役已成为常规性的渔政管理制度。这一方面可以有效地削减捕捞强度,保护渔业资源,另一方面也有助于提高渔业行业的经济效益。

申请退役的渔船必须符合一些基本条件,如捕捞执照类型、船长、作业方法、作业水域、适航、每年从事捕捞生产的情况等。为了保证渔船退役的公平性,尽可能地发挥公共资金的效益,赎买渔船的价格一般是通过投标方式确定的。渔业部门主要依据船龄、吨位、拆船价格等规定上限,并考虑退役渔船对渔业资源的影响等

---

① Commission Regulation (EC) No 1077/2008 of 3 November 2008 laying down detailed rules for the implementation of Council Regulation (EC) No 1966/2006 on electronic recording and reporting of fishing activities and on means of remote sensing and repealing Regulation (EC) No 1566/2007

因素，申请人投标越低，获得批准的可能性越大。退役的渔船一般将被拆解或因其历史、艺术、技术或者科学上的价值而被捐赠给博物馆，使之永久性地不能再用于捕捞生产。船东必须注销所有的船舶证书，放弃捕捞执照和特许捕捞权，但可转让其享有的配额。

另外，渔船退役得到的赎金在本质上视同出售所得，一般应依法纳税，但是如果船东用全部或者部分补偿金支付雇员工资，则视具体情况可申请退税；若船东的渔船在过去曾利用了渔船改造或现代化的公共资金，则所得的退役赎金将被相应减少，以保证投标的公平性。如果有证据表明申请人提供了任何虚假的文件、未遵守批准时的条件或者违反了所做的承诺，渔业部门有权随时终止支付退役赎金，并追回已经支付的赎金。

四、欧盟共同渔业政策

（一）欧盟共同渔业政策的历史发展

欧盟共同渔业政策（CFP，Common Fisheries Policy）的雏形源自于欧共体六个创始国（联邦德国、法国、意大利、荷兰、比利时和卢森堡）于1970年制定的两个条例（Council Regulation（EEC）No 2141/70 和 No 2142/70）。这两个条例确立了共同渔业政策最重要的基本原则（即在共同体水域平等入渔），为欧盟批准有关渔业资源养护措施（如总可捕量、一些技术措施和减船计划）提供了法律基础，并且通过渔业结构政策和水产品市场措施引入了对渔业行业的财政支持机制。在随后爱尔兰、英国、丹麦和挪威的入盟谈判中，共同渔业政策被指责是六个创始国专门为申请者设计的，因为六个创始国享有的渔业水域比较小，而申请入盟的四国则享有广阔的渔业水域。最终妥协的结果是，共同渔业政策被推迟了10年，到1983年才完全实施，而挪威的入盟条约则在全民公决中被否决，未能加入欧共体。为了回应国际海洋法的发展趋势，欧盟于1976年11月通过了海牙协定，宣布自1977年1月1日实施200海里专属经济区制度。

1983年，欧盟通过了三个条例全面实施共同渔业政策①，将资源养护作为其根本目标，确立了总可捕量（TACs）和配额制度，明晰了平等入渔和相对稳定（Relative Stability）的配额分配原则，并承认在沿岸水域的历史性渔业权，对渔业实行补贴，实现渔船现代化等。在实施10年后，欧盟于1992年对共同渔业政策做了修改，着重处理渔船数量和可捕资源量之间严重的不平衡问题，并将水产养殖正式纳入了共同渔业政策的调整范围。2002年，欧盟对共同渔业政策进行了第二次大

① Council Regulation（EEC）No 170/83，Council Regulation（EEC）No 171/83 和 Council Regulation（EEC）No 2908/83

的调整,主要是建立了长期的渔业资源管理办法,保证各利益方更好地参与渔业政策的制定(如组建了一些由渔业企业参加的地区性咨询委员会 Regional Advisory Council),加强管制和执法,实行新的渔船政策,除了安全方面外,不再对渔船现代化予以补助,而是鼓励拆船,赎买渔业权等。

（二）欧盟共同渔业政策的主要内容

根据2002年2371号欧共体条例(Council Regulation (EC) No 2371/2002)第1条之规定,共同渔业政策应当在下列领域规定一致的措施办法:(1)水生资源的养护、管理和开发;(2)捕捞对环境影响的限制;(3)入渔条件;(4)结构政策和船队捕捞能力管理;(5)管制和执法;(6)水产养殖;(7)共同的市场组织;(8)国际渔业关系。

1. 欧盟水域渔业资源的分配问题

资源养护政策是共同渔业政策的基石,直接涉及了欧盟水域渔业权的分配问题。条例规定成员国在其沿岸6海里水域享有完全的排他性渔业权,在6~12海里水域只承认部分成员国享有历史性权利,而12海里以外则遵从平等入渔(equal access)原则。原因是1964年的《伦敦渔业公约》(Fisheries Convention〈London Convention〉1964)确认了6~12海里内的历史性渔业权利。此外,考虑到地区经济对渔业的严重依赖性,设立了设得兰渔区(The Shetland Box,苏格兰的设得兰群岛水域)和爱尔兰渔区(The Irish Box,爱尔兰西海岸50海里以及爱尔兰海和布理斯托海峡),只有苏格兰、法国和少量比利时以及德国渔船可以在设得兰渔区捕鱼,在爱尔兰渔区则规定了西班牙和葡萄牙渔船最高限额,两国渔船也不可进入北海捕鱼。两国曾提起多起诉讼,要求重新分配渔业配额,都以失败而告终,但后来获得了较多的欧盟基金以减少渔船。

虽然平等非歧视入渔是欧盟渔业政策的根本原则,但是捕鱼必须享有配额。欧盟委员会首先根据渔业科技和经济委员会(STECF, Scientific Technical and Economic Committee for Fisheries)①以及国际海洋开发委员会之渔业管理咨询委员会(Committee on Fisheries Management (ACFM) of the International Council for the Exploration of the Sea (ICES))的科学建议,向欧盟部长理事会提出年度配额,经批准后,根据"相对稳定"的原则在成员国之间分配。简言之,相对稳定就是尊重捕捞历史,历史上捕捞多的国家分得了较多的配额。在实践中,选择了1973—1978年为历史参照时期。另外,配额分配也考虑了"海牙优惠"(Hague Preferences)原则

① 该委员会是根据欧盟委员会1993年619号决定(Commission Decision No 93/619/EC)成立的咨询机构,由各成员国代表组成,包括了鱼类生物学家、经济学家和捕捞技术专家。

和“管辖损失”(Jurisdictional Loss)问题,即对那些严重依赖渔业的成员国以及由于第三方扩大专属渔区而使成员国遭受较大损失的成员国适当照顾,结果是爱尔兰、英国、德国和格陵兰(丹麦的高度自治省,1973 年 1 月随丹麦入盟,经全民公决后于 1985 年 1 月退出欧盟)得到了一些优惠配额。

2. 结构政策

共同渔业政策中的结构政策(Structural policy)和捕捞能力管理直接影响着渔业权的实现和资源养护,其最初目标是帮助企业实现渔业现代化,并使渔船的捕捞能力和可捕资源量相适应,防止过度捕捞。事实上,这是一个多少有些矛盾的目标,一方面欧盟提供补贴帮助企业改造渔船,另一方面也提供补贴帮助捕捞行业减船,鼓励把渔船卖到欧盟以外的地区、拆船或者捐赠给博物馆等。

截止到 2002 年,欧盟已制定了四个多年度指引计划(MAGPs, Multi - annual Guidance Programmes)①,要求成员国削减渔船。在每个计划中,欧盟都要求成员国制定各自未来 4 ~5 年的减船目标,报欧盟委员会批准,并提供欧盟基金予以支持(成员国也必须相应投入)。1994 年,欧盟统一了捕捞渔船吨位标准(Council Regulation (EC) No 3259/94),但预留一个过渡期,到 2003 年底所有渔船都应重新测量登记。为了增加减船力度,2003 年的共同渔业政策(Council Regulation (EC) No 2371/2002)规定了一个简单的入渔 - 退出机制,更多地强调成员国的责任,除了用于提高海上生产安全和改善工作条件外,逐步取消对捕捞业的补贴。

3. 与非欧盟国家的渔业协定

根据《欧共体条约》第一百三十三条,欧盟委员会负责与第三国进行渔业谈判,并签署国际渔业协定。这些渔业协定构成了欧盟共同渔业政策的重要内容,基本上可分为三类:互换配额、相互入渔的协定,主要是与北欧国家(挪威和冰岛等)签署的;给予财政补贴和商业利益的协定,主要是与欠发达的加勒比海、非洲、印度洋、太平洋国家签署的,与格陵兰的协定也属此类;组建合资企业,从而获得了配额。在欧盟以外水域获得的配额,一般也是根据“平等入渔和相对稳定”原则在成员国之间分配的。购买在第三国的入渔权,是欧盟共同渔业政策中最大的一笔预算支出,船东通常仅支付很少的费用,如捕捞许可证费等。另外,入渔费常是欠发达国家非常重要的财政收入,渔业协定不是简单的“花钱买入渔权”,往往还包含各种定向援助计划。

4. 监管和执法

贯彻和履行欧盟法律的根本义务在成员国,因此成员国的渔政管理部门和司

① MAGP I, 1983 - 86, Council Regulation (EEC) No 2908/83; MAGP II, 1987 - 91, Council Regulation (EEC) No 4028/86; MAGP III, 1992 - 96, Council Regulation (EEC) No 3760/92; MAGP IV, 1997 - 2002, Council Decision (97/413/EC).

法机构承担在其管辖领域执行欧盟共同渔业政策的积极义务,而欧盟委员会和欧盟法院则享有最终的执法权力。这主要包括海上执法监察和陆地监察,涉及网具标准、捕捞鱼种和规格及数量、作业水域、捕捞日志、卸货申报、进出特定渔区报告、渔船捕捞能力(吨位及功率等)、水产品运输、市场销售、专项补贴使用等方面。处罚种类包括罚款、没收渔具、渔获或者渔船、暂时禁止捕捞或者吊销捕捞许可证以及限制人身自由等,但是各国的具体情况差异很大。

为了缩小各国法律之间的差异,欧盟1999年第1447号条例(Council Regulation 1447/99)罗列了一系列的渔业违法行为。欧盟的渔业观察员有权对成员国的渔船和渔业企业进行检查。欧盟委员会对违法的成员国可提出警告,减少其配额,也可起诉至欧盟法院,由法院予以财政处罚,甚至终止其某些权利。例如,欧盟法院于1991年曾裁决(Case C-64/88, Commission v France [1991] ECR I-2727),法国因在市场上出售不合规格的幼鱼而违反了欧盟法律。但是法国没有采取有力措施履行法院判决,继续出售幼鱼,2002年再次被欧盟委员会起诉到欧盟法院(Case C-304/02 Commission v France [2005] ECR I-6263),欧盟法院于2005年7月12日裁决对法国实施惩罚性罚款2 000万欧元(imposition of a lump sum),并处周期性罚款(imposition of a periodic penalty payment),每六个月5 776.125万欧元,直至法国履行法院判决①。

为了强化各国执法的一致性和有效性,欧盟部长理事会于2005年4月决定设立欧共体渔业管制局(Community Fisheries Control Agency, Council Regulation (EC) No 768/2005)。为了增加透明度,还设立了公示板(The CFP Compliance Scoreboard),对各国执法情况进行年度公示。

5. 水产品共同市场

水产品共同市场组织(Common organisation of the markets in the fishery and aquaculture products)成立于1970年(Council Regulation (EEC) 2142/70),主要目的是稳定市场,保障供给和需求平衡,维护消费者和水产者的利益,包括四项内容:在产品的质量、规格、等级、包装和标签等方面执行共同的营销标准;渔业生产者组织;通过干预而稳定水产品价格机制以及与第三国贸易规则。

在成立的最初三年,生产者组织可申请到逐年递减的欧盟财政扶持(launching or start-up aid),数额取决于组织的运行费用以及其产品市场价值。欧盟和成员国政府赋予了生产者组织很多权利,可以申请欧盟及成员国财政补贴制定和实施一些市场营销策略、生产计划及提高产品质量计划等,只有生产者组织会员才可以申请到财政补助,发展生产。市场干预机制,意味着在水产品价格低于撤出价格

① 刘新山:"法国因违反欧盟渔业法被罚款案评述",载《中国海洋大学学报》2007年第3期。

(withdrawal price,由欧盟委员每年确定)时,欧盟可以向生产者组织提供财政补贴,继而会员再向生产组织申请补助,以此稳定市场,保护渔民的最低收益。欧盟是世界上最大的水产品消费市场,成员国需要遵守共同水产品贸易规则。

6. 水产养殖

由于水产养殖与捕捞业密不可分的联系,1992 年实施的欧盟共同渔业政策把水产养殖业正式纳入到了其调整范畴。另外,其他一些欧盟法律也涉及到了水产养殖,主要包括共同市场营销标准、生产者组织、兽医、国际贸易竞争、消费者保护、环境保护(如环境影响评价和养殖用水质量保护)等方面。

第三节　日本海洋渔业行政管理

日本是我国重要的海洋邻国,有人口近 1.28 亿(2008 年统计数据),其陆地包括北海道、本州岛、四国和九州岛四个大岛以及数千个小岛,领土面积约 37.78 万平方千米,海岸线长约 2.96 万千米,主张的领海面积约 43 万平方千米、专属经济区面积约 405 万平方千米。虽然日本是高度发达的工业化国家,是世界第二大经济体,2006 年的 GDP 为 4.4 万亿美元,人均 GDP 3.43 万美元,包括渔业在内的农业对 GDP 的贡献仅为 1.5%,但是由于粮食自给率低(2007 年为 40%)以及传统的饮食习惯,渔业在其国民经济和社会生活中始终占有重要地位,是世界上主要的水产品生产国和净进口国。2005 年日本有机动渔船 232 534 艘,2007 年水产品总产量约 500 万吨(不含海藻类),进口水产品 131.84 亿美元,出口 16.63 亿美元,大约有渔业从业者 204 330 人,但由于老龄化问题,渔民数量已逐渐减少①。本节主要探讨日本的渔业行政管理机构、渔业法规的渊源、渔业权和入渔权制度、指定渔业制度、渔业保险制度和渔业协同组合组织。

一、日本渔业行政管理机构

根据 1947 年生效的《日本国宪法》,日本的政治体制为"虚君议院内阁制",在保持立法权、行政权和司法权三权分离的同时,由首相和国务大臣组成的内阁相对处于核心地位,在治理国家的过程中发挥着主导作用,内阁和内阁各省及知事都享有行政立法权。目前,日本内阁的下属行政机构包括若干直属机构、内阁府及其下属机构和 11 个省,渔业行政事务由农林水产省负责②。

---

① FAO. National Fishery Sector Overview - Japan. May 2009.

② 孙叔林,韩铁英:《列国志——日本》,社会科学文献出版社 2005 年版,第 138 - 194 页。

(一)农林水产省

19世纪后期的明治维新运动使日本由封建社会转变成了资本主义社会,1889年制定的《日本帝国宪法》是在亚洲实施的首部宪法。1881年,日本设立了主管包括水产业在内的农业以及农村和工商业事务的农商务省,后因1925年单独设立了管理工商业事务的商工省而更名为农林省,之后因对外战争的需要又有所调整。为了因应200海里专属经济区制度的建立,更好地反映该省的所有职责,1978年更名为农林水产省(MAFF, Ministry of Agriculture, Forestry and Fisheries)。

目前,农林水产省的领导团队包括一位农林水产大臣、两位副大臣、两位政务官、一位事务次官、一位审议官和一位秘书官,设有大臣官房等六个内局、林野厅和水产厅两个外局、若干地方分支局以及一些政策审议会、研究所、农林水产技术会议(Agriculture, Forestry and Fisheries Research Council)等附属机构。水产厅具体负责渔业公共事务的管理工作,其内部机构设置,见图12-3。

农林水产大臣对全国水产业发展承担责任,享有行政立法权,并依法领导、指导有关知事管理地方性的渔业事务。例如,知事发布的渔业调整规则,事先应得到大臣批准;知事应尊重大臣有关设立联合渔业调整委员会的意见;当有知事就设立联合海区渔业调整委员会无法达成一致意见时,可由大臣决定等①。

另外,根据《水产基本法》,农林水产省还设有水产政策审议会(Fisheries Policy Council),其成员不超过30人,由大臣从具有学识的人士中选任。审议会的工作是非全职的,主要从事水产政策研究、制定和咨询工作,向大臣提供政策意见。农林水产大臣在做出重要决定时,应依法听取其意见,并应就指定渔业情况向审议会提交年度报告②。

1956年设立的农林水产技术会议(AFFRC, Agriculture, Forestry and Fisheries Research Council)主要是管理、协调、资助所有与农业、林业和水产业技术研究与开发工作,与渔业管理工作也有一些联系,领导团队包括一位主席和六位成员,由农林水产省从有关的科研技术人员或农林水产省职员中选任。2001年,日本对中央政府各省进行了重组,农林水产省成立了独立行政法人(Incorporated Administrative Agency)-水产综合研究中心(FRA, Fisheries Research Agency),包括12个水产研究所,专门从事水产科学技术研究推广工作③。

---

① 参见:日本《渔业法》第六十五条、第一百零五条。

② 参见:日本《渔业法》第五十二条、第五十七条、第五十八条、第六十条、第六十四条。

③ 见日本水产综合研究中心网站:http://www.fra.affrc.go.jp/index.html。根据日本2001年施行的《独立行政法人通则法》第二条,独立行政法人是指从国民生活及社会经济安定等公共立场出发有确实实施必要的事务及事业,国家自己作为主体直接实施没有必要的,其中委以民间主体实施又未必能够实施的,并且有必要由一个主体进行垄断而且是有效率和有效果的,以此目的,根据本法律以及个别法的规定设立的法人。

Fisheries Agency	水产厅
Director-General	水产厅长官
Deputy Director-General	水产厅次长
Fisheries Policy Planning Department	渔政部
Director-General	渔政部长
Counsellor	参事官
Administration Division	渔政课
Vessels Management Office	船舶管理室
Policy Planning Division	企划课
Fisheries Structure Improvement Office	水产业体制强化推进室
Fisheries Management Improvement Division	水产经营课
Fisheries Cooperatives Office	指导室
Fisheries Processing Industries and Marketing Division	加工流通课
Fishery Products Trade Office	水产物质易对策室
Director, Fisheries Insurance	渔业保险管理官
Resources Management Department	资源管理部
Director-General	资源管理部长
Councillor	审译官
Counsellor	参事官
Resources Management Division	管理课
Resources Management Promotion Office	资源管理推进室
Enforcement Office	指导监督室
Fisheries Coordination Division	沿岸近海课
Recreational Fishing and Coastal Waters Activities Coordination Office	游渔．海面利用室
Far Seas Fisheries Division	远洋课
International Affairs Division	国际课
Overseas Fisheries Cooperation Office	海外渔业协力室
Resources Enhancement Promotion Department	增殖推进部
Director-General	增殖推进部长
Counsellor	参事官
Research and Technological Guidance Division	研究指导课
Marine Technology Office	海洋技术室
Resources and Environment Research Division	渔场资源课
Ecosystem Conservation Office	生态系统全室
Fish Ranching and Aquaculture Division	栽培养殖课
Fisheries Infrastructure Department	渔港渔场整备部
Director-General	渔港渔场整备部长
Planning Division	计划课
Construction Division	整备课
Fishing Communities Promotion and Disaster Prevention Division	防灾渔村课
Fisheries Facilities Disaster Restoration Office	水产施设灾害对策室
Fisheries Policy Council	水产政策审议会
Fisheries Coordination Office	渔业调整事务所
Advisor to the Minister of Agriculture, Forestry and Fisheries on International Affairs (Fisheries)	国际事务顾问（水产）

图 12－3　日本农林水产省的水产厅机构设置

来源：农林水产省网站，http://www.maff.go.je/e/pdf/org_090901.pdf

（二）地方渔业行政管理机构

根据日本法律，地方政府被称为地方公共团体，是以分权为前提的独立自治体，包括普通地方公共团体和特别地方公共团体，前者是体现行政区划的督、道、府、县和市、町、村两级地方政府，后者通常是因历史原因而遗留下来的公共组织或者为履行特定职能而依法设立的公共组织。地方公共团体的立法机构是由选民直接选举产生的地方议会，行政机构则包括由选民直接选举产生的地方行政首长（知事、市长、町长、村长）、辅佐其工作的助手、处理日常行政事务的行政部门（局、部、课等）以及具有准立法、准司法职能的行政委员会①。

日本现有47个督、道、府、县地方政府，大多设有专门负责渔业事务的行政部门和渔业调整委员会（Fisheries Adjustment Commission）。根据渔业法规的有关规定，知事（governor）对其行政区内的渔业事务享有广泛的管理权和行政立法权。例如，渔业权的设立应经有关知事的核准，颁发渔业执照；为了保护渔业资源，知事可制定规则禁止某些渔业活动；知事可命令渔业经营者、渔业协同组合、渔业协同组合联合会设立渔场标志，安装渔具标识；知事应任命渔业监督官，负责渔业法规的执行工作；知事对海区渔业调整委员会负监督指导职责；通过内阁令授权还可行使农林水产大臣的权力等②。

（三）渔业调整委员会

根据2007年最新修订的日本《渔业法》，渔业调整委员会分为四类：海区渔业调整委员会（Sea - area Fisheries Adjustment Commission）、联合海区渔业调整委员会（Joint Sea - area Fisheries Adjustment Commission）、内水面渔场管理委员会（Inland Waters Fishing Ground Management Commission）以及广域渔业调整委员会（Wide Sea - area Fisheries Adjustment Commission）。其中，前三类渔业调整委员会主要由相关的知事监管，广域渔业调整委员会由农林水产大臣监管。

1. 渔业调整委员会的构成

海区渔业调整委员会应在农林水产大臣设定的海区建立，由十五名（或十名，适用小海区委员会）委员组成。其中，九名（或六名）应通过无记名投票的方式选举产生，四名（或三名）由知事从具有相关知识与经验的人士中选任，两名（或一名）从代表该海区公共利益的人士中选任，委员会应设会长一位，通过委员互选的方式产生。委员不得兼任督、道、府或县议会议员，任期四年。知事有权解除其自行任命的委员职务，三分之一以上的选民可联名向县选举委员会提出罢免委员的

---

① 孙叔林，韩铁英：《列国志——日本》，社会科学文献出版社2005年版，第179－189页。

② 参见：日本《渔业法》（2007）第十条、第六十五条、第六十七条、第七十二条、第七十四条、第八十二条。

请求,经简单多数同意后,该委员应被解职。

有关的选举工作由地方政府的选举委员会负责,只有在该海区沿海居住或设有经营场所(若在沿海没有住所或没有经营场所,但在海区从事渔业活动,须经大臣批准),并且每年从事捕捞或水产养殖活动不少于90天者,才具有选举权和被选举权;在调整委员会的委员以及渔业协同组合或渔业协同组合联合会的职员退职后的首次选举中,即使他们不符合前述条件,也具有选举权和被选举权;未满20岁的人和《公职选举法》第十一条规定的人没有选举权和被选举权;因违反《公职选举法》而受到法律制裁或免于制裁、且制裁执行完毕五年内的人以及选务工作人员和法官、检察官、审计官、税务官、警察、公安委员会委员不能成为候选人。

在农林水产大臣、有关的知事或海区渔业调整委员会认为有必要时,可考虑设立包括两个或多个海区的联合海区渔业调整委员会,其成员来自构成该联合海区渔业调整委员会的各海区渔业调整委员会。在必要时,建立联合海区渔业调整委员会的知事或监管海区渔业调整委员会的知事,可以从具有相关知识和经验的人士中任命部分联合委员会委员。

根据《渔业法》第一百一十条,日本设立了太平洋、日本海与九州岛西海域以及濑户内海三个广域渔业调整委员会。确定前两个委员会委员的方法相同,一是由位于该海域的海区渔业调整委员会的委员互选,每县选举一人,二是由农林水产大臣从在该水域从事渔业活动的人士中任命七人,从具有相关学识和经验的人士中任命三人。濑户内海广域渔业调整委员会的委员,一是由该海域的海区渔业调整委员会的委员互选,每县选举一人,二是由农林水产大臣从具有相关学识和经验的人士中任命三人。

日本《渔业法》第一百三十条规定,每个县应设立一个内水面渔场管理委员会。成员由相关知事从在该县内陆水域从事渔业活动的人士以及具有相关学识和经验的人事中选任,一般包括十人。必要时,农林水产大臣也可决定委员会人数。

2. 渔业调整委员会的功能

虽然四类渔业调整委员会之成员的资格、产生方式等略有不同,但它们的运行方式和功能基本相同。根据《渔业法》的相关规定,中央政府应对县知事监管的渔业调整委员会给予财政补助,具体标准由农林水产大臣决定;只有超过半数的委员出席,才可召开会议;只有出席会议半数以上委员同意,才可形成决议;会议应向公众开放,并许可公众查看会议记录;若讨论事项与委员的配偶以及同住的亲属有关,应回避①。

渔业调整委员会是颇具日本特色的渔业管理机构,对于实现渔业行政管理的

① 参见:日本《渔业法》(2007)第一百零一条、第一百一十八条。

公开与公正、科学与民主发挥着至关重要的作用，主要功能包括法定咨询、行政处理、准司法、准立法等几方面。例如，在县知事做出重要决定前（如核发渔业执照，确认渔业权，制定规则），听取渔业调整委员会的意见是法定程序；调整委员会可就申请人是否符合渔业权人的申请资格作出裁决；对有关入渔权的纠纷进行做出裁决；可就捕捞活动、渔业经营者数量、渔场的利用以及其他必要的事项发出指示，并可向知事申请执行令；有权处理其海区内有关的渔业事务；对因行使渔业权而使用他人土地以及定着物而引起的纠纷进行仲裁等①。更为特殊的是，《渔业法》第135条还规定，对渔业调整委员会所做的处分，不可依据《行政异议审查法》（1962）提起申诉。

二、日本渔业法律法规的渊源

虽然《日本国宪法》第四十一条规定，国会是国家唯一的立法机关，但是日本内阁、农林水产省也享有行政立法权，可根据有关的渔业法律制定渔业法规，发布内阁令（Cabinet Order）、省令（Ordinance）、公告（Public Notice）等规范性文件，以便执行渔业法律，地方自治团体也可基于法定自治权和有关渔业法律的明确授权制定条例和规则。

因此，日本渔业法规的表现形式是很多样化的，根据其调整的主要内容，可分为以下几类②。另外，还包括日本签署的与渔业有关的国际协定、条约等。

1. 建立渔业行政管理和资源保护基本法律制度的法律法规

主要包括《渔业法》（1949）、《海洋生物资源保护与管理法》（1996）、《水产资源保护法》（1951）、《关于强化金枪鱼资源保护与管理特别措施法》（1996）、《关于在专属经济区行使渔业等主权权利法》（1996）、《外国人渔业活动规制法》（1967）等。

2. 关于水产业振兴与发展战略的法律法规

主要包括《水产基本法》（2001）、《沿岸渔业改善资金助成法》（1979）、《沿岸渔场整顿开发法》（1974）、《海洋水产资源开发促进法》（1971）、《渔业再建整顿特别措施法》（1976）、《关于因缔结国际协定导致渔业者转产转业的临时措施法》（1977）、《产业出口振兴法》（1954）、《持续性养殖生产确保法》（1999）、《珍珠养殖事业法》（1952）、《珍珠养殖等调整暂定措施法》（1969）、《娱乐性游钓业规范化

---

① 参见：日本《渔业法》（2007）第十二条、第十四条、第四十五条、第六十五条、第六十七条、第六十八条、第八十三条、第一百一十六条、第一百二十五条、第一百二十六条。

② 张合成，孙海文，李清："日本渔业法律体系研究"，载《中国渔业经济》2002年第4期。

法》(1988)等。

3. 关于渔业金融和灾害保险救济的法律法规

主要包括《中小渔业融资保证法》(1952)、《农林渔业信用基金法》(1987)、《农水产业协同组合储蓄金保险法》(1973)、《渔业近代化资金助成法》(1969)、《农林渔业金融公库法》(1952)、《关于应对水产加工品贸易与原材料供给变化的改良加工业设施的资金贷款的临时措施法》(1997)、《渔业灾害补偿法》(1964)、《受灾农林渔业者资金融通暂定措施法》(1955)、《渔船损害等补偿法》(1952)、《渔船船员工资保险法》(1952)、《渔船再保险及渔业共济保险特别账户法》(1937)等。

4. 关于渔船与船员管理的法律法规

主要包括《渔船法》(1950)、《渔船检查规则》、《渔船特殊规则》、《小型渔船安全规则》、《船舶法》(1950)、《船舶吨位测量法》(1950)、《船舶安全法》(1950)、《船舶职员法》(1951)等。

5. 关于渔港建设、安全管理和海岸带开发的法律法规

主要包括《渔港法》(1950)、《关于促进农村山村渔村休闲度假设施建设的法律》(1994)、《海上交通安全法》(1905)、《港湾法》(1950)、《公有水面填埋法》(1921)、《海岸法》(1889)等。

6. 关于渔业生态环境保护的法律法规

主要包括《因水银等毒物污染水产动植物遭受损失的被害渔业者的资金融通特别措施法》(1973)、《濒危野生动植物种保护和保存法》(1992)、《关于对捕获国内特定种事业实行许可手续的命令》(1993)、《环境基本法》(1993)等。

7. 关于渔业行政管理机构和水产业经营组织的法律法规

主要包括《农林水产省设置法》(1949)、《农林水产省组织令》(1952)、《农林水产省组织规定》(1985)、《水产业协同组合法》(1948)、《渔业协同组合合并援助法》(1967)、《渔业生产调整组合法》(1961)等。

三、渔业权和入渔权制度

渔业权制度是非常具有日本特色的渔业法律制度，一般认为起源于江户时期(1603—1867)的传统习惯，特别是当时的封建领地制度。1901 年，日本制定了第一部《渔业法》，首次建立了明确的渔业权制度；现行渔业权制度，则是由 1949 年

《渔业法》创设的[①]。

(一)渔业权的类型和入渔权

按照2007年最新修订的日本《渔业法》,渔业权包括定置渔业权、区划渔业权、共同渔业权三种。定置渔业权,适用于经营定置渔业,一般水深在27米(在冲绳县海域为15米)以内;区划渔业权,适用于养殖业;共同渔业权,适用于由渔业协同组合在某些共同利用水域从事渔业活动。

入渔权,则是经过共同渔业权人或特定区划渔业权人的同意,并支付入渔费,在共同渔业权或特定区划渔业权的基础上设定的权利。

(二)渔业权和入渔权的设立

根据日本《渔业法》第六条、第十条、第五十条,渔业权和入渔权的设立必须由申请人提出申请,经知事的核准或农林水产大臣指定,获得渔业执照,并在渔业执照登记处登记。

申请者必须符合《渔业法》规定的条件、由知事规定之附加于渔业执照的条件以及各渔业协同组合或渔业协同组合联合会制定的《渔业权行使规则》和《入渔权行使规则》所规定的条件。知事在规定渔业执照条件时,应尊重农林水产大臣的指示,并听取渔业调整委员会的意见;渔业协同组合或联合会制定的规则,则必须得到知事的批准。这些条件主要是涉及申请人遵守渔业法律法规的信誉、住所地、申请人是否在实质上从事渔业活动、每年从事渔业活动的时间长短、从事所申请渔业的经历、家庭生活对渔业的依赖程度、经营渔业的资本和能力、渔业水域的综合利用程度以及各种渔业之间的协调性、法人组织的主营范围、法人组织成员的组成情况等等。

在审查、核准申请时,知事应咨询渔业调整委员会的意见,审查是否符合所有条件,并按照法定的优先顺序核准。在申请人提出入渔权申请时,渔业权人不可随意拒绝,申请人有权就由此产生的纠纷向渔业调整委员会申请仲裁。

(三)渔业权和入渔权的性质及特征

根据日本《渔业法》的相关规定,渔业权和入渔权在性质上都被视为物权,有关土地的规定在做必要修改后适用渔业权[②]。由此,渔业权和入渔权都是受民法保护的权利。渔业权的存续期限一般为五年或十年,但是知事为了渔业调整的需要,可规定更短的存续期限;除非有特殊规定,入渔权的存续期则与渔业权的存续

① Kenneth Ruddle. Administration and conflict management in Japanese coastal fisheries. FAO Fisheries Technical Paper 273. 1992.

② 参见:日本《渔业法》(2007)第二十三条、第四十三条。

期相同，并且入渔权人可随时放弃其权利。渔业权期满前的三个月，知事应重新做出决定。实践中，一般是展期，再次核准给原渔业权人。

考查日本《渔业法》的有关规定，不难发现此类特殊物权主要具有以下几个特征。

（1）渔业权主要是为了维护沿海地区渔民的利益而建立的，权利主体基本限于渔业经营者和渔业从业者，不是任何人都具有申请资格的，这需要经过政府（以及官民混合的组织——渔业调整委员会）的审查与确认、颁发渔业执照，但并不意味着渔业权是通过政府的行政许可行为而赋予渔民的。

（2）虽然规定了有效期，但可不断展期，若因渔业调整、航行、铺设电缆及其他公共利益需要而影响到渔业权的行使，则应予以补偿。可见，渔业权是可以长期信赖的权利，具有鲜明的财产权利属性。

（3）渔业权的内容只仅限于捕捞或养殖水产动植物的权利，排他性弱于以土地为典型代表的物权，以不影响其正常的渔业活动为限，并且由于保护渔业资源和环境、调控渔业发展以及维护公共利益的需要，权利人在行使其渔业权时还受到了许多限制，渔业执照被附加了诸如渔业类型、渔场范围、渔业季节、渔具渔法等许多条件，有关的知事还有权视具体情况修改、增加这些条件，作为渔业企业的渔业协同组合还有权制定权利行使规则。若渔业权人不当歇业，知事还有权撤销其渔业权。

（4）如同传统物权，渔业权也可以共有、分割、继承、继受、有限制地抵押和转让，但不可出租。入渔权，未经渔业权人同意，不可转让。

（四）对渔业经营者、渔业协同组合和渔业协同组合的容忍义务与地役权

为了便利渔业活动，日本《渔业法》第七章对渔业经营者、渔业协同组合和渔业协同组合进入、使用他人土地以及定着物问题做了规定，其实质是为土地及其定着物的权利人规定了容忍义务，设定了地役权。但是，应事先得到相关知事的批准，并给予利益受损方经济补偿。

（1）为建设及保护渔场标志、了望台、信号台、渔业设施等，渔业经营者可以使用他人土地或限制其清除土地上的树木、土石；

（2）渔业经营者可进入未特别利用的他人土地，从事渔业活动；

（3）为了测量、土地调查以及上述两点之目的，渔业经营者可进入他人土地，并可砍伐树木，清除障碍物；

（4）在很难找到替代方法的情形时，渔业经营者可要求与土地或定着物权利人签署使用权协议，将其土地或定着物用作海藻晾晒场、渔船滑道、渔获仓库或其他渔业设施；在知事批准后，权利人不可在改变土地的特性或损坏、移动定着物；渔业经营者可就达成和执行使用权协议引起的纠纷，向渔业调整委员会申请仲裁。

四、指定渔业制度

日文中的指定渔业(Designated fishery)制度,类似于我国的渔业捕捞许可制度,是日本管理海洋捕捞业的根本制度,包括农林水产大臣许可和知事许可两类。根据《渔业法》第六十六条规定,5~40吨的中型卷网渔业、15总吨以下的小型拖网渔业、赖户内海5吨以上的机动船拉网渔业、30总吨以下的小型机动船鲑鳟鱼挂网渔业由相关知事许可。另外,《渔业法》第五十四条还规定,如果申请人在申请指定渔业许可时还没有使用渔船的权利(即需要建造、租赁、借用渔船等),则应事先获得农林水产大臣的指定渔业经营开业许可(approval of business commencement of the designated fishery)。此规定的功能,实际类似我国对捕捞渔船建造、买卖、进口等行为的事前管制措施。

根据日本《渔业法》第五十六条、第五十七条规定,有下列情形之一时,不给予指定渔业经营开业许可或不给予指定渔业许可:(1)申请者明显缺乏遵守渔业或劳动法律法规之精神(但此类人可实质上支配该渔业的经营活动);(2)渔船不符合农林水产省规定的条件;(3)申请者没有经营所申请渔业的充足资本或其他财政基础;(4)核准后,存在造成同一类渔业不当集中的可能;(5)在由母船和独立航行渔船组成作业船队的情形下,且申请人与获得指定渔业经营开业许可人不是同一人,后者不同意申请指定渔业许可。

申请者能否获得指定渔业经营开业许可、指定渔业许可,还要取决于内阁依法发布的内阁令、大臣依法发布的省令、知事发布的渔业调整规则以及针对指定渔业发布的公告。为此,大臣、知事应提前公告关于指定渔业经营开业许可、指定渔业许可的申请受理期限(除紧急情况外,应不少于三个月)、渔船总数量(可以总吨位计)、作业渔区、捕捞季节等。如果申请的渔船数量超过了公告的渔船数量,大臣应采用公正的抽签方法决定;但是,若申请的渔船中包括了原许可到期的渔船以及用于实验研究的渔船或新技术产业化的船,则应优先给予这些渔船许可;若因原许可到期而必须给予许可的渔船依然超过公告的渔船数量,则应考虑申请者申请许可之渔船数量、该指定渔业的作业情况和申请人依赖该指定渔业的程度制定评判标准,按优先顺序批准;对于实验研究的渔船或商业化新技术的渔船,则考虑它们对渔业生产力发展的贡献等制定评判标准①。

指定渔业许可证的有效期一般为五年。在因各种理由而更换渔船、更换船东的情形下(如渔船淘汰、沉没、损毁、买卖、出租、继承、法人合并或分立等),只要申请人符合条件,且许可的内容不变,渔业许可属于当然许可,但需要重新申办。但

---

① 参见:日本《渔业法》(2007)第五十八条。

是,若增加渔船吨位、改变作业渔区或其他省令规定的事项,则应得到大臣的批准①。

为了渔业管理和调整之目的,农林水产大臣或知事都有权通过发布省令或规则,限制或禁止捕捞某些水生动植物,限制使用或禁用某些渔具渔船,限制或禁止销售或占有水生动植物或其制品,限制渔业经营者的数量和资格,并可以规定监禁、罚款、没收渔具和渔船等制裁措施。但是大臣发布省令前应听取水产政策审议会的建议,知事发布规则前应听取渔业调整委员会的意见,并得到大臣的批准②。

1996年,日本批准了1982年《联合国海洋法公约》。为了贯彻该《公约》,更好地养护渔业资源,1997年依据《海洋生物资源保护与管理法》实施了渔业产出控制制度——总许可渔获量(TAC,Total Allowable Catch)制度,目前已对七种渔业(秋刀鱼 saury,阿拉斯加狭鳕 Alaska pollack,远东拟沙丁鱼 sardine,竹荚鱼 jack mackerel,鲐鱼 common and spotted mackerel,鱿鱼 common squid 和雪蟹 snow crab)实施了TAC管理制度③。

五、渔业保险制度

渔业保险制度对于渔业的健康平稳发展是至关重要的。日本的渔业保险事业始于1937年的《渔船保险法》,经过不断完善,现已形成了由渔业经营者和从业者互助共济与国家公共财政补贴相结合,渔船保险中央会、渔船保险公会、渔业共济联合会、渔业共济组合、渔业协同组合等法人组织具体运作实施,农林水产大臣及有关知事负责行政指导和监管的保险和再保险体系,分为渔船保险和渔业共济两类。

渔船保险制度主要是根据《渔船损害等补偿法》(1952)和《渔船船员工资保险法》等建立的义务保险制度,是以渔船所有者为成员的相互保险组织-渔船保险公会为最初的保险受理者,政府直接或间接参与的一种以促进中小型渔业稳定经营为目的而实施的保险,日本几乎所有的机动渔船都加入了渔船保脸。保险的种类有六大类:(1)渔船保险(分为特殊保险和普通保险,后者又进一步分为普通损害保险和满期保险)(2)渔船装载保险(3)渔船船主责任保险(又分为基本损害、人身损害和乘客损害保险)(4)渔船船东船员保险(5)任意保险(又分为游览船责任保险和转运装载保险)(6)渔船船员工资保险。渔船保险属于义务加入制,即加入区

---

① 参见:日本《渔业法》第五十九条至第六十二条。

② 参见:日本《渔业法》第六十五条。

③ 片冈千贺之:"日本新海洋制度及其渔业管理——日中韩之间的利益三角",载《地域渔业研究》2002年第1期。

内的渔船所有者若有三分之二以上同意加入,则该区域内全部渔船都有加入渔船保险的义务,同时国家公共财政也将负担部分保险费①。

渔业共济主要是依据《渔业灾害补偿法》(1964)等法律法规建立起来的保险制度,包括六种类型,(1)渔获共济:为传统捕捞渔民因各种自然灾害或不可抗逆的原因造成捕捞产量减少而设立的一种收入保险;(2)养殖共济:在水产养殖中因各种自然灾害造成的损失而设立的一种产量保险;(3)特定养殖共济:特种水产养殖中因各种自然灾害或市场风险而造成损失设立的一种收入保险;(4)渔业设施共济:各种渔业养殖设施、渔具因为遭受自然灾害损害设立的一种物损保险;(5)休渔补偿共济:针对渔民由于设备损坏、其他不可抗逆的原因而休渔造成损失设立的收入保险;(6)网箱养殖损失共济:网箱养殖过程中因为鱼的死亡、流失等而设立的一种物损保险。前四种保险是全国范围内的共济事业,并非强制加入,但是只要渔民加入就可以享受国家的保费补贴,后两种是在一定区域范围内实施的,不享受国家补贴②。

六、渔业协同组合组织

在工业文明时代,建立农民、渔民合作社是各国发展农业、渔业,提高农民、渔民生活水平和社会地位的成功实践。日文中的渔业协同组合,即为渔业合作社(Fisheries Cooperatives),最早是依据1886年的农商务省令《渔业组合准则》建立起来的,目前这些组织存在和运营的法律依据主要是日本国会于1948年12月通过的《水产业协同组合法》③。到2006年底,共有2 273家,其中沿海地区有1 267家,内陆水域有864家,专业性的合作社142家④。

根据《水产业协同组合法》第三条至第六条,组合具有法人地位,有自己的名称、住所,成立之目的是通过其所从事的事业,为其组合员直接提供服务。一般讲,作为合作社,组合的事业范围需要由相关法律及其章程明确列举规定。这主要包括金融服务、共用设施的建设、渔需物资供给、水产品存储销售、渔业灾害互助共济、生产经济技术教育培训、信息收集和传播、渔业权管理等。可见,渔业协同组合,不属于为不特定的大多数人谋利益的公益法人,也不是为法人自身谋利益的私法人,而是为其组合员—特定的渔民群体谋取最大利益的中间性质的法人。

为此,渔业协同组合的建立和运行应遵循两项基本原则,一是组合员加入、退

① 三宅哲夫:“日本渔船保险的现状及对未来的展望”,载《中国水产》2000年第12期、2001年第1期。
② 龙文军:“日本农业保险经验”,载《中国保险》2006年第9期。
③ 农业部水产司:日本水产业协同组合(内部翻译资料)1992年6月,第73-86页。
④ Fishery Agency. Fisheries Policy for FY2008. April 2008.

出自由，组合《章程》一般不再规定严于法律已明确的组合员资格；二是组合员平等、内部实行民主管理，组合员享有平等投票权（一人一票）和参与组合各项决定的权利，组合的业务由经选举或组合员同意的方法任命、并对组合员承担责任的人们来管理。

为了保证上述原则得以遵守，保证各项事业的顺利开展，日本渔业协同组合内部一般设有互相制衡的三个机构：组合会、理事会、监事会。组合会，即全体大会，是组合的决策机关，组合的章程、经营方针、事业计划、重要管理人员选任都要经过全体大会表决。理事会包括一名理事长（组合长）和若干理事，是执行组合会决议的行政管理机构，负责组合日常事务的管理，一般设有总务部、生产指导部、采购部、销售部、保险部、信用部、加工利用部和仓库部等部门。监事会是监事机构，负责检查监督理事会的工作。

渔业协同组合组织在发展中得到了日本政府的大力支持，在行政管理、基础设施建设、税收、金融等政策方面都给予了很多优惠，促进了渔业及渔村的经济繁荣。

主要参考文献

谨对下列文献的编者、著者表示感谢！

1. 中国社会科学院语言研究所词典编辑室．现代汉语词典．第5版．北京：商务印书馆，2005.
2. 中华人民共和国农业部水产司．水产经济工作手册．北京：中国农业出版社，1994.
3. A S Hornby，李北达（编译）．牛津高阶英汉双解词典．第4版．北京：商务印书馆，1989.
4. Michael Rundell (Editor - in - Chief). Macmillan English Dictionary for Advanced Learners. Oxford: Macmillan Education, a division of Macmillan Publishers Limited, 2002.
5. 何一骏．中国渔政学．北京：学术期刊出版社，1988.
6. 陈松涛，郑曙光．渔政管理学．上海：上海交通大学出版社，1995.
7. 夏章英．渔政管理学．北京：海洋出版社，1996年.
8. 黄有根．渔业行政执法概论．北京：中国科学技术出版社，1992.
9. 乐美龙，等．渔业法规与渔业管理（上下册）．北京：中国农业出版社，2004.
10. 高鸿业．西方经济学．第2版．北京：中国人民大学出版社，2000.
11. R. Arnason. Property Rights as a Means of Economic Organization, in Ross Shotton (ed), Use of Property Rights in Fisheries Management, FAO Fisheries Technical Paper 404/1, Rome: FAO, 2000.
12. 沈荣华．现代行政法学．天津：天津大学出版社，2006.
13. 乔晓阳．立法法讲话．北京：中国民主法制出版社，2000.
14. 刘新山，于洋，温旭．试析渔政管理行为．集美大学学报（哲学社会科学版），2008(3).
15. 中华人民共和国农业部渔业局．中华人民共和国渔业法律法规规章全书．北京：法律出版社，2005.
16. 应松年．依法行政教程．北京：国家行政学院出版社，2004.
17. 农业部渔业局．中国渔业年鉴2001．北京：中国农业出版社，2002.
18. 李士豪，屈若搴．中国渔业史．1937年版．台北：台湾商务印书馆，1965.
19. 陈阵明．公共管理学原理．北京：中国人民大学出版社，2003.
20. 聂俊华．新中国成立初期政务院的设立与撤销．党史博览，2009(6).
21. 中华人民共和国农业部渔业局．中国渔业五十年大事记（1949年10月~1999年9月）．北京：中国农业出版社，1999.
22. 青岛市水产局．青岛市水产志．青岛：青岛出版社，1994.
23. 山东省地方史志编纂委员会．山东省志·水产志．济南：山东人民出版社，1991.
24. 河北省地方志编纂委员会．河北省志·水产志．天津：天津人民出版社，1996.
25. 《上海渔业志》编纂委员会．上海渔业志．上海：上海社会科学院出版社，1998.
26. 竺乾威．公共管理MPA简明读本．上海：复旦大学出版社，2003.
27. 杨景宇，李飞．中华人民共和国公务员法释义．北京：法律出版社，2005.
28. 张康之，李传军，张樟．公共行政学．北京：经济科学出版社，2002.
29. 李彦亮．加强渔业行政执法队伍建设，全面提升渔业行政执法能力．中国渔业经济，2006(1).

30. 张康之,李传军. 行政伦理学教程. 北京:中国人民大学出版社,2004.
31. 张文显. 法理学. 北京:法律出版社,2004.
32. 詹秉义. 渔业资源评估. 北京:中国农业出版社,1995.
33. Milner B. Schaefer. Some Aspects of the Dynamics of Populations Important to the Management of Commercial Marine Fisheries. Inter – American Tropical Tuna Bulletin, 1954(2), I: 25 – 56.
34. Gordon, H. Scott. The Economic Theory of a Common Property Resource: the Fishery. Journal of Political Economy, 1954, Vol. 62, No. 2: 124 – 142.
35. 杨吝,刘同渝,黄汝堪. 中国人工鱼礁的理论与实践. 广州:广东科技出版社,2005.
36. 刘国涛. 环境与资源保护法学. 北京:中国法制出版社,2004.
37. 韩怀芬,林春绵,李非里. 环境保护导论. 杭州:浙江科学技术出版社,2004.
38.《中国生物多样性国情研究报告》编写组. 中国生物多样性国情研究报告. 北京:中国环境科学出版社,1998.
39. K·V·克里施纳默西(著),张正旺(译). 生物多样性教程. 北京:化学工业出版社,2006.
40. 刘新山,陈勇,白秀芹. 渔业生物资源及濒危水生动植物保护法律制度分析. 资源科学,2008(4).
41. 郭忠玲,赵秀海. 保护生物学概论. 北京:中国林业出版社,2003.
42. 何建湘. 中国水生野生动植物自然保护区价值评价. 北京:长征出版社,2005.
43. 陈达森. 渔业水域环境保护. 北京:海洋出版社,1996.
44. 郑师章,等. 普通生态学——原理、方法和应用. 上海:复旦大学出版社,1994.
45. 何强,井文涌,王翊亭. 环境学导论. 北京:清华大学出版社,1994.
46. 湛江水产专科学校主编. 淡水养殖水化学. 北京:农业出版社,1980.
47. 农业部,国家环境保护部. 中国渔业生态环境状况公报 2008.
48. 何康林. 环境科学导论. 徐州:中国矿业大学出版社,2005.
49. 吴东雷,陈声明. 农业生态环境保护. 北京:化学工业出版社,2005.
50. 林肇信,刘天齐,刘逸农. 环境保护概论. 北京:高等教育出版社,1999.
51. 张秋华. 渔业水域生态环境保护和管理. 上海:复旦大学出版社,2004.
52. 王洪道,等. 中国湖泊资源. 北京:科学出版社,1989.
53. 中国水利学会围涂开发专业委员会. 中国围海工程. 北京:中国水利水电出版社,2000.
54. 汪劲. 环境法学. 北京:北京大学出版社,2006.
55. 农业部,国家环境保护部. 中国渔业生态环境状况公报 2007.
56. 陈汉光,朴光洙. 环境法基础. 北京:中国环境科学出版社,2004.
57. 刘焕亮. 水产养殖学概论. 青岛:青岛出版社,2000.
58. 丛子明,李挺. 中国渔业史. 北京:中国科学技术出版社,1993.
59. 王利明. 物权法论. 北京:中国政法大学出版社,1998.
60. 范兆廷. 水产动物育种学. 北京:中国农业出版社,2005.
61. 刘新山,李龙飞. 关于渔业权理论的基础研究. 资源科学,2000(6).
62. 孟庆闻,等. 鱼类学. 上海:上海科学技术出版社,1989.
63. 胡红浪. 我国水产苗种发展战略研究. 中国水产,2005(11).

64. 刘新山,高媛媛,李响．论养殖水产品质量安全行政监管问题．宁波大学学报(人文科学版),2009(1).
65. 王道尊,等．渔用饲料实用手册．上海:上海科学技术出版社,2004.
66. 刘连馥．绿色食品导论．北京:企业管理出版社,1998.
67. 谢碧霞,杜红岩．绿色食品开发利用．北京:中国中医药出版社,2003.
68. 张立修,毕定邦．浙江当代渔业史．杭州:浙江科学技术出版社,1990.
69. 孙宪忠等．中国渔业权研究．北京:法律出版社,2006.
70. 刘新山．ITQ 渔业管理制度与物权理论的关系．上海水产大学学报,2002(1).
71. 陈新军．渔业资源与渔场学．北京:海洋出版社,2004.
72. 浙江省水产志编纂委员会．浙江省水产志．北京:中华书局,1999.
73. 上海市上海县县志编纂委员会．上海县志．上海:上海人民出版社,1993.
74. 林俊聪．南澳岛传奇．广州:广东高等教育出版社,1995.
75. 黄硕琳．海洋法与渔业法规．北京:中国农业出版社,1995.
76. 农业部东海区渔政渔港监督管理局,上海水产大学．专属经济区渔政巡航培训教材, 2006 年 4 月.
77. 傅廷中．海商法论．北京:法律出版社,2007.
78. 赵德铭,何丽新．国际海事法学．北京:北京大学出版社,1999.
79. 邱志雄．航海概论．北京:人民交通出版社,2000.
80. 南利平,等.通信原理简明教程．北京:清华大学出版社,2007.
81. 江开勇．我国海洋渔业安全通信现状及发展对策．中国水产,2008(1).
82. 许晖,刘加山．解析 GMDSS 系统．中国船检,2002(7).
83. 张春生,李飞．中华人民共和国行政许可法释义．北京:法律出版社,2003.
84. 刘新山,梁志军,柳岩．试析渔业行政处罚的种类．中国海洋大学学报(社会科学版),2009(4).
85. 孟鸿志．行政法学．北京:北京大学出版社,2007.
86. 张树义．行政法与行政诉讼法．北京:高等教育出版社,2002.
87. 叶必丰．行政行为的效力研究．北京:中国人民大学出版社,2002.
88. 张春生．中华人民共和国行政复议法释义．北京:法律出版社,1999.
89. 周梁云．行政法与行政诉讼法学．昆明:云南大学出版社,2004.
90. 应松年,杨小君,方世荣．行政诉讼法学．北京:中国政法大学出版社,2002.
91. 姜明安．行政诉讼法．北京:法律出版社,2007.
92. 徐静琳．行政法与行政诉讼法学．上海:上海大学出版社,2005.
93. 姜明安．行政法与行政诉讼法.北京:北京大学出版社,2007.
94. The Central Bank of Iceland. The Economy of Iceland. August 2008.
95. Hannes Jonsson. Friends in Conflict: The Anglo – Icelandic Cod Wars and the Law of the Sea. London: C. Hurst and Co. (Publishers) Ltd. 1982.
96. Ragnar Arnason. The Icelandic Fisheries: evolution and management of a fishing industry. Oxford: Blackwell Science Ltd. 1995.

97. Eyjolfur Gudmundsson, et al. Development of effort and fishing fleet capacity in the Icelandic cod fishery. IIFET 2004 Japan Proceedings.

98. Marine and Fisheries Agency. The UK Sea Fisheries Statistics 2008. Published by the Department of Environment Food and Rural Affairs of the UK, September 2009.

99. 刘新山．把握战略层面,促进产业发展——介绍英国海洋渔业促进会．中国渔业报,2009年6月8日第7版.

100. 刘新山,阎铁毅．英国"捕捞配额蹦跳案"判例评述．广东海洋大学学报,2007(5).

101. 刘新山．法国因违反欧盟渔业法被罚款案评述．中国海洋大学学报(社会科学版),2007(3).

102. FAO. National Fishery Sector Overview - Japan. May 2009.

103. 孙叔林,韩铁英．列国志——日本．北京:社会科学文献出版社,2005.

104. 张合成,孙海文,李清．日本渔业法律体系研究．中国渔业经济,2002(4).

105. Kenneth Ruddle. Administration and conflict management in Japanese coastal fisheries. FAO Fisheries Technical Paper 273. 1992.

106. 片冈千贺之．日本新海洋制度及其渔业管理——日中韩之间的利益三角．地域渔业研究,2002(1).

107. 三宅哲夫．日本渔船保险的现状及对未来的展望．中国水产,2000(12)-2001(1).

108. 龙文军．日本农业保险经验．中国保险,2006(9).

109. 农业部水产司．日本水产业协同组合．1992年6月.

后记

在虎年春节即将到来之际，我终于完成了本书的全部书稿，也搬入了新的住所。在整理满地书籍之余，我不得不思考如何撰写本书的尾巴——后记，以不违与从容编辑的交稿之约。

从2006年秋自英国学习归来算起，撰写本书耗时三年半有余，不算短，亦不算长。许多事只有经历过才知道。写作是将四五千个汉字以及十几个标点符号排列组合进行到底的游戏，既是高强度的脑力劳动，同时也是满足个人兴趣爱好的诸多方式之一。在大脑极度疲劳的夜晚，甚至是白天的睡眠中，时常会梦见年少时在故乡潮河抓鱼的情景，梦见在也门、阿曼之中水9306抑或中水9205与渔民们一起艰辛劳作的岁月，梦见在家乡丰宁、在大连、上海、冰岛或是英国学习、进修的往事，梦见我出生、长大的农家院落……经历的事，熟悉的人，有时是那么清晰，真切得如时光倒流，有时却是那么朦胧，荒唐得不合逻辑！这期间，因对写作动机及写作能力的怀疑、遇到的挫折、精神上的疲劳、学术倦怠等而多次想放弃本书的写作，但是彷徨数日后，最终依然是继续前行！

水产业（或称渔业）到底是个什么样的行业？浏览几大门户网站，观看中央及省级电视台的各档新闻栏目，翻看各大报纸，有关渔业的新闻少之又少，即使偶有引起国人巨大兴趣的渔业新闻，也多涉及中外渔业之纷争。然而，渔业每天都在发生，在寻常百姓家的厨房餐桌，在亲朋好友们聚会的宾馆饭店，在人声嘈杂的鱼市场，在令人流连忘返的水族馆，在占地球表面积约70%的苍茫大海，在几千年前的人类历史文化遗存中。水产业似乎是一个人人都熟悉，却又无法给出严密学术定义的行业。它影响着十三亿人口的物质文化生活水平，更直接关乎着数以百万计国人的生存与发展。

本书是否能够称之为“学”？书名应为渔业行政管理学，还是渔业管理抑或渔业行政管理导论？本书到底是专著，还是教材？这些都是本书成形后，一些同事、朋友们提出的问题，也是我一直思考的问题。

本人曾为我校“海洋渔业科学与技术、行政管理”专业学生以及成人教育、渔政公务人员讲授“渔政管理学”课程，但是却找不到一本适当的教材。由此，撰写一本能够与这个日新月异的时代相匹配的教材即成了本人撰写此书的最初动机。然而，从查阅资料、拟定提纲、日积月累的撰写、直至初稿完成，却发现根本无法将其写成“标准教材”。一则，本人既未被任命也未自认为主编，主持编写某部门规划的抑或面向多少世纪的教材。二则，渔政管理学属于时代感很强的幼稚学科，幼稚得像色彩斑斓的少儿图书，令我如儿童般地好奇、着迷，废寝忘食，我无法大段大段地借用他人的文字，只能满怀激情地详细查阅有限的相关文献、耗时费力地仔细核查相关法律法规及规范性文件的条文，并将其融合到自己的作品之中。三则，准确理解"教材、专著"之间的差异，并始终如一地遵守之，实在是件难事。鉴于此，"尊重前人的智力成果、做一名对读者友好的作者"即成了我编排组合文字时遵守的首要原则，而未过多考虑其归为教材抑或专著的问题。结果，只能如好友之感觉，此书似"专著性教材或适合研究生用的教材"。事实上，分类既有助于人们清楚地认知纷繁复杂的世界，但也会模糊人的双眼，甚至使人陷入非此即彼的思想困境。四则，渔政管理是否可被称之为学是无法干净利落地以"是或否"做答的，因为本无人对书名中"学"字之资格开列清单；至于"导论"之称，实为不妥，仔细阅读全书后，道理自明。但是，此书不可简约为"渔业管理"，因为"渔业管理"一词实为政企不分之计划经济时期的学术名词，与当代中国之如火如荼的市场经济、渐入人心的依法治国理念显得格格不入。余以为，渔业行政管理学犹如茫茫林海之中的一棵小树，虽然幼小得无法与众多参天大树比肩而立，但作为生命的一种形式，自有其存在、生长的意义，而敬畏生灵、关爱生命则应是人类的普世价值！

渔业行政管理学到底是一门怎样的学问？应如何描述之、议论之？我清醒地知道自己无法对此给出权威的答案。本书主要是基于自己在国内外求学以及与渔民共同劳作的经历、十多年渔业法规和渔政管理学教学工作以及多次主持参与国家渔业法制建设相关课题研究所思所想之作。

在此，谨希望有更多的人关心中国数以百万计渔民的生存与发展，希望有更多的人深入思考如何发展中国渔业，如何对之实施行政管理，如何完善中国之渔业法制。

但愿此书能对中国三万多渔政公务人员的实际工作有所帮助，对有可能从事渔业行政管理工作的青年学子们有些益处，更渴望能够得到学界同仁们的认可！

愿"依法治渔、依法兴渔"成为所有渔业人的思维习惯、行为习惯！

感谢那些理解我、并曾给予我巨大帮助和支持的渔政部门领导、师长、挚友们！

刘新山

2010年2月于大连黑石礁

谢辞

在考虑本书应探讨的主要内容时,本人参阅了陈松涛和郑曙光(1995)、夏章英(1996)、乐美龙(2004)等编写的同类著作。在此,谨向这些渔业行政管理学研究领域的开拓者表示敬意!

在撰写此书的过程中,栗倩云、刘小兵、董金和、孙海文、江开勇、樊祥国、衣艳荣、何建湘、姜晓革、陈家勇、陈朱勇、宁光远、谭业国、张鸣鸣、王浩、陈松涛、何志成、黄莹、崔云琛、曹斌启、秦磊、周建敏、吴建新、殷见玲、许耀亮、杜莲芹、蒋海山、钱劲、李俊、姜大为、王兴华、戴文达、李龙飞、梁志军、姜春国、王燕青等渔政公务人员为本人提供了许多资料。在此,对他们的理解与热情支持表示诚挚的谢意!

在初稿形成之后,农业部渔业局、渔政指挥中心和海区局领导柳正、杨靖、栗倩云、刘小兵、孙海文、陈家勇、王浩、何志成、谭业国,上海海洋大学教授周应祺、陈新军、唐议,大连海洋大学教授陈勇、刘海映、赵光珍、包特力根白乙、尹增强以及中国海洋大学教授幕永通等审阅了书稿,特别是柳正、孙海文、王浩、陈勇、陈新军、唐议等对书稿提出了许多细致、富有见解的修改意见。在此,谨对这些领导、师长、挚友的批评、指正、理解与支持表示深深的谢意!另外,本人指导的硕士研究生白秀芹、高媛媛、李响、柳岩以及张验青等本科生帮助本人校对了书稿,为本书的完成做出了贡献。

特别感谢农业部渔业局柳正副局长为本书撰写了序言!

感谢海洋出版社庞从容、任玲担任了本书的责任编辑,感谢其他审校工作人员的辛勤工作!

若读者能将书中依然存在的问题发至本人信箱(liu2003@ dlou. edu. cn),本人将不胜感激!

刘新山

2010 年 2 月于大连黑石礁